褚秀山传

孙庆海 著

中共党史出版社

图书在版编目(CIP)数据

张秀山传/孙庆海著.—北京:中共党史出版社,2015.6
ISBN 978-7-5098-3065-9

Ⅰ.①张… Ⅱ.①孙… Ⅲ.①张秀山(1911～1996)—传记
Ⅳ.①K827=7

中国版本图书馆CIP数据核字(2015)第066025号

出版发行:中共党史出版社
责任编辑:王　兵
复　　审:李亚平
终　　审:汪晓军
责任校对:龚秀华
责任印制:谷智宇
责任监制:贺冬英
社　　址:北京市海淀区芙蓉里南街6号院1号楼
邮　　编:100080
网　　址:www.dscbs.com
经　　销:新华书店
印　　刷:北京盛通印刷股份有限公司
开　　本:162mm×235mm　1/16
字　　数:341千字
印　　张:22.75
印　　数:1—4000册
版　　次:2015年6月第1版
印　　次:2015年6月第1次印刷

ISBN 978-7-5098-3065-9
定　　价:39.00元

目录 CONTENTS

目录 CONTENTS

目录 CONTENTS

|第一章|

青少年时代

一、神木的传说

张秀山是陕西省神木县人。神木位于黄土高原东北，黄河河套之南的长城脚下，是一个战略地位重要、历史悠久的地方。它北与内蒙古接壤，东隔黄河与山西相望，是晋、陕、蒙边之要塞。

据考古认定，该地四五千年以前就有人类定居，秦汉始有建制，称谓郡、县不一，由多民族杂混居之。古人称境内“两山雄峙，三水环流；南卫关中，北屏河套；左扼晋阳之险，右持灵夏之冲，实为榆塞上游边陲重地”。

自古以来，神木地区就是兵家争夺的古战场。为了镇守大漠边关，无数民族英雄豪杰，立马横刀，日夜征战，血溅战袍，在这里写下了许多可歌可泣的故事。

有文字记载：春秋战国以前，神木一直为在北方游牧的少数民族——翟戎所占据。

《史记》中说，秦始皇三十二年（公元前215年）“巡北边”，派大将军蒙恬率兵讨伐匈奴，开始“筑长城”。

西北边关狼烟四起，战鼓轰鸣，羌笛哽咽，民不聊生。政权频繁变更，神木先后属匈奴、西夏、北魏、西魏、北周、吐蕃等管辖。

在神木山川沟岔的荒草丛中，行人稍为留意就会发现一个个被遗弃的山寨或古城遗址。废墟上的汉代破瓦当或唐宋古铜钱，会使人联想到被岁月风尘吞没的“五原城”、“银城”、“幽陵都督府”、“英宁府”等当年的风貌；猛眼间，从断碑残崖上依稀可辨的“长乐无极”、“卧虎寨”、“塞北蓬瀛”、

“童颠回渊”等隶字楷书，更使人感受到曾经有过的遥远辉煌和真实历史的沉重。正所谓：“荒邱之断碣长埋，古径之残碑久隐。以致忠良姓字，淹没无称；节烈声名，传闻各异。”

神木属“三边荒渺之地，五原僻陋之区”，更有诗云：“长城月冷，霜花入夏而犹飞；古戎风寒，柳絮当春而不见。”但是，历代英雄豪杰和诗人骚客仍频频光顾此地。

相传，秦王过此点军，留下点军崖，有马蹄及人跪坐衣痕在石。

据说汉代张骞出使西域，路过神木，在神松下睡觉，梦游斗牛宫，醒时袖中仍留着天女赠予的星石，于是他在此娶妻生子。

唐代的诗人王维来到此地，吟《新泰郡松树歌》（神木此时称新泰，属九原郡）诗云：“青青山上松，数里不见今又逢。君不见，心相忆。此心向君君应识，为君颜色高且闲，亭亭迥出浮云间。”

唐代的神木地区山上高大的古松树仍随处可见。

“唐贞观三年（公元629年）铁勒11部自愿归顺，请置唐官，次年以拔野古部设幽陵都督府（在神木境内）。肃宗乾元年（公元758年）回纥遣使求婚，帝许幼女英宁下嫁，封磨延缀为英武毗枷可汗，设英宁府于高家堡东2.5公里的山上，民间称之为‘女王城’。”①

北宋皇帝派遣重臣——河东宣抚使范仲淹到神木一带巡边，写下了著名的《调寄渔家傲·麟州秋月》：“塞下秋来风景异，衡阳雁去无留意。四面边声连角起，千嶂里，长烟落日孤城闭。浊酒一杯家万里，燕然未勒归无计，羌管悠悠霜满地，人不寐，将军白发征夫泪。”

萧瑟秋风，雁来去往，号角连营的落日孤城里，白发将军夜听羌人凄楚的笛声，望满地白霜，举酒泪出的情景，充分表现了镇守边关将士寂寞惆怅的生活和思恋家人的感怀，展示了麟州城（神木）附近迷人的边塞风土人情。

千百年的岁月轮回，众多民族争夺厮杀，繁衍沉淀，无数血脉的交融，使神木人自古重武轻文，在古京城曾赢得“神木弓马甲天下”之赞誉。神木人素来“穷不离乡，富恋家园，老实忠厚，勤俭质朴，处逆境能强忍，怒至极则难禁”，“能挑背，善行走”，“近仁而鲜智”。若时逢兵荒马乱，天灾人祸，这里

① 神木县志编纂委员会编：《神木县志》，经济日报出版社1990年版，第438页。

衣不遮体、食不果腹的人们，往往揭竿而起，一呼百应。当地志书写道：此地“民风强悍，性情豪爽”，或“穷山僻壤，刁民甚多”。

历史上，神木地区盗匪不断，啸聚山林，但也英雄辈出，孕育了不少智勇双全的大将军和献身于中华民族的优秀儿女。

宋代抗击契丹、战功卓著的民族英雄——杨继业，以及流芳百世、妇孺皆知的杨家将，大都出生在神木的杨家城里。

杨家城古称麟州，位于神木县东北30里之遥的杨家城遗址。麟州城址建在高山之上，东南均为山陵沟壑，西临悬崖峭壁，滚滚的窟野河水从脚下流过，北界草地沟河，地形险要，易守难攻。

麟州在唐宋时代是西北边防大镇。北宋时期，麟州处于契丹、西夏、北宋三大政权之间，固守麟州，东可据契丹南侵，西能牵制西夏人对古延安地区及以西诸路进犯，南可保河东一带安全。由于军事形势的需要，北宋一直不惜付出重大代价固守麟州，且派名臣司马光、文彦博、欧阳修、范仲淹等多次巡察。西夏李继迁攻占了夏、银、绥（现榆林地区）等州及河套大部地区，西面又攻下灵州（现宁夏灵武县）进占宁夏一带，唯东边的麟、府两州，“虽屡次派大军侵扰，然均未能占领”①。

据《资治通鉴》记载，杨继业的父亲杨宏信是麟州豪绅。杨宏信在五代时，就是北汉的麟州刺史。后晋高祖石敬瑭向契丹贵族称臣，割让燕云十六州。杨宏信率部奋起抗击契丹，保卫国家，虎踞麟州，英名盖世。

至宋代，杨氏家族的子孙世代驻守边关重镇——麟州。其子杨继业、孙杨延昭（杨六郎）为朝廷屡著战功，雄踞一方，故称此地为“杨家城”。

相传麟州城外东南约40步，有古代遗留下来的三棵高大挺拔的老松树，大可两三人合抱，人称神松，后定名为神木。

宋代辽金时期，杨家城改为神木寨。

元代称之云州。至元六年（1269年），废云州为神木县。明清以后称神木堡、东路神木道、神木县，唯有“神木”两字依然如故。

明朝，驻县的“镇兵”和轮番戍边的“驻军”共6190名，配备骡马、骆驼3206匹。陕北人闯王李自成也曾派大将李过，兵临神木，攻占榆林，杀贪

① 神木县志编纂委员会编：《神木县志》，经济日报出版社 1990 年版，第 438 页。

官，济百姓。

清康熙三十六年（1697年）3月，康熙皇帝统六师西巡，来到神木、高家堡等地驻扎，视察边关。

清代道光二十一年（1842年）的《神木县志》称神木“金以名寨，元以名县，明初尚有遗迹，今已无存”，而“县境之内，童童（秃秃）者山，无山林之可采；浩浩者川，鲜水利之可兴。曷足志乎（有什么可写的呢）？”

清朝光绪皇帝的特使，翰林院大学士王培棻，在巡视陕北高原北部后，写下了著名的《七笔勾》，其中描写道：“山秃穷而陡，水恶虎狼吼，四月柳絮稠，山花无锦绣，狂风阵起哪辨昏与昼……”使世人感受到西北边关人间难有的凄凉。

其实，远古神木地区——大原始森林中松柏如海、苍翠蔽日。一眼望去：远山锦屏叠绣，紫岭堆云，宛如仙境。据传说，时至宋代，仍有凤凰欢鸣于此地。如今，往昔的林海已经化作地下无尽的神秘宝藏——质优层浅的储煤和地下天然气，成为历史的见证而闻名中外……

在神木县境的西南约100里，有一条奇特的河流叫秃尾河，又名吐浑河。经考证，秃尾河发源于支流宫泊沟的宫泊海子（深水湖之意）。令人惊奇的是，该地四面沉沙，泉水从地底涌出，水面仅两平方公里。泉水沿宫泊沟流到乌鸡滩，与谷丑沟汇流后始称秃尾河，然后流过瑶镇，经高家堡、乔岔滩等地向东南流去140多公里，绕惠崖，入黄河。而秃尾河畔的高家堡，就是当年康熙皇帝巡边驻扎过的地方。

滚滚的秃尾河水从高家堡流向东南不远几十里，有一个小支流——刘家畔沟。人们沿沟逆水而上，向东北行进十几里，就到了张秀山的家乡——桃柳沟。

桃柳沟村东面的山上有一座庙宇，周围的山寨墙体旧痕尚存，经常出土兵器和马具，当地人称它为寨山。据说这里就是当年穆桂英的营寨——木克寨。边远闭塞的桃柳沟，山梁起伏，壑谷纵横，田地稀农人少，沟溪水波静流，土坡上成群的牛羊悠闲地吃着青草。生活在这里的人们，早已忘记了古代边关“烽烟告警，岁无虚日”的艰难征战岁月。当地人把这个地方叫“南乡”，现在归属乔岔滩乡。

二、家世

张秀山，原名张鸿毓，字秀山。1911年7月18日出生在陕西省神木县乔岔滩乡桃柳沟村一个农民家庭。①

桃柳沟原属佳县，位于神木县西南部约63公里的山沟里。所以，这里的人们有时也把自己称为佳县人。佳县，旧时也称葭县。葭是书面语，意思是鲜嫩的芦苇，即生满芦苇的地方。

很早以前，一个叫张念功的小伙子独身从黄河岸边的葭县贝干村，来到了200多里以外的北部小山村桃柳沟，开荒种地。后来，他在这里娶妻生子，张氏家族从此逐渐兴旺起来。

张氏家谱按“念进应汝守，天继振仁有。世步如鸿贤，良访正开元……”排列，全村张氏家族分为三大门户，张秀山属第二大门户。这个门户到“步”字辈有8户，到“如”字辈有18户，到“鸿”字辈有19户。按张家辈分，张秀山这一辈人，已经是第十四代子孙了。

桃柳沟阳面的山坡上，稀稀落落地分布着几十个依山傍水的窑洞，张氏子孙世代在这里繁衍生息。村子最西边的山顶上几孔高大的窑洞，就是张秀山的故居。

张秀山的家原本贫穷。父亲张如德，由于吃不饱饭，从小就给地主揽工、放羊。那时，东家只管放羊娃一顿中午饭，不给工钱。为挣钱补贴家用，张如德不吃东家的饭，每天带上糠菜团或几块山芋蛋（马铃薯）当午饭，带着地主家的牧羊狗，上山去放羊。地主每天给带上一个窝头喂他家的狗。这样，张如德每天中午就把自己所带的饭和窝头都分为两份，与狗分着吃。看着有钱人家的孩子，每天背着书包从自己身边走过，张如德心里很是羡慕。于是，他就从村里读书的孩子那里借来人家读过的课本，一边放羊一边自学。家人看到张如德这样热爱学习，就利用农闲时间，送他念了两年的冬学。其实，他总共只学习了六个月。功夫不负有心人，聪明好学的张如德，不仅能记账、打算盘，还能写信、办事，在村里也算上一个有“文化”的人。在贫苦生活的磨难中，他长成了一个能识文断字的勤劳健壮的小伙子。

---

① 《张秀山档案》，中共中央组织部存。

张秀山的祖父兄弟两人，祖父排行老二；张秀山的父亲也兄弟两人，父亲也排行第二。

因为当地有“农忙随牛地里转，农闲下窑掏煤炭”的习俗。距桃柳沟不远的高家堡等地山谷断壁上，就有丰富的裸露煤层（俗称明炭）。自古以来，当地人都是随用随取，用其取暖煮饭。但是，稍微边远的老百姓要想用煤，就得用钱买或用粮食交换。当时，张家去那里的小煤窑拉煤，主要是用自己生产的小米兑换，价钱也不贵。一般是两天拉一趟。一个毛驴就能驮150余斤。整个冬天，张家用毛驴驮煤30次左右，一年的烧煤也就够用了。不幸的是，这一年夏季，张秀山的大祖父赶着毛驴往家里驮煤，途遇大雨，山洪暴发，连人带驴都被洪水冲走，尸骨无踪。

大祖父没有儿子。张秀山的祖父就把大儿子过继给大祖父家当了儿子。这时，张秀山的大伯和父亲都已长大成人，两家就把地合到了一起种。他们辛勤劳作，精打细算，攒钱买地，家境逐渐好转。不久，张氏兄弟在桃柳沟的村西端，选择了一块有泉水的向阳避风的坡地建造新居。他们请来石匠和木匠，日夜背沙运石，建起了一排三孔崭新的石窑。张家的窑洞，门窗高大明亮，内深八米，宽高各三米，坚固耐用，冬暖夏凉。生活虽然有了改善，但由于当时官匪勾结，明夺暗抢，张家日子过得还是很艰难。

光绪末年，陕北大旱。千里赤地，饿殍遍野，人们纷纷离家逃荒。在桃柳沟村西南方向五里远的杨家崖，有一家姓杨的农户，因官府田赋重，又遇天灾，无人租买，只好把靠桃柳沟村边的一块河滩地，签约无偿转让给张家。张氏兄弟秉承祖先“穷不离乡，勤俭致富”的家训，起五更，爬半夜，不怕酷暑严寒，咬紧牙关艰苦劳作，不知流了多少汗水，一点一点硬是把这块河滩地改成水浇地。民国初年，官府放种鸦片，这块地成了聚宝盆，他们的家境逐渐富裕起来。张家请来石匠和木匠，动员全家男女老少一起上阵，人背肩扛，日夜抢运沙石，很快就在原来的三孔石窑旁边，又建起一排三孔崭新的石窑。张家一字排开的六孔石窑，经过一番粉刷修缮，显得十分整齐气派。接着，他们在窑洞东西两面用土石围成墙院，南面筑起大门和棚圈，门外还依靠山体，用方石和黄泥垂直砌起石壁墙体，然后填土平地，使门前出现了一块很宽敞的场地。张氏兄弟的举动，引来村里的同族人们无数羡慕的目光。

张秀山是张如德的长子。他的四个姐姐，皆因生活困苦不幸夭折。张秀山是母亲在田间劳动时所生，全身沾满了泥土，为了好养活，父母就给他起个小名叫“地落”，学名按家谱叫张鸿毓。村上的老辈人说，这个孩子命硬，沾了“地气”，日后必有大福大贵。

1924年秋，张家遇到了一场劫难。那时，北洋军阀统治着中国北方，各地的小军阀独霸一方。陕北是地方军阀井岳秀的地盘。井岳秀操纵官府放种鸦片，勾结土豪劣绅，借苛捐杂税，多方盘剥百姓。由于种鸦片税赋过重，无利可图，农民纷纷改种粮食，但是官府仍然要收“白地捐”，而且一亩就是几十元。佳县官府的差人在丈量各家烟地时，趁机敲诈勒索，谁不贿赂，谁家就会被多丈量出几分土地。生性耿直的张如德，没有送钱给他们，所以当佳县知事柯国藩派亲信石温山来收税款时，就勾结当地劣绅牛起永诬告张如德逃交税赋，把他押进大牢，毒打重罚，使张家几乎倾家荡产。张如德不服，带着高家堡的本家张振铭和所有积蓄，来到榆林，以“为违法苛法暴虐黎民事”为名，状告贪官污吏。张如德将有理有据的诉状递交给榆林镇守使井岳秀，井立即派人核查案情。当他得知任命的官员下乡收税，却竟敢克扣自己的税款，又收取农民这么多的好处费，一怒之下便撤换了佳县知事柯国藩。张如德侥幸打赢了这场官司，躲过了劫难。

三、少年求学

张如德自从吃了那场官司，深感“文化”的重要。为让儿子长大能有出息，免受贪官污吏的欺辱，发誓勒紧裤腰带也要供孩子读书。1919年，张鸿毓八岁时，父亲就让他在村里私塾念书，每年读三个月的冬学。鸿毓年纪虽小，但志存高远。在学习之余，他随同父母下田劳动，上山割草砍柴。私塾的老师看到鸿毓善读诗文，小小年纪就显示了过人的才华，就鼓励张如德送鸿毓到外地读小学。张氏家族的人都希望鸿毓学业有成，光宗耀祖。

张鸿毓深知父亲用心之良苦。为了不负众望，他学习十分刻苦努力。1922年，张鸿毓11岁时，家里让他跟着堂兄张鸿恩涉过游鱼嬉戏的山涧溪水，穿过野狼出没的荒山草丛，徒步35里山路去高家堡小学上学。

高家堡是一座古城，位于秃尾河东岸。明正统四年（1439年）由巡抚陈镒贻始建，明万历、清乾隆年间都进行过整修。该城周围三余里，城内街道呈丁字形，是当地比较热闹的集镇。张鸿毓上的高家堡小学就在城里。

因为路远，张鸿毓和张鸿恩平时很少回家。他们一次带上一个月的口粮和咸菜，吃住在学校。当时，全校只有他们两人是乡下孩子，因为学习都很好，所以在穿着体面的同学们中间，特别惹人注目。每逢寒暑假，他们就回到家里，帮助大人干活。这样，他们在高家堡小学读了三年书。

1925年春，14岁的张鸿毓转入离家乡150里的佳县高级小学继续学习。他聪明好学，发愤苦读，成绩始终名列前茅。校长张镜川特别喜欢这个浓眉大眼、鼻梁直挺、身材高大的孩子。他看到张鸿毓聪慧好学，勤劳质朴，志向远大，很有发展前途，就给张鸿毓起了个字叫“秀山”，取“秀甲天下，光耀山川”之意。

1926年至1927年，大革命高潮波及佳县高级小学。陕北榆林中学和绥德师范学校的进步学生来到这里宣传革命，张秀山开始接受革命思想。他参加了许多群众大会和反帝反封建的革命活动。①1927年春天，在国民党县党部（国共合作时期，负责人大部分是共产党员）的主持下，张秀山与同学们集体参加了国共合作时期的国民党。张秀山小小年纪，不怕艰难险阻，在佳县和同学们一起组织宣传队，奔走乡间300余里，鼓动民众，参加革命，打倒军阀。

蒋介石、汪精卫先后叛变革命后，疯狂屠杀共产党人，全国时局骤然逆转，工会、农会陆续被解散，一些反对革命的教师重新登上了讲台。血气方刚的张秀山，感到无比的压抑和苦闷。

1927年冬天，张秀山的父亲和大伯分了家。大伯家有四个儿子，劳动力多，土地由自家耕种，成了中农。而自己家劳力少，只好靠雇工和出租一部分土地生活。但张秀山父亲勤俭持家，苦心经营，只要积攒出一点钱，就拿去买地或放债吃利息，家里的生活逐渐富裕起来。

四、考入榆林中学

1928年春，张秀山和堂兄张鸿恩以优异成绩考入了陕西省著名的榆林中

① 《沉痛悼念张秀山同志》，中共中央办公厅存。

学。这是陕北23个县中唯一的一所中学，是经济文化落后的陕北高原的最高学府。

榆林中学，相承于明代弘治八年（1495年）的榆阳书院，它历经几百年的兴废风雨，培育了陕北一代代俊秀子弟。这所古老学校真正的复兴，是在陕西省著名进步人士杜斌丞主办时期。

杜斌丞，陕北米脂人，西北民盟的创建人，著名的教育家和政治活动家。1917年，他毕业于北平国立高等师范学校。1918年，杜斌丞接任榆林中学校长。

杜斌丞是一个教育救国论者，主张“德、智、体三育并重”的教育方针，积极传播新思想、新文化，提倡科学民主，反对旧文化和封建迷信，力主学术自由和革命进步。在蔡元培和李大钊等人的帮助下，杜斌丞不惜重金聘请新文化运动健将、中国共产党陕西党组织的创建人李子洲（陕西省委代理书记）、魏野畴等人来校任教。他们宣传马列主义，传播新文化运动，极大地活跃了学生的思想和学术空气，给学校带来了无限生机。以后，杜斌丞又推荐自己的学生马云程、马济川、张光远等共产党人来到榆林中学任教。这批新教师大部分是共产党员和进步青年。他们思想先进，知识渊博，敢于抨击时弊，积极传播马列主义，为陕北革命点燃了星星之火。大革命时期，杜斌丞鼓励刘志丹等一批有志青年进入黄埔军校、广州农民运动讲习所，以及太原学兵团和杨虎城的安边教导队学习，促进和帮助他们尽快走上革命道路。

为揽天下英才以育之，杜斌丞严于治校，精于管理，动员陕北23个县集资教学经费，大力争取榆林道、镇两署的资助，修建校舍330间，购买教具2000余件，耗资36100银币，使榆林中学的规模逐渐扩大。

榆林中学以“博学、审问、慎思、明辨、笃行”为校训，教学办得生气勃勃，远近闻名，深得陕西以及榆林各界的敬重。陕北各县的官员都把榆林中学的学生，看作贵宾。如果本县有一户人家的孩子考上榆林中学，就像清朝中状元一样荣光。县府官员往往前去祝贺或请教，以示重视。各县专门派人驻校精心料理本县学生的伙食，如成立的神府灶、米脂灶等。所以，张秀山兄弟在桃柳沟，以至高家堡都可以说是小有名气。

1928年3月，军阀井岳秀委任留学德国的马师儒博士（原西北大学校长）

为榆林中学校长，后由教务主任马济川（没有暴露身份的共产党员）接任。此时，经过军阀井岳秀武装“清党”，逮捕共产党员和革命人士，迫使中共榆林地委负责人和进步教师马云程、张光远等纷纷离校、离榆，使陕北革命处于低潮。根据陕西省政府颁布的《查拿共产党徒办法》，井岳秀派人严密盘查进入榆林中学的人员和来往信件，使校内党的活动受到限制。

就在这个多事之春，张秀山来到了向往已久的榆林中学，入癸甲班（初中4年制）学习。全班有武开章（建国后山东省委副书记，下同）、郭洪涛（国家能源委员会主任）等43名同学。

在榆林城内，张秀山耳闻贪官污吏腐败透顶，目睹土豪劣绅欺压百姓。当时，城里城外饥饿病死的穷人随处可见，豪华骄奢与痛苦悲惨，形成了鲜明的对比。18岁的张秀山陷入深深的思绪中，他在苦苦地寻求着贫苦百姓人生的出路。

那时，学校凡集会必须歌唱《革命歌》：“农工商学兵，团结到底，实现那三民主义，铲除共党，消灭奉张……”

一个国民党党员写了一篇题为《马克思进文庙》的反动文章，骂共产党“共产共妻”，诽谤说“孔子曰四海之内皆兄弟也，马克思说四海之内皆吾妻也”，使不少天真烂漫、思想单纯的青年学生受到蒙骗。对此，张秀山深感疑惑。对这些漫骂的语言，他认定绝不是好货色。

第一个学期，张秀山除了刻苦学习功课外，还潜心阅读一些军事书刊。执着的张秀山一心想学习军事，他要拿起枪杆子为穷人说话。

1928年暑假，张秀山没有回家。他和几名同学一起私自去了太原，想报考北方军官学校。可是，等他们到了太原，军校考试日期已过。没有办法，张秀山就与同学们报考了美术专科学校。他们在那里学习了半年，以等待时机。在太原，张秀山亲眼看到大批失业工人、知识分子，以及城市贫民流浪街头，过着痛苦悲惨的生活，而军阀、官僚资本家更加反动腐败，还疯狂捕杀陕北来的进步学生。在军阀白色恐怖的高压下，人们仍然在小声谈论着共产党散发的传单内容，谨慎地议论他们的革命活动。张秀山和陕北来的同学一样，无法继续这里的学习，只好在冬天来临的时候，返回了家中。父母看到孩子安全地回来了，也没有责备他。

五、走上革命之路

1929年春天，张秀山回到榆林中学，插班继续学习。此时，榆林中学的中共党组织逐渐恢复起来。在校长马济川（共产党员）的倡导下，学校开始有计划、有组织地安排开设内容丰富、形式活泼的演讲会、辩论会、研究会，指导学生课外阅读，进行理想教育。为了保护党组织的安全，方便往来，学校打通了南边围墙到药王庙平民学校的地道，给党团组织夜间活动提供了方便条件。由于教师中党员和进步人士占大多数，学校开展的各项活动，实际上变成了传播共产主义的舞台。

在进步教师引导下，学生的思想空前活跃，学习自觉性和生活自主意识得到了很大的提高，校内的政治形势逐步从低谷中走出，榆林中学变成了陕北高原进步文化的摇篮。

从这时起，张秀山开始接受马克思主义的启蒙教育。他详尽阅读了一些革命书籍。如《共产党宣言》《国家与革命》《马克思主义浅说》《唯物史观》《社会问题》等。张秀山渴望更多地了解外部世界，大量阅读新文化运动以来的新文学书刊，尤其是《新青年》《向导》《共进》《俄国革命史》等进步书刊，更加激发了他救民于水火的革命志向和极大的学习热情。

五四运动和马列主义的传播，李大钊、陈独秀等人的革命思想和伟大实践，与党员同学的朝夕相处，促使年轻的张秀山在追求真理的过程中，世界观和人生观发生了根本转变。他逐步认识到："一个青年只有干革命，参加共产党，才能推翻国民党的反动统治，才能救中国，解除人民疾苦。"①张秀山从此走上了革命之路。

张秀山追求进步，向往革命，积极靠近学校的党员，因此学校里的党团员也主动地接近他。一到星期天，他常和党团员到城外向农民进行革命宣传。3月底，学校里的黄培中、李彦希俩人介绍张秀山加入了共产主义青年团。那一天，在榆林城南门外金刚寺里举行了入团宣誓。一起入团的还有同学曹华山。在入团仪式上，他们向团组织表示了献身革命，不怕吃苦，不怕流血，不怕牺牲，为共产主义革命事业，为劳苦大众的翻身解放而奋斗终身的

---

① 张秀山：《我的回忆》（未刊稿），1988 年。

决心。入团以后，张秀山更积极地开展各项革命工作，不久他就担任了团小组长，后来又担任了宣传干事。到了1929年的下半年，党内开始学习党的六大决议文件。通过学习，他进一步懂得了中国革命的性质、动力、任务和前途一些问题。到了这年的秋天，经过党组织批准，张秀山由共青团转入共产党，成为一名中国共产党党员。

榆林中学学生会的工作是党领导的。学生会的负责人大半是中共党员担任。党组织在同学中组织成立了社会科学研究会，研究马列主义，从而带动和组织了许多同学在这期间阅读了《马克思主义浅说》《社会问题》等一批革命书籍。对各县来的学生，他们在学校还分别组织了同乡会。党员就利用同乡会，宣传马列主义。张秀山组织了佳县同乡会，还出了会刊。张秀山在会刊上写文章，揭露贪官污吏和佳县的北霸天、大土豪贺德广。张秀山把他的名字写成"货都光"，其意是说他将来人财都要光。那时，党在榆林的宣传工作搞得很活跃，晚上常派一些学生到街上贴传单。白天也常把传单折成小方块，巧妙地偷偷放入米店仓子的小米里，以此来宣传革命，扩大党的影响。在学校图书馆的阅报室里，党员们把凡是《大公报》或其他报刊上登有红军的消息，都用红笔框起来，以引起同学们阅读时注意。同学们也都很关心南方红军和苏区的消息。张秀山等党团员在学校里还积极组织校内的工友，向他们做宣传工作。到了星期天，还组织学生去城里的工厂、作坊，向工人群众宣传革命道理，组织工人运动；到城外农村向农民群众进行宣传，鼓动农民反对地主阶级压迫剥削。与此同时，党组织还在社会上开办平民学校，组织党团员给贫苦人家的孩子讲课，传播革命道理。党组织还布置党员利用各种社会关系，在井岳秀的部队里发展党员，扩大党的力量。这个时间，张秀山在井岳秀的炮兵营里介绍过两个人入党。其中有一位叫张怀树的，后来才知道，他在1932年被敌人发现杀害了。那个时期，党团员对待组织分配的工作都很积极，每天或隔一天就要向小组长汇报工作。到了傍晚，学校的操场上经常有二三人在一起，边走边谈，大多是党团员在向组织汇报工作。

榆林的整个形势对共产党很有利，在社会上已初步形成一股政治力量，党外的一些开明人士也同情共产党。1929年，杜斌丞先生从外地来到榆林，在榆林中学给学生作了一次讲演。他讲到对中国政治形势的看法时，批判了国民党所宣传的"党外无党，党内无派"的荒谬说法。他说："党外无党，实际上是党外有党。比如说共产党就是一个。党内无派，实际上是派系很多。蒋、冯、阎、李各成派系。而且蒋系内还有很多派系。”杜斌丞先生的讲演，对教育青年学生认清国民党反动派背叛革命，镇压、屠杀共产党人和广大人民群众的罪行起到了一定的积极作用，对学生们的思想也有很大的教育和启发。同时，他在讲演中也说明了共产党已经成为一支不可忽视的政治力量。这对我们党组织发展十分有利。

这年的暑假，张秀山回到家里。父亲得知他闹学潮很出名，怕他出意外，便告诫他不要去管世上不平的事，因为这些事太多了，就是用铁刮子刮，也刮不净。张秀山不听，引起老人们的不满。

同年秋，陕北米脂发生反共的“中秋节事件”，中共陕北特委被迫秘密转移到榆林中学。特委负责人都在学校担任公开职务。特委秘书长兼宣传委员的刘澜涛，以半工半读的高中生身份兼教务刻写员工作；特委组织委员兼农运委员的冯文江担任教师；团特委书记兼榆林县委书记李文方等人也在学校里隐蔽工作。学校党的工作得到进一步加强。

校长马济川调走后，在中共党组织的领导下，张秀山等人率领同学们与学校的反动势力进行了激烈的欺骗与反欺骗，毒害与反毒害的斗争。

1929年11月7日，榆林中学的党组织为了纪念十月革命，组织了以张秀山等人为首的五个“飞行队”，每队四人。他们机智勇敢地走上街头，张贴庆贺标语。一夜之间，庆祝十月革命的红绿标语贴满了榆林城的大街小巷，使人民看到了革命的力量。

从1930年起，国民党反动派强制推行“三民主义”教育方针，强迫学校集会时必须歌唱《国民党党歌》、诵读《总理遗嘱》，引起了广大师生的反感。党组织根据群众情绪，利用其党歌“三民主义，吾党所尊，以建民国，以进大同……”的歌词，针对国民党背叛三民主义的事实，巧妙地改写了揭露和诅咒国民党的传单。传单一经散发，师生争相传阅，引起群众的共鸣，影响很大。一名平时不大关心时局的教师谢子恒看到后，就在课堂上给同学们朗诵起来：“杀民主义，狗党所尊，以卖民国，以坏大同。军阀官僚，残害人民，矢勤矢勇，屠杀工农。工农联合，狗命送终，党外无党，帝王思想。党内无派，千奇百怪。恭读遗嘱，阿弥陀佛。”他笑着说：“‘恭读遗嘱，阿弥陀佛’这句，我实在赞成。”在场的张秀山和同学们会心地大笑起来。

张秀山参加了共产党，在学校领导组织佳县同学会，在会刊上发表揭露和抨击佳县万镇大地主贺德广和其他贪官污吏罪行的文章，引起了反动当局的仇视和极大注意，他和堂兄张鸿恩、佳县同学崔继浩受到了佳县反动当局的通缉。

1930年2月（临近正月底）的一天，当时学校放寒假，张秀山正在家中帮助父母碾米。突然，三名佳县的警察闯了进来，他们拿出佳县县长陈王官的“红谕”，大声念道：“共产分子、张如德之子张鸿毓……”他们不由分说，就把张秀山用铁链捆绑起来，要立即将其押走。张秀山一边挣扎，一边大声怒斥：“我犯了什么罪，你们随便捆人？走！去见你们县长。有什么了不起！”警察们本来都是大烟鬼，走了两天路，累得要死。如果立即押走，上哪儿去要吃、要喝、要鞋脚钱。他们听到张秀山的父母恳求的话，一个叫高喜的警察就说：“那好，你们家请个人来，先把他保起来，我们明天再走。”张秀山的父亲立即找来村长张鸿元出面作保，又准备了酒席，警察们才把张秀山身上的铁链解开，跑进屋里吃喝去了。

在生死攸关的时刻，为救儿子逃脱敌人魔掌，父亲决定冒死顶罪。他对张秀山说：“你犯的是共产党的案子，可不得了，就是不死，一辈子也出不来……就是死，也得先死老子，那有先死儿子的道理。你今天晚上，就赶快逃跑吧，明天由我替你顶官司。”张秀山不答应，但是父亲更不答应。全家人一夜无眠。到了鸡叫头遍，父亲来叫起张秀山，硬是赶着儿子赶快逃跑。无奈，张秀山含泪匆匆地离开了家门，直奔西北方向几十里远的高家堡亲属家。

同时，住在隔壁的堂兄张鸿恩得知消息后，躲避到桃柳沟村北面18里外的高仁里峁的岳父家住了一夜。第二天，张鸿恩去了高家堡与张秀山会合，两人一同返回榆林中学。

天亮后，来抓人的警察发现张秀山跑了，便气急败坏地向张父要人。为减轻罪责，警察们把张秀山的父亲和作保的村长抓往县城。

桃柳沟村距离佳县150里，在警察们把张秀山的父亲押往县里的途中，耿直忠厚的老人独自承担了所有罪责。他对警察们说，村长什么都不知道。他把从家里带来的钱全部交给了警察们，警察们接了钱，便释放了村长。而张秀山的父亲却受尽折磨，关押了很长时间。后经村人担保，花了很多钱才放回来。

张秀山未曾想到，此次一别，竟是他与父亲的诀别，从此父子天各一方。

张秀山与张鸿恩逃离了魔爪，可他们的同学崔继浩（中共党员）却不幸被反动当局逮捕。崔继浩的家住在距离佳县40里的通镇，他得知张秀山逃脱虎口，就一口咬定所有的“罪行”都是张秀山干的。学校出会刊和搞同乡会与自己毫无关系。反动当局没有办法，把崔关押几个月后就放了出来。1932年春，张秀山到甘肃靖远组织起义时，与崔继浩见了面，但崔继浩后来在兰州兵变中光荣牺牲了。

张秀山回到榆林中学后，反动当局派人来榆林追捕。他们不敢公开到远近闻名的榆林中学抓人，就去驻榆林井岳秀部炮兵营找来一个佳县籍士兵，让他到学校打听张秀山是否在校。说来也巧，这个士兵名字叫屈子荣。张秀山和张鸿恩在佳县高小上学时，屈子荣曾经给他们做过饭。因为年龄差不多，大家都成了好兄弟。后来，张秀山和张鸿恩考到榆林中学读书，屈子荣也来到榆林的军阀部队当兵。不久，张秀山就介绍屈子荣入了党。屈子荣得到消息后，立即来到学校告诉了张秀山。党组织便把张秀山安排在党员黄丕文的亲属家里，暂时隐蔽起来，躲过了敌人的抓捕。

张秀山惦念父亲和亲属们的安危，就叫张鸿恩抽空儿回老家，打听一下消息。谁知张鸿恩刚一出城，就被埋伏在城东门外无量殿里的警察捉住。紧急之下，送张鸿恩出城的几名同学在地下党的帮助下，冒着生命危险，把他抢回了学校。

几天之后，形势变得愈来愈紧张。张秀山的学习和工作仍然不能正常进行，人又不能老躲着，他心里很着急。中共陕北特委委派杜鸿章同志找张秀山谈话：“你在榆林是待不下去了。现在有两个办法：一是到北平读书；二是到宁夏军阀部队里去做兵运工作。”①党组织希望张秀山去搞兵运工作。张秀山表示响应党的号召，去军阀部队搞兵运，他要拿起武器和敌人斗争。

临走之前，张秀山把张鸿恩找来，嘱咐他要努力学习，跟着共产党干革命，在局势平稳后，再回家看看，并让张鸿恩把自己当兵的事情转告家中父母，不要为他担心。

---

① 张秀山：《甘肃、宁夏兵运工作回忆》，载《甘肃党史资料》第三辑，甘肃人民出版社1986年版，第41页。

过了几天，张秀山就和同学曹华山一起动身了。因为佳县反动当局仍然派人守候在榆林城南门外，张秀山就在几个同学的护送下，从西门出城，沿着榆溪河到南关外。曹华山雇了两头骡子驮着俩人的行李，直奔那里。两人会合后，按照党组织的安排，奔赴宁夏当兵。从此，张秀山开始了职业革命的生涯。

|第二章|
兵运工作

一、在学兵队

1927年，党的八七会议纠正了陈独秀右倾机会主义路线，确定了土地革命和武装反抗国民党反动派的总方针。9月，中共陕西省委召开会议，通过了农民斗争和军事运动的议案，强调党必须掌握武装力量，组织革命兵变，准备武装起义。1929年，陕北特委第二次代表大会决定，派大批党团员打入军阀部队，搞兵运工作，以"借水养鱼"来发展党的武装力量。

1930年春，蒋、阎、冯中原大战前夕，冯玉祥把主力部队调到河南一线，准备开战。为巩固后方，他委任包头土匪出身的苏雨生担任宁夏骑兵四师师长，留守宁夏。苏雨生乘机大肆扩军，不管什么人，只要投靠他就收编。苏部共编了三个旅。

苏雨生的七旅是他起家的老部队。旅长马大牛，包头土匪出身。全旅1000多人，都是骑兵。收编的八旅谷莲舫部、九旅石子俊部，都是从陕北来投靠他的。他计划收编包头土匪杨侯小部为十旅。他还任命谢子长为十一旅旅长，计划把地方武装杨根伍、周维奇等策动到宁夏来，结果十旅、十一旅均未收编成。苏雨生最后委任谢子长为九旅名义上的副旅长。而八、九两个旅都是步兵旅，每旅只编两个团，每团4个连，每连只有几十人，装备差，人多枪少。

中共陕西省委非常重视苏雨生部这次扩军机会，先后派刘志丹（十六团副团长）、谢子长、张东皎等人前去搞兵运工作，①争取抓到武装力量，准备

① 王世泰：《回忆我的红军生涯》，中共甘肃省委党史资料征集研究委员会编印，1993年版，第13页。

组建红军游击队。同时，中共陕北特委在苏雨生部成立了中共特别支部，直属特委领导，由张东皎任书记。①正好此时，苏雨生派张东皎为代表，来榆林与军阀井岳秀接洽，张东皎向特委提出，要求多派党内同志打入苏雨生部。

1930年3月，张秀山、曹华山等受党组织委派来到该部八旅十五团（驻地宁夏平罗县姚合堡）。该团团长王子元，副团长张东皎，后移驻李岗堡（今兰县）。开始，张秀山任团部军需官。但是，他觉得这样无法学习军事、带兵打仗。他坚决要求下二连当兵，得到了批准。

过了一段时间，副团长张东皎在该团组织了学兵队。全队共40多人，中共党团员占大多数。张东皎兼大队长，高岗任分队长。张秀山任班长兼学兵队中共党支部书记。②

在军阀部队里，士兵生活和训练异常单调、呆板，但在中共党组织直接掌握的学兵队里，军事、政治和文化生活却搞得很活跃。学兵们学习典范令、骑兵战术及测绘等军事科目，经常唱少年先锋队队歌，上政治课，学习马列主义，讨论共产主义等问题。同时，党支部特别注意对学员进行政治思想教育。

以前，张秀山从来没有拿过真刀真枪，更不要说站岗放哨、行军打仗。第一次黑夜拿枪站岗，第一次冲锋打仗，刀枪见血，他心情都特别紧张。张秀山后来回忆那段经历时说：

> 在甘肃当兵的时候，我觉得这是我最好的学习，对我是个教育。我这个人是知识分子，是小资产阶级出身，家庭是富农。我在榆林中学入党时，非常胆小。我想将来革命要暴动怎么办呢？记得有一次晚上发传单，我就提心吊胆，有些害怕。因为那时没有得到过锻炼，在中学工作中如果暴露了，国民党就要通缉。
>
> 那年春天，家里叫我到北平去升学，党的指示叫我到宁夏去当兵。我就想，到底怎么办呢？经过思想斗争，最后决定了。我想既然是一个共产党员，就要执行党的决议，就去当兵了。就是说，并不是一个人入党后，就是一个布尔什维克。任何一个小资产阶级出身的人入党后，没有经过锻炼就

---

① 中共宁夏回族自治区委党史研究室、党校、档案馆编：《中共宁夏党史大事记》，宁夏人民出版社1991年版，第19页。

② 中共宁夏回族自治区委党史研究室、党校、档案馆编：《中共宁夏党史大事记》，宁夏人民出版社1991年版，第19页。

是布尔什维克，这种说法是不对的。我到了宁夏以后，就发生了问题，究竟是当兵好？还是当官好？我去时，人家是刚成立的军队，我一去就派我到军需处当军需官，我就去了。这时，党内正讨论党员应该做什么工作？党组织认为一定要当兵，同士兵结合起来，然后才能把党的工作做好。当时我想：当兵那么苦？怎么能行呢？此时，是当兵好？还是当官好？我的思想就在斗争。当官是为了个人，当兵是为了革命和为党工作，所以我就脱下军官装，换了一套衣服就当兵了。当时苦的我是灰溜溜的。在夜里路口放哨时，有个老鼠一跳，我心里就跳，怕是敌人和土匪来了。当兵以后，我才知道当军官也是不容易。我记得在中学读书的时候，从旧军队上请了一个教官，是一个排长。那个排长简直不会讲话，我就看不起他。知识分子是自高自大，不了解自己。那时，我自己就是这样。但是，当兵参加战斗以后，不仅看见一个排长有本事，就是一个班长或者一个老兵，也都有本事。当时，我当的是二等兵。这时我才知道知识分子是无能的，所以在思想上起了变化……①

坚定的革命志向、残酷的斗争现实，使张秀山很快成长起来。他硬是靠着坚韧的革命毅力和良好的身体素质，在实战中摸爬滚打，很快就锻炼成长为一名政治上成熟、军事上过硬的优秀战士。

1930年5月，冯玉祥因中原大战，急调苏雨生去甘肃平凉接防，张秀山所在部队奉命开拔。部队行进途中，在甘肃固原与当地军阀黄得贵发生冲突，有数名党团员牺牲。

半月后，冯玉祥中原大战失败，陇东土匪出身的军阀陈珪璋部抢占了平凉，苏部只好返回宁夏。部队到了宁安堡，遭到了宁夏马鸿宾部冶成章团阻击。双方展开了激烈战斗，一个多月后苏部才攻下城堡，把它抢劫一空。

在宁安堡，因不满苏雨生昏庸无能，跟他起家的老部队马大牛七旅，率先哗变，脱离出走。此时，长期跟着苏雨生打仗，人员、武装等装备都得不到补充的八旅、九旅，也联合苏部师直属骑兵连，抢了苏部师的军械处枪支和物资，哗变上了罗山。

哗变前，八旅旅长谷莲舫不愿意走，但其部下十五团和十六团早已与九旅、师部骑兵连商量好哗变的有关事宜，他只好跟从部队。等哗变部队转移

---

① 张秀山：《在西北历史座谈会上的发言》（1945年7月14日），存中央档案馆。

到下马关（预旺县）时，谷莲舫就脱离了八旅。十六团团长张廷芝率团先消灭了苏部师直属骑兵连（已改编为八旅三团），后带着收编的周维琪骑兵队，返回了陕北。这支部队，后来成为红军和游击队的死对头。

苏部剩下的九旅和八旅十五团，正与兰州的原冯玉祥部师长雷中田暗中联系收编事宜，中共党组织大部分都在这些部队。考虑到党掌握这些部队和发展革命武装的需要，张东皎、黄培中、张秀山等人决定，支持投靠兰州雷中田师，驻兰州、定西、靖远一带整训部队。

在军阀混战中，学兵队的党员不仅多有伤亡，而且思想相当混乱。为了稳定部队情绪，坚定革命信心，张秀山坚持对党员进行革命理想教育。由于党内文件丢失，党员学习没有教材，张秀山就和其他同志一起，靠记忆把党的六大关于中国革命的性质、动力、任务和前途的基本精神记录下来，编写成教材，给党员上党课。张秀山还利用该部军阀与哥老会的矛盾，做了大量艰苦细致的思想政治工作和组织工作，保存和发展了这支革命力量。

张秀山领导学兵队党支部，利用写诗、编秧歌剧、演文明戏等多种文化娱乐形式，揭露军阀混战，土匪猖獗，兵匪一家，置人民于水深火热之中的残酷现实。

如当时学兵队的同志们写的一些诗词，曾这样描述："甘肃封建割据，股头统治人民，搜刮剥削，苛捐杂税。官兵变土匪，土匪变官兵，民不聊生，十室九空。"

还有反映部队实际情况，声讨军阀混战的："宁夏出发打固原，固原退回打宁安，石子俊要上罗山。上了罗山回头看，看见八旅没法管，起阴谋解决三团（石子俊打八旅收编三团）。固原死了姚团副，宁安死了韩参谋，士兵们死得真苦。队伍到了下马关，穿衣吃饭真困难，派代表四处蹭赶（陕北土话找主的意思）。"

也有控诉军阀腐败的："天天起来抽大烟，扣军饷不要球脸。旅部驻在定西县，扣了军饷成千万，内官营队伍捣蛋（官兵闹饷）。"

讽刺"三多"司令石大眼（石子俊）："官比兵多，兵比枪多，枪比子弹多。"

更有抒发少年壮志的："从军今半载，遍足陇东行，历尽千般苦，挥刃未甘休，誓愿杀敌尽，旋里伴耕牛。"

部队到了新的驻地，在张秀山的带领下，学兵队党支部联系部队实际，编写排练一些内容进步的秧歌剧和文明戏，给士兵和当地的老百姓演出，开展宣传教育，大造革命舆论，沿途播撒革命火种。

二、宁远事变

1931年2月，学兵队在定西毕业，大部学员被分到该部八、九两个旅当了下层军官，成为中共兵运骨干。张秀山被分配到十五团一营二连当司务长。在通渭县攻击“回军”的马营战斗后，他当上了排长。在党内他仍兼任该团一营中共地下党支部书记，该部党组织直接受中共陕西省委领导。

学兵队学员毕业后，许多党员都当上了军官。但有的党员个人主义膨胀，只想自己升官发财，不肯为党工作，甚至投靠了军阀，脱离了革命。从宁夏出发后，部队就与陕北特委失去联系，部队的情况就更加复杂了。张秀山带领党支部加强党员教育和党员发展等方面的工作，加大控制部队领导权的力度。同时，他介绍姚兴本、毛占祥等一批革命意志坚定的同志入了党。经过党组织一段时间的工作，官兵对党的认识普遍得到提高。

1931年3月，张秀山所在十五团王子元部驻守定西县宁远镇，石子俊的九旅驻定西县城。王子元团虽然不隶属石子俊九旅，但石子俊总想吞并王子元团。从宁安堡哗变开始，石子俊就责怪王子元团私自抢了苏部军械处的枪弹和物资，收编军械处的人员。八旅旅长谷莲舫出走，十六团返回陕北后，石子俊加紧暗地活动，阴谋搞掉王子元团。

张秀山说：

> 我们当时是利用军阀矛盾，采取拥护王子元反对石子俊的办法。拥护王子元的原因是因为他没有基本实力，他的部队里大部分是共产党员，而他又不排斥共产党。但石子俊就不然，他有基本实力，他是排斥共产党的。①

有中共党员军官的支持，王子元自然不甘示弱。因双方都是陕北人，势力都不大，虽然矛盾愈演愈烈，但始终没有分开。在相对环境稳定了一段时间

① 张秀山：《在西北历史座谈会上的发言》（1945年7月14日），存中央档案馆。

后，石子俊用重金许诺王子元团一营营长陈国宾哗变后为十五团团长，并满足陈一切改编条件。于是，陈国宾为投奔石子俊做好了准备工作。

一天晚上，陈国宾召集一连连长沈毅民（中共党员）和二连连长柴明堂开会（该营共有三个连），阴谋策划缴团长王子元的枪，陈自己当团长，然后去投靠九旅旅长石子俊。会后，沈毅民立即向中共地下党支部汇报了此事。张秀山与党支部委员高昆山、王明贤同志紧急研究后认为，如果陈国宾和石子俊勾结成功，我们带兵的党员军官就会被撤换，为保存我党在部队的实力，必须坚决反对陈、石的这一阴谋。

党支部决定，派张秀山向团长王子元通报这一消息。王子元得到消息，立即带着护兵逃离了险境。当二连连长柴明堂带兵去抓他时，扑了空。就这样，张秀山等利用军阀分歧，采取"拥王反石"的办法，进一步加深了军阀内部的矛盾。王子元公开打出反对石子俊旗号，史称宁远事变。

王子元率护兵逃到一连驻地后，就组织一连和三连准备包围二连，逮捕陈国宾。可迷信十足的王子元临出门跌了一个跟头，认为这样会出师不利，所以按兵不动了，双方也就没打起来，但仇恨愈演愈深。后来，一连、三连和二连在宁远镇前、后街形成了对峙。这时，石子俊派参谋长杜立亭出面调解，陈国宾率二连投奔了石子俊部，驻进了定西城内。石部后来开到静宁，归孙蔚如后又开到庆阳、合水一带。该部中共党的组织，从此分为两个部分。因为张秀山是二连的排长，所以他跟着二连进了定西城。党组织怕张秀山暴露身份，负责人石子健决定，让张秀山和高岗到平凉找刘志丹继续搞兵运工作。①后来，高岗到西安向上级汇报工作去了。

张秀山走后，该部的党组织仍然坚持活动，一直到1945年，曹又参任旅长时率部起义，参加了中国人民解放军。

三、初识刘志丹

1931年4月，张秀山在平凉找到了刘志丹。刘志丹，陕西保安（今志丹县）

---

① 张秀山：《甘肃、宁夏兵运工作回忆》，载《甘肃党史资料》第三辑，甘肃人民出版社1986年版，第47页。

人，名景桂。1922年入榆林中学学习。1924年加入中国共产主义青年团。1925年，转为中国共产党党员，同年冬入黄埔军校四期学习。1926年秋，毕业随军参加北伐。大革命失败后，在中共陕西省委从事秘密交通工作。1928年5月与唐澍等领导渭华起义，任西北工农革命军军事委员会主席。同年秋，任中共陕北特委军委书记，从事兵运工作。张秀山见到刘志丹后，感到这位同校（榆林中学）学友，像老大哥一样关心自己，不仅和蔼、可敬、可亲，而且斗争经验丰富，处理问题果断。张秀山说：

我与刘志丹第一次见面是在1931年4月。当时他刚刚出狱来到甘肃的平凉，我也从定西到了那里，我们都住在刘宝堂的团部。刘（宝堂）系旧军人，与志丹是老乡，很讲义气。在交往中他与志丹结成了朋友。刘是军阀陈珪璋部特务二团团长，陈很信任他。志丹告诉我：根据省委指示，他正准备通过刘的关系到陈部新编十三师搞兵运工作。我听了很高兴，我们都愿意在志丹的直接领导下工作。

刘志丹经刘宝堂引荐，打入甘肃军阀陇东新编十三师陈珪璋部后，就利用陈委任他十一旅旅长的旗号，秘密为组建党领导的武装招兵买马。张秀山随即当上了该旅旅部手枪队队长。

8月，刘志丹同志想以十一旅的名义，收编在正宁、旬邑县境内活动的土匪李培霄部约700余人的武装。经过谈判，因为刘志丹不能满足李培霄提出的收编条件，致使李培霄率部撤出正宁，到陕西去了。

半月后，陕北军阀井岳秀部的高广仁团约800余人哗变，来到宁县。因为陈珪璋和高广仁早有预谋，所以，高广仁团一进入境内，陈珪璋就任命高广仁为十三旅旅长，命令该部驻防早胜镇。

高广仁原是军阀井岳秀部驻定边县任和亭团的一名军官，后带领该团哗变，暂时投靠了陈珪璋，被任命为十三旅旅长。高广仁的部队武器装备好，弹粮充足，很有战斗力。陈珪璋不放心，就派刘宝堂带领着4个连到早胜镇进行收编，并且商讨日后军事行动。刘宝堂等到达早胜镇没几天，高广仁再次率兵哗变。刘宝堂的部队被缴械。与刘宝堂同去早胜镇的十一旅刘志丹、张秀山等50余人，也被高广仁部扣留。

他们收缴了刘宝堂、刘志丹、张秀山等人的手枪、冲锋枪和全部子弹后，只把没有子弹的破旧步枪留下让他们背着，裹胁着随哗变部队向合水方向行进。途中，刘志丹告诉张秀山千万要慎重处事，静观其变，等待时机，以备脱险。

原来，投靠了杨虎城的苏雨生，又要背叛杨虎城，欲北窜宁夏，杨虎城要陈珪璋在陇东堵截。陈珪璋即令刘宝堂、刘志丹等协助高广仁部共同阻击苏雨生部。谁知高广仁早与苏雨生秘密勾结，共同出击宁夏。致使不知内情的刘志丹、刘宝堂、张秀山等人误入匪穴。

高广仁部官兵土匪出身居多，沿途一路奸淫烧杀，无恶不作。在宁县盘克塬，高部攻打下安吉堡，杀人如麻，后又占西华池，强抢青年妇女数人用骡马驮走，她们的家人和孩子哭声一片。张秀山把土匪的暴行看在眼里，仇恨记在心中，发誓一定要向敌人讨还这笔血债。

当高广仁的十三旅进攻合水县城时，被陈珪璋部主力第五旅蒋云台旅击溃。后来，高部窜到宁夏，被马鸿宾以欢迎宴会形式诱杀了高部排以上的军官，高部被吞并。刘志丹、张秀山等人乘敌混乱之机得以侥幸脱险。当天晚上刘宝堂把刘志丹、张秀山等人安排在合水县城外的东关住下，自己进城见蒋云台，谈早胜镇事变的经过。蒋云台却对刘宝堂说，宁县失守是刘志丹十一旅没有守住，要抓刘志丹。

其实，蒋云台抓刘志丹的真正原因是，前不久刘志丹先于他联系收编李培霄部，致使李部出走陕西，蒋云台的扩军计划落空。还有蒋云台部下的一名连长是太白镇民团团总黄毓麟的儿子，他父亲被刘志丹在太白镇收枪时打死，这个连长要报杀父之仇。刘宝堂和蒋云台会见之后，一吃完晚饭，就冒雨急忙来到东关。刘志丹得知消息，想连夜化装进入午子岭，之后去南梁一带，组织游击队。张秀山、刘景范要求跟着刘志丹一起走。刘志丹考虑到人多不方便，只带王璧成、马锡五两人，这一带他们比较熟悉，可以得到哥老会的保护。刘志丹等人连夜脱身去了合水蒿嘴铺的贾生财处。

刘志丹等刚走十多分钟，蒋云台就派兵包围了张秀山等的住处——东关的一家客店，敌人搜查一阵没有发现刘志丹，就派骑兵追赶。当刘志丹等人刚刚赶到贾生财处，敌人的骑兵就追来了。贾生财让他们隐蔽起来，用烟酒把敌人打发走，再将他们送到罗家沟圈的赵连璧那里，刘志丹等终于脱离了险境。

刘志丹临走前，让张秀山留下掌握这支部队。张秀山说："志丹和我们几次谈到党中央实行土地革命和武装斗争这一决策的正确性和重要意义。并一再告诫我们，一定要争取带兵，千万不要做‘细腿子’（旧军队对文职人员的称呼）。讲了他在大革命时的沉痛教训。他本来可以在北伐军中带一个营或一个团，但陈独秀右倾机会主义不许，让他在马鸿奎的部队中当了政治处长。结果，‘武汉政变’一发生，他就被从军队中赶了出来。如果带兵就可以起义了。”①刘志丹把张秀山、王世泰、刘景范、董华民、张文元等十几名中共党员都安排在刘宝堂的特务团一营一连和三连。

刘志丹向刘宝堂交代，一定要保证张秀山等人的安全。张秀山得知刘志丹这样关心同志，内心十分感动。行前，刘志丹还对张秀山说，请转告全体党员，要在陈珪璋部队积极创造条件，寻找机会搞起义，为革命拉出武装来。张秀山表示一定完成任务。

四、平凉兵变失利

1931年9月上旬，张秀山等人随刘宝堂的部队回到平凉。张秀山因为给刘志丹当过手枪队队长，刘宝堂让他在陈部特务团一营一连当了班长，后又当了排长，其他十几名同志都是士兵。这些同志虽然分散在各班，但是在张秀山的组织下，大家特别团结。

以后，中共党组织在该部建立了地下党支部（中共陕西省委称其为“营委”），张秀山任书记，王世泰为组织委员，曹华民（一营书记官）为宣传委员，受中共陕西省委直接领导。②张秀山等人以一连、三连为重点，积极发展中共党员队伍，后发展到十七八人。

在军阀部队里，连级以上军官，一般都有几房老婆。他们整天吃喝玩乐，部队里的管理和训练一般由副手进行，部队纪律涣散。张秀山看准这一时机，要求中共党员在各方面做出样子，建立威信，形成连队中士兵的核心。

一次，在平凉举行的全团运动会上，一营一连、三连的中共党员几乎拿

① 张秀山：《裹革沙场虽死犹荣　纪念先烈以启后人》，《解放军报》1980年4月1日。

② 王世泰：《回忆我的红军生涯》，中共甘肃省委党史资料研究委员会编印，1993年版，第37页。

了所有比赛的前一、二名。张秀山在3000米的比赛中还获得了第二名。这些成绩使中共党员在全团露了脸，也给学生兵赢得了很高的威信。特务团团长刘宝堂自然也沾沾自喜，因为张秀山、王世泰等人给他撑起了门面。加上张秀山等人都有文化，平时教士兵唱歌、学文化，帮助写信。他们与大家以诚相待，利用结拜兄弟方式，团结大部分士兵和班、排长，渐渐地把大家吸引到了党员周围。当官的看到这些学生兵把连队搞得热热闹闹，很有生气，也很高兴。

在此期间，张秀山写信给中共陕西省委，汇报了在这支部队开展兵运工作的情况。为了保密，张秀山在假家信的背后，用白矾水写报告。对方收到后，用碘酒一抹，内容就显示出来了。

九一八事变后，中共陕西省委派谢子长、李光明来平凉检查张秀山处的兵运工作。谢子长，陕西安定人（今子长县）人。1924年任安定县民团团总，1925年加入中国共产党。1927年10月参与领导清涧起义。1928年5月参与领导渭华起义。1929年任中共陕北特委军委委员，从事兵运工作。

谢子长和李光明住在县城东关的一个小店里。当天晚上，张秀山和王世泰、曹华民同志前去小店汇报兵运工作。张秀山见到谢子长非常高兴，他拉着子长的手，嘘寒问暖，好像见到了自己的亲人。张秀山早就听说过谢子长，但未见过面。谢子长听完张秀山的汇报很高兴，肯定了他们的工作成绩，要求他们按着原有的计划加紧工作，积蓄力量，等待时机迎接红军陕甘游击队的到来，适时举行武装起义，把部队拉入革命阵营。他还要求张秀山等人注意加强抗日宣传，启发士兵们的爱国主义热情，鼓励他们坚定革命信念，确保起义成功。

中共陕西省委后来来信指示：组织士兵以改善生活名义，罢岗罢操，公开上街游行，扩大政治影响。张秀山等人考虑到党的力量薄弱，罢岗、罢操时机不成熟，公开上街游行则党的组织可能暴露，会遭敌人报复而没有执行。前些日子，该部教导团教官、中共党员刘耀西，因公开教授马列主义理论，让坏人告了密，被陈珪璋抓捕，导致中共在该团的党组织遭到破坏，中共党员贺晋年、史可法等人逃离脱险。此时，张秀山等人正在捕捉有利时机，准备按陕西省委指示组织起义，把部队拉出来，打出革命红旗。刘耀西的被捕，使张秀山等人的处境十分危险。为了组织起义，张秀山置生命于不顾，坚持继续工作，拒绝出走。刘耀西宁死不屈，没有泄露党的机密，最后壮烈牺牲，才使该部中共党组织得以保存下来。

正当张秀山、王世泰等同志积极积蓄力量，筹划起义时，1932年2月（旧历正月十五晚），杨虎城部孙蔚如的十七师与陈珪璋部突然发生了火并。

事前，张秀山等人曾开会分析过军阀部队存在的火并问题。1931年冬，杨虎城派孙蔚如十七师，协同陈珪璋部打败了兰州军阀雷中田师，攻占了兰州。杨虎城很可能再对陈珪璋部下手。他们预计可能发生杨、陈火并，认为这是组织兵变的好时机。他们计划在战斗打响后，乘机组织兵变，进行起义，把一营拉出去，经宁县、正宁到南梁加入中共陕甘游击队。

果然，不出张秀山等人的预料，在1932年旧历正月的一天晚上，孙蔚如借请陈珪璋在兰州城里吃饭之机，谋杀了陈珪璋。半夜，杨虎城部从兰州—平凉源州一线同时向陈珪璋部发起进攻。不巧，进攻前一天晚上，张秀山所在排突然奉调前往平凉东城门，离开了原部队，由此他们与王世泰等同志失去了联系。

杨虎城部在这天半夜12点钟突袭陈珪璋部，一举打垮了陈的部队。张秀山排所在的东门楼，是杨虎城攻城主力部队黄团的重点突破口，所以战斗一开始，双方就展开了激烈的争夺战。由于张秀山身边只有15名士兵，每人只有几发子弹，彼此实力悬殊很大。何况装备精良、战斗力强的黄团又是有备而来，很快东门楼防线就被突破。趁攻城士兵前来缴枪的时机，张秀山等人跳下城楼，突出了重围。

这次战斗打得特别残酷，该部的中共党员大部分失散或战死。起义行动的意外夭折，使张秀山十分痛心。张秀山和同志们辛辛苦苦工作几个月，眼看着就要起义了，结果这次战斗导致起义部队骨干有的牺牲，有的失散，部队之间也失去了联系。

王世泰等人在城内，因与张秀山联系不上，无法单独采取行动，也被杨虎城部队缴械，后转入该部做兵运工作。张秀山跑到平凉城东关外，在曾给刘志丹当过参谋的朱力生家里，换了一身便衣，然后到二十里铺他的亲属家暂避了几天。之后，张秀山来到西安找到中共陕西省委，汇报了起义部队的情况。他要求到红军陕甘游击队工作。但省委考虑到张秀山在王子元部工作过，仍决定派他回靖远王子元部继续搞兵运工作。

五、靖远起义

1932年3月，张秀山带着中共陕西省委关于组织策动王子元部起义的指示，搭乘杜斌丞先生的汽车到了会宁，后沿着祖历河川走了三天，到达靖远王子元部。

原来，在定西县九旅与八旅十五团王子元部发生冲突后，兰州的雷中田就将王子元部改编为工兵营，调到兰州。1931年8月，王子元部奉雷中田的命令，在兰州攻打马鸿宾部立了功，被雷委任为甘肃保安司令部第三游击司令。

后来王部奉命返回靖远驻防。在杨虎城联合陈珪璋进攻雷中田部，双方在定西清凉山鏖战时，王子元就派高昆山（中共党员）为代表，到会宁与杨虎城部孙蔚如的十七师联系投诚改编事宜。此前，杨虎城通过杜斌丞先生已经与石子俊、王子元联络好此事。此后，雷中田部一个炮兵营败退到靖远，王子元立即将该营全体士兵、九门迫击炮，以及所携枪支，缴械收编。王子元当即受到杨虎城嘉奖。1931年11月，杨虎城命孙蔚如出任“甘肃省宣慰使”，责成他带领三十八军（十七师）进驻兰州，主持甘肃军政。

张秀山来到王子元部时，他们已经易帜杨虎城麾下，部队改编为甘肃警备三旅。王子元任旅长，张东皎任副旅长（中共党员）。参谋长杜香亭，副参谋长姚绍芳（原中共党员，后叛变），参谋主任孙作宾（中共党员），副官主任李罕言（中共党员），军需主任窦子章，执法主任王儒林（中共党员）。全旅下属3个团建制，一团团长毛仁义，二团团长牛化东（中共党员），三团团长杨梓才。团直属编有特务营、骑兵营和炮兵营各1个，共有1000多人。王子元编制成1个旅实际上是个空架子，目的是向孙蔚如多要一些武器装备，以扩充势力。

该部有中共党的组织在秘密活动，开始为党委，后改为团党委。团党委书记张东皎，副书记牛化东。此时，全旅中共党员已经发展到近100名，其中连以上军官党员35人，士兵57人，修械所工人5人。全旅有支部3个，即校官支部、士兵支部和教导队支部。后来担任团党委书记的焦唯炽在给陕西省委的报告中称：“三旅士兵成分，一般来说都是很好的……真正由田野出身的农民占十分之八，他们政治上了解与认识我党，党和苏维埃红军的影响在他们脑海中有深刻的认识。”①

张秀山向张东皎等人传达了中共陕西省委举行革命起义、扩大陕北革命武装的指示，张东皎等人认为举行起义的时机尚不成熟。为尽快了解和掌握部队情况，为革命起义创造条件，张秀山曾经几次找王子元，要求下连带兵，最终得到王子元的同意。

王子元，陕北定边人。他靠从陕北带出的4个连300多人枪起家。可是先后有二连叛逃，三连、四连连长相继离去。王子元仅剩一连是老部队，后改名为二连，在定西宁远也分裂投奔到九旅去了。所以，该部大部分连、排都在中共党员掌握之中。该部以后的扩充和训练，也都是在中共党组织的帮助下搞起来的。尤其学兵队毕业后，大多数党员和进步青年都分到营、连、排做基层军官，为中共控制该部领导权打下了基础。

1929年以来，靖远一带连年大旱，千里赤地，颗粒无收，饥民遍野。许多青年为了吃饭，跑来当兵，王子元部乘机扩充部队，该部一度发展到2000多人。后哗变出走了400多人。

王子元极力扶植自己的势力，把从土匪高广仁那里跑来投奔他的侄子王治邦委任为特务（警卫）连长兼一营营长，王治邦带来的部下全部编入营（也叫特务营），它成为王子元的主要依靠力量。以后，靖远的地方反动民团杨梓才也投奔了王子元，被王任命为三团团长，成为他的重要帮凶。

由于该部党组织一味讲团结，过分迁就王子元，错过了以剿匪名义缴王冶邦、杨梓才部的枪和举行武装起义的最佳时机，使王子元集中枪弹钱粮和马匹，装备了这些部队，撤换了许多是中共党员的营、连、排军官。并用金钱、升官拉拢腐蚀一些党员军官，使他们安于享受生活，娶妻生子，不再革命。如炮兵营长沈毅民、骑兵营长汪兴民等人，就蜕化变质，背叛了革命。结果，王子元的势力逐渐变大变强，部队中党的力量却被逐步削弱。

张秀山来到该部时，王子元已经开始排挤共产党人。张秀山在宁远兵变中，救过王子元的命，碍于情面，他派张秀山去一营一连当排长。

张秀山一上任，就利用连长只顾吃喝玩乐，不管部队的有利条件，着手

---

① 仪三（焦唯炽）：《给中共陕西省委并转中央——关于组织甘肃警备第三旅兵变的报告》（1932年6月12日）。

抓带兵权。他每天带领全连到驻地旁边的古剑道（现县城的大操场）进行军事训练，并利用一切机会，对士兵进行政治思想教育。那时正值九一八事变后，全国抗日怒潮高涨。为配合抗日形势，张秀山把出操口令喊的“一、二、三、四”改为“打倒日本！”“打倒倭奴！”士兵不懂什么叫“倭奴”，张秀山就在全连上早操时，向士兵们列数了日本军国主义的罪行，讲“倭奴”就是对日本侵略者的蔑称，教育士兵坚决不做亡国奴。同时，他大力宣传中国共产党抗日救国的各项主张，揭露国民党反动派不抵抗的卖国罪行，激发士兵们的爱国热忱，反响十分强烈。

张秀山借野外演习之机，把全连带到靖远西关外黄河岸边高大的汲水车旁。清风吹拂，黄河水哗哗流动推着巨大的汲水轮，提上来一斗斗黄河水，浇灌着返青的麦田。士兵们围坐在一起，张秀山站在他们中间，向士兵们讲述了共产党员刘志丹、谢子长领导的陕甘红军游击队，官兵平等，打土豪、分田地，领导穷苦人民闹翻身的情况，启发士兵们的阶级觉悟。

张秀山向士兵们说：“咱们为王子元来当兵卖命，王子元天天在他的公馆里抽大烟，吸兵血。咱们当兵的生活是这样苦，到现在连件单衣都换不上，这叫什么世道！”时值4月下旬，天气转暖。士兵们看看自己身上穿的烂棉衣，戴的破皮帽子，脚上的烂鞋子；想想每天吃的小米稀饭，连三分钱的菜金都得不到。在这些贫苦出身、受尽反动军官欺压打骂的士兵中间，就像干柴堆上放了一把火。士兵们纷纷议论说：“给王子元卖命，还不如当红军去。”经过张秀山等人的工作，王子元部起义条件逐渐成熟。

这期间，中共陕北军委书记王兆卿也来到这支部队了解情况。张秀山与王兆卿就起义问题进行了深入研究。

4月28日，中共陕西省委派谢子长和焦唯炽（化名仪三）同志来到靖远，传达了省委要求尽快组织甘肃警备三旅（即王子元部）举行兵变的指示。因谢子长和王子元是同学，又是把兄弟，所以组织召开中共党的会议和研究一些重要问题，均由焦唯炽出面。谢子长则被安排在县城内地下交通员李发荣的家里隐蔽。

4月30日，焦唯炽主持召开了第一次团党委会议，会上，张东皎汇报了全旅党的工作，焦唯炽介绍了目前形势和陕甘游击队情况，大家着重就该旅士兵的思想状况、发动起义的问题交换了意见。初步商定，从士兵利益出发，以要求发服装、鞋和三分菜金为斗争口号，向王子元开展斗争。

接着，焦唯炽组织召开了第二次党的会议，就立即进行起义展开了讨论。会上，张东皎、苏醒民（教导队长）等人表示，敌人势力大，起义时机尚不成熟，主张等兰州兵变（当时传说那里有两个营兵力要兵变）后再说。党内意见始终没有统一。

谢子长、焦唯炽在王子元部调查了解情况后，决定在该部成立新的团党委，书记焦唯炽，成员由张秀山、石子健（执法队队长）、高尊德（教导队）和一营1位同志等5人组成。新的团党委为发动起义的组织领导机关。团党委设在中共党员比较集中的二团。党员的具体分布是：一团连、排军官9人；二团20余人，其中营、连、排军官6人，士兵10多人；三团是靖远当地民团改编的，没有党员；炮兵营10余人，除营长被党开除外，连、排军官5人，其余为士兵；骑兵营10人，营长1人，连、排军官2人，其余为士兵；王治邦的特务营是王子元的基本部队，没有党员；教导队25人，军官6人，其余为士兵；司令部5人；修械所5人。党组织控制的基本部队是二团二营80余人枪；教导队50人，10余支枪。

此后，团党委和各支部负责人深入士兵当中做鼓动工作，焦唯炽、张秀山等人参加了15个党小组会议。

经过准备，团党委决定于5月3日以请愿的形式，各团、营、连代表以要求发服装、补发菜金为由，向王子元展开面对面斗争，提出限期答复的要求。王子元吸取前些天士兵闹饷引起400多人哗变出走的教训，当天就发给每个士兵3分钱的菜金。第二天，他又发给每人1套单军装。

这次斗争的胜利，鼓舞了士兵们的斗志，也加快了起义的步伐。团党委先后召开了三次会议，研究发动起义的计划和具体方法，最后确定：利用旅部召开军事会议机会，用“一营兵将司令部包围起来，收枪，拘捕一切反动长官”，但具体时间未定。

就在起义前夕，王子元得到了谢子长来到靖远，并且暗地会见张东皎的内部情报。联系到最近部队发生的一系列事情，加上被王子元任命为参谋长的原中共党员姚绍芳叛变革命，向他泄露了中共党组织在旅内的活动情况，引起了他的警觉。王子元在一次有组织的搜查中，意外搜到中共党组织负责人石子健的笔记本，从中发现了起义计划，探知到了起义的消息。

5月5日晚上，王子元突然扣押了副旅长张东皎（中共党员）、执法主任王儒林（中共党员），收缴手枪三支。同时，王子元又收缴了中共党组织掌握的部队——执法队官兵的机枪一挺，步枪十余支。①接着，王子元调特务营和骑兵营进城驻防，又收缴了中共党组织掌握的部队——教导队官兵的手枪十余支、迫击炮两门，以及步枪若干支。

5月6日早晨，张秀山带领全连出完操，转到张东皎的住处，发现门口换上了王子元的护兵。他们拦着张秀山不让进。他机警地转到司令部，找到机要秘书崔继浩（中共党员）询问情况。崔说："昨天晚上闹了一夜，把执法队的枪都缴了，王子元的人正在司令部搜查。"张秀山打听二营营长吕振华（中共党员）的情况，知道没发生意外，立即向谢子长和焦唯炽通报了这一紧急情况，并提议当晚立即发动起义，否则后果不堪设想。谢、焦同意张秀山的建议，决定把张秀山的一营一连、二营、教导队、骑兵营第二连、三连约400人拉出起义。他们约定天黑立即行动，起义部队开到距靖远30里的东湾子，再缴驻那里一个连的枪，然后开往海原方向。

与此同时，起义领导机关团党委与孙蔚如派来的参谋主任（中共驻该部军委负责人）孙作宾接上关系。因为孙作宾是杨虎城部下孙蔚如派来的参谋主任，又是他的同族，身份一直没有暴露，王子元对他有所顾忌。所以，团党委决定把孙作宾同志留下来，让他利用合法身份，继续留在敌人内部，以策应起义和营救被俘的同志，并负责与省委直接联系。

黄昏时分，谢子长、焦唯炽先出东门，住在城外的小店里等候起义部队。

天黑后，二营营长吕振华、五连连长曹炳奎（中共党员）率部在东门准备就绪。张秀山与他们约好行动时间，便马上回到一营一连。

当时，连、排长都已睡觉了。张秀山把他们的枪全部拿出交给士兵，当即以晚点名方式集合部队，宣布今晚就去投奔红军。然后，张秀山率队直奔东门。到了东门，起义部队不知为何已经先行开走。谢、焦住处也空无一人。张秀山便率部沿大路向起义部队撤退方向追去。从路上遗失的许多皮帽子等物品看，起义部队走得很仓促，也未按约定计划去东湾子。张秀山就按照

① 王儒林：《靖远兵暴与陕甘工农红军游击队》，载《甘肃党史资料》第三辑，甘肃人民出版社 1986 年版，第 160 页。

这些“路标”，从杨稍沟口向海原方向追到半夜，到了打拉池才和起义部队会合。

这次靖远起义，原计划拉出400多人，因骑兵营驻防西关未能及时前来参加起义，会合后只有二营、一营一连和教导队共约200多人。经统计，起义部队有枪100余支，其余全部使用大刀和手榴弹。

吕振华、曹炳奎见了张秀山后说，他们在东门等了一阵子还不见来，以为张被扣留了，所以就带部队走了。这时才得知，因向导把路领错，谢、焦两人与起义部队也失去了联系。

第二天清晨，张秀山把所有部队集合起来，代表起义部队临时党委讲话。

张秀山首先介绍了陕甘红军游击队的情况，然后按起义计划，宣布把部队改编为中共陕甘红军游击队第四支队。总指挥谢子长、政治委员焦唯炽。因谢、焦暂不在队，总指挥由吕振华代理，张秀山负责全队的政治工作。五连改编为第一大队，大队长为曹炳奎；一连改编为第二大队，大队长为张秀山；教导队改编为指挥部的直属队。张秀山接着宣布了红军的任务和纪律。随后，命令部队向海原方向进发。

出发前，张秀山给驻海原炮兵营中的地下党员高昆山连长、王明贤写信，让他们马上举行兵变，配合起义部队行动。不幸的是，送信的人到了海原城门时信被搜出，炮兵营的中共党员也因此被捕。后来，才知道这是叛徒沈毅民勾结王子元干的。①

部队进发到郎山村午休时，房顶上的哨兵报告，发现敌人大队骑兵追了上来。原来敌营长王治邦、周维邦带领约两个营的骑兵，气势汹汹地追来了。

张秀山立即组织部队一边阻击，一边向村后山上迅速转移。一些行动迟缓的战士被敌人骑兵抓去。在山坡上，张秀山对吕振华坚定地说：“你快上山集合队伍，不要让队伍跑散了，我和曹炳奎在后面掩护！”张秀山安排两名战士把受伤的排长常焕章带走后，就和曹炳奎带领30多名战士分别占领左右两边的山梁。战士们刚刚散开，敌人骑兵便疯狂地发起了进攻。

---

① 张秀山：《甘肃、宁夏兵运工作回忆》，载《甘肃党史资料》第三辑，甘肃人民出版社1986年版，第56页。

张秀山、曹炳奎身先士卒，率领士兵们英勇地阻击敌人。他们的枪筒子打红了，就扔手榴弹，炸得敌人人仰马翻，敌兵被打了下去。利用这个空隙，他们带着部队迅速往山上撤去。在上山的小路旁，张秀山发现党员申固生昏倒在地上。于是，他让部队先撤退，自己急忙跑到山坡上，捧起一大把积雪跑下来，先往申固生的头上抹，又解开他的衣裳，往他的胸口上擦，申固生终于醒了。张秀山赶紧让他吃了几口雪，扶起他一起追赶大部队。等他们登上崛吴山顶，从落日的余晖里，依稀看见远方的山坡上，起义部队战友们撤退的身影。

路上，他们遇见一个担任文书的同志。他说队伍为了甩开敌人，避免重大损失，缩小目标，现已分别由吕振华、苏醒民带领，分两路撤退。他们一路沿山梁撤走，一路沿山沟撤进山林。但张秀山他们顺着沟里追了一夜，也未追上部队。

天亮时分，当他们来到沟口的一个小村子，吃完早饭，刚准备上路，敌人的骑兵就把他们包围了。在突围的过程中，敌人仗着人多马快，抓住了张秀山、申固生。

一个敌兵端起枪，指着张秀山的头，凶狠地说："打死你这个红军大队长。"一个外号叫"狼嘴"的班长阻拦说："还是等营长来了再说吧！"这时，敌特务营营长王治邦赶来说："张秀山救过王司令的命，是司令的功臣，还是押回靖远，让司令自己处理吧！"另一个营长周维邦生气地说："共产党真难剿办，到处都有。"

敌人派了一个骑兵班，把张秀山、申固生等三人捆着双手，用马拖拽回靖远。在布满杂草碎石的路上，张秀山被飞奔的马拖着，他的鞋子跑丢了，军衣磨烂了，手脚鲜血淋漓。夜晚，他们被关在老百姓的粮仓里，押送的敌人睡在上面。两天后，他们被敌人押回了靖远，被钉上了沉重的铁脚镣，关进了大牢。

大约半月后的一天晚上，王治邦把张秀山押到他的办公室，拿出一身便衣，打开脚镣，让张秀山换上。张秀山昂起头说："死去的人，不用换衣服了。"王治邦说："王司令让我把你放了。"说完，王治邦又拿出20元路费给他。张秀山不相信，说："你不用骗我，死就死，没有什么了不起，我为革命早就准备好了。"王治邦说："你不用怀疑，司令没有忘记你的功劳，是真的放你走。"一直到敌人把张秀山推出了西城门，王治邦带着随从人员返回城内，他才相信这是真的被释放了。

王子元对处理张秀山这个“恩人”，感到非常棘手。杀，怕别人骂他忘恩负义，引起大部分陕北人造反；不杀，又怕别人仿效他也搞兵变。最后，经团长牛化东（中共地下党员）、军需主任王寅生（党外人士）等人的多方劝说，王子元采取了偷偷放掉的方法，并让人散布是张秀山自己越狱逃跑了。①

起义部队一路由吕振华、曹炳奎带领，突围到定西一带打游击。一个月后，他们在定西重镇——内关营被当地清乡局包围缴械，部队被遣散。另一路起义部队误入静宁的回民村落，被600余回民民团团丁包围在山沟里，起义部队几次突围未果，最后突围部队子弹打光了，仅有苏醒民等少数人突出重围，大部分战士壮烈牺牲。

张秀山在总结这次起义失败的原因时说：

从党的工作看，党的领导不坚强，是一个重要原因。从宁夏出发后，我们就和陕北特委失掉联系，对形势和阶级力量的对比缺乏了解，心中无数。

1931年春，高岗从西安回定西时才传达了反“立三”路线的问题，至于第三次“左”倾路线，连文件也没有传达。由于长期得不到上级指示，党的工作涣散，对老一套的工作方法没兴趣。部队来了一个人，工作积极一个时期，不久也就消极了。

第二次我到靖远，传达了省委指示，我只做带兵的活动，对党的工作也未多开会督促检查。石子健问我：“过去每来一个人都积极工作一个时间，你怎么不多开会，推动工作呢？”我说我是来干的，不是来说的。虽然是针对当时那些口头讲打红旗，实际上干得不多现象的一种批评，但放松了党的组织领导工作。还有就是个别领导干部如黄培中等的牺牲，又有几个同志如姜耀、贺晋年等一度离开，影响了党的领导工作的连续性和开展。在错综复杂的斗争中，一部分党员腐化了。靖远是一个比较富足的地方，有些党员搞钱，有的娶太太，有的吃喝嫖赌。开会时，有些当了军官的党员也常讲将来要打起红旗干革命，但不做实际工作，失去了一部分士兵党员的信任。一团二营三连、四连士兵党员利用打土匪的机会自发兵变，

① 张秀山：《甘肃、宁夏兵运工作回忆》，载《甘肃党史资料》第三辑，甘肃人民出版社1986年版，第58页。

把军官党员送回就是一个例子。但因没有党员干部的领导，出去后不久也就失败了。靖远兵变前的那天下午在街上，我见到骑兵营的排长王德胜（中共党员），通知他晚上把这个排带到东门与五连一同出去当红军，他说："你们先走我以后来"，后来也没来。他以前在学兵队当学员时表现还不错，但这时娶了太太，就不革命了。甚至还有的党员投靠王子元，背叛了革命，如汪兴民、沈毅民等人。

宁夏、甘肃"兵运"是按照党的六大路线进行的。1929年榆林中学的党团员都学习过六大决议，了解中国革命的性质、动力、任务和前途。认识大革命失败的沉痛教训，对于革命必须掌握革命武装的道理是清楚的。这为开展兵运工作做了思想准备，也培养了党的干部。在两年多的时间里，行军作战，走了许多地方，发展了一批党员，播下了革命种子。我们在靖远时间最长，工作也做得最多。学兵队时在靖远高小学生中交朋友，宣传抗日和我党主张，在学生中是有影响的。张东皎、高子祥同志在靖远的知识界作了很多工作，介绍了王儒林、张燕如同志入党，他们领导了地方的武装斗争。以后靖远的工作发展得就快一些。靖远起义失败后，不少党员同志回到地方，继续开展革命斗争，在地方是有很大影响的。学兵队毕业的高鹏飞等同志在组织西华池胜利兵变，1945年曹也参部在安边举行的三边起义等都是这时工作打下的基础。另外，杜香亭（陕北佳县人，是个旧官僚）在靖远王子元部当参谋长时，思想也不进步。兵变时，我们在郎山战斗中把文件丢了。王治邦把拾到的文件送给王子元、杜香亭，杜看了以后感到共产党的主张好，思想开始转变。他回到西安向陕北同乡讲革命的道理和党的主张。后来佳县的张琼枝对我说，怎么杜香亭也革命了。1936年杜香亭跑到陕北参加了红军。红军西征时打安边城，王子元是国民党安边城防司令，晚上杜香亭要进城去争取王子元开城迎接中央红军，杜在城外喊话要见王司令，城上是张廷芝部队，伪称欢迎他上城来，把绳子放下来照着手电，把杜打死了。杜香亭参加革命，可以说也是靖远兵变的影响。①

---

① 张秀山：《甘肃、宁夏兵运工作回忆》，载《甘肃党史资料》第三辑，甘肃人民出版社1986年版，第60—62页。

正如张秀山所说的那样，这次靖远起义虽然失败了，但共产党人在西北撒下的革命火种并没有熄灭，它对后来的革命斗争起到了重要作用。

六、与谢子长相会

张秀山脱身后，就在靖远城西关善后局（征收鸦片烟税的机关）的一个朋友家住下。十几天来，被关押在死牢中的张秀山虽然抱着必死信念，但他忧心起义部队战友们的安危，惦念家乡父母亲人，生离死别的困扰，使他一直吃不好饭，睡不着觉。王子元意外释放他后，他才感到极度饥饿。当朋友的家人做好饭后，他一口气吃了两斤小米饭。吃完饭，他马上派人通知了党组织。

第二天，王子元部团长牛化东（解放后任宁夏军区参谋长）等人都来看望张秀山，他们研究下一步的工作安排，张秀山决定去西安汇报起义情况。张秀山在该部的同学曹华山（解放后任哈尔滨市法院院长），要求同他一起去西安或陕甘游击队工作。于是，他们一同离开了靖远。

到了平凉，张秀山派曹华山去陕甘游击队工作，自己去了西安。

在西安，张秀山找到了中共陕西省委汪峰同志，汇报了靖远起义的经过。

1932年6月，中共陕西省委派张秀山和另外一名同志去韩城县领导农民暴动，再与刘志丹的红军游击队汇合。当张秀山等人昼夜兼程步行七天赶到韩城时，农民起义已经失败。刘志丹带着部队和败退的部分农民军已经进入附近的黄龙山。张秀山等立即进入黄龙山，接连寻找两天，未见红军，他们即返回西安向省委汇报。

1932年7月初，张秀山在西安去看杜鸿范（王子元部的连长，中共党员，杜斌丞的儿子），他在第二次靖远兵变水泉战斗时手上受了伤。杜鸿范告诉张秀山说，谢子长也回来了。张秀山就急切地让他领着去见谢子长同志。谢子长住在西安大相子庙街杜斌丞公馆的楼上。这里成了我们同志避难的临时住处。杜老先生住在楼下，如果不是杜鸿范引路，一般人是无法进入杜公馆的。张秀山和谢子长激动地拥抱，互致问候，为了安全起见，他们只简短地谈了一会儿，便分了手，约定等谢子长安排好住处后再见面。中共陕西省委把谢子长安排在一个秘密机关住下。省委正准备派张秀山去上海受训。临行前，省委派汪锋领着张秀山去见谢子长。

这次两人谈话时间较长。谢子长对张秀山说："靖远兵变那天晚上，因为石子健带错了路和你们失掉了联络。我和焦唯炽、石子健出了东关，走不远看到南山方向有火光，以为是手电，就往那里追，到眼前才知道是老乡抽烟点火，又返回大路。因为原计划是先去收缴东湾子那个连的枪，所以我们就向那个方向追。到了东湾子附近，发觉毫无动静，这才估计你们是朝打拉池方向走了，于是又转向打拉池。当时，恐怕打拉池川里有追兵来，我们走的是山路。你们在前面打仗时，我们还听到枪响，但已经追不上了。寻了几天找不到你们，我们就回兰州了。"

张秀山谈了起义的情况和他被抓后脱险的经过。谢子长把王子元部第二次兵变的经过告诉了张秀山。他说："张东皎在靖远被释放以后到了兰州。这之前。王子元派机枪连长杜鸿范带兵来兰州领枪，领子弹，领军衣及现款。虽然当时杜鸿范不是党员，但愿意参加红军和我们一起干。我们就带人坐上船和羊皮筏子，把领到的枪、子弹及军装都装上，由兰州顺黄河而下，到河口上岸，宣布起义，改编为陕甘红军游击队第八支队。我和张东皎、杜鸿范带部队到了水泉。王子元派部队到水泉打我们。这次战斗给你们出了气，打死了周维邦（三团的反动营长），打伤了骑兵营副营长梁占胜（王子元的亲信）。可惜，战斗中张东皎同志壮烈牺牲了，杜鸿范同志手上负伤。"谢子长气愤地告诉张秀山说："骑兵营营长汪兴民（中共党员，叛变）也来参加打我们。"张秀山和谢子长在一起认真总结了该部兵运工作的经验和教训，他们一致认为：只有坚持党对兵运工作的绝对领导，才能取得胜利。思想观点的一致，认识的统一，进一步增进了张秀山与谢子长的革命友谊。

以后，孙作宾、王儒林等同志又在王子元部组织了第三次兵变，王子元的部队基本瓦解了。

靖远兵变，是大革命失败后中共领导的众多武装起义的一部分，虽然屡遭挫折和失败，但极大地削弱了国民党和地方军阀的武装力量，达到了"借水养鱼"的目的，培养了一批党的军事干部，为创建红军和陕甘边根据地积累了一些宝贵的经验。

|第三章|
创建陕甘边根据地

一、寻找红军

1932年7月下旬，中共陕西省委派张秀山去中共中央所在地——上海受训。这次去上海，是根据中共北方会议精神，主要是学习开展北方游击战争的问题。对受训人的要求是：忠诚、勇敢，领导过革命兵变，受训后能组织领导当地的游击战争。张秀山由交通员马子敬（后脱离革命）送到上海公共租界的旅馆后，一切活动均由上海方面负责。为了保密，张秀山经常调换住处。在上海期间，不时有人找张秀山谈话，讲授一些政治理论和军事知识，还让他阅读一些中共中央文件。受训期间，中共中央安排柯庆施与他谈了话。8月底，张秀山由交通员朱明（陕北镇川堡人，解放后任农业部某局局长）带队，与一位姓孟的同志一起返回西安。

中共陕西省委安排张秀山留在西安，任市兵委委员，主要负责杨虎城部队的兵运工作。

9月，省委派张秀山去商州，领导驻在商州骑兵团二连的兵变。连长魏志坚是中共党员，连队成立了党支部，支部书记是张天觉。党的活动被特务发现，特务就向连长魏志坚报告了有关情况，所以党支部决定向省委请示，举行兵变起义。当张秀山带着省委的指示刚到商州，就听到老百姓议论：有个骑兵连，在前几天哗变出去了。骑兵连的起义最后还是失败了。张秀山只得在商州的旅馆里住了一个晚上。当时，在他的房间隔壁住了三个人，其中有一个是陕西军队的军官。那时徐向前领导的红四方面军刚进入陕境。他们在谈论时，有人说："徐向前的队伍与河南崔二蛋（土匪）的队伍一样吧？"那个军官说："人家徐向前可是共产党领导的红军，哪能和崔二蛋这个土匪相提并论呢！"可见红军在人们心目中的地位和威望。

10月底，红四方面军开到了陕南。国民党陕西省政府很紧张，他们在西安到处戒严搜查，有不少党员同志被捕牺牲了。党在西安的工作也遇到了困难，张秀山向省委提出请求，要求到陕甘红军游击队去工作。

11月初，中共陕西省委组织部长贾拓夫与张秀山谈话，批准他去活动在耀县的中国工农红军陕甘游击队工作。①张秀山结束了在敌军中的兵运工作，开始了红军革命的新征途。

陕西省耀县的照金地区，位于西安西北方，地处桥山山脉的南端，与旬邑、淳化、铜川、宜君四县交界。它东通咸榆公路，西达西兰公路，南接渭北平原，北靠子午岭，周围高山环抱，西北有险要的石门关，沟深林密，山峦叠嶂，古称"境僻地阻"之域，是个军事要地。

陕甘红军游击队很早就在这一带活动。此时，红军游击队正在照金、香山一带发动贫苦民众，打土豪，分粮食，创建苏维埃边区，影响很大。

张秀山寻找红军，并非一帆风顺，一开始就误入了王子祥的匪穴。1932年11月，张秀山离开西安，来到耀县的一个小镇——照金。他向老百姓询问："红军游击队在哪里？"老百姓答："兔梁山上就驻有红军游击队，是王队长带的队伍。"老乡问他："你找王队长干啥？"张秀山说："王队长是我哥哥，我要去看看他。"张秀山即离开照金街上，直奔兔梁山。在山上的一个院子里，张秀山看见一个女人，就问她："王队长住在你这里吗？"听到张秀山的问话，王子祥手下的几个人拿着枪跑了出来："你是干什么的？"张秀山说："我是来找你们王队长的。"这时王子祥走了出来，让张秀山跟他进到屋里。张秀山对他说："我是来找红军游击队的。是陕西省委派我来找刘志丹、谢子长的。"王子祥听完对张秀山说："我是从刘志丹部队里跑出来的。对不起，现在脱离不干了。你来了也好，等老刘、老谢来的时候，你再去找他们吧。现在就在我这里暂时住下。"王子祥是山西人，原来参加过陕甘红军游击队，这时张秀山才知道他叛变出来，当了土匪，占了龙家寨。他们共有40多人。张秀山到照金地区来找红军，没想到找到土匪的寨子里来了。他怕王子祥下黑

---

① 《张秀山档案》，中共中央组织部存。

手，就说了一些客气话，恭维王子祥说："我去年还在平凉刘宝堂的部队里当排长。我不找老刘、老谢也可以，就跟你老哥干吧。"王子祥说："那好呀！我也在刘宝堂那里当过连长呢。"张秀山说："那好嘛！我们还是老同事呢，都是刘宝堂的部下，我就跟你干吧。"王子祥说："黑夜这里不安全，你还是下寨子里去。"王子祥给张秀山吃了饭，又怕张秀山跑了，说："你不要出去，若让周围的民团抓住了，可不得了。"随即王子祥派人把张秀山带到龙家寨里住下。张秀山只得先在寨子里住下。十几天后的一天，王子祥带着他手下的陈克敏等人，到淳化一带去抢人。寨子里只留下五六个人看守。这时红军从黑田峪川里开了过来。张秀山在寨子里看见红军的骑兵大队从绣房沟口开过来，上了兔梁山，朝龙家寨走来，内心非常高兴，想着马上就可以归队了。可不一会，他们又转了回去。张秀山心里着急了：这怎么不打啦！又等了一会儿，看见骑兵们下了马，徒步走了过来。守寨子的几个都慌了，其中一个河南人，很害怕红军打进来，他对张秀山说："老张，你去和他们说说，只要他们不杀我们，我们就缴枪。"张秀山说："那好嘛！我去跟他们说说。"张秀山就从寨子里走了出来。看见谢子长、阎红彦等好多人都走了过来。张秀山说："不要打了，里面没有几个人，他们都害怕了。"走过来的贺耀华说："这不是秀山吗！你怎么到这来了？"张秀山说："省委派我来找红军，没有想到找到土匪这里来了。你们不用打了，里面只有四五个人。"随后，张秀山向寨子里喊话："红军不杀你们，你们快出来吧！"有个叫雷天昌的青年，首先将枪交了出来，他原来跟过阎红彦。其他几个人也跟过来，交了枪械。红军就开进了寨子，雷天昌也参加了红军。在他们里面，有个叫宋怀兴的，这个人很坏，第二天把他枪毙了。其他几个人都放回家了。龙家寨就这样成了红军的地方。

张秀山和谢子长、阎红彦等一些同志，从龙家寨到了兔梁山上，见到了刘志丹同志。以后，红军就在照金香山寺一带驻下来，放手发动群众，打土豪劣绅，给农民群众分粮。红军以地势险要的龙家寨、薛家寨、党家山为中心，修筑了一些防御工事，以抵抗国民党和反动民团的进攻。

王子祥匪部烧杀抢劫，无恶不作，后被张秀山率红军消灭，为当地人民除了一个大祸害。①

---

① 张秀山：《我的回忆》（未刊稿），1988年。

二、在红二十六军

1932年12月，根据《中央关于陕甘边游击队的工作及创建陕甘边新苏区的决议》，要求陕西省委迅速编制一个师或两个师，“首先从现在的游击队中选拔中坚的有力部队，编成为经常的正式红军，番号是中国工农红军第二十六军”①的指示，中共陕西省委决定将陕甘红军游击队改编为一个红军团，争取在近期内编成一个师。中共中央的指示和陕西省委的决定，对红二十六军的创建起到了很大的推动和促进作用。

12月18日，根据中共陕西省委指示，陕甘游击队开到宜君县杨家店子集结待命。张秀山随队而行。之后，杜衡以中共中央北方局特派员和中共陕西省委代表的身份来到杨家店子。

12月22日，中共陕甘游击队党委召开党员大会。会上。杜衡宣读了中共临时中央和陕西省委关于改编陕甘游击队的命令。他严厉指责刘志丹、谢子长等领导人是“机会主义者”、“上山主义”、“逃跑主义”、“反对省委正确路线”，等等，撤销了他们的领导职务，命令他们立即离队，送到上海受训。对此，张秀山十分不解。怎么能给刘志丹、谢子长扣上这些帽子呢？他深感杜衡这个上级领导太武断、专横。

12月24日，陕甘游击队到达宜君县转角镇。在这里，部队召开军人大会，举行改编授旗典礼。会上杜衡宣布：陕甘游击队改编为中国工农红军二十六军四十二师二团（红二十六军成立时，只有一个团，简称红二团）。军政委杜衡兼团政委。其余排以上干部全部由军人大会民主选举产生，由军政委任命。团长王世泰，党委书记汪锋，参谋长郑毅，政治主任黄子文。全团有步兵、骑兵2个连，1个少年先锋队和1个团部直属政治保卫队，共计200余人，拥有长短枪150余支。张秀山任步兵连连长。该团虽然人不多，但战士素质好，战斗力较强。

受杜衡的排斥，谢子长被迫离开部队。同时，杜衡污蔑刘志丹是右倾机会主义，主张把刘志丹也送走。团长王世泰、连长张秀山等人再三坚持和要求把刘志丹留下来。张秀山说：“我们没有经验，老刘走了不行，不能把老谢、老刘都送走，把老刘留下来吧！”因为杜衡不懂军事，只好勉强同意让刘

① 《中央关于陕甘边游击队的工作及创造陕甘边新苏区的决议》（1932年4月20日）。

志丹留了下来，让他担任团政治处副主任。

实际上，红二团以后的作战，都是在刘志丹直接指挥下进行的。刘志丹参与制定的红二团《政治工作训令》《参谋工作训令》《红军纪律》和《军事训练方案》等文件，对红军正规化建设都起到了很大的作用。

红二团成立后，根据省委“积极创建以照金为中心的陕甘边根据地和发展壮大红二团和地方游击队武装，扩大苏区，把照金与三原县的武字区连成一片，并相机向西发展”的指示，立即着手创建根据地工作。

为迅速打开局面，红二团决定集中力量打击对红军妨碍较大的各地反动民团，同时为鼓舞士气，打好建军第一仗，红军决定声东击西，先打距红军驻地最近的弱敌——焦家坪民团。

平日里，由于焦家坪民团怕红军偷袭，防范较严。敌人的哨卡就设在红军驻地方向的山梁上，他们的哨兵日夜警惕地观察着红军的动向。

12月25日下午，红二团撤离杨家店子，移师向焦家坪相反方向的马栏进军，摆出攻打马栏态势，造成焦家坪敌人的错觉。焦家坪敌人误认为红军撤走，便解除了设在山梁上的警戒哨兵。当晚，红二团突然返回，急行军80余里，第二天拂晓，张秀山等率步兵连首先突袭焦家坪，骑兵随后发起冲锋，干净利落歼灭敌60人，缴获步枪60余支，首战告捷，全军士气大振。战斗结束后，部队迅速撤离战场，进驻香山寺一带。

香山寺，始建于唐朝，坐落在照金东北30余里的笔架山上。这座千年古刹，庙宇大殿，宏伟古朴；山径回廊，蜿蜒幽静；怪石突兀，松柏参天。每年从陕西、甘肃、山西、河南、内蒙等地来此烧香拜佛的人接连不断，寺内有和尚千余人，周围十几万亩良田均属寺产，贮有3000多石粮食和大批物资。

时逢大灾，有近万名饥民流落此地，嗷嗷待哺，境况十分悲惨。红二团决定进占香山寺，召开万人群众大会，救济灾民，开仓分粮。

刘志丹在大会上说：“过去地主压迫我们，现在我们要翻个身，把地主压下去，红军要把香山寺里的粮食都分给你们，还要把香山寺的土地都分给你们……”他号召穷苦民众起来斗地主，分粮田，参加红军闹革命。

张秀山站起来，带领着战士们和群众高呼口号：“打倒地主，消灭反动派，跟着红军闹革命！”会场上，群情激奋，场面热烈。许多青年当场报名参加了红军。

当时的情景正如陕北歌谣中传唱的那样：

人马叫闹哄哄，
咱们的军队要扩充，
情郎哥哥随红军，
妹妹送你上路行。
男女老少喜相迎，
哥当红军妹也光荣。

红军的威名，一时传遍陕甘边地区。尤其分到粮食的近万饥民，感激万分，他们在红军以后的战斗中，给予了大力的支援。可惜的是，杜衡借口军事上的考虑，下令烧毁了香山寺，在周围地区造成了很不好的影响。

红二团随后向西出击，消灭了照金、旬邑的反动民团，使游击区逐步扩大。在这段时间里，红二团扩建了步兵第二连，还成立了红军随营学校，兵力增至300多人，全军人手一枪。之后，张秀山调任骑兵连指导员。

部队继续南下，直插旬邑、淳化边界，相继消灭了铁王镇等多股反动民团，肃清了照金周围的反动武装。部队接着分兵协助地方党组织做群众工作，领导群众打土豪，组织贫农会、赤卫军，建立了香山、旬邑、淳化等五支游击队，使红军有了初步的立足之地。①

斗争的初步胜利，冲昏了杜衡的头脑，其“左”倾冒险主义病发作。他不顾红军力量尚弱和无重武器装备的现实，不听刘志丹、张秀山等人的劝阻，下令进攻与红军已有“互不侵犯”关系，曾给游击队提供武器、给养和情报的庙湾镇民团。

庙湾，背靠小香山，坐西向东，处于南北川道的三岔路上。它向南直通柳林，北到焦家坪，西至香山寺。这个民团在这里经营多年，明碉暗堡重叠交叉依山而筑，火力防守严密。加之，庙湾团丁多为惯匪，实力较强。依当时条件，红军很难取胜。而且，在敌后运动的刘志丹率领的红军步兵连，还没有到达进攻指定位置时，杜衡等人就仓促下达了攻击令。

1933年1月18日上午8时，战斗打响。指导员张秀山、连长曹胜荣身先士

① 军事科学院军事历史研究部：《中国人民解放军战史》，第一卷，军事科学出版社1987年版，第227、228页。

卒，率领骑兵杀开一条血路，一直冲到距敌碉堡四五米处。敌人急忙龟缩到几个大碉堡中，拼命抵抗。此时，刘志丹率步兵连队从山上压下来，两面夹击，战斗十分激烈。由于红军缺乏攻坚经验，几次强攻均未奏效，部队伤亡惨重。连长曹胜荣和几名排、班长壮烈牺牲。张秀山在冲锋时胸部中弹，鲜血立即从前胸、后背和嘴里涌出，他仍然顽强举起驳壳枪向敌人碉堡枪眼里射击，后因伤势过重，昏迷过去，被战友们拼死抢下火线。

三、负伤之后

张秀山回忆说：

> 我负重伤后，战士们把我抬下了阵地，让我坐在地上。当时，要是让我躺下，也可能就完了。我休克醒来后，觉得身上冷得很厉害，口干舌燥，舌头也动不了，几乎喘不上气来。我睁开眼睛，看见我的马夫老张在我前面站着，我勉强说了一个“尿”字，他就尿给我喝了两口，慢慢地我就能喘上气来了。接着战士们把我抬到老乡家里，把伤口包扎了一下。到了下午，部队就撤出了战斗。①

这次战斗，红二团受到重挫，伤亡损失较大，部队伤亡连长、指导员以下30余人。团参谋长郑毅被撤职，由刘志丹继任。强世卿接任骑兵连连长，团参谋处处长杨重远兼任骑兵连指导员。

1933年1月底，国民党以十七路军的特务团、骑兵团和警卫团为主力，任命孙友仁为总指挥，联合各地民团一起“围剿”红军。

在敌强我弱的情况下，军政委杜衡则仍然否定刘志丹等人“避敌锋芒，外线作战，调动敌人”的正确意见，坚持红二团进入芋园，保卫根据地，抗击前来“围剿”的敌军。

2月4日，红二团在芋园遭到来自敌人步、骑二个营和庙湾民团等三个方向的突然围攻。在敌军强大的炮火轰击下，红二团的处境十分危机。在紧要关头，渭北游击队闻讯赶来，猛烈攻击敌军侧后，才使红二团得以突出重围。红二团只好退守党家山，后又退到庆阳、合水一带。

---

① 张秀山：《我的回忆》（未刊稿），1988年。

3月3日，杜衡到省委汇报工作，去了西安。

在转移途中，身负重伤、生命垂危的张秀山几度昏迷。部队只好把他与另一位战友张锦华安置在附近的龙家寨，交给李妙斋率领的地方游击队负责治疗看护。部队临行前，刘志丹握着张秀山的手，安慰他说："你慢慢养伤，不要着急。我们会常来看你。"

红军主力撤走后，敌人反复搜捕红军伤病员，杀害了许多红军战士。骑兵连战士温治国是张秀山老家神木温家川人，庙湾战斗中大腿负了重伤，被部队寄托在离张秀山住地二三里的老百姓家养伤。敌人在搜查红军伤员时，发现了他。房东老人奋不顾身地压在温治国的身上说："这是我儿子，正生重病，发着汗不能揭被。"敌人恼怒大骂，一把推倒老太太，揭开被子看见了他腿上的枪伤，拉出去就枪杀了。

当时敌人反复来"清剿"，张秀山等人经常碰到危险。李妙斋是游击队的总指挥，他负责管理张秀山等伤员。开始，张秀山等人住在龙家寨，游击队负责保护他们。

一天下午，敌人在党家山打败了红二团，到晚上又从薛家寨向绣房沟走来。游击队派来照顾红军伤员的同志，清楚地看到对面山上的敌人每人拿了一个火把，摇摇晃晃地从羊肠小道上走下来。这里的群众深爱红军，敌人离这么近，也不知道伤员就住在龙家寨。第二天，敌人走了以后，李妙斋同志就把张秀山等几个伤员分散到照金周围的老百姓家里。张秀山和张锦华住在七里川焦家村对面阴坡上的一个小庙里养伤。焦家村的老百姓常来看他们，常送一些吃的东西。有一次，敌人来搜山，从山上过来时，还打着枪。张秀山和张锦华因伤重走不动躺在炕上，游击队和群众都没在身边，没法儿转移，只好硬挺着。幸亏敌人打几枪，没见人出来，就绕了过去，他们才幸免于难。天快黑了，焦家村的老百姓见敌人走远了，就赶紧拿来绳子、杠子和门板，把张秀山等抬走。按照李妙斋同志的安排，老百姓抬着伤员绕过石门关，来到了照金兔梁山山沟里，安顿在密林深处的一座烧木炭的破窑里。在山沟里，还住着一家老百姓，只有父子俩人，是四川逃荒来的。他们对红军伤员很热情，还帮助伤员做饭。

张秀山的伤势很重，子弹从肺部穿过，一呼吸，伤口就往外冒热气。大便时一用力，伤口都吹得吱吱作响，很长时间都没有好。这时敌人追捕得又紧，李妙斋同志想尽办法请来一名当地仅能找到的乡村兽医。这位拥护我们共产党、拥护红军的兽医来到张秀山这里，身上除了带有几件给牲畜治病的工具外，什么医疗器械也没有。在给张秀山治伤时，先用烧大烟的铁钎子在张秀山胸上伤口里拨来拨去，张秀山强忍剧痛，不吭一声。这位兽医断定里面有碎骨头，是子弹把胸部的肋条骨打断了。但是他没有镊子，无法取出肉里的碎骨头来，他就用大烟水做消毒水，先用这水漱了口，然后就用嘴对准张秀山伤口，用力把伤口里的脓血和碎骨往外吸，吐到地下。然后，他再漱口，接着吸，一直到吸干净为止。随后，他用自己配制的一种叫“八宝生肌散”的中药，用纸裹药做成药捻子，插到伤口里。过两天取出来，再换上新的药捻子放进去。就这样，张秀山胸上的伤口慢慢地不再化脓了，一天比一天好起来。

3月，中共陕甘边区特委刚刚成立，陕西省委派金理科同志担任特委书记，他和几个工作人员以及李妙斋游击队的同志们常住在只有几户人家的小村子——兔梁附近，所以，李妙斋经常来看望伤员。这时，张秀山的伤好多了，能站起来走步了。白天暖和时，张秀山就走出破窑，在山坡向阳处晒晒太阳。当时，伤员在一个地方住的时间不能太长，怕被敌人发现。一天晚上，李妙斋派人拉来两匹骡子，让伤员骑着转移到黑田峪村，住在村对面山坡上一个看庄稼的草棚里。

一天早上，张秀山等伤员还在睡觉，就被敌人的枪声惊醒。他们赶紧上山，榆树林里还都是雪，天雾蒙蒙的漆黑一团。大家藏在山顶上。听敌人说着话向柳林川走去。这次又算脱了险。后来张秀山等伤员又被转移回兔梁山上的炭窑里养伤。就这样，他们东躲西藏地逃避敌人的搜捕。张秀山在山里养了三个月的伤，虽然伤口仍然疼痛，但已经能够自己慢慢走动了。①

4月初，刘志丹带领部队回到照金，他筹集了一些资金，派人送张秀山去西安治疗了一段时间。在此期间，张秀山一边住在西安的小旅馆里吃药养病，一边向中共陕西省委的领导汇报工作情况，听取了省委关于创建陕甘边革命根据地的指示。

4月5日，中共陕甘边特委在照金召开了陕甘边区工农兵代表大会，选举产生了陕甘边区革命委员会。周冬至任主席，习仲勋为副主席。在红二团的协助下，开展了轰轰烈烈的打土豪、分田地运动，建立了以薛家寨为中心，横跨

① 张秀山：《我的回忆》（未刊稿），1988年。

耀县、淳化、旬邑等3个县边界，拥有3万余人口，面积达5000平方公里的红色根据地。这个根据地的建立，使红军有了可靠的后方。

四、在渭北、耀西游击队

1933年5月间，张秀山伤口基本愈合。省委派他回红二十六军工作。在归队途中，因一时找不到部队，秘密交通人员把他护送到了渭北游击队总指挥部。这时，总指挥部的政委张培述正要求脱离部队（后叛变），三原县委书记赵伯平和总指挥李平商量，决定把张秀山留下。张秀山担任了渭北游击队总指挥部政委。

渭北苏区，地处陕西三原、富平、耀县、淳化、泾阳5县的交界处，南北长25公里，东西宽30公里，总面积约750平方公里，人口4万余，三原县的武字区、心字区为中心区域。渭北游击队总指挥部共有4个中队，300余人，主要活动在三原、富平、高陵一带。张秀山留下后，同其他同志一起组织了奇袭鲁桥镇、伏击耀县至三原公路上的敌人汽车等几次战斗，都取得预期的胜利，大大鼓舞了游击队的士气。

1933年5月底，渭北游击队与红二团在心字区二台子会合后召开联席会议，讨论红二团南下创建渭华根据地问题。参加会议的有杜衡、汪锋、王世泰、刘志丹、李杰夫、黄子文等，以及渭北游击队的张秀山、黄子祥。

张秀山见到杜衡，把离开西安时陕西省委要红二十六军粉碎敌人“围剿”，创建陕甘边革命根据地的指示转达给了他，但杜衡根本不听。在这次会议之前，刘志丹等人已对杜衡南下的决定，提出了不同意见。杜衡把刘志丹提出的在敌人统治力量薄弱的桥山山区建立根据地、逐渐向外扩展等正确主张，斥之为“土匪路线”和右倾机会主义。

在联席会议上，张秀山明确提出不同意红二团南下渭华的意见。他说：“红二团应该留下来，帮助渭北游击队来打仗。渭北地区的群众基础好，周围的一些民团是可以消灭的，渭北根据地也是可以巩固和扩大的。而红二团孤军深入白区，敌情不明，不利于红军发展，建议部队返回照金根据地。”但是，杜衡固执己见，他空谈红二团南下渭华的“政治意义和四大有利条件”。他指责张秀山没到渭北根据地几天，就有“渭北本位主义”的思想，不顾大局，甚至欺骗大家说，“你们一过了渭河，渭华的群众就会来欢迎你们”，等等，顽固地坚持“左”倾冒险主义，使张秀山等人的正确意见未被采纳。

在红二团南下后，中共陕甘边特委、耀西游击队和渭北游击队在金理科、习仲勋、李妙斋、张秀山、黄子祥等同志的领导下，继续坚持照金和渭北苏区的斗争，建立了富平、三原、耀县、宜君、旬邑等县游击队，扩大了革命武装。

1933年夏，照金苏区的上空，阴云密布，失败的消息接踵传来，西北革命面临着严峻的考验。

红二团贸然南下，杜衡中途借口离队。6月1日，红二团渡过渭河。敌人立即派警备第一旅和特务团进行追堵。红二团在蓝田县许家庙地区冲破敌人重兵包围后，边走边战，进至张家坪时，又被众多敌军包围。红二团全体将士经过浴血奋战，终因敌众我寡，弹尽粮绝，导致在终南山区全军覆没。张秀山的战友张锦华等100余人在战斗中壮烈牺牲。这是陕甘红军历史上最严重的一次失败。

7月，中共陕西省委得知红二团失败的消息后，当即决定把渭北游击队改编为红二十六军四十二师四团，以积极进攻消灭一些反动的地方民团，配合杨虎城西北军中王泰吉骑兵团的耀县起义。不久，杨森来到渭北游击队传达中共陕西省委决定，任命黄子祥为团长，杨森为政委。①张秀山到照金接替在陈家坡战斗中负伤的习仲勋，任耀西游击队政委。②

7月21日，中共陕西省委策划驻耀县的国民党十七路军骑兵团王泰吉部举行了武装起义，消灭和改编了地方民团，成立了西北民众抗日义勇军。总指挥王泰吉，政治部主任刘映胜，全军共有5个大队，计1000余人。由于部队中党组织基础差，加上起义仓促，没有及时整编，致使在强大敌人的进攻下，部队陆续叛逃和溃散，人数只剩100余人。随着王泰吉骑兵团起义的失败，在国民党十七路军强大军事“围剿”下，刚刚成立的耀县游击队第三支队和王泰吉骑兵团余部相继撤退到照金苏区。

7月28日，中共陕西省委遭到敌人破坏，省委书记袁岳栋和红二十六军政委杜衡被捕叛变，西安和关中地下党损失殆尽，大批中共党员惨遭不幸。

---

① 陕西省中共党史人物研究会编：《陕西近现代名人录》（续集），西北大学出版社1991年版，第182页。

② 《张秀山档案》，中共中央组织部存。

8月，国民党反动派调动六个团兵力，对渭北苏区进行残酷"围剿"，使红四团（原渭北游击队）被迫撤离，北上照金苏区。

敌人大兵压境，照金苏区处于紧要关头。

张秀山说："那时，红军失败、党组织被破坏、苏区垮台，全被杜衡'左'倾机会主义这些叛徒搞完了。我在报纸上天天看到这种消息，感到非常痛心。这是二十六军咬紧牙关的时期，西北革命处于惨痛的失败中。在这种情况下，右倾悲观失望就出来了。他们认为红军在陕北不能发展，只能打游击；陕甘特委只能领导游击队，不能领导红四团。主张红四团分散打游击，不能建立根据地。而我们认为，我们还有军队，只要坚持党的领导，统一指挥，把我们的基础搞起来，红军就能发展壮大。"①

五、陈家坡会议

1933年8月14日，在革命的危急关头，中共陕甘边特委在照金的陈家坡召开了特委扩大会议。这就是红二十六军建军史上著名的陈家坡会议。

参加这次会议的有：特委书记秦武山，特委军委书记习仲勋；耀西游击队队长李妙斋，政委张秀山；红四团团长黄子祥，政委杨森；耀县县委书记张邦英，耀县三支队陈学鼎，以及红四团与游击队的连以上干部和抗日义勇军中的党员干部。高岗在西安脱险后，也来到根据地，以省委特派员的身份参加了会议。

会议上，人们对汇合起来的三支部队今后行动方向和红军临时总指挥部的任职人选等问题，发生了激烈的争论。

会议争论的第一个问题：今后三支红军部队是统一行动，还是继续分散活动。红四团的黄子祥、王伯栋等同志不同意将三支红军部队统一行动。他们主张红四团过一个时期还应回到三原地区去打游击。他们认为：现在陕西省委被敌人破坏了，渭北苏区又退了出来，抗日义勇军经过几次战斗，剩下来的人也不多了。就目前这点力量看，还是分散开打游击好些。同时，原来三原地区的一些干部，仍然留恋渭北苏区，希望能恢复渭北苏区。他们的这些主

① 张秀山：《在西北历史座谈会上的发言》（1945年7月14日），存中央档案馆。

张，遭到了与会绝大多数同志的反对。如果按照他们的意见办，分散游击，那就有被敌人各个击破，分别吃掉的危险。如果我们不集中起来，形成红军的主力部队，以一个拳头去打击敌人，革命根据地就不可能得到巩固和发展。

第二个问题：红军临时总指挥部总指挥的人选。与会的大多数同志主张由抗日义勇军的王泰吉来任总指挥一职。红四团的黄子祥、王伯栋同志则认为：由王泰吉来任总指挥，就成了义勇军领导红军了。他们不同意王泰吉担任这一职务。实际情况是，西北民众抗日义勇军在耀县起义后，部队的成分比较复杂，决心参加革命的人不多，但经过三原辘轳把战斗、耀县小邱战斗及照金战斗之后，抗日义勇军只剩下了百余人，不坚定的人都被淘汰掉了。这时的抗日义勇军已和红军部队差不多了。王泰吉也已恢复了党籍，是党的领导，不存在什么抗日义勇军来领导红军的问题。最终，大家还是同意王泰吉担任总指挥这一职务。

第三个问题：红军临时总指挥部的政委人选问题。会议从当天下午一直开到第二天上午，终于统一了认识。会议决定把红四团、王泰吉率领的西北民众抗日义勇军的骑兵团和耀县游击队统一起来，组成红军主力部队，成立陕甘边区红军临时总指挥部，王泰吉任总指挥、高岗任政委。①耀西游击队的五个支队、特委的政治保卫队，照金和旬邑游击队组成地方部队，成立陕甘边游击队总指挥部，李妙斋任总指挥、张秀山任政委，负责保卫照金苏区，开展游击战争。全军共计500余人，各类枪支400余支。

这次特委扩大会议，在红二十六军建军史上具有重大意义。它确立了三支红军力量统一组织行动，不打大仗打小仗，积小胜为大胜，集中主力打击敌人，巩固和扩大照金苏区的正确方针。对红军以后的发展和粉碎敌人围剿，起到了决定性的作用。

六、保卫薛家寨

薛家寨，山高千米，三面绝壁，仅有一条小径可直通山寨，位于照金镇

① 军事科学院军事历史研究部：《中国人民解放军战史》，第一卷，军事科学出版社 1987 年版，第 228 页。

西北十里。这里地势险要，易守难攻，据说是“薛刚反唐”时的营寨。薛家寨山顶上并没有房子，只有崖洞。所谓营寨，就是利用石崖洞口，用木石、土块垒堵成墙，里面住人。寨里原有一两户人家。红军在这里建立了后方医院、被服厂。党组织从西安杨虎城的兵工厂动员来一些技术工人，成立了军械修理所，制造一些麻瓣炸弹。这里储存了大批物资，安置了一批伤员，还关押了一些俘虏，是一个可靠的红军后方基地。中共陕甘边特委机关和游击队总指挥部都设立在这里。

由于杜衡执行了“打倒一切”和拒绝任何统一战线的“左”倾冒险主义路线，火烧香山寺、进攻庙湾，使附近的民团联合起来反对红军，敌人越打越多，根据地越打越小，照金苏区中心薛家寨处于敌人四面包围之中……

张秀山、李妙斋率领地方部队，开展了肃清周围反动民团战斗。在王泰吉部队迫击炮火的支援下，对照金附近后沟寨子的张彦宁民团发起了猛烈攻击。后沟寨子上有高山，下有石崖，是从距离地面几丈高的石壁上开凿出来的一个石洞。该洞内有常年流淌的泉水，囤积了大批粮食和弹药；洞外敌人还修筑了寨墙，形势险峻，是敌人的一个坚固的反动据点。但是，红军战士不怕牺牲，在炮火的掩护下，勇敢地冲到敌寨墙外，向寨内投掷了大量的土炸弹，炸得敌人鬼哭狼嚎。反动民团在伤亡惨重的情况下，只好打开寨门，举枪投降。红军俘敌几十人，缴获了大批粮食、弹药，为红军根据地拔除了一个大钉子。

第二天，张秀山和王泰吉主持召开了群众大会，庆祝胜利，并且动员群众到寨子里来分粮食。周围村庄的老百姓热情高涨，人人奔走相告，个个肩挑背扛，兴高采烈分粮食，好像过节一样。

红军活动范围逐步扩大，敌人的多次“围剿”均未得逞。

1933年8月，敌人调动了耀县、富平、铜川的反动民团1000余人，向照金苏区的中心——薛家寨发起猛烈进攻。薛家寨对面的龙家寨很快被土匪头子、叛徒陈克敏占领。

一天拂晓，陈克敏勾结敌人前后夹击，围攻薛家寨，顿时枪炮如雨，情况十分紧急。张秀山、李妙斋组织部队，在前面山下的秀房沟打退了敌人几次疯狂进攻。随之，反动民团从后山向薛家寨发起攻击。张秀山、李妙斋率队冒雨增援在那里坚守阵地的政治保卫队。敌人进攻很猛，军械所的工人都投入了战斗，敌人的多次进攻都未奏效。

下午，敌人见久攻不下，便开始撤退。总指挥李妙斋在组织部队追击时，被埋伏在路旁树林里的敌人暗枪射中，壮烈牺牲。张秀山怒火填膺，他持枪指挥部队冲向敌群，打得敌人四散奔逃。

张秀山沉痛地说：

我的老战友李妙斋是山西省汾西县人，原名叫王桥山。他是知识分子出身，搞过兵运，当过排长，1932年参加的陕甘游击队。他虽然和我工作时间不长，但他打仗勇敢，也能做政治工作，还擅长组织文化娱乐活动，把部队搞得很活跃，给我留下很深刻的印象。李妙斋率领的游击队与根据地群众的关系亲如鱼水，他用生命和鲜血保卫了照金根据地。

此后，在红军临时指挥部的统一指挥和张秀山等人领导的各路游击队配合下，主力部队挥师东进，先后消灭了庙湾、高山槐、让牛村、柳林等地的反动民团数百人。

9月，红军主力向西进击，连续消灭彬县龙马、高村、柏子坡和正宁金村庙等地的反动民团100人，缴获大批物资。

红军主力东进西出，横扫了照金周围的反动民团，极大地激舞了红军战士们的革命斗志，扩大了革命武装，巩固和发展了以薛家寨为中心的照金苏区。

9月中旬，红军主力决定扩大战果，进入合水开展斗争，张秀山率领各支游击队配合行动。红军主力在南下合水境内与强世卿领导的陕北第一支队70余人马会合后，攻打了旬邑县所在地张洪镇，一举歼灭敌县长以下160余人。红军组织群众打土豪，开粮仓，给贫苦群众分粮，还没收了一大批布匹和棉花等物资。

情报传来，敌何全升团准备在红军返回薛家寨的必经之路——地势险峻的石门关，截击红军。王泰吉与张秀山等领导在一起研究决定，部队冒雨避开石门关，绕马兰川，从后山顺利返回照金苏区的首府——薛家寨，使敌人阴谋彻底失败。

红二团南下失败后，团管理处长杨祺、连长吴岱峰、警卫队队长王兆相等人死里逃生，陆续返回薛家寨。休息一段时间后，家在神府的王兆相、佳县的高照、米脂县的牛岗等三人，要求回陕北家乡搞武装，得到了习仲勋、张秀山的批准，并把他们介绍给中共陕北特委。

1933年10月4日（阴历八月十五日，中秋节），在终南山被敌人打散的红二团领导人刘志丹、王世泰、黄子文等人历经千辛万苦，化装脱险，回到了薛家寨。

“志丹回来了！”大家欢呼雀跃，奔走相告，喜讯顿时传遍了整个山寨。习仲勋等战友们从四面八方一起涌来。大家悲喜交加、热泪盈眶。刘志丹回来了，革命又有了主心骨。

张秀山回忆说：

> 中秋节，我们部队在马兰川接到后方特委来信，说到刘志丹、王世泰等同志从南山失败以后脱险回到照金。听到这个消息，我们非常高兴。记得那时我们耀西（即陕甘边）游击队正配合王泰吉领导的义勇军、红四团在马兰川一带活动。中秋这天晚上，为志丹等同志安全脱险和中秋佳节，我们特地买了一瓶酒，给泰吉送去半瓶。泰吉收下酒，给我们送来一些肉，还写条子说：“我们这里有肉没酒，你们送来酒，正好过十五。”第二天，我们带部队返回照金，和志丹等同志见了面。①

张秀山大步迎上前去，与刘志丹、王世泰等人紧紧地拥抱在一起，激动和喜悦之情溢于言表。这一夜，张秀山与刘志丹、王世泰等人亲密地睡在一个炕上，兴奋地谈论到第二天雄鸡报晓。

张秀山把杜衡在报纸上登的《自首书》给他们看了。刘志丹看后，气得骂了一句：“这个王八蛋，自己早就动摇了，还要装腔作势地去创造渭华根据地。待部队一出发，他就先自己跑掉了。”

刘志丹回到照金后，任红军临时总指挥部参谋长。王世泰任红四团二连连长。黄子文被派到张秀山的游击队总指挥部做政治工作。此前，吴岱峰接任在保卫薛家寨战斗中牺牲的李妙斋，任游击队总指挥部总指挥，张秀山仍担任政委。

红军和游击队接连取得战斗的胜利，引起了敌人的惊恐和注意。蒋介石见西北革命烈火越烧越旺，十分恐慌，电令邵力子、杨虎城：“肃清薛家寨的残匪”（指西北红军）。

---

① 张秀山：《回忆西北红军领导人之一王泰吉》，载《西安文史资料》第五辑，1984年，第22页。

10月初，杨虎城任命杨子恒为总指挥，纠集十七路军的4个团及6个县的民团计6000兵力，即东南部以孙辅承团附加一个炮兵营，以及耀县、淳化、三原等县的反动民团为先锋，直接进攻照金苏区；西南部以何高侯团为主力，在旬邑、淳化一线阻击；东北部以冯钦哉部的一个团为主力，在宜君、黄陵一带围截；在西北部的陇东方向的赵文治团为追击部队，开始对红军和照金苏区根据地发动更大“围剿”。到10月11日，敌军主力的先锋部队已经进犯到照金苏区周围村庄。

红军临时总指挥部采纳了刘志丹的建议，决定红军主力（即红四团、西北工农义勇军、耀县三支队和陕北一支队），避开敌军主力，跳到外线陇东一带作战，机动歼敌。张秀山、吴岱峰等人领导游击队总指挥部的各路游击队（即一、三、九支队和政治保卫队）坚守薛家寨，五、十一支队在山下掩护群众，坚持照金苏区的斗争，与敌主力周旋，牵制和打击敌人。

10月12日，红军主力跳出重围，迅速撤离照金苏区，沿着子午岭山脉向西北方向突进。红军主力穿山越岭，日夜兼程，直奔150余公里外的合水县城。

10月13日，敌孙辅承团和耀县等地近千人的民团包围了薛家寨。当时，张秀山、吴岱峰等人领导的坚守部队仅有200余人。

敌人抓了大批老百姓修进山道路。山路修好后，敌人用马车把大炮拉到薛家寨对面西南方山顶上的龙家寨，并把炮兵阵地和敌军指挥部设在这里。两寨之间，只隔着一条绣房沟，敌人摆出了不夺取薛家寨，决不收兵的架势。

10月的照金苏区乌云密布，冷风刺骨。山下绣房沟阴雨连绵，山上薛家寨雪花纷飞，大战即将开始。

10月15日，敌人向薛家寨阵地发起猛烈进攻。炮声隆隆，弹如雨泻，杀声震天，敌人潮水般涌来。张秀山等人率领战士们扼守通往薛家寨山顶的石门路天险，打退了敌人一次又一次的疯狂进攻。

敌炮兵连续四天猛烈炮击红军阵地，薛家寨淹没在一片火海里。接着，敌人连续几天发动十几次疯狂进攻，都被红军凭借险要地形顽强阻击，英勇地打退了。

敌军伤亡惨重，红军的粮食和弹药等物资也只能维持15天左右。中共陕甘边特委书记秦武山和张秀山等特委成员召开紧急会议，研究反“围剿”的形势和对策，合理部署各阵地的兵力。

第六天，形势骤然逆转。张秀山清楚地记得当时的战斗情景：敌人围攻薛家寨，首先以孙辅承团附属的炮兵营的几门大炮，摆在兔梁山上，用炮轰击薛家寨。然而敌人炮兵的技术太差，就这样打了三四天，也没有一发炮弹击中我军的要害。石洞和修的工事都没有挨着一发炮弹，石门的防御工事没有被敌人的炮火摧毁，我方也无一人伤亡。从敌人打来的炮弹片看，有平射炮，有曲射炮。敌人的机枪射手打得也不准。

在敌人开始进攻的第三天中午，张秀山从后山阵地向石洞方向走去。敌人在绣房沟的小山上，可以看得清清楚楚。张秀山身上左边挂着文件袋，右边挂着手枪。敌人发现他以后，就用重机枪向张秀山扫射过来，但子弹全都打在路面以下二三尺远的坡上。

在山上的石门路上，我军有一个分队把守着，阵地前沿修了防御工事，还埋有地雷，易守难攻。敌人的大炮就架在对面的山上，可以很清楚地看到我军阵地的情况。他们发现我军石门工事与后山嵝岘之间的悬崖峭壁上，有一条几百米长的石缝。在这条石缝内长了许多小柏树。而在这条石缝上面，红军既没有修筑防御工事，也没有布置防守人员。敌人发现这条石缝后，就利用了这个弱点，抽了100多人组成突击队，配合土匪，在夜间由土匪头子陈克敏带路，趁着拂晓时一个一个偷偷地爬了上来，然后散开埋伏下。

到天亮后，这已是敌人进攻的第六天了。对面山上的敌人只打了三炮，就停止了炮击。

当红军从战壕里发现敌人的时候，敌人已经全部散开队伍，吹起冲锋号，向红军的防御工事发起了冲锋。张秀山见到这种情况，当机立断下命令，让战士们多带些手榴弹向党家山的方向撤退。

秦武山、惠子俊、刘约山和后勤人员、修械所工人，以及能跑得动的伤病员，都从黑田峪下去了。他们刚刚下去，敌人就冲上来了。走不动的伤兵和守石门路的分队战士都被俘了。

先进寨子的是敌人正规军。后山上的民团也抄了上来，但他们迟了一步，没能堵住我军的退路。敌人冲进寨子后，大部分都冲进石洞里去抢东西，没有继续追击。张秀山等率部从党家山北边的沟里撤走。从黑田峪下去的几十个人，也由秦武山、惠子俊、刘约山带着撤走，北上去找主力红军部队。

这次薛家寨的退却，保存了游击队的实力和后勤机关的人员。除了守石门路的20多人和一些走不动的伤兵被敌人包围，牺牲和被俘了一部分外，其他人员没有受到多大的损失。敌人没有实现消灭我军的计划。红军储存在寨子里的一些棉花、布匹、迫击炮弹和100挺轻机枪的零件等物资，都被敌人抢去了。

敌人占领薛家寨以后，因红军在照金地区实行了坚壁清野，他们在薛家寨找不到粮食吃，不得不又退了出去。这地方只留下了土匪陈克敏驻守。①

后来，张秀山总结说：

敌人偷袭薛家寨，既是坏事，也是好事。敌人偷袭进来，我军赶快撤退了，保存了有生力量，使我们仍然有战斗力，还能再发展。如果敌人从四面包围上来，向我们阵地反复冲击，加上四面封锁，时间一长，我军弹尽粮绝，没有退路、就有被敌人全部歼灭的危险。②

敌人围攻薛家寨的同时，王泰吉、刘志丹等人率领红军主力，于18日夜突袭了位于薛家寨300华里外的合水县城，一举歼灭守敌200余人，俘敌县长等官员10人，营救出被敌人扣押的党员干部和群众80余人，缴获一批枪弹和物资，沉重地打击了敌人，鼓舞了红军和根据地人民的斗志。

“敌人占领了薛家寨！”从薛家寨最先撤退出来的同志来到红军主力部队的驻地。张秀山、吴岱峰牺牲了？坚持五个月的照金根据地首府失守了？！刚刚取得奇袭合水县城胜利的战士们惊闻后方传来的消息，都不敢相信自己的耳朵。他们悲痛地望着薛家寨方向，怀着对敌人的刻骨仇恨，默默地擦去眼角的泪痕。

合水县城一战，使敌人恼羞成怒。敌追击主力部队赵文治团700余人马尾追而至。红军采取疲劳战术，牵着敌人的牛鼻子，在合水、正宁、宁县一带周旋了10天，到了庆阳县的毛家沟门时，敌人已经疲惫不堪。

10月28日，在前有敌人主力赵文治团进攻，后有围堵反动民团迫近，敌我力量悬殊的危险时刻，总指挥王泰吉和刘志丹研究后果断下令，坚决反击追击的敌人，勇猛实施反冲锋，置死地而后生。冲锋号吹响，红军将士犹如猛虎下山，打得敌人措手不及，蒙头转向，全线崩溃，一举歼敌200余人，缴枪

① 张秀山：《我的回忆》（未刊稿），1988年。
② 张秀山：《我的回忆》（未刊稿），1988年。

200余支和大批弹药军品，大壮红军的军威。赵文治团一蹶不振，再也没有恢复元气。

张秀山、吴岱峰率队在掩护中共特委机关突围后，边打边撤，从党家山方向跳出包围圈，来到七界石、石门关一带继续开展游击战争，打土豪，使战士们穿上棉衣，补充了给养。

薛家寨虽然暂时失守了，但红军的有生力量保存下来了。红军经过昼夜兼程，连续作战，仍然取得许多重大的胜利，使根据地人民看到了希望。

七、战斗在南梁

薛家寨失守后，中共陕甘边特委和红军失去了可靠的后方基地，处于无处立足的困境，革命面临着严峻考验。照金地区虽地形险要，丛林密布，群众基础好，但它临近咸榆公路，距离中心城市太近，地域窄小，回旋余地不大，不利于根据地建设和发展。那么，根据地中心究竟建立在哪里好？

1933年11月3日至5日，红军临时总指挥部在合水县包家寨召开会议，总结了创建照金苏区的经验教训，深入批判了杜衡的“左”倾错误，讨论了部队休整、今后的行动方向和根据地建设等重要问题。

经过三天讨论，会议决定：主力部队进入陇东地区，重点创建以南梁为中心的陕甘边革命根据地；撤销红军临时指挥部，成立红二十六军四十二师；实行“狡兔三窟”战略，开辟以安定、南梁、照金为中心的三个战略游击区，建立陕甘边区工农游击队一、二、三路总指挥部，以便互为呼应，游击作战。红军把创建根据地中心重点放在南梁地区。

南梁，原指保安县南面森林密布的大山梁，后为附近几百里梢山地带的通称。因其中心是荔园堡川的南梁堡，故称南梁地区。它位于桥山山脉中段，是甘肃庆阳、合水，陕西保安、甘泉等4县交界地。桥山山脉南起照金，北至定边、盐池，山周围连接陕甘宁18个县城。南梁地区系葫芦河发源地的各支流川道，境内有荔园堡川、二将川、平定川、豹子川、大风川、林锦庙川、白马庙川、玉皇庙川，方圆百里，山大沟深，梢林密布，地形复杂，交通闭塞，人烟稀少。这里是陕甘两省交界，远离敌人统治中心，反动武装和土匪力量薄弱，刘志丹等人在此地开展过革命武装斗争，有一定群众基础，便于红军进退，回旋余地较大。

包家寨会议是一次具有历史意义的重要会议，它为陕甘边党和红军指明了一条通向光明和胜利的道路。

会议结束后，陕甘边区特委书记秦武山赴西安寻找上级党的关系，特委其他成员分散到各部队，陕甘边特委的工作实际上由四十二师党委领导。①

会后，红军主力进入合水县葫芦河川莲花寺，对部队进行休整改编。

11月8日，红二十六军四十二师在合水县莲花寺正式成立。师长王泰吉（后为刘志丹）、政委高岗（后为杨森），刘志丹任副师长兼参谋长。师部设司令部、政治部、供应部和直属警卫连。

全师下辖三团、四团计2个团，兵力300余人枪，战马60匹。其中三团由西北民众抗日义勇军、耀县游击队第三支队和原红四团少年先锋队计200余人组成；四团由原红四团一连和二连计100余人组成。

全师指战员大部分成分是贫农，少数为学生和经教育参加红军的国民党军俘虏兵、绿林武装。为加强党对红军的绝对领导，开展政治思想教育和组织纪律教育，部队在师、团、连建制中分别建立了师、团党委和支部。杨森为师党委书记。

1933年11月下旬，张秀山、吴岱峰率游击队北上柴桥子，与红军主力会合。同时，留下部分游击队在照金周围继续开展游击战。

在庆阳三十里铺作战中，杨森负重伤，师党委任命张秀山为红四团政委兼四十二师党委书记。②在以后的战斗中，红四团随着战斗力不断提高和缴获敌人马匹增加，被改编为骑兵团。

红四十二师主力进入南梁后，立即分兵东西两路出击，以扫清反动武装，推动根据地建设。

刘志丹等人率师部和红三团东进咸榆公路，意在消灭沿线地方民团武装。刘志丹部先在甘泉县道佐铺歼敌民团40人，再偷袭甘泉未克，转北上进至葡萄沟时，遭到敌二五六旅一个营和200余名民团的攻击，红军少年先锋队

---

① 张秀山：《我的回忆》（未刊稿），1988 年。

② 中共甘肃省委党史资料编辑征集委员会编：《中共甘肃党史大事记》，甘肃人民出版社 1990 年版，第 29 页。

队长王有福牺牲，部队逐步撤出战斗，回归根据地。

张秀山等人率红四团西进荔园堡、阎家洼子歼敌一个连。再战赵家沟、新堡，全歼当地民团，然后会合红三团打下二将川敌人据点，初步扫清南梁附近敌人的反动堡垒，为建立南梁根据地奠定了基础。

利用战斗间隙，红四十二师党委召开会议，决定分兵。以连、排为单位，抽调军事干部从事地方工作，配合地方党组织深入南梁各地发动群众，创建红色政权，发展壮大两路游击队。师党委先后派刘约三、吴岱峰等人带后方机关和伤病员到平定川一带组织游击队，建立后方留守处；派师党委特派员张策去南梁开辟工作，后来又派习仲勋去了南梁。他们深入荔园堡川、山河沟、玉皇庙川、白马庙川等地的贫苦百姓中，宣传革命，发动群众组织各种革命组织，斗地主，分财产，开展土地革命。

南梁地区偏僻落后，生活条件恶劣，当地的人们陋习很多，发动群众难度很大。张秀山回忆说：

> 那里的群众落后，尤其南梁有三个地方特殊。一个是豹子常伤人。再一个是杨霉（性病）相当多，要不小心就上了当，过去也有些同志吃了亏。第三是鸦片馆子太多。当时我们提出要禁鸦片，但是老百姓一听就要搬走，因为那里一翻山便是国民党地区，可以尽量种鸦片。为了照顾老百姓，不脱离群众，我们对那里的群众采取了让步政策。此外，还有“柳拐子”（因喝当地水导致人腿脚生病，走路时摇摆不稳）。开始我们在那里成立了一个游击队，占半数是柳拐子，他们遇见了敌人就跑不动。后来我们把好的留下参加部队，其余回去参加生产。①

根据实际情况，红军因地制宜，采取了逐步推进革命的方法，使那里的村屯逐渐建立起农民联合会、贫农团、儿童团。在很短的时间内，南梁地区就有一批贫雇农积极分子加入了中国共产党，乡村革命政权相继建立。

1933年11月25日，南梁第一个乡苏维埃政府成立。南梁、二将川、荔园堡、豹子川、小河子沟和东华池等地的农民联合会、赤卫军大队纷纷建立。此后，赤卫军大队迅速增至18个。劳苦大众欢喜地唱起了《信天游》：“一杆杆红旗一杆杆枪，刘志丹的队伍到南梁。打倒了土豪分牛羊，分了那个田地又分

---

① 张秀山：《在西北历史座谈会上的发言》（1945 年 7 月 14 日），存中央档案馆。

粮。山丹丹开花红当当，穷人跟的是共产党。长枪短枪红缨子枪，咱们的红军势力壮。”

当时仅南梁、荔园堡等地5支赤卫军，人数就达到1000多人。他们用大刀、梭镖和步枪武装自己，担任保护苏维埃、转移伤病员、配合红军作战等艰巨任务，使红军有了后备军，形成了红军、游击队、赤卫军三位一体，根据地得到巩固和迅速发展。

1934年2月下旬，在南梁地区小河沟四合台召开了陕甘边区工农兵代表大会，正式成立了陕甘边区革命委员会，习仲勋被选举为主席，白天章为副主席。委员会下设土地、劳动、财政、粮食、肃反、文教委员会。其中，除习仲勋和红四十二师特派员张策外，都是当地的贫苦农民。陕甘边区人民政权机关的成立，使土地革命有了统一领导，推动了根据地建设的进一步发展。

1934年2月，受福建事变的影响，国民党军队停止了对红军的“围剿”。刘志丹、张秀山等人主持召开师部党委会议，研究红四十二师下一步的军事行动。

会上，刘志丹提出利用这一机会，挥师南下，进入淳化、旬邑、正宁一带开展武装斗争，发动群众斗恶霸，分粮财，扩大游击区，打击反动民团，得到师部党委会的批准。在此之前，王泰吉提出离开部队去白区搞兵运的请求。师党委经过慎重考虑，再三劝留。但王泰吉认为，他在敌军中部下很多，自己有策反起义的把握，坚持要前往。最后，师党委同意了他的请求，决定由刘志丹接任师长职务，并派人护送王泰吉出境。但是，王泰吉刚到敌占区，就被旧部出卖被捕，英勇就义。

张秀山为此后悔不已，他说：

> 泰吉同志的壮烈牺牲，使我们非常悲痛，真不该同意他提出的冒险计划即到白区去搞兵运工作的请求，更不该轻信马云从这类敌人，以致铸成不可挽回的损失，至今想起仍感内疚。①

王泰吉牺牲对西北红军是个严重的损失，他对创建西北红军和陕甘苏区做出过卓越贡献。1933年春，国民党部署围剿陕甘边苏区，动员了四个团的

① 张秀山：《回忆西北红军领导人之一王泰吉》，载《西安文史资料》第五辑，1984年，第22页。

兵力，妄图一举消灭红二十六军和攻占照金苏区。陕西省委给红二十六军发出了“粉碎敌人四团兵力围剿”的指示信。这时，王泰吉正在十七路军中担任骑兵团团长，杨虎城任命他为“剿匪”总指挥。王泰吉率骑兵团（实际上只有百十匹马）任追击部队，其余的三个团部署在陕西、甘肃一带担任堵击任务。王泰吉带着部队跟在红军队伍后面相隔不远，虚张声势。有一次在淳化，红军驻在小池村，十七路军骑兵团驻在铁王，两家的哨兵互相看得见，也不开火。王泰吉起义后在照金地区时，张秀山曾问过他，离得那么近为何不开火？王泰吉幽默地说：“那是客气嘛。”红军北上了，王泰吉又率部向北跟进了两天就返回照金，经薛家寨山下的绣房沟口到了柳林镇，又回返耀县，开始准备他的起义计划。由于王泰吉团跟在红军后面不打，也未给那些堵击的部队下达命令，国民党这次“围剿”就应付过去了。王泰吉参加红军后，有一次他和张秀山说，他回到西安向杨虎城交差时说：“这次把刘志丹的部队打散了，都跑到山里找不到了，现在只剩下一个薛家寨，地形险要，工事坚固，没有炮兵打不下来。”杨虎城说：“算了吧，打人家的寨子干啥？”杨虎城说这话，也表明此时他和蒋介石、胡宗南的矛盾突出，对“剿共”的消极态度。就这样，国民党纠集的声势浩大的四个团“围剿”，在王泰吉同志的巧妙安排下，使红军不战而胜，如果当时是由国民党孙友仁那样的人来担任总指挥，那么，力量相对弱小的红军就要经过十分残酷的斗争，付出相当大的牺牲才能战胜凶恶的敌人。正是由于王泰吉在敌人内部的出色工作，才使十倍于我的敌军退回原驻地，红军才得以在关中及陇东方向积极行动，取得很多胜利。

送走王泰吉同志，红四十二师准备回归南梁，休整部队。在红军途经正宁县湫头塬南邑村时，发生了高岗调戏妇女的严重违纪事件。在师党委会议上，刘志丹、张秀山等人考虑到高岗作战勇敢，红军干部极度缺乏，他们建议撤销高岗师政委职务，调至第二路游击队任政委，由杨森接任师政委，得到了师党委会议的批准。

1934年春节，为了解决部队给养，减轻根据地贫苦群众负担，红四十二师又南下耀县，准备偷袭该县县城附近的寺沟南堡，因行动暴露，攻击未克，遂撤出战斗。接着，红四十二师决定智取耀县生义堡。由于准备周密，红三团三名侦察员突然抢占了城门，鸣枪为号，骑兵和大部队紧急出动，仅半小时就占领了生义堡，没收了地主大批的钱、粮和物品，解决了部队急需。

这个时期，红四十二师在刘志丹率领下以南梁为中心，频频出击，横扫周围地区的土匪民团，把陕甘边红色根据地迅速扩大到保安、安塞、甘泉等14个县的部分地区，并粉碎了敌人的多次“围剿”。

红四十二师和南梁根据地的发展，引起了国民党反动派的极度恐慌，国民党西安绥靖公署调动八个团，近一万人兵力，分别进剿，陈兵堵截，妄图把红军主力在消灭南梁地区。红四十二师决定转入敌后，相机消灭敌人。

1934年3月上旬，红四十二师从南梁出发南下，急进宁县、正宁一线，敌军急忙派兵阻截。红军挥师一路向北，攻占了瑶曲、大石板、五里镇，歼敌100余人。随之，红军转头奔西北，攻打店头，俘敌20多人。红军4战4胜，士气大振。

之后，红军经槐树庄、张村驿，从黑水寺驻有民团的河川街上穿过（双方有约，保持中立），路过太白镇，来到南梁的东华池，休整一天。第二天，在荔园堡川里，与二路游击队杨琪部会合。杨琪是二路游击队总指挥。刘景范、杨培盛、王子林分别是这三支游击队的队长，战友们相见分外高兴。随后，刘志丹、张秀山等率部北上，佯称攻打保安，诱敌增援。部队渡洛河，开进保安地域。待得知敌军主力增援将至，红军折向西行，经小蒜川、三道川，突然袭击蔺家砭，歼灭守敌张廷芝一个新兵营，俘敌100余人，缴枪50余支。

3月27日，张秀山率骑兵马不停蹄，沿川里，快速动作，拿下崖窑，又歼敌一个骑兵连，缴获全部马匹、枪支等。他们封锁了向西的道路交通，红军在此地休息了一个晚上。

28日天刚亮，红军大部队就翻过西面山梁，直奔高桥。事先，红军通过游击队得知，国民党庆阳县第四区区长高明山正在此地为其父做周年，高朋满座，热闹非凡。于是，几名红军侦察员化装成“要饭的”，堵住了高家3个大门。中午，当红军大部队从山上开下来的时候，高家乱作一团。红军一枪没放，抓住了高明山和5个地主老财，缴枪30支，搜获大批银元、物品。红军一刻没有停留，抓起敌人准备的午饭，边走边吃，继续西行疾进，直扑元城子，全歼守敌谭世麟民团1个连，俘毙守敌100多人，缴枪100多支和军用品。

接着，红军派出一部包围了离元城子不远的易守难攻的谭匪老巢刘家堡子，以防止谭匪出动增援。几乎同时，张秀山率骑兵团急速从刘家堡子崖下穿过，冲到川下的赵家梁子村，以凌厉的攻势，突然发起攻袭，再歼谭匪儿子谭振武的一个连，缴马匹、枪支50余。

战斗结束后，刘志丹对张秀山笑着说：“谭世麟这时准又在堡子里排坎（吹牛）起来了，说红军不敢打他呢！”张秀山说：“让他排坎吧！我们走了。”红军又举兵奔袭合水一带。

红军佯攻李家梁子，谭匪向敌驻庆阳二旅五团王子仪告急，王子仪令其团副率两个营，一个机炮连，向元城驰援。等该敌到达元城，红军已兵临合水城下。合水县城守敌惊恐万状，又向庆阳请求支援。王子仪强令所部连夜行军八九十里，向合水追来。等敌人疲于奔命赶到合水县城，又扑了个空儿，红军已经离开合水向西华池行进。红军采取机动灵活的战略战术，避实就虚，致使敌军两次扑空儿。

奉命追击的这伙敌人是刚从外地换防新调来驻守庆阳的国民党正规军的一个团。他们根本没有与刘志丹部队打过仗，不知道红军的厉害。敌人认为，小小的红军游击队东跑西窜，不敢与他们正面打仗，没想到他们被红军拖得疲惫不堪，所以他们气急败坏，一路疯狂追来。敌人依仗武器装备上的绝对优势，狂傲自负。敌军官说，红军都是土匪，身上有银元和大烟土，武器尽是些大刀长矛。他命令每个士兵都带一根绳子，用来捆绑被俘的红军战士，大有一口吞掉红军之势。

1934年4月2日临近中午，红军刚刚到达合水县城不远的西华池，敌人便气势汹汹追了上来。

西华池，旧名金柜镇，因镇西池水中生长荷花而得名为西华（花）池，是古代乐蟠县遗址。该镇东西两面临沟，一条南北狭长三华里的大路贯穿小镇，几百户居民和几十家商号稀疏散落在路旁。小镇中心区域处于路南端的半坡上。在坡北面的塬边，有一道古代残留的高大城墙，据说是唐天宝年间所建筑，至今仍然显得十分险要而壮观。

红四十二师师部、红三团散驻在城内。骑兵团团部设在城东门外的骡马大店，部队都在解鞍饮马，休息吃饭，张秀山正在窑洞里洗脚，突然，城墙上哨兵报警的枪声接连响起。附近游击队也前来报告敌人追来的消息。

刘志丹师长当机立断，命令少年先锋连火速登上城墙，首先用机枪等武器，居高临下打击敌人，吸引敌军的注意力；红三团埋伏在城墙下的一条沟渠里，阻击北面的大队敌军。

顿时，枪声大震。穷凶极恶的敌人，根本没有把红军放在眼里，他们没做攻击前的任何准备，后续部队仍然排着几路行军纵队，就胆大妄为地向红军阵地扑来。当敌人冲到离城墙下的沟渠40多米的时候，红三团的战士们一跃而起，纷纷举枪横扫并投掷手榴弹，敌人应声一片片倒地。

张秀山听见报警枪声，立即紧急集合骑兵团，从后方赶来。刘志丹站在城头上大声命令到："秀山！快带领部队向敌人后侧冲！"

张秀山立即挥动战刀，高喊一声："冲啊！"便一马当先，率领骑兵团，冒着枪林弹雨，一阵旋风般冲向敌群的侧后方，刀劈马踏，直捣敌军指挥部和机炮连。敌人惊恐万状，即刻大乱，各个抱头鼠窜，溃不成军，自相踩踏死伤不计其数，迫击炮、重机枪立即变成了哑巴。

红军趁势吹起冲锋号，发起了总攻击。少年先锋队的小战士，一个个奋不顾身，直接跳下城墙和红三团战友们一起，勇猛地向敌人发起冲锋，与敌人展开了白刃格斗，一下把敌人全部压到了后面的沟里。敌人急于逃命像惊弓之鸟，爬上高坡，企图逃窜。

张秀山率部迅速迂回到西沟畔敌后，切断敌人沟口的退路。隐蔽在东沟畔的二路游击队也同时向敌人发起进攻，形成了东南北三面夹击敌人的态势。

战场上，黄土飞扬，子弹呼啸，战马嘶鸣，杀声震天。经过一个多小时的战斗，进退无路的敌人乱作一团，纷纷向红军战士举枪跪地投降。

这次战斗，红军全歼敌人7个连，俘敌近700人，缴获迫击炮两门，德国造的马克沁重机枪两挺，枪支600余支，还有大批弹药和骡马。①红军战士们兴高采烈地背上了崭新的步枪，干部们换上了驳壳枪，大家一起围观着迫击炮又唱又跳，久久不愿离去。第二天行军的时候，小伙子们不用骡马驮，硬是抬着迫击炮走了一天。

经过半个多月的战斗，在刘志丹指挥下，红军采取积极进攻战略，连续主动出击，九战九胜，使敌人遭到了沉重打击，有力地促进了红色根据地的开辟和建设，增强了红军的战斗力。

正当红军主力深入敌后打击敌人的时候，敌谭世麟部纠集几千人马，乘

---

① 张秀山：《刘志丹指挥西华池战斗》，载《甘肃文史资料选辑》第22册，甘肃人民出版社1985年版，第17页。

根据地后方空虚，气势汹汹从合水出发，经过太白，沿葫芦河进犯南梁根据地。敌人带着铡刀和绳子，疯狂叫嚣要杀尽共产党，捣毁人民政权。

敌军到处搜捕红军干部和伤病员，屠杀活埋了农会主席白杨珍、经济委员会会长吴生荣等50余人。凶狠的敌人找不到红军和苏维埃政府人员，就到洛河川上游，烧了刘志丹的家，杀害了其亲属，掘了他家的祖坟，用以破坏红军的“风水”。

南梁根据地军民没有被敌人的屠杀吓倒，他们奋勇抗敌，全民皆兵，赤卫队员们每隔一两个山头，就插上一杆红旗，吓得敌人一个多月不敢轻举妄动，一直徘徊在根据地的边缘地带。

根据地广大军民，用原始的鸡毛信（因为当地的农民不识字，只好在一张纸上插一个鸡毛或用纸包一块炭，象征着十万火急），一村紧接着一村，昼夜不停地向我党传递着敌军的情报，使敌人处处扑空儿。敌人没吃没住，消息闭塞，最后只好撤回匪巢。

西华池战斗后，刘志丹率部返回南梁休整。红军除把一些武器弹药装备各路游击队外，其他剩余几百支长枪和军用品，一律由张策负责组织精干人员，秘密埋藏到南梁山中的机密地点——荆义沟的梢林里。经过几天休整，红军又分头出击，到外线作战。刘志丹、张秀山率部攻下槐树庄，歼灭了那里的守敌，缴获了一批物资。

1934年5月初，红军向南挺进，直抵耀县，先炮轰了马栏镇，又夜袭了铜川黄堡镇寨子，缴枪30支和一些粮钱、烟土等。

5月10日，红军偷袭淳化县城未成。次日，张秀山率骑兵团向十里塬行进途中，发现敌军何高侯部两个连，沿大路增援淳化。途中，敌人停在距我红军主力10余里的三里塬甘嘴子村。刘志丹果断下令，消灭该敌。师政委杨森，以及张秀山等人率骑兵绕到敌后，攻击敌人；红三团跑步前往，从正面进攻。由于该地东西是深沟，南北是半截塬，中间一片开阔地，村中间为一个场院，四周筑有坚固的围墙，敌人龟缩到场院，负隅顽抗。战斗开始后，红三团从东、北两个方向发起冲击，因敌火力猛烈受阻。骑兵团在敌南边受地形限制，下马徒步攻击，也遭顽强抵抗，师政委杨森中弹负伤，张秀山率战士奋不顾身，扑向敌人阵地。这时，红三团再次发起攻击，在伤亡30余人的情况，终于攻占了敌人阵地。大部分敌人举枪投降，十几个敌人跳沟逃跑，被战士围住，用手榴弹消灭。此战歼灭敌人180余人，缴获枪支180余支和一些随军物品。

红军打下槐树庄、攻克三里塬后，张秀山接替负伤的杨森，任红四十二师政委。

红军从三里塬战斗中缴获的敌人文件中获悉，西华池大捷后，敌人恼羞成怒，陕甘军阀纠集1万兵力，分几路大军，南压西截，前追后阻，妄图围歼红军于小关中地区，即第三路游击区。因军情紧急，刘志丹、张秀山做了紧张的布置和动员后，立即命令部队北上跳出重围。红军主力经香山河、油房沟，原准备在马栏下川宿营，当探知敌军在附近设了一道封锁线后，师部决定，稍事休息、吃饭，连夜强行军直奔正宁的五顷塬子。红军以三团打前锋，骑兵团断后掩护，向正宁方向突围。经过一天一夜100多华里急行军，红军通过敌人封锁线，拂晓前赶到了五顷塬子。

红军人马极度疲劳，师部又接到情报，敌冯钦哉部一个营到达前方石底子堵截红军。刘志丹、张秀山研究后，决定由王世泰率红三团先行，消灭该敌，打开北上通道。骑兵团留在本地休息吃饭，警戒御敌。

一个多小时后，突然枪声大作，敌骑兵主力紧追不舍，尾随而至。红军骑兵团边战边退，敌人骑兵紧跟着追杀过来。双方骑兵搅杀在一起，很快接近了先行的红三团。

团长王世泰率一个排抢占西侧一座小山头制高点，用火力阻击敌人，掩护主力向东急撤。双方骑兵混杂厮杀跟进，使红军阻击火力迟迟无法展开。但红军阻击机枪抓住有利时机，一刹那间，横扫追击的敌骑兵大队，大片敌骑兵顿时人仰马翻。敌人乱了方寸，给红军主力赢得短暂而宝贵的撤退时间。敌骑兵留下一部与红军阻击部队对峙，大部骑兵绕过阻击火力，继续追击红军主力。

王世泰等人的子弹快打光了，他们交叉掩护撤向西侧沟底森林，后会合红三团100多人。敌人继续追来，红三团少先队在五顷塬子西侧的高风坡设伏，打得英勇顽强，给了敌人沉重打击。这次战斗，部队伤亡20多人，还损失了迫击炮1门，重机枪1挺和部分辎重。

几天后，红三团与师部骑兵团在荔园堡会合。随之，红四十二师又转移到洛河川一带。敌人在南梁搜剿了很长时间，没能找到红军主力，再加上根据地军民“坚壁清野”，敌人无法生存，只得退回陇东。

经过7个月的战斗，红军歼敌近2000人，粉碎了敌人多次“围剿”，陕甘边根据地扩展到以南梁为中心，北至黑水坡，南至莲花寺，西至老爷岭，东全平正川，幅员达百余里。以桥山中段为依托的红军游击队，如燎原烈火发展起来。

长期以来，陕甘边特委是由中共陕西省委直接领导的。特委书记秦武山去西安与省委接洽时，被叛徒杜衡出卖而被捕，特委委员又处于分散状态。陕西省委遭到破坏后，陕甘边根据地和红四十二师处在独立作战状态，但也摆脱了“左”倾错误路线的干扰和影响。

1934年5月28日，红四十二师在南梁的寨子湾召开会议，决定恢复中共陕甘边特委，成立革命军事委员会。会议决定张秀山任特委书记，刘志丹任军委主席，杨森为红四十二师师长，高岗任政委。①南梁的寨子湾会议恢复了陕甘边革命根据地党的领导，对推动根据地政权建设和武装斗争，都具有重要的历史意义。

1934年7月中旬，为更好地建设根据地和开展土地革命，张秀山多次组织陕甘边特委开会，详细分析了斗争形势，在认真调查研究的基础上，对陕甘边根据地斗争的经验和教训进行了全面总结，作出了《陕甘边特委关于陕甘边区党的任务的决议》（简称《七月决议》）。决议指出，创造陕甘新苏区是我们的任务，但党的领导太薄弱。在地方党，仅仅只有华池苏区内三个不健全的支部。部队中的党，主要的是脱离群众与党内斗争的不深入，不起核心作用。这些错误，形成了西北革命运动向前发展的最大障碍。

为此，张秀山代表特委对边区各项工作进行了布置：

1.党的工作：加强华池苏区的领导，在最短期间，必须把现有的三个支部充实起来，并成立1个区委，以巩固苏区的各种群众组织，形成苏区核心。恢复保安等各地党的组织，建立农民支部……在群众斗争的基础上，吸收最勇敢的、最坚决的、最忠实的雇农、贫农分子大批入党。地方党的支部，必须十倍扩大党的组织，部队内的党必须发展一倍党员。

四十二师及各路游击队的党，应该纠正过去的错误，彻底转变部队的

① 中共甘肃党史资料征集研究委员会编：《中共甘肃党史大事记》，甘肃人民出版社1990年版，第31页。

领导，使党真正的成为群众的核心。每个区委和各队委，在加强领导的过程中，必须选择一个中心支部。特委成立训练班，各部队也尽可能的成立短期训练班，以培养干部，指示领导方法……一切领导须深入下基层，倾听群众的意见，密切党的关系，严密党的组织，以最大的努力发展团员同志，成立团工作委员会。

2.政权问题：创造中心苏区，转变临时政权——立即成立革委党团，以加强对革命委员会的领导。颁布法令，规定实施方针，以巩固苏区。发展农联会，赤卫队、少先队等群众组织，扩大五个政治保卫队，分配土地，正式成立苏维埃政权，即以华池苏区为陕甘边的中心苏区，向四处开展。

恢复照金苏区，打通陕北苏区——建议四十二师帮助陕甘游击队完成创造新苏区的任务。部队和各路游击队配合地方党的力量，把陕北苏区、照金苏区打通（即是由三原的武字区起一直到绥远的边境止），彻底解除国民党、地主的反动武装，以粉碎帝国主义国民党的五次“围剿”。

3.为扩大与巩固部队而斗争：责成二、三路游击队于两个月内完成一团铁的红军任务，建议四十二师帮助陕北游击队完成一师红军的任务，同时要扩大四十二师为一个军的号召。要扩大部队，必须巩固部队，巩固部队的办法除了加强党的领导外，最主要的是加紧教育训练。按照政治课程去教育，组织列宁室、识字班、政治研究会等，以提高战士的政治水平。在后方开设军事政治学校，训练大批的军政干部，这一任务，在目前扩大部队开展游击运动的过程中最为迫切。

4.普遍的开展游击运动：要抓住群众的迫切要求，发动一切斗争，以开展游击战争。坚决的反对过去招兵买马的组织游击队，各游击队必须根据特委制定的游击队行动纲领去行动。

5.深入土地革命：实行土地革命是我们目前最迫切的任务，除了分配苏区的土地以外，必须向四周去开展，在各游击队区域内，群众斗争高涨的地方，立即开始分配土地。

6.开展民族革命战争：在发动群众的过程中，必须联系到反帝斗争，如日本帝国主义占领东北四省等事件，在广大劳苦群众面前作广泛的宣传与鼓动，以引起群众的反对与仇恨，在这个基础上组织义勇军、反帝同盟军等，开展民族革命战争。

7.群众工作：我们过去政治工作不够深入，在我们目前的任务之下，再不能有丝毫的忽视了，各部队转变的关键也在这里。

接着，特委并对工人、农民、士兵等工作提出了具体要求。

8.肃清欺骗群众与出卖群众斗争的右派，严防右派混入党内捣乱。

9.为了实现以上的任务，必须深入两条战线的斗争，使党的路线正确的执行，顺利的完成我们的任务。

最后，特委希望全党的同志必须深入支部作彻底的讨论，百分之百地去执行，并把执行的程序告知特委。①

陕甘根据地发展的历史证明，中共陕甘边特委和红二十六军四十二师党委，自建立以南梁根据地以来，所实行的路线是正确的。此前，由于中共陕西省委受王明路线“城市中心”的影响，将根据地区域选择在大城市外围，致使红二十六军陷于恶劣环境中作战，发动群众和建党建政也受到影响。

特委《七月决议》对推动根据地的发展起了重要的作用。

至1934年秋，以南梁地区为中心的革命根据地扩展到南北约600里，东西约400里范围；周边18个县，每个县都建立了红色政权。红军主力部队发展到五个团，1000余人，加上各县的地方游击队，总计1500余人，陕甘边根据地发展到了一个新的阶段。在南梁根据地军民的英勇奋战中，终于把这块陕甘宁边区最老、影响最大的红色根据地保持到全国解放。

八、阎家洼子会议与北上庆阳

1934年7月初，谢子长、郭洪涛带领陕北游击队和赤卫队，来到陕甘边根据地，商讨粉碎敌人对陕北的“围剿”对策。

7月18日，中共陕甘边特委、红四十二师党委和陕北特委代表、陕北游击队队委会，在阎家洼子召开联席会议。刘志丹、谢子长、习仲勋、张秀山、杨森、高岗、王世泰、郭洪涛、贺晋年等领导人，以及连以上和陕北游击队支队长以上干部参加了会议。

---

① 《陕甘边特委关于陕甘边区党的任务的决议》（1934 年 7 月），《六大以来》（上），人民出版社 1980 年版。

会议的主要议题：一是总结陕甘边根据地和红二十六军四十二师革命斗争工作；二是传达中共上海临时中央局、中央北方代表的两封信；三是研究商讨陕甘边和陕北今后工作的方针、任务。

会上，宣读了上海临时中共中央局、中共北方局代表的两封指示信。信中不顾陕甘边根据地发展的客观事实，全面否定红军在极端艰难条件下进行游击战争的正确决策。信中指责红军战略转移是“逃跑主义”和“梢山主义”，部队组成带有浓厚的土匪色彩。两封指示信的观点，完全是王明“左”倾错误路线的产物。所以，大家对指示信没有进行议论。

会上，个别人对红二十六军进行无端指责。他们在政治报告中，批评红二十六军不能正确执行党的路线，一贯是“逃跑主义”和“窜梢林主义”。后来，他们又向中共北方局写报告，对红军大加污蔑，写成文章登在陕北的党内刊物上。他们别有用心的做法和言行，受到以张秀山为代表的中共陕甘边特委和以刘志丹、杨森等为代表的红二十六军同志的抵制与反对。

会议决定派出红三团主力北上，协助陕北游击队粉碎敌人对陕北根据地的第一次“围剿”；制定了为实现陕甘边和陕北两块根据地尽早联成一片，红二十六军与陕北游击队密切协同作战的方针；作出了撤销高岗红四十二师政委职务，改由谢子长担任的决定。

这次会议以后，郭洪涛写了一篇报告给北方局即《红二十六军长期斗争的经验教训》，说红二十六军没有做一件好事，歪曲事实，断章取义。他认为红二十六军是土匪成分，游击队是土匪成分。对此，张秀山说：“他们根本不了解土匪是一个什么东西，我们应该正确的认识‘土匪’。一种是流氓们专靠抢人吃饭；而大多数的土匪都是破产的农民，受压迫的农民。靖远在陈珪璋统治下差不多没有一个农民没有当过土匪。在国民党统治下，农民不能生活而起来暴动，这种土匪是可以改造的。如果说当过土匪成分就不好，这种看法是不对的，中国有几千年的农民暴动史，每一个朝代统治阶级被推翻都是经过农民暴动推翻的，将来土地问题不解决，农民还是要暴动，他们只有在共产党的领导下彻底翻身才不会暴动。对这些农民暴动应该和流氓土匪区别开来。但是，我们党内的‘左’倾机会主义者就不懂这些。”①

---

① 张秀山：《在西北高干会上关于边区党的历史问题的发言》（1942 年 11 月 5 日）。

张秀山对土匪不应该一概而论，而应进行具体分析的观点，得到许多同志的赞同。

会后，红二十六军送大批武器弹药给陕北游击队，派出红三团去陕北作战，协同陕北游击队粉碎敌人对陕北根据地的第一次“围剿”。

因党的组织路线受“唯成分论”的影响，张秀山不久被从中共陕甘边特委书记的职位上调离，由工人出身的惠子俊担任。张秀山被调往庆阳游击队担任政委。

张秀山来到庆阳后，着手开创庆北苏区工作。庆北即庆阳东北地区。此地森林密布，住户稀少，经济文化落后，人民群众生活极为困苦，是一个穷川僻壤的半农半牧的地方。此地产生过陈珪璋、陶老三、张廷芝等有名的大土匪。他们烧杀抢掠，鱼肉百姓，无恶不作，人民苦不堪言，曾经爆发过天门会大规模抗匪斗争。

张秀山率领庆阳游击队的3个中队40多人来到柔远城子（现华池），召开了群众大会。会上，张秀山列举了庆阳土匪恶霸剥削欺压百姓的种种罪行，宣传了共产党打倒土匪恶霸，一切权力归人民的主张，受到广大农民热烈欢迎。会后，柔远城子农民联合分会宣告成立。张秀山又先后率队在附近的柔远东沟、武家河、大畔组织了3个农联分会，1个农联总会。随之，他们在柳湾沟、杜家河、小川沟等地又组织了3个分会，1个总会。以后，他们又在城壕川附近组织了1个总会。这3个总会，代表农民管理地方上一切行政事务。在此基础上，成立了庆北苏区办事处，建立了赤卫队、贫农团、雇农工会等革命群众组织，到处展开了打土豪、分粮、分地、分牲口、取消苛捐杂税的斗争，革命火种很快烧遍了整个庆北地区。张秀山等人还在庆北苏区，先后建立起南梁根据地第一批3个中共农村基层党支部，发展党员40多名。

张秀山率领游击队袭击了悦乐堡李廷匪巢，组织庆北群众日夜袭扰敌人，打击了反动派的嚣张气焰，使李廷虽身居险要，拥有枪马50余和粮食2000余石，却心惊胆战，日夜不安。最后，张秀山领导游击队和人民群众，切断了匪巢的水源和烧柴，迫使李廷率部惊慌逃走。

对于这一段历史，原兰州军区司令员刘懋功同志在《深切怀念我的革命引路人——张秀山》一文中详细地回忆说：

我的家乡就在南梁西边约五六十里的一个名叫柔远东沟的小山村。

那时，我才十七八岁，家中有母亲和弟妹，我是老大，靠给大伯家种地、放羊糊口养家。张秀山同志就是在这时带了一支小部队和几个工作人员，来到了我的家乡做发动群众，创建南梁根据地的工作。张秀山同志头戴白毡帽，身穿羊皮袄，穿着打扮和当地人没有什么区别。他一天到晚带领同志们在村里挨家挨户做群众工作，了解当地情况，启发贫苦农民的阶级觉悟，发动他们起来革命。他不仅态度和蔼可亲，而且工作非常深入细致。张秀山在我大伯家住过几次，因此他认得我。他看到我是个诚实劳动的贫苦小伙子，就认准我是一个革命的苗子，多次找我谈话，启发我的觉悟，鼓励我参加革命。我那时白天都要出去劳动，晚上才能回来，很辛苦。张秀山就派分管青年工作的马仰西同志随同我一起去劳动，不断地做我的工作，并秘密介绍我参加了共青团。在张秀山的鼓励下，我参加了赤卫军，从此走上了革命道路。由于张秀山等同志出色工作，共产党很快就在我的家乡柔远川，以及城壕川、元城子川等地秘密发展了大量党、团员和建立了一批党支部，并且组织起来了很多农民联合会和赤卫军。那时我党为了开辟根据地，既要发动群众，又要与地方反动势力打仗。我参加赤卫军后，就跟着张秀山同志带的部队打仗。我经常看到刘志丹和张秀山同志在一起指挥红军部队打仗，他们英勇顽强的战斗作风，给我留下了不可磨灭的印象。记得有一次，部队仗没有打好，往下撤退时，张秀山同志担心我们这些初出茅庐的新兵没有经验，心慌害怕，特意过来鼓励我们要沉着冷静，并催促我们赶快撤离战场。我至今仍然能感觉到他对我们的关心。

1934年7月中旬，中共陕甘边特委作出了《目前政治形势与陕甘边党的任务》的决议，提出了第二路游击队和第三路游击队在两个月内各完成组建一个团红军的任务。在决议号召下，我党先后在正宁县湫头与南梁的阎家洼子建立了红四十二师一团和二团。由刘景范担任团长的二团一连，就是由庆阳游击队挑选60多人（包括我在内）和安塞游击队一部组成的。红二团一连成立大会，就在柔远城子（今华池县）温台子举行。张秀山和马仰西同志都参加了大会。在会上，张秀山发表了重要讲话。他讲了陕甘边区革命形势发展的情况和扩大主力红军的意义，鼓励我们参加红军后努力杀敌，努力扩红，争取尽快扩大苏区。张秀山同志还在这次会议上宣布我为正式团员。从此，我成红军的一名光荣战士。①

1934年9月，红三团完成北上任务后，从陕北安定县返回庆北苏区，一边休整部队，准备接应前来起义投诚的国民党杨子恒部郭宝珊营；一边积极协同张秀山领导的庆阳游击队，消灭苏区境内的反动民团。

郭宝珊，出身穷苦，因土匪和地主恶霸的迫害，使祖父母、父母相继饮恨离世。他怀着深仇大恨，扛枪当兵。但终因雪恨无望，他一怒之下，领了一伙兄弟上山当了“山大王”。刘志丹领导红军，打土豪，闹革命，爱护百姓，纪律严明的事迹，使郭宝珊很受教育和震动。他仿效红军，只打地主豪绅，不袭扰百姓。刘志丹得知他的穷苦出身和被迫上山的情况后，致信郭宝珊让他参加红军，双方从此互相支援，互相信任，结为朋友。

1934年秋，国民党杨子恒部收编了这股土匪武装，成立了两个团，郭为营长。后来，这两个团密谋携枪出走，投靠甘肃军阀。他们在路经西华池时，刘志丹派人送去信件和牛、羊等慰劳品，郭十分感动，决定起义参加红军。

1934年10月20日，郭宝珊率部120多人进入庆北苏区，宣布起义，参加红军，被命名为西北抗日义勇军。

庆北苏区召开了隆重的西北抗日义勇军成立大会，欢迎郭宝珊率部起义，参加红军。会上，刘志丹宣布命令：西北抗日义勇军正式成立。郭宝珊为司令，任浪花为政委。红军还派一批优秀军政干部帮助其改编部队。农民群众为义勇军送去了猪、羊、瓜菜等慰劳品，使义勇军将士深受鼓舞。

在庆北苏区，郭宝珊部的官兵们亲眼看到了人民得到土地革命成果后的喜悦心情，及由此而焕发的高涨的革命热情。从苏区的儿童团、赤卫队、农会和红军、游击队亲如鱼水的关系，西北抗日义勇军的将士看到了革命的希望。

红三团、西北抗日义勇军的到来，使庆北苏区革命力量日益壮大。庆阳游击队、红三团和西北抗日义勇军协同作战，先后拔除五蛟、元城子反动民团据点，消灭谭世麟民团200余人。这样，不仅锻炼了义勇军，扩大了红军武装，而且用缴获的枪支装备了各路游击队，使庆北苏区得到飞速的发展和巩固，

① 刘懋功：《深切怀念我的革命引路人——张秀山》，《我的八十五年——从西北到东北》，中共党史出版社 2007 年版，第 409 页。

形成了北至柔远的大畔，南至庆阳的玄马河，东至老爷岭，西至拓泥河，方圆100多里，人口近万人，拥有7个农联总会、20余个分会，3个南梁地区最早中共党支部、40名党员的红色根据地。这个根据地还为红军输送了100多名优秀战斗骨干。用参加这段战斗的老战士的话说："这是庆北最胜利的时期。"

1934年11月1日，陕甘边区工农兵代表大会在南梁荔园堡的一座古庙里召开，会期7天，代表100多人。根据中华苏维埃选举法，大会选举产生了陕甘边区苏维埃政府，习仲勋任主席。同时，大会还选举产生了陕甘边区革命军事委员会，刘志丹任主席；陕甘边区赤卫军总指挥部，朱志清任总指挥。会议通过了《政治决议案》《军事决议案》《土地决议案》等重要文件。苏维埃政府下设劳动、土地、财政、粮食、文化等委员会，机关驻寨子湾。下辖陕甘边南区革命委员会和赤安、华池、庆北等县苏维埃政府。

11月7日上午，就在十月革命纪念日的这一天，会议决定召开庆祝十月革命胜利和陕甘边区苏维埃政府成立大会。荔园堡村里到处插满了各色彩旗，房前屋后贴满了红绿纸标语。会场中心设在村里的戏台广场，戏台上悬挂着"陕甘边区苏维埃政府成立大会"的大幅会标，会场的入口处还布置了彩色胜利门。参加庆祝大会的有红四十二师二团和三团、西北抗日义勇军，以及游击队、赤卫军、各地群众数千人。主席台上就坐的有陕甘边区党政军领导人刘志丹、习仲勋、张秀山、杨森、王世泰、马文瑞、张策、张邦英、刘景范等同志。大会开始，乐队奏革命歌曲，然后宣布政府组织机构和当选名单，接着举行了隆重的阅兵式。大会自始至终洋溢着团结战斗的热烈气氛。这次大会，推动了武装斗争和土地革命的开展，大大地振奋了根据地军民的斗志。

苏维埃政府在根据地成立集市，开展了粮食、肉类和日用品的交易；发行了货币（用木刻印章盖在布上印的票子，再用麻油浸泡而成），与银元等值，在老百姓中信誉很高；还成立了小学校，组织20多个工农子弟学习。

苏维埃政府影响很大，政府驻地只有少数保卫队，各游击队在各自的游击区里活动，红军主力则主要在外线作战。政府和红军的日常工作和交通通信，主要靠根据地的人民群众支持。在这里，军民关系如同鱼水深情。

陕甘边苏维埃政府的成立，标志着以南梁为中心的陕甘边革命根据地正式形成，这是执行陕甘边区党的正确的政治路线和军事路线结果。

九、粉碎敌人“围剿”

1934年12月，中共陕甘边特委根据红四十二师政委谢子长在8月清涧县河口战斗中负重伤，不能继续指挥部队的实际情况，把张秀山调回红四十二师，接替谢子长任政委。

根据北方巡视员黄汉的建议，陕甘边特委派刘志丹、惠子俊到达陕北，与陕北特委协商统一两个根据地红军和游击队的领导问题。同时按陕北特委成立一个师红军的计划，将陕北游击队二、三支队改编为二、三团，和陕北红一团正式合编成红二十七军八十四师，调陕甘边第二路游击总指挥杨琪任师长、陕北特委委员张达志任政委。

张秀山在接任红四十二师政委后，除率红三团、义勇军和各路游击队东征西战，保卫苏区，建立红色政权外，时刻不忘团结、教育、改造郭宝珊及其义勇军。为了搞好红军与义勇军的关系，张秀山在部队行军时，经常让义勇军作后卫部队。宿营时，张秀山单独把他们安排到一个村庄，不把他们拆散。

在攻打五蛟宿营时，张秀山把郭宝珊找来交流思想，给他讲革命道理和红军的光明前途，讲自己为什么参加革命，讲国民党为什么反动、卖国等。俩人躺在老百姓家里的炕上，一直谈到深夜，增加了郭宝珊对红军的信任。张秀山还有计划地给义勇军上政治课，向他们讲解马列主义、共产党和刘志丹的革命经历，做了大量的思想政治工作，引导他们迅速转变为革命战士。

1935年2月初，张秀山率部回到后方荔园堡休整。时值召开“二七”纪念大会，因外面下雪，会场临时由露天广场改为在一个庙的大厅里举行，引起了一些义勇军士兵的怀疑。是不是红军要缴他们的枪？他们迟迟不肯进入会场，就在会场外听报告。张秀山看到后，指示红军官兵不要打扰他们。会议开始后，张秀山讲了“二七”运动的斗争经过和深远意义，讲了团结对革命的重要性，讲了红军严明的纪律等革命道理。张秀山的真诚相待，打消了义勇军战士的疑虑。在会上，郭宝珊再次表明了革命到底的决心。

郭宝珊看见张秀山等共产党人，为了贫苦大众，出生入死，缺吃少穿。寒夜里，他们穿着破旧棉衣，用烂毡和破羊皮裹着腿脚，却乐观向上，意志坚强。在最冷的时候，他们拿着步枪替换战士站岗，把用自己身体焐热的土炕让给战士。实在不行，他们就把火堆移开，让战士睡一会儿。在没有吃的时候，他们首先想到部队中的小战士，把自己的那份拿出来，让小战士先吃饱。红军里官兵平等，经济公开，连分战利品的小事和谁担任部队最高指挥官等大事都由士兵委员会决定。这些平常事使郭宝珊深受感动。从这以后，红军与义勇军不分彼此，相互信任，生死与共。在以后庆阳、合水的几次激烈战斗中，义勇军打仗英勇顽强，不怕牺牲，成为红军的主力之一。

1935年初，蒋介石调动了陕西、河南、宁夏、甘肃等省国民党军计7个师，30多个团，5万余人，对我陕甘边、陕北根据地发动了更大规模的“围剿”。

为了粉碎敌人进攻，2月5日中共陕甘边特委和陕北特委在安定县周家崄召开联席会议。刘志丹、惠子俊、崔田夫、郭洪涛、马明方等人出席了会议。谢子长因伤重也未出席会议。

会议经过认真讨论，决定成立中共西北工作委员会，选举惠子俊为书记；成立西北革命军事委员会，选举刘志丹为军委主席，从而统一了两个根据地的党、政、军领导和反“围剿”作战方针。

蒋介石驱非嫡系部队为先锋，把嫡系主力摆在其后，而杨虎城、马鸿宾、井岳秀等人互存戒心，保存实力，不敢冒险深入苏区。只有武器精良的高桂滋部甘为蒋介石卖命，但高部与衔接并进的井岳秀部积怨颇深，不可能协同作战。军委决定，利用高部人地两生，急于冒进的特点，集中优势兵力，首先打破高桂滋防线，之后向南发展，将陕甘边、陕北两块根据地连成一片。刘志丹立即向各部队下达作战命令。

2月初，敌主力三十五师进占老爷岭、元城、柔远城子等地，在敌我力量悬殊的形势下，红军与游击队密切配合，采取袭扰、阻击、迷惑等战术，与敌对峙了40多天。

2月21日，谢子长因伤势恶化逝世。消息传来，张秀山倍感悲痛，深为这位陕北革命的领导人过早离世而惋惜。

3月，乘敌军不明红军主力动向的有利时机，张秀山率红三团及抗日义勇军1000余人，在当地游击队的密切配合下，突然袭击了悦乐黄大原的田崾岘敌三十五师一〇五旅的一个营，歼敌100余人，拔掉了敌人一个据点。

红四十二师师长杨森率骑兵团与政委张秀山率领的红三团、西北抗日义勇军汇兵一处。此间，合水游击队传来情报，敌人马鸿宾部一个营，刚刚进驻庆阳县柳村塬，正抢筑工事。师长杨森、政委张秀山决定在红军北上陕北之前，趁敌立足未稳，率红军长途奔袭，一举歼灭该敌。红军迅速挥师向柳村塬方向急进。

柳村塬，沟壑纵横，一道山梁上分布着接连起伏的许多小山包。敌人在这里修筑了密集工事，设置鹿砦，上面挂满了手榴弹，防御我军偷袭进攻。山梁下的小村里，有20余敌兵设防。

4月3日凌晨，红军到达柳村塬山梁下的小村庄附近。拂晓前，西北抗日义勇军首先打响战斗，攻占村庄，歼灭驻村的全部敌人，缴枪20余支。天亮后，红军开始攻打山梁上的敌人。敌人凭借有利地形和工事顽强抵抗，红军多次冲锋受阻，激烈战斗一直进行到中午。

红军步兵团再次接近敌阵地前沿准备冲锋，位于左侧的红军骑兵团先行发起冲锋。因为地形不利，遭敌人强大火力封锁，伤亡较大，红军骑兵团被迫紧急后撤，因步、骑兵协同不利，冲散了红军的步兵队伍。敌主力一〇五旅此时正好赶到，敌人趁机反击，红军遂撤出战斗。

战斗中，骑兵团团长赵国卿、红三团团长王世泰负伤。此次战斗失利，以后成了杨森、张秀山在肃反中受迫害的罪状之一。

柳村塬战斗结束，张秀山和杨森率领红四十二师返回南梁休整。不久，张秀山接到刘志丹发布的粉碎敌人第二次“围剿”陕北根据地的动员令和亲笔信，命令：由张秀山政委率领主力红三团和西北抗日义勇军北上陕北，与刚组建不久的陕北红二十七军八十四师组成西北红军主力兵团，打破敌高桂滋部防线，而后向南、向西发展，将陕甘边、陕北苏区连成一片。命令杨森率领红军骑兵团深入关中平原的敌冯钦哉部后方，开展游击战争，牵制敌人；一团向关中、陇东的敌马鸿宾部侧后出击，扰乱敌后；二团向三边地区发展，坚持游击战，策应陕北。

张秀山随即率红三团和西北抗日义勇军，向陕北疾进。4月下旬，红军主力跋山涉水，历经千辛万苦到达陕北赤源县（安定县一部分）黄家峁、王家渠、孙家河一带，与刘志丹部胜利会合。当地军民热烈欢迎红军主力到来。人们敲锣打鼓，杀猪宰羊，军民一片喜庆气氛。

与此同时，敌军以八十四师为主力，以营为单位，向红军所在中心地区推进。4月30日，敌军二五一旅五〇一团三营攻占了杨家园子。西北军委决定趁敌军立足未稳，予以歼灭。之后，刘志丹、张秀山亲自率红三团、西北抗日义勇军攻打寺儿畔守敌，一举歼灭国民党五一一团一个连，极大地鼓舞了当地军民的斗志。

5月1日，刘志丹、张秀山率部与红二十七军八十四师在赤源县白庙岔会师。当天，红军举行联欢大会，周围几十里的赤卫军和群众万余人都赶来参加。刘志丹在大会上讲了话。他分析了目前的敌我形势，指出了反“围剿”的重点打击对象和作战方法，强调了两支红军会合后，大家一定要紧密团结，互相学习，齐心合力，用枪杆子打出一个新局面。军民斗志昂扬。会师后，红二十六军四十二师第三团和西北义勇军共有900余人，红二十七军八十四师3个团共有1000余人，加上各个地方游击队，总兵力达3000多人。

5月2日，西北军委颁布了军事纪律、政治纪律和战地动员条例，以及处决土豪劣绅的规定等。

5月6日夜晚，红军主力趁夜幕完成了对杨家园子的包围。在第二天拂晓进攻之即，红军发现进攻路线地形狭窄，为了避免重大伤亡，刘志丹果断下令部队迅速撤出战斗。杨家园子的守敌发现红军撤退，狂傲自大，不知深浅，立即出兵，分两路追击红军。刘志丹命令部队以弱示敌，边打边撤。

上午10时，尾随的敌军进占吴家寨子。红军集中2个团兵力发起攻击，杀敌人一个回马枪，追敌撤逃至白家园后山老虎墕、园峁子等高地。这时，杨家园子守敌倾巢出动增援。红军一部随即占领了杨家园子。之后，红三团和西北抗日义勇军先敌占领老虎墕周围的制高点，与红八十四师一团、三团一起，从不同方向向敌人发起猛烈进攻。经过6个小时的战斗，全歼敌五〇一团第三营500余人，其中击毙敌营长以下50余人，缴获枪支500余支，机枪30挺。

战斗刚刚结束，红军接到情报，敌军500团的一个营和一个机炮连护送家眷和大批军备物资，被游击队包围在马家坪一带。西北红军立即挥师直指马家坪。

5月9日，红军主力和数千游击队、赤卫军战士向马家坪的敌人发起攻击，全歼敌人一个多营，共计500余人。其中毙敌营长以下40人，俘敌副营长以下450人，缴获枪支450余支、轻机枪27挺、重机枪2挺、迫击炮2门，马400匹，医药器械16大箱，以及大批军需物资等。另外，红八十四师一团还伏击敌人一个连，歼敌100余人，解救了一批被押解的同志。

红军主力连续歼敌高桂滋部两个营又两个连，共计1300人，使敌军防线全面崩溃，迫使驻守在安定县城和延川县永坪镇的敌人弃城而逃。敌人“围剿”宣告失败。

5月10日上午，中共西北工委在玉家湾召开会议，决定成立前敌总指挥部。刘志丹任总指挥，高岗任政委。张秀山为中共西北工委宣传部部长。刘志丹代表前敌总指挥部作了军事形势的报告，提出了下一步作战方案。会议经过认真研究决定，红军由打高（桂滋）牵井（岳秀），转向打井牵高，红军主力向南切断高桂滋防线后，集中优势兵力西进打击井岳秀部，争取5月底打通陕甘边和陕北根据地，使其连成一片。

会上，张秀山旗帜鲜明地批评推行“左”倾路线的执行者，自高自大、毫不虚心，斥责他们执行的是打击干部的“左”倾政策。张秀山看见个别同志不接受批评，气愤地说：“我还没有看见过这样的同志，一点自我批评精神也没有。”因此，他们就给张秀山和刘志丹等陕甘边根据地的同志加上了“右倾机会主义”的罪名。张秀山和刘志丹据理力争，坚决抵制了他们的打击与污蔑。

张秀山说：

> 这次会议，对“左”倾路线的斗争一般地说是正确路线胜利了。但斗争不彻底，没有把推行“左”倾路线的人调到下面去做实际工作。不久，北方代表来了，于是教条主义与宗派主义就结合起来了。①

初夏的陕北，晴空万里。满山遍野的山丹丹和丁香花，姹紫嫣红，争奇斗艳。

5月10日下午，中共西北工委在玉家湾召开了苏区军民祝捷大会。

会场周围，数千军民人潮涌动。人们欢天喜地，敲锣打鼓，从四面八方赶来为红军主力祝捷。

刘志丹和张秀山等领导人走上主席台后，祝捷大会宣布正式开始。

会场上，几十名小号兵昂首吹响胜利乐曲，枪炮齐鸣。红军指战员整齐列队，战歌嘹亮，身着新军装，肩扛崭新的捷克式步骑枪，威风凛凛进入会场。

在军民的欢呼声中，刘志丹代表中共西北工委讲话。他说，陕北红军在歼灭敌军四五个连之后，又集中红军主力在运动中歼灭两个整营又两个

---

① 张秀山：《在西北高干会议上关于边区党的历史问题的发言》（1942年11月5日）。

连，意义十分重大。实践证明了我们集中红军主力兵团寻找敌人突出部队，在调动敌人脱离城寨、碉堡工事后，在运动中，以我军神速行动出其不意地消灭敌营以上的作战单位，是很正确的。我们更应巧妙地使用这一作战手段，消灭更多的敌人。这一仗打出了我们陕北红军的威风，灭了敌人的锐气，打出了我们红军锐不可当的气势。会场上发出一阵阵掌声，“中国共产党万岁！”“红军万岁！”“共产主义万岁！”的口号声震撼着山河大地。

1935年7月，中共西北工委成立了陕甘宁晋军政干部学校，吴岱峰任校长，张秀山兼任政委。学校为西北红军和苏维埃政府培训了大批军政干部。

在刘志丹指挥下，红军主力转战千里，连战连胜，毙俘敌5000余人，缴枪8000余支，解放了安塞、延长、保安等6座县城，使红色根据地扩大到30多个县，红军主力发展到5000余人，地方游击队发展到4000余人，陕甘边、陕北苏区连成了一片，面积达3万平方公里，人口达90余万人，彻底粉碎了敌人的“围剿”，为中央红军长征到达陕北奠定了坚实的基础。

十、陕北肃反

正当西北红军取得军事上胜利之际，“左”倾路线的执行者利用红二十五军刚刚来到陕北根据地的机会，采取各种手段篡夺了中共西北工委、军委的领导权。

1935年7月，中共北方局派朱理治来到陕北。在刘志丹、张达志等重要领导人身临前线指挥未归，张秀山去吴堡视察的情况下，朱理治在永坪镇主持召开了中共西北工委执委扩大会议。会议主要内容是“反对右倾取消主义”，在苏区进行肃反，军事上要“全面出击”，消灭“白点”，即攻打国民党军队占领的瓦窑堡、延安等城市。之后，刘志丹请朱理治等到文安驿传达会议精神。在干部会上，刘志丹和张秀山等同志认为，他们的决定脱离了陕北“敌强我弱”的实际，敌军目前正积聚兵力准备新一轮的“围剿”，所以部队没有执行他们的命令。

9月15日，红二十五军从鄂豫皖根据地长征到达陕北延川县永坪镇，受到陕北军民的热烈欢迎。朱理治召集会议，成立了以他为书记的“中共中央北方局派驻西北代表团”，指定聂洪钧、程子华为代表团成员。

1935年9月17日，由“中共中央北方局派驻西北代表团”主持，在延川县永坪镇召开了中共西北工委、中共鄂豫陕省委和军队主要领导干部的联席会议。

参加会议的有：西北代表团书记朱理治，成员聂洪钧、程子华。西北工委书记惠子俊，委员刘志丹、高岗、张秀山、郭洪涛、马明方、崔田夫。鄂豫陕省委代书记程子华，常委徐海东、戴季英等，共30多人。

会上，主要讨论了党和军队的统一领导以及第三次反“围剿”等问题。

会议决定：成立中共陕甘晋省委，朱理治兼任书记，郭洪涛为副书记；撤销西北工委和鄂豫陕省委；改组西北军委，免去刘志丹军委主席职务，任命聂洪钧为主席；成立中国工农红军第十五军团，将红二十五军、红二十六军和红二十七军缩编为七十五师、七十八师和八十一师，全军团共有将士约7000人，任命徐海东为军团长，程子华为军政委，刘志丹为副军团长兼参谋长，高岗为政治部主任。

中共陕甘晋省委隶属中共中央北方局领导，机关设在延川县永坪镇。先后下辖陕甘边特委、神府工委、陕北第一分区委和赤源、延安、瓦窑堡、延川、子长、靖边、延长、米西、秀延等九个县（市）委。另外，还有神府地区黄河对岸的山西省兴县的三个秘密区委。

会议上，“左”倾路线的执行者声称要开展“扫右倾取消主义的斗争”，“要进行肃清右派反革命的肃反运动”，污蔑原陕甘边党的领导同志和军队，是“右派”、“反革命”、“反革命军队”等，他们点名批判了中共西北工委书记惠子俊是“右倾机会主义的傀儡”，免去他的西北工委书记职务，调到清涧县修械所当工人。会议开得杀气腾腾，致使许多干部都不敢讲话。张秀山顶着压力，不怕打击，勇敢地站出来为惠子俊据理力争。他说：“惠子俊同志是工人出身，可能能力弱一些。他有缺点，我们可以好好帮助和教育他，不能采取打击的态度。”①于是，他们就在会上攻击张秀山是“调和主义”，反对“右倾主义”不坚决，当场就剥夺了张秀山在中共西北工委的领导职务，安排他到西北军委当供给部长。他们还派红二十五军的一名连职干部任供给部的政委，监视张秀山的活动。

---

① 张秀山：《在西北高干会议上关于边区党的历史问题的发言》（1942年11月5日）。

这次会议，把原西北工委的书记和大部分委员都排斥在领导核心之外，“左”倾路线的执行者控制了西北根据地的党政军大权，成立了由六人组成的肃反小组，并成立了保卫局，由戴季英任局长。肃反矛头直指以刘志丹为首的一大批红二十六军和陕甘边根据地的领导干部。在军事上，他们下令把西北红军的大部分机关枪（约80挺）拨调给红二十五军。刘志丹以大局为重，在前线将士武器极其缺乏的情况下，毅然命令部队挑选最好的机枪，交给兄弟红军。

肃反运动开始后，由陕甘晋省委召开扩大会议，宣布了肃反方针，派人赴前方主持肃反事宜，并与红军劳山作战同时进行。

10月1日，在陕北人民的支持下，红十五军团采取围点打援战术，包围甘泉县城，调动延安敌人增援，在劳山一线激战6个小时，全歼国民党东北军主力一一〇师2个团和师直属队，俘敌3700人，敌师长何立中、师参谋长均被击毙，缴获大量军用物资。同时，红七十八师在杨泉再歼敌军一〇七师1个营，红军取得了空前的胜利。

劳山大捷后，红军挥师南下，于10月25日拂晓围歼榆林桥守敌一〇七师1个加强团，俘敌团长高福源以下1800人，又打一个干净利落的漂亮仗。

大敌当前，就在根据地西有敌五十七军董英斌部四个整编师向根据地开进；南有敌六十七军一个师辅助攻击；晋军孙楚部联合敌八十四师、八十六师向南推进；敌十五路军各骑兵团和三十五师等气势汹汹地向根据地压来的紧急关头，在西北根据地内部，“左”倾路线的执行者以“更加猛烈地反对反革命的‘右’倾取消主义”为借口，进行了错误的肃反运动。

10月初，他们借肃反之名，在永坪镇上把中共陕甘边特委秘书长兼组织部部长蔡子伟抓了起来，严刑拷打，逼其承认所谓的“反革命罪行”。蔡子伟坚持清白，不肯就范。

一天中午，张秀山走在永坪镇的大街上，听到自己的战友蔡子伟被拷打时发出的一声声惨叫，心里特别难过。

当夜，他们就把曾担任过中共陕甘边特委书记的张秀山也抓了起来。接着，他们在后方逮捕了张庆孚、李启明、张文舟等同志。

劳山战役胜利后，他们以调刘志丹回后方“主持军委工作”为名，“将刘（志丹）高（岗）隔开”。刘志丹在返回后方途中遇见了省委通讯员，不知情的通讯员就将“逮捕令”密件交给了刘志丹。刘志丹打开一看，是省委发出“逮捕令”，并附有80余人的名单，自己竟名列第一位。为顾全大局，刘志丹让通讯员把密件送往前方，自己毅然骑马赶回省委驻地，意欲阻止错误但是等他回到后方即被逮捕。在前方，“左”倾机会主义者逮捕了高岗、习仲勋、杨森、刘景范等80余红军指战员。在后方，惠子俊、秦武山、汪锋、杨琪、马文瑞、张策、黄子文等一大批西北干部相继被捕，他们接连杀害了以中共陕甘边特委第一任书记金理科为首的200多名红二十六军营以上干部和地方的基层干部。①随着肃反运动的恶性发展，大批西北红军的干部、战士被杀，西北根据地危在旦夕。他们把张秀山等人押送到瓦窑堡红军保卫局监狱。

这个监狱设在瓦窑堡汇川通商号的一个四合院里。在这里，除刘志丹、高岗、张秀山、习仲勋、惠子俊、秦武山、汪锋、杨森、杨琪、马文瑞、刘景范、张策、张庆孚、黄子文等重要人物外，几乎全部是陕甘边红军和地方各级干部，一般每个小房子里都关着十几人。他们都带着十几斤重的脚镣，双手还被绳子捆住。

张秀山和张庆孚、黄子文等人关在一间房子里，隔壁是高岗和张策。对面房子里是刘志丹单人关押的房子，在他隔壁的房子里是习仲勋、杨森、秦武山、刘景范等人。

一天，张秀山在监狱放风时，看见被关押的中共陕甘边区特委驻东区特派员、老战友马文瑞走过来，便急忙问南区书记张邦英是否被抓。马文瑞说：“现在没有。”张问：“那张仲良呢？”马说：“他押起来了。”张秀山深深地叹了一口气，走开了。张秀山回忆说：

> 永坪镇联席会议以后没几天，我就被他们逮捕关了起来。我双手被绳子捆住，带着十几斤的脚镣。在瓦窑堡的红军监狱，他们曾无数次把我吊起来毒打，他们使皮鞭抽、用大刀背砍，还压杠子、灌辣椒水，硬逼着自己承认是“右派”和所谓的“反革命罪行”。
>
> 我对他们说：“我过去的历史是一步一步走过来的，你们可以去调查了解。我的历史是清楚的，如果有一点反革命嫌疑，可以马上枪毙我。”就

---

① 中共甘肃省委党史资料征集研究委员会编：《中共甘肃党史大事记》，甘肃人民出版社1990年版，第46页。

是这样讲也不行。他说："不老实讲，就吊起来打。"他们就把我吊起来打，打昏了用凉水喷醒，就是这样反复的拷打。但我还是没有什么可讲的。他边骂边说："你还不讲吗？你不讲我们也知道。"于是，他就按他自己想象编造了一大套东西，要我按照他编造的情况来承认。我说："这都不是事实，而是反革命的造谣。"他们就继续再打，打的昏过去再用凉水喷醒。朱理治气急败坏地说："你是个最顽固的反革命，你还不承认？你以为你不承认，就不杀你了吗？"接着，他又拿出几张纸，念了一通我根本不知道的东西，说："哼！蔡子伟介绍你加入右派，你担任右派的前委书记，后来你到陕北又交给了刘志丹。你们最近还有活动，你现在还不承认？"没有结果，这些人就继续拷打，打昏死过去再用凉水喷醒，然后再审问。他们愚蠢无知的问道："你不是反革命，为什么在柳村塬打了一个败仗？你不是反革命，为什么为游击队派干部？说！""你是最顽固的反革命！"就像这样，他们前前后后不知反复拷打审问了多少次。

我们被关在瓦窑堡的监狱时，他们不敢用西北红军的战士来看管我们，用的都是红二十五军战士看管。我们在被关押期间，不能随便说话，连睡觉也不许翻身，否则就会遭到看管者用大刀背的砍打。他们还在瓦窑堡监狱的后面，挖了一个活埋人的大坑，准备处死我们。

肃反的领导人亲自残酷地拷打审问张秀山多少次，满身是血的他始终没有屈服。在监狱中，看到一批又一批红二十六军的优秀干部和战士，从前线被押回活埋、杀害，张秀山眼含泪水悲愤地对审问他的曾跟他一起工作过的肃反领导人大声喊道："别人不了解我的历史，难道你也不知道？你们杀死我就算了，死了我一个没关系，可是二十六军有什么错？他们哪一仗不是拼命死战！为了消灭敌人，我们老三团的一个连仅连长就先后换了十个，牺牲一个连长，换上一个，再牺牲再换一个，我们死了多少好同志！现在你们又杀起自己人来，这是为什么？为什么？！你们把我杀了算了！我死没问题，二十六军创建不容易，它是许多同志的头颅换来的，你们可怜可怜二十六军，这里面的干部全是好的！你们不要把二十六军的干部都冤死了。"①

张秀山伴着泪水的喊声，极大地震撼了在场的红二十五军的干部和战

① 张秀山：《在西北高干会议上关于边区党的历史问题的发言》（1942 年 11 月 5 日）。

士，他们看着大哭大叫的血迹斑斑的张秀山，心想：天下怎么会有这样的“反革命”？宁肯自己被杀，也要保住别人，保住红军。

这位肃反领导人惊呆了，慌忙命令战士把张秀山放下。他沉默了好久，然后转身离去了。

当时，像张秀山这样宁可牺牲自己也要保全革命的又何止一人。与张秀山亲如兄弟的义勇军首领郭宝珊被审讯时反问：“刘志丹是什么派？”审讯者说：“刘志丹是右派！”郭宝珊坚定地告诉他们：“刘志丹是右派！我也是右派！”①

不仅如此，他们还公开说：“刘志丹是白色的军官，张秀山是右倾机会主义，习仲勋是跟着人家胡跑……”“杨森和杨琪是土匪头子”。另一个肃反领导人直截了当地在前线对部队宣布：“刘志丹、张秀山等人是一个封建集团。”他们说：“反革命在红军中，在苏区中有根深蒂固的基础，必须从肉体上去消灭他们的领袖。”

在内部刊物《西北斗争》革新号上，他们还公开说明：“张秀山要活动刘志丹组织搞兵变，阴谋把二十六军带走。”“张秀山是右倾机会主义。”他们为名正言顺地杀害张秀山、刘志丹等人制造舆论。他们甚至把活埋张秀山和刘志丹等人的土坑都挖好了。

肃反在“更加猛烈地反对反革命的‘右’倾取消主义”口号下，杀害了一些起义后参加红军的国民党士兵，还把由中共党员领导和掌握的国民党军队，不分青红皂白全部加以消灭。原因只有一个，那就是这些军队与刘志丹、张秀山等人有联系。面对如此残酷的形势，张秀山心焦如火，几乎在不到一个月的时间里，就愁掉了满头黑发。

西北革命根据地大批红军指战员和地方干部被逮捕和无辜被杀，他们的老人和孩子都未能幸免。如张秀山、杨林、史之纯、王兆相等人的父亲被杀，黄子祥等同志的女儿、侄女均被肃反人员活埋，导致苏区边沿许多游击队“反水”（叛变）。如靖边游击队1个中队长宗文耀等人得知肃反人员要杀他们，就带领中队叛变，先缴了其他中队的枪，杀害了支队长和政委；后又袭击

① 中共庆阳地委党史资料征集办公室编：《群众领袖民族英雄》（内部资料），1986年版，第223页。

了地委，杀害了地委书记和革命委员会主席。再如红宜地区听说他们的领导人马文瑞等同志被捕，大批老百姓外逃，仅宜川南原就逃走了700多户。一些地方又重新被反动军队和民团占领。

在陕北的老百姓中，互相传说着一个又一个的消息："红二十五军是白军，他们化装成红军来消灭红二十六军；红二十六军的机关枪全部被二十五军收缴了，红二十六军的战士拿着标枪、大刀被人用枪逼着去冲锋送死；刘志丹、张秀山等人已经被他们杀害了……"

"左"倾路线执行者的倒行逆施，引起群众的疑虑，根据地人人自危，军心涣散；地主，富农乘机挑拨煽动，以致保安、安塞、定边、靖边等几个县都"反水"了；白匪乘机大举进攻，边区日益缩小，西北根据地陷入严重危机。

西北革命危机的紧要关头，1935年10月19日，中共中央、毛泽东率领中央红军到达吴起镇。

在生活极端困难的情况下，当地的党组织和游击队不顾敌人大兵压境和"左"倾机会主义疯狂肃反的威胁，积极组织人民群众，在很短的时间里，为中央红军筹集粮食9.8万余斤，肥猪50头，羊570只，羊毛几千斤和大批布匹。他们妥善安置了中央红军的伤病员，夜以继日为中央红军大部队赶制了棉衣和棉鞋，从而结束了中央红军一年多无后方的艰苦征战。

谢觉哉于1936年3月20日回忆说：

> 长征路上，我在过大雪山的时候，毛泽东找我和徐老、林老、董老（即徐特立、林伯渠、董必武同志）谈话说："看来咱们的部队是要长期无后方地打游击。你们年纪大了，在部队上长期拖下去会把你们拖死的，到了甘肃以后，你们可以自找掩护关系，到白区去做党的地下工作，请要予作考虑。"闯过了甘肃腊子口，过了大草滩，行军一天，到了哈打铺镇宿营，买东西捡到一张7月某日的《晋阳日报》，上载"陕北刘志丹'赤匪'已经占领了6座县城，拥有正规红军5万人，游击队、赤卫军和少先队20余万人，窥视晋西北，随时有东渡黄河的危险性"。
>
> 过了哈达铺镇，我想好了去兰州找关系的方案，准备离队，去请示毛泽东。他也把《晋阳日报》的消息告诉我，并说："看来刘志丹在陕北至少开辟了一块革命根据地，到了陕北再说吧。"于是我们沿路避免打仗，减少战斗减员，昼夜兼程拼命地往陕北赶。去年10月19日中午到了吴起镇，

虽然一个人影也没看见，看到乡苏维埃政府的牌子和墙上写的革命标语，我们都长呼一口气，激动地落泪了。过了一会乡政府的工作人员、群众和游击队知道我们是毛泽东、周恩来同志带的中央红军，都纷纷下山，送米积柴，杀猪宰羊，烧水做饭，待如亲人。我们真正地感觉到回家了。我看到第一个游击队长自我介绍叫张明科，言说他们的“政委被抓去坐牢，刘志丹同志被西北代表团抓起来，至今下落不明。刘景范、习仲勋、张秀山同志也被抓去了，说他们都是右派反革命”。我晓得这问题大，立即带张明科去见毛主席，正好周恩来同志也在场。①

毛泽东听取了当地乡党支部书记刘景瑞，乡政府主席刘景权，定边县苏维埃政府主席王玉海，保安游击队队长兼政委张明科，以及红二十六军骑兵团政委龚逢春等人的关于西北肃反情况汇报，他觉得问题严重，说：“我们刚刚到陕北，仅了解到一些情况，但我看到人民群众的政治觉悟很高，懂得许多革命道理，陕北红军的战斗力很强，苏维埃政权能巩固地坚持下来，我相信创造这块根据地的同志是党的好干部。请大家放心，中央会处理好这个问题。”②

党中央立即采取了紧急措施，即派贾拓夫等同志携带电台，作为先遣队去找陕北红军和刘志丹，李维汉同志与他同行。他们在甘泉下寺湾遇到了郭洪涛，得知陕北苏区正对二十六军和原陕甘边党组织进行肃反，刘志丹等主要干部已经被逮捕，情况属实。他们随即电告党中央。党中央立即下令：“停止逮捕，停止审查，停止杀人，一切听候中央解决。”③“所逮捕的干部交给中央处理”。④

11月2日，党中央和毛主席到了甘泉县下寺湾，听取了郭洪涛的汇报。11月3日，党中央在下寺湾召开了会议，分析了陕北根据地内外的政治和军事形势，决定分两路行动：一路由洛甫、博古、刘少奇、邓发、董必武、李维汉率中央机关去瓦窑堡（陕甘晋省委所在地），并指定红军保卫局局长王首道到瓦窑堡负责查处肃反问题；另一路由毛泽东、周恩来、彭德怀率红一方面军南

---

① 高朗亭：《谢觉哉同志谈刘志丹》，《革命英烈》1981年第2期。

② 王首道：《王首道回忆录》，解放军出版社1987年版。

③ 金冲及主编：《毛泽东传》，中央文献出版社1996年版，第370页。

④ 习仲勋：《红日照陕甘》，载《星火燎原》选编之四，第23页。

下，迎战第三次“围剿”的敌人。

王首道说：“当时中央是决定由董必武、李维汉、博古、刘向三我们五人负责审查此案的。直罗镇战役结束以后，我们即将审查刘志丹案件的情况向毛主席、党中央作了汇报。毛主席、党中央肯定了我们的看法，并指出：‘逮捕刘志丹等同志是完全错误的，是莫须有的诬陷，是机会主义‘疯狂病’，应予立即释放。’”①

当天下午，王首道代表中共中央宣布：刘志丹、张秀山等被抓的红军和根据地的干部是创建西北红军、西北革命根据地的好同志，是无罪的，肃反是错误的。党中央给予平反，恢复大家的工作。②

“党中央、毛主席来了！”“陕北得救了！”“老刘他们都出狱了！”西北根据地的广大军民四处奔走相告，热烈欢呼。毛泽东、周恩来亲自接见了刘志丹等西北根据地的领导人。刘志丹、张秀山和战友们从内心深处充满了对党中央和毛主席无限感激之情。在党中央召开的受害同志座谈会上，张秀山说，是党中央、毛主席在西北革命的最危急关头，挽救了西北革命和他们的生命。他坚信，在党中央和毛主席的正确领导下，西北革命根据地的两条路线斗争问题，一定会得到正确解决。

任弼时同志说：“如果中央晚来一步，或者是遵义会议以前的中央来到陕北的话，那么，全国仅仅剩下十分之一的苏区——陕北苏区怕是会损失了的。”③

贺龙同志说：“没有党中央的到来，就没有现在的陕甘宁边区，就没有我们这一批干部。外面进攻，里面杀，陕甘宁边区早就完了，陕北党也早就完了。”④

毛泽东指出：“这次肃反造成了根据地的严重危机。所谓危机，就是两支红军部队相互之间都不信任，外来的红二十五军要吃掉红二十六军，抓起了本地的红军领袖刘志丹、张秀山、杨森、杨琪、习仲勋，红军怎么能合作呢？

---

① 王首道：《王首道回忆录》，解放军出版社 1987 年版。

② 高朗亭：《西北红军的组建和党中央拯救西北革命根据地史事纪实》，载陕西文史资料第 11 辑，陕西人民出版社 1981 年版，第 98 页。

③ 吴志渊：《西北根据地的历史地位》湖南出版社 1991 年版，第 109 页。

④ 张秀山：《在西北高干会议上关于边区党的历史问题的发言》（1942 年 11 月 5 日）。

搞得老百姓听到外地口音的红军就怕得往山上跑。这就是危机之所在。”毛泽东当时还讲：“中央救了陕北，陕北也救了中央。因为没有这块根据地，中央也就难以巩固下来，中央红军长征一年多，由十多万人到这里只有一万多人，需要休整，需要补充，如果没有这个根据地还要继续长征，那再往哪里长征呢？所以陕北就成为红军长征的落脚点。”①

李维汉说：

> 1935年11月初，西北中央局指定在博古指导下，审查错误肃反的五人“党务委员会”，其成员为董必武（主任）、王首道（红军保卫局局长）、张云逸（代表军委）、李维汉（中央组织部部长）、郭洪涛（陕甘晋省委书记）。11月底，（我们）开了一次平反会，洛甫、博古、刘少奇等出席，五人委员会也都参加了。记得这次会是由中央组织部召开的。会上，宣读了《西北中央局审查肃反工作的决定》。王首道代表五人委员会宣布：刘志丹等同志是无罪的，党中央决定立即释放，并且分配工作。刘志丹讲了话，他说：“这次肃反是错误的，我们相信党中央会弄清问题，正确处理的。我们也相信犯错误的同志会认识错误、改正错误的，团结在中央周围一道奋斗”。会上，宣布了中央对戴季英、聂洪钧的处分决定。他们以后也做了检讨。
>
> 由于“左”倾机会主义错误没有清算，陕甘边区的地方干部和军队干部仍然戴着右倾机会主义的帽子，所以对他们的工作分配，特别是对一些高级干部的工作分配，一般是不公正的，当时，中央决定对释放的干部分配办法是：地方干部由陕北省委负责，军队干部由军委负责。②

这是中共中央第一次解决西北党的历史问题。

11月20日至24日，中央红军和西北红军团结一致，发动了直罗镇战役，英勇歼敌一〇九师和一〇六师等部，俘虏敌6300多人，缴获长短枪3500支，轻机枪176挺，迫击炮8门，无线电台2台，子弹22万发，为中共中央把全国大本营放在西北，举行了一个奠基礼，使陕北根据地出现了一个新的局面。

战斗结束后，毛泽东等人来到了瓦窑堡，与张闻天等中共中央各机关负责人会合。中共中央正式设立在瓦窑堡。

---

① 张策：《三存书集》，改革出版社 1996 年版，第 202 页、第 203 页。

② 李维汉：《回忆与思考》（上），中共党史资料出版社 1986 年版，第 373 页。

中共中央任命周恩来为西北革命军事委员会主席，任命刘志丹为西北革命军事委员会副主席兼中共中央所在地瓦窑堡警备司令、红军北路总指挥、红二十八军军长。

1935年底，张秀山被分配到瓦窑堡红军大学担任政治教员，陕甘边苏维埃政府主席习仲勋被分配到环县担任县委书记，原红二十六军三路游击队总指挥、红二十七军八十四师第一任师长杨琪分配到三边独立营任营长，原红二十六军主要军事指挥员王世泰、黄罗斌等分配到县委任军事部长。正如后来党中央《关于纠正陕北错误肃反的决定》中所说那样，“对二十六军及陕甘边干部采取了宗派主义的压制政策”。虽然张秀山的职务安排的不尽合理，但他还是愉快地走上了新的工作岗位。

瓦窑堡红军大学校长周昆、政委宋任穷。全校共3个大队，学员120多人。其中2个大队，学员都是前方的战斗部队调来的干部，另一个大队的学员是来自陕北的地方干部，队长是吴岱峰。张秀山就在这个大队担任政治教员。

1935年12月，张秀山第一次听到毛泽东同志关于《抗日战争策略问题》的报告和周恩来同志《对国民党东北军俘虏军官的讲话》。从毛泽东的讲话中，他深刻理解和体会到，中共中央为什么要大力争取结成最广泛的抗日民族统一战线，以及它对夺取抗日战争胜利的重大意义。这对张秀山以后的工作起到了重要的指导作用。

红二十六军四十二师编入了新成立的十五军团。原红三团改为二三二团，西北抗日义勇军改为二三三团，骑兵团（四团）归军团直属，红一团留在关中改为地方兵团。

中共中央的到来挽救了陕北根据地，陕北成为中央红军长征的落脚点和八路军奔赴抗日前线的出发点。

|第四章|

抗战岁月

一、恢复神府苏区

神府苏区创建于土地革命战争时期，是陕北革命根据地的重要组成部分。神府苏区以神木为中心，包括府谷、佳县和榆林的部分地区。它孤悬于陕西最北部，与山西、内蒙交界，面积4000多平方公里，人口约14万，战略地位显要，直接威胁到陕北军阀井岳秀的统治中心榆林，牵制了山西军阀阎锡山在晋西北黄河防线的兵力，一直是敌人的"眼中钉"。

敌人两次大规模的疯狂"围剿"再加上肃反，使神府苏区的主要城镇全部被敌人占领，仅剩下5个游击区。中共党组织大部分被破坏，党团员人数从3800多名锐减到400多名，500多干部剩下了100多名，其中有3000多党团员和赤卫队员被俘或自首。苏区党组织主要负责人，已经于1935年9月化装潜回西北工委所在地赤源县白庙岔一带。神府苏区红军部队大部分被打散，大批红军战士被迫掩埋武器，分散回家活动。敌人到处捕杀党员、干部和革命群众，加上重兵封锁，神府苏区与上级联系中断。

中共中央到达陕北后，决定成立陕甘、陕北两个省委和神府、关中、三边等三个特委，直属中共中央领导。

1935年11月5日，华北事变发生后，11月28日中华苏维埃共和国中央政府和中国工农红军革命军事委员会即发表《抗日救国宣言》，提出《抗日救国十大纲领》。12月9日，抗日救亡运动爆发。

中共中央对严重的时局十分关注。12月上旬，中共中央政治局召开会议。会上，当涉及了神府的问题时，毛泽东指出："神府虽不大，但这个地区很重要，是抗日前哨！”他指示去神府的同志：“一定要把党员动员起来，把群众动员起来，动员一切力量建立统一战线；要深入宣传党的方针政策。但还要遇到困难，不要被困难所吓倒，坚持斗争，坚持下去就是胜利。”①12月17日至25日，中共中央政治局在瓦窑堡召开会议，通过了《关于目前政治形势与党的任务决议》，会议确定了抗日民族统一战线的策略方针。年底，中共中央派杨和亭、张汉武、张江全等同志奔赴神府苏区开展工作。

1936年2月20日，毛泽东、彭德怀率领红一方面军，以“中国人民红军抗日先锋军”的名义，从陕北清涧以东的沟口、河口等地渡过黄河，发起东征战役，以推动全国抗日救亡运动的开展。

中共中央为恢复神府苏区，在黄河一带建立可靠的后方抗日根据地，配合红军今后的战略行动，加强神府苏区的领导力量，决定再派张秀山等人去神府工作，周恩来副主席亲自给张秀山部署了工作任务。

1936年3月初，张秀山、刘明山、邓万祥、黄正明、白兴元等人在米西游击队护送下，穿过千里敌占区，来到了神府苏区。张秀山担任中共神府特委常委、组织部部长。

中共神府特委在毛家洼召开扩大会议。会上，张秀山传达了中共中央政治局瓦窑堡会议《关于目前政治形势与党的任务决议》的指示精神和关于争取团结一切可能团结的力量、建立最广泛抗日民族统一战线的策略总路线，以及党的一系列方针政策。

王兆相回忆道：

> 张秀山同志在会上给大家正式传达了1935年中央瓦窑堡会议精神。他听过毛主席在大会上的报告，还带来了文件。把当时毛主席就中国各阶级对抗日战争的态度和我党我军当前的任务和策略的分析与论述，给大家讲得清清楚楚。在长期被敌人封锁下，囿于神木这块小天地之中的同志们听了，觉得既新鲜又开窍。大家一致表示党中央要我们怎么干，我们就怎么干。②

中共神府特委把“打倒一切帝国主义”的口号改为“打倒日本帝国主

---

① 杨和亭：《从神府特委到特区苏维埃政府》，载《神府革命根据地综述》，《陕西党史资料丛书》第12辑，陕西人民出版社1990年版，第275页。

② 杨文岩：《黑狸虎传奇》，陕西旅游出版社1999年版，第190、191页。

义”；纠正了“左”倾肃反中的错误；团结了一切反日力量。特别是在对待反“围剿”斗争中，被遣送回家的自首党员的问题上，采取区别对待的政策，受到根据地军民的一致拥护。“对新开辟的地区，强调先建立抗日人民委员会，由共产党的代表和当地的积极分子、群众领袖担任各部门的工作，领导和处理群众的一切问题。”①这对团结广大干部和群众，加快神府苏区的恢复和发展起了重要作用。

1936年3月，就在张秀山来到神府苏区不久，由刘志丹军长、宋任穷政委带领的红二十八军奉命东征，路经神府。这次红二十八军的行动，是贯彻执行中共中央的战略意图：打通神府苏区，在神府的黄河两岸建立根据地，继之在佳县以北东渡黄河，楔入晋西一带，牵制和打击阎锡山军队，配合毛泽东、彭德怀部作战，达到逼阎抗日之目的。

刘志丹、宋任穷率领红二十八军从延安出发，一路征战。部队进入神府苏区后，先战桃柳沟歼灭敌人一个排，又打杨家墕再歼敌两个连，俘虏敌军一个副营长。

张秀山听到刘志丹带部队来到神府境内的消息，就急匆匆带领警卫人员，骑马赶来。自从几个月前，在肃反时他们被党中央和毛主席解救，刘志丹在前方带部队打仗，张秀山在后方工作，两位老战友分手后就一直没有见面。见了面，他们两个人就亲切地拉着手没有分开，他们把警卫人员安排在山下，便一起向山峁上走去……

张秀山急切地询问了刘志丹最近的状况，以及他身边的原二十六军战友的情况。刘志丹关切地问张秀山家人被迫害的经过和后方习仲勋等战友工作安排怎样，当他们谈到战友牺牲和亲人被害的噩耗，两人都默默地留下了热泪。他们望着神府远方尚未解冻的山川，迎着乍暖还寒的风沙，相互鼓励着。他们相信党中央和毛主席一定会把陕北肃反问题处理好的。

在陈家坪，中共神府特委召开了欢迎红二十八军大会。刘志丹、宋任穷和张秀山等人都在大会上讲了话。周围村庄的父老乡亲牵着猪羊，拿着煮好的鸡蛋和烙好的白面饼前来慰问子弟兵。一群群老人和孩子围着刘志丹和张秀

---

① 《中共神府特委组织部通知》（1936年7月5日），载《陕西党史资料丛书》第12辑，陕西人民出版社1990年版，第50页。

山不放手，他们高兴地与大家交谈着……

会后，刘志丹率领红二十八军随即移驻贺家川。

3月24日，红军开始进攻沙峁镇。在强大的攻势下，敌人于第二天上午弃镇而逃。刘志丹部立即进驻。

苏区乡峁村寨的群众，欢快地传唱着："一面红旗两杆号，刘志丹的队伍上来了。人民听了好喜欢，敌人听了吓破胆。三个人打石头两人打砖，刘志丹打开了沙峁川。"

在沙峁镇，刘志丹接到毛主席的来电，命令红二十八军强渡黄河，打开黄河对岸罗峪口和黑峪口的渡口，与红十五军团会合。由于阎锡山军队把所有的船只都拉到对岸或销毁，给红二十八军行动造成了巨大的困难。

为了支援红二十八军渡河作战，神府苏区军民连续七天七夜奋战，赶造出了所需的船只。在神府红三团和游击队配合下，刘志丹率红二十八军，终于突破黄河天险，胜利地攻占了罗峪口。接着，红军占领了黑峪口。神府苏区随后在那里建立了临时革命政权，扩大了红军和游击队，接送了红十五军团的伤病员和大量的军火物资。后来，红二十八军在刘志丹的率领下，奉命与红军主力会合，准备围歼敌人。刘志丹派骑兵前来送信，命令神府苏区的红军和游击队撤回神府苏区。

刘志丹率领红二十八军的到来，使神府苏区迅速得到了恢复，红军和游击队得到了大批武器和弹药。在神府苏区张秀山等负责同志的艰辛努力下，苏区的党组织不断发展壮大，初步扭转了被动形势。

时隔不久，中共中央决定张秀山担任神府红军指挥部政委。

神府根据地除神木县的少数村庄外，其余都是敌我交错的游击区，敌情复杂，斗争艰苦。尤其府谷北区的根据地自1935年春季被敌人占领后，尚未恢复。

神府特委决定改变这种状况。王兆相回忆说：

5月初的一天，特委组织部长张秀山同志派人通知我去阎家堡找他。他向我传达了神府特委关于把三支队改编为红四团的决定。任命我为团长，贺伟同志为政委，下编两个连。任务是到府谷地区支持地方工作，相机歼灭小股敌人，并准备在适当时机进入府谷地区，恢复那里的根据地。我们随即带领红四团奉命来到府谷县的郝家塔、武家庄一带活动。

5月中旬，特委命令红四团到沙峁镇接受任务。张秀山同志向我说，红三团在贺家川打了一仗，没有打好，特委决定红四团和红三团配合行动，以便集中力量打击敌人……红四团根据特委指示进至佳芦地区配合红三团作战。我们来到苏泥家、任念功一带，听到秃尾河西岸枪声激烈，不一会儿就看到我军从烟囱山撤退下来，后面敌人尾追得很紧，我们红四团立刻出发来到秃尾河东岸接应退下来的我军。郭宝珊同志见我们上来，要求红四团把敌人顶住。红四团迅速占领有利地形，顶住了敌人。可能是敌人听出了我们的机枪多，便停止了追击。郭宝珊同志见敌人撤走了，便向红三团团长刘明山同志说，他要带领吴堡、米西两个独立营南下，说罢他就带领两个营走了。

为了解决统一指挥问题，特委召开了会议。刘明山同志参加会议回来，向我们传达说：特委决定三、四两个团要成立指挥部，刘明山为指挥，毛凤翔为政委，王兆相为副指挥。任务是到府谷地区支持地方工作，打击边沿地区敌人的破坏活动。我们到武家庄后，又接到特委指示，三、四团正式组成指挥部。指挥王兆相，政委张秀山，副指挥刘明山。

张秀山同志任政委后，部队面貌有了很大变化。他是个中学生，接受上级指示和新事物比较快。他长期做兵运工作，对旧军队的情况很了解。他在陕甘边区红二十六军做了一段时间的领导工作，有比较丰富的工作经验。党中央到陕北后，他还在红军大学当过政治教员，听过中央领导的一些报告，看问题比较全面。他对同志热诚，经常和我们谈如何组织行军，如何指挥打仗，如何加强党的建设，如何开展军队中的政治工作等。这些问题对我启发很大。随着这些工作的开展，有力地加强了部队建设。①

游击战争的广泛开展，给敌人以接连不断地的打击，使神府苏区进一步扩大和发展。

二、回乡探亲

神府苏区的神木县是张秀山的家乡。

在张秀山离开家乡几年的日子里，只给父母写过一封信。他在信中除了告

① 王兆相:《曲折而胜利的道路》（未刊稿），1983年12月。

平安外，还奉劝父母和大伯不要修房置地，多接济贫苦乡亲，并祝老人们健康长寿。老人们都听不懂，在一起议论说："这孩子，这些房子和土地不是祖宗给他们留下的家业吗？"其实，老人们怎么会理解作为共产党员的张秀山此时的心情。

"张秀山带着红军回来了！""大哥回来了！"长期受"左"倾路线的执行者和敌人迫害的身体虚弱、脸色苍白的二弟张鸿耀，听到这个消息，从炕上一跃而起，同母亲一起向门外跑去。张秀山骑着战马，头戴红军八角帽，身着灰色军装，腰挎十响驳壳枪，威风凛凛地带领红军骑兵大队出现在他们的眼前。二弟紧紧地抱住从马上下来的大哥，悲喜交加。老母亲望着两个儿子，满心欢喜地流下了热泪。

家乡的天空一下子全亮了。

利用部队休息时间，老母亲高高兴兴地带着两个儿子，骑着马去东南20余里的马家沟，看望了张秀山的舅舅。舅舅家的表弟被国民党军队杀害，舅母被敌人枪击伤重而死，舅舅和亲属们看见了秀山，就像看见了红军胜利的希望，老人把两个外甥紧紧地拥在怀里，高兴得又说又笑，然而想起被杀害的亲人，老人又哽咽不止……

张秀山从分别七年的母亲那里得知，自己的父亲、大伯、堂兄都在1935年被"左"倾路线的执行者杀害了。家人对他说，父亲为了支援红军倾尽家产，见到红军就打听儿子的消息，每次都拿出家中最好的东西招待红军，为红军购买布匹和手电筒，捐赠部队急需的衣物、粮食和大烟土、现款等。红军和地方干部对老人也很好，土地革命时，虽然家里有一头牛、两头驴，雇了两名长工，但是按红军家属的待遇，还是给他家保留了土地。他们说："你儿子革命，你也拥护红军，我们就是一家人了"。①

1934年冬季，"左"倾路线的执行者在桃柳沟东南几里地的一个叫"秧子楞"的地方，秘密商讨杀害张秀山父亲的事情，被本村出去的一位红军干部张江全发现，他机智地给老人捎去口信，让老人赶快到红军要转移的下一个地点陈家沟，资助一下红军，以免遇害。

张秀山的父亲，果然带着一些财物，按时来到红军新的驻地陈家沟，交给

---

① 张秀山：《怀念红军的父亲》，《榆林报》1984年5月26日。

了红军负责人。大家看到经常资助红军的张老汉又来支援红军，都纷纷赞扬他革命行动。没有办法，“左”倾路线的执行者只好放弃了他们的计划。

但不幸的是，灾难终于还是降临到张秀山的亲人们头上。张秀山大伯张如寅、堂兄张鸿增在自家田地里劳动时，被“左”倾路线的执行者以“莫须有”的罪名抓走杀害。

堂兄张鸿增原来是红军战士，因为在行军中不小心丢失了一个枪上的零件，被一位偏激的指挥员强逼离队。张鸿增据理力争无效，在无可奈何的情况下，只好返回家中。张鸿增是一个坚定的红军战士，原准备回家看看，就赶回红军部队。但是由于妻子即将临产，父母就劝他暂时留在家中，待孩子出生后再去追赶部队。谁知，张鸿增刚刚到家，就被国民党军队抓去带路，张鸿增当然没有供出红军的去向，后来他被家人出钱保释。张鸿增以为既然敌人已经允许他保释在家，可能危险不大，就暂时留在家中帮助父亲干一点农活，等待着孩子出生。可谁知祸从天降，当地的“左”倾路线的执行者不问青红皂白，就认为张鸿增通敌叛变，把张鸿增父子抓走残酷杀害。

因为大哥和侄子无故被杀，张秀山的父亲心疼万分，痛哭不止，后悔家人没有听从张鸿增的意见，让他早日返回部队，导致父子双双被自己人杀害。老人的悲痛举动，被人举报，“左”倾路线的执行者就污蔑他同情反革命。

十几天后，即1935年7月11日（农历六月三十日），一向被红军视为家属的张如德老人，也被“左”倾路线的执行者抓了起来。

当晚，据说来的是红三团三连，大约二三十人。他们根据村子里的一个“二流子”的诬告，轻信老人勾结高家堡白匪军的谣言。他们先在村子召开了群众“揭发”会，看没有结果，就把老人在自家门外吊起来残酷毒打，用火烤铁烙胸前后背，逼迫他交出现大洋和大烟土。因为老人把所有的钱粮都给了红军，什么也交不出来。于是，他们押着老人到张家老坟取回了一些私藏的棉衣。折腾到半夜，他们饿了，就把家里仅有的一只羊杀了吃了，又把他家的地契烧了，最后把老人拖到村头杀害了。

听到这里，张秀山这条硬汉子禁不住泪流满面，凄怆之情无以言表。当时，被杀的红军家属不止此一家，神府红三团团长王兆相的父亲，团政委毛凤翔的父亲，也被“左”倾路线的执行者杀害。由于革命队伍内部的自相残杀，给敌人造成了可乘之机，他们到处宣传“红军六亲不认，禽兽不如，杀父母家人”，对革命队伍起到极大的破坏作用。

张秀山的父亲被杀后，原来把张秀山家当作交通站、经常吃住在这里的红军和地方干部，都不好意思再来了（杀害张秀山父亲等人的游击队都是从外地派来的）。

有一次，红军巡视员（宣传员）从张秀山家门前路过，去村里办事。张秀山的母亲怕红军巡视员吃不上饭，就亲自去把他们请来家里吃饭。老人家用煮红肉和最好的米饭招待他们，并真情对他们说：“不要想老汉死的那件事了，我儿子秀山是红军，你们都是我儿子的兄弟和朋友，就不要客气了。”

后来，一直积极跟着父亲支援红军的年仅18岁的张秀山二弟张鸿耀在家主事，仍然坚持接济红军。红军来了，他把家中仅有的一坛小米，从深埋的山沟里取出，全部交给红军战士，自己家中却吃糠咽菜，十分节俭。家人饿得没办法，二弟就让母亲去埋过小米的山沟里，从米坛底和周围的土地里，打扫回来一点小米，经过仔细挑簸后，给弟妹们熬粥喝。原来二弟由于拒绝当村里的反动甲长，因而遭到当地反动派的威胁。自从红军游击队杀了父亲后，一些革命群众也把张秀山一家看成反革命家属。二弟是读书人，本来就性格内向，不愿意说话。拷打父亲的时候，二弟也被游击队捆绑在旁边，他亲眼目睹了“左”倾路线的执行者毒刑拷打老父亲的情景，父亲的声声惨叫一直在他的耳边回响。那些人打累了、打饿了，又把他家中唯一的羊杀了吃了，最后还把热爱红军的父亲杀害了。他想不通并因此忧愤致病，身体十分虚弱。因为无钱医治，当张秀山回来时，病情已经很严重。

同志们和亲友劝张秀山把二弟带到红军医院救治，张秀山坚决不同意。他流着眼泪对家人说：“我爱我的弟弟，可红军的药和钱，是战士们用鲜血和生命换来的，我舍不得花呀！”就这样，在父亲死后一年多时，二弟也带着满腔悲愤，离开了人世。

张秀山的母亲哭干了眼泪，她常常在梦里哭喊道：“我并天（顶天立地或高大）的儿子死了！他不该死啊！”

当地的反动派幸灾乐祸地叫嚣：“这就是张秀山当红军的好处，他们家参加红军的最多（被张秀山带出的堂表兄弟共有八人），被共产党杀的也最多，共产党能给他什么？”

对此，亲属和乡亲们很不理解，他们盼着张秀山回来，为死去的亲人报仇，为自己的弟弟治病，可张秀山却什么也没有办成。张秀山含着眼泪安慰亲属和乡亲们说："我是共产党员，我不能犯他们那样的错误，我不能为自己谋私利。"

张秀山十分怀念自己的父亲，但为了减少不必要的影响，只是在一次部队行军路过家乡的途中，没带警卫员，一个人骑着战马来到村边山崖上父亲的坟前，默默地倾诉心中对老人家的无限哀思。

张秀山的母亲得知张秀山去了父亲坟地，就在儿子下山归来的路上等他。在山崖下路旁的大树下，母子相见了。张秀山深情地拉着母亲的手，反复向母亲解释自己作为一名共产党人，为什么不能"报仇"的原因，他说："很多革命同志都为革命牺牲了。我也负了重伤，但没有死。为什么？是因为战友们舍出生命，冒死从敌人的枪口下把我抢救下来；是老百姓和游击队抬着我躲过敌人一次又一次搜捕；又是他们为我请来了医生，送西安养好伤，要不我早就没命了。革命已经把我们紧紧地连在一起。在革命队伍里，我只有爱护战友，战友才能在危险时候，把我从火线上抢救下来。同样，我们只有善待老百姓，对他们好，老百姓才能拥护我们，革命才能成功。现在，这里的同志错杀了父亲，犯了错误，但他们还是革命队伍中的人，革命还需要他们。再说，'左'倾机会主义者的肃反，错杀的何止成百上千名革命同志？我是红军政委，已经知道他们错了，又怎能错上加错，自相残杀，让敌人高兴呢？"①望着秀山满脸的泪水，深明大义的母亲含着眼泪点头同意了儿子的做法。

张秀山从革命大局出发，不计个人恩怨，派人把那些躲藏起来的受"左"倾机会主义影响的党员找回来，心平气和地对他们说："人死了是不能再复活的，你们要记取教训，不要背包袱，好好干工作，注意掌握党的政策，以后不要随便打人杀人。"对待这些党员，张秀山不仅没公报私仇，有的人后来还得到了重用和提拔，有的人当上了山西塑县县长和县大队长，有的人担任了佳芦县革命委员会主要负责人，有的人担任了神府特区苏维埃政府的主要负责人，甚至担任了更大的干部。为了革命，为了劳苦大众的解放，张秀山把杀父之仇放到一旁，连一句责骂这些同志的话都没有说过，而且还把他们当作并肩战斗和生死与共的战友。就是在敌人"围剿"时背叛了革命，同时也

① 《张鸿志来信摘录》，1999 年 8 月 5 日。

参与杀害父亲的人，张秀山也是按照党的政策办事，没有打击报复。

共产党人宽大的胸怀，是这样的难以置信。张秀山对这件事的处理，对当时的神府苏区震动很大，人们一提起张秀山无不敬佩地竖起大拇指说："张秀山？嘿！真正的共产党！"①

这次回来，忠厚的张秀山还把等了他多年、父母包办的妻子白协英，多次接到自己身边——红军后方驻地温家川等地。他们是张秀山在榆林念书时结的婚。

白协英，原名白贤英，中等身材，姿貌端正，家住桃柳沟村东面20余里的白家大庄村。父亲白恒旺是一个本分老实的庄稼人，他和儿子白贤恒靠着辛勤劳作，耕种着30多垧的土地，家境比较富裕。那时，张秀山18岁，在外上学，贤英16岁，在家帮助父母操持家务。虽然是父母之命，媒妁之言，协英又是小脚，没有文化，但张秀山没有嫌弃她。他们两家老人觉得都是本分人家，都有30多垧地，都靠劳动生活，这在旧社会的农村说来也算门当户对。

白协英这个名字，是张秀山给她改的，有协助英雄之意。从中也可以看到年少志高的张秀山，对协英寄托着何等的期望。张秀山当年被迫离家出走，拿起刀枪干革命，枪林弹雨，生死不明。白协英恪守妇道，侍奉公婆，说来也很不容易。

张秀山刚回到神府时，两人感情较好。张秀山的小弟张鸿志当时只有8岁，他依稀记得大哥第一次接大嫂白协英去红军驻地的情况：

> 那是一个春天，大哥回来时，我们家乡还被国民党军队占领，东南10多里的龙尾峁村就驻有国民党军队1个连。我们村虽然没有驻国民党军队，但也是国民党占领区。敌人为了围剿红军游击队，就采取了合并村庄的方法来限制红军活动，借以割断红军与老百姓之间的联系。因为桃柳沟是大村子，就把附近的小村寨合并到我们村子。大嫂的娘家白家大庄村的老百姓合并到龙尾峁村。我家姑表兄李能珍住在东南30余里的大坪村，那里是红军的活动区。大哥回来的消息，最早就是李能珍送来的。大哥与他约定在大坪村南面的新刘家畔村和家里人见面。这个村也是红军活动区，那里住着二舅的女婿刘有有家。很快，家里人就把消息告诉了住在龙

---

① 采访张鸿志等人记录，1999 年 4 月 5 日。

尾峁村娘家的大嫂。我和母亲、大嫂一起约好会合后，借口去同一方向的马家沟看舅舅，急急忙忙赶往新刘家畔村。路上，大地草绿，春意浓浓，遍地山花野菜。当我们赶到那里后，看到哥哥身着一套黑色棉军衣，武装带上斜挎一支驳壳枪，威武高大，母亲高兴得直抹眼泪……最后，大嫂决定要跟大哥到苏区去。因为大嫂害怕孤独，就把我也带去了。记得大嫂骑着一头毛驴，我与大哥跟着她。大哥怕我走不动，就让我走一阵，他背我一阵，最后到达了红军驻地温家川。我大嫂会针线活儿，就在红军供给部给部队做衣服。大嫂还给我做了一个红军八角帽，用柳条弯成帽檐，上面还做了一个红五星，希望我长大了当一名红军战士。那时红军经常作战和转移，后方驻地也不固定。我们经常骑着马，跟随后方机关跋山涉水，到处转移。有一次我们转移王家桑塔，要过窟野河。当时河水很大，我用双手紧紧搂住一个红军战士的腰，骑在马背上渡河。我好像觉得连人带马一起顺水往下，大人不让我往下看，说我有点“晕河”，产生了幻觉……以后，我大哥要上前线指挥部队，我和大嫂又回到了家乡。①

张秀山和白协英先后有了来兵、一兵两个男孩。从孩子的名字，我们可以看出当时张秀山率兵征战的戎马生涯。为了纪念张秀山率领红军大部队返回神府家乡，张秀山给第一个儿子起名叫来兵，寓于红军中又来了一名勇敢的士兵，但来兵因病三岁就过早地夭折了。据说，等一兵降生的时候，正巧，有一个红军士兵骑着大马，风驰电掣来到此地，张秀山就把这个儿子的名字叫作一兵，也希望将来他能成为一名红军战士。

红军战斗频繁，没见过世面又缠了小脚的白协英很不适应枪林弹雨的部队生活。在一次白协英去红军驻地时，遭到敌人包围。部队突围时，她从马上摔下受到惊吓，在她的要求下，张秀山把她送回了家里。她不愿意再出来，与张秀山过那种担惊受怕的日子。

一次，张秀山回家过春节。这是他参加革命后第一次，也是唯一的一次在家过春节。张秀山准备接白协英去苏区，可是她执意不肯，两人之间便有了隔阂。以后，张秀山几次派人来接她，她都没有去，致使他们之间的隔阂不断加深。张秀山没办法，最后两人只好分手了。

---

① 采访张鸿志记录，2000年4月5日。

张秀山的堂嫂、张鸿恩的妻子说："那年，秀山带着警卫员，从红军驻地骑着三匹马跑了三天，才回到家里。协英说什么也不再去红军那里，她害怕打仗。秀山也实在没有办法了，就自己走了。秀山的那个小警卫员特别机警，整天端着枪，守卫在门外。家里人叫他吃饭，他都不进屋歇会儿，说要保卫首长安全。秀山从此就再也没有回家里过春节……"

张秀山看到堂嫂为了支持堂兄参加红军干革命，一个人独自带着三个年幼的孩子艰难度日，慈爱地用大手抚摸着六岁的老大宪国的头，对堂嫂说："国民党黑暗腐朽，现在只有闹革命，我们才能过上好日子。孩子到了这个年龄，一定要想尽办法让他读书才行，将来好为国家效力，因为他是红军的后代。"①

1936年4月，一个意想不到的事情发生了。年仅33岁的刘志丹在东征前线指挥战斗时牺牲，他的遗物只有半截铅笔和2个烟头。

"志丹牺牲了！"噩耗传来，张秀山万分悲痛，眼泪扑漱漱不停落下。他一连几天吃不好、睡不着，与刘志丹一起出生入死的战斗情景不断地闪现在眼前……

将星陨落，江河泪流，陕北山川肃立，人民无比痛惜。怀念英雄刘志丹的《信天游》在西北的上空回响："走一架山来又一架山，咱们跟的是刘志丹，刘志丹本是英雄汉，跟上他革命不犯难。过一道沟来又一道沟，条条沟里水长流，咱们跟上红军走，革命不成莫回头……"

毛泽东称刘志丹为"群众领袖，民族英雄"。周恩来题词："上下五千年，英雄万万千，人民的英雄，要数刘志丹。"朱德赞赏他是"红军模范"。这是党和人民对刘志丹的最真实的评价。中共中央决定将保安县改名为志丹县，以纪念这位西北根据地的创始人。

三、组建神府红军独立师

在张秀山领导下，神府中共武装力量发展很快，除两个红军团以外，还有十几支游击队。为加强对这些武装力量的领导，经中共神府特委批准，将其中较大的游击队合编成三个红军独立营，开展了广泛的游击战争，给敌人

---

① 张宪国：《一生正气　永驻人间》（未刊稿），2001年2月。

以沉重打击。

1936年5月18日，为了巩固和扩大西北根据地，中共中央军委命令以红军主力红一军团、红十五军团和红二十八军团等共1.5万人组成了野战军，向陕、甘、宁三省的边界地区挺进。19日，中央红军开始西征，先后歼敌马鸿宾匪徒3个团，把西北根据地的区域扩大到纵横700余华里。

6月，西北军委决定将陕北地区划为五个作战分区。神府为第一作战分区，任命张秀山为司令员，杨和亭为政委。

经中共中央批准，中国人民抗日（神府）红军独立师成立。师长王兆相，政委张秀山，秘书长王恩惠，参谋长李治州，政治部主任王国昌，供给部部长王海山。独立师下属2个团，另编警卫、侦察、骑兵3个连。即红三团改为一团，团长刘明山、政委邓万祥；红四团改为二团，团长贾兰枝、政委贺伟。每团4个连，每连100多人，共1000多人枪，机枪20多挺。①以后，还成立了三团（后改为骑兵团），团长刘崇德、政委许法善。

1936年8月1日，神府苏区佳芦县花石崖村，晴空万里，红旗飘扬，红绿标语贴满墙头，四周街巷、山坡人潮涌动。中共神府特委在这里召开成立红军独立师庆祝大会。会场设在村里河滩上一座古庙前，新搭的主席台的横幅上醒目地写着："庆祝中国抗日人民红军独立第一师成立大会"。

会议由中共神府特委书记杨和亭同志主持，他庄严宣布大会开始，红军独立师全体官兵迈着整齐的步伐进入会场。会上，红军独立师政委张秀山、师长王兆相相继讲话，独立师向全国发出宣言，通电全国，电文是：

全国各武装部队、全国人民公鉴：

在神、府、佳几年来的游击战争中，创造了神府抗日根据地，扩大和锻炼了红军，最近在中国共产党西北中央局、西北革命军事委员会与神府特委的领导之下，在各地人民的拥护声中，正式成立了中国抗日人民红军独立第一师。处于目前日本帝国主义妄想并吞全中国，卖国贼蒋介石阎锡山拦阻红军抗日之路，进攻陕甘抗日根据地与主力红军转移阵地的形势

① 王兆相：《战斗在窟野河两岸》，载《陕西党史资料丛书》第12辑，陕西人民出版社1990年版，第118页。

之下，本师的成立，在抗日讨逆的战线中是有伟大意义的。

当本师成立的今天，特向全国人民与一切武装部队通电。我们站在抗日、讨伐卖国贼的立场上，联合全国不愿当亡国奴的人民与一切武装部队，共同组织抗日联军与国防政府。拥护粤桂联军抗日讨蒋武装，坚决反对卖国贼部队进攻。誓死保卫抗日根据地，争取迅速与日直接作战。

谨此奉闻

中国抗日人民红军独立1师

师长　王兆相

政委　张秀山

八月一日①

当天晚上，张秀山给全师官兵作形势报告。王兆相回忆说：

张秀山政委根据中央指示精神，分析了形势和保卫苏区的任务，具体地指明了战胜敌人的有利条件。他说，我们有神府地区对敌作战的经验，也有红二十六军对敌作战的经验，特别是有党中央的正确领导和神府地区人民群众的拥护支持。他做了形象的比喻，说神府群众就是革命的大海，独立师就是大海中的一条鱼。鱼要靠水才能活命，才能游来游去，我们红军只有依靠群众才能生存，才有行动自由。他还要求地方干部多为部队筹集粮食，不要用粮食烧酒。敌人进去的地方，要实行坚壁清野，不能让敌人搞到粮食。秀山同志的报告入情入理，很实际，很有说服力，干部们听了受到很大鼓舞。

独立师的成立，使神府地区的武装力量不仅在组织上发生了很大的变化，而且在政治素质上也发生了很大的飞跃。首先是部队的政治工作加强了。由红二十八军、红十五军团转来神府的一些伤病员同志，带来了红军政治工作的光荣传统。特别是担任师政委的张秀山同志，很重视部队的政治教育。

那时，红军中存在的思想问题，比较明显的是农民意识、地方观念；作风上存在的突出问题是生活散漫，游击习气。部队的政治教育就是联系这些问题，组织干部战士学习党中央1935年12月瓦窑堡会议精神，进行

① 王兆相：《曲折而胜利的道路》（未刊稿），1983年12月。

党的统一战线教育，把保卫神府苏区和土地革命成果，同打倒日本帝国主义，不当亡国奴，保卫中华民族利益紧紧联系起来。批判大地主、大资产阶级代表的“恐日病”，树立依靠全国人民抗战必胜的信心；进行三大纪律、八项注意的教育，克服游击习气；进行党的知识教育，提高党员的阶级觉悟；集训连队指导员，总结如何加强党支部建设，开展党支部工作的经验；总结加强军民关系，进行遵纪守法教育的经验。

政委张秀山还起草了一篇加强红军政治工作的指示，对在各种情况下进行政治工作，提出了具体意见。如进攻战、伏击战前的政治工作，行军宿营中的政治工作，打了胜仗时的政治工作，打了败仗时的政治工作，使部队政治觉悟得到了提高。①

当时，“左”倾肃反的余毒在神府苏区还没有得到彻底根除。一些人打着纯洁革命队伍的旗号，大搞“逼供信”，使广大的干部、战士深受其害。张秀山、王兆相等独立师的领导旗帜鲜明，坚决反对这种做法。

一次，张秀山路过特委保卫局时，发现他们抓捕了一名他认识的红军干部，他马上出面加以制止，说：“我熟悉他的情况，他是一个好同志。”就这样，这位红军干部获救了。

原中纪委副书记李正亭说：

我第一次见到张秀山同志，是在神府苏区的陈家坪，那时正是反“围剿”战斗的关键时刻，我们神府独立师在这里召开了会师大会。张秀山政委在大会上发表动员讲话，极大地鼓舞了全师指战员的斗志。我当时很年轻，只有17岁，是一营一连连长兼指导员。我们一连有70多人。这时，我们这里正根据特委保卫局的指示，开展肃反运动。一天，我接到上级命令，指名要一连的4名战士到后方培训。实际上，他们是被当作“AB”团抓了起来，而我却被蒙在鼓里。在肃反人员的严刑拷打下，有的战士屈打成招，他们4个人很快就被拉到外面的草坪上被砍头了。肃反事态有进一步扩大的危险，我的处境也非常危险，可我却一无所知。张秀山政委得知这个情况后，在营教导员刘全胜的陪同下，立即骑马赶到了我们连的驻地。秀山一进门就问道：“谁是一连指导员？”我马上回答道：“我是。”接着，他问：

---

① 王兆相：《曲折而胜利的道路》（未刊稿），1983年12月。

“你们连的这4名战士到底表现怎么样？要说实话！”我说：“他们政治坚定，作战勇敢，表现很好。”张秀山政委故意大声地说道：“你这个小鬼，他们是‘AB’团，已经杀了。”他说完转身就走了。后来，营教导员刘全胜告诉我说：“张政委仔细询问了你的情况，认为你成分好，作战勇敢，肯定不是‘AB’团，否则你的脑袋就掉了。”秀山是独立师的最高首长，他的态度对我生死攸关。他对我无比信任，使我终生难忘。秀山不知道解救了多少像我这样的红军干部和战士。他对部队严格要求和对战士体贴入微的工作作风，深深地铭刻在我的脑海里。①

有一次，独立师的两名战士被神府特委保卫局当作反革命分子抓去审讯。没有多久，经过他们严刑拷打逼供，说这两个人供出了独立师有20多名反革命分子，他们让独立师把这些人立即押送到特委保卫局。根据平时对这些同志的了解，经过周密的调查，张秀山意识到，这是“左”倾机会主义肃反的执行者制造的一起冤假错案。张秀山先把保卫局开来的名单交给师长王兆相同志看，说：“这些人是不是真的有问题？经过我们调查证明，他们都是我党品质优秀的英勇善战的好同志。我看名单上的人不仅不能押送到特委保卫局去，而且要反对他们这种严刑拷打逼供的做法。我们一定要吸取这次事件的经验教训，再不能搞这样的肃反了，这一点必须引起我们每一位领导同志的注意。”

王兆相看到名单上都是作战英勇顽强的共产党员和积极分子，生气地说：“这些人都是好同志，说他们是反革命，简直是胡说八道！国民党悬赏要你我的人头，咱们部队里要是真有坏人，那么把你我干掉就能发一笔大财，可我们不是好好的吗？”②

经过独立师党委研究决定，拒绝了特委保卫局的押送要求。为了稳定部队，吸取经验教训，师领导决定加强部队保卫部门的领导工作，要求他们注重调查、注重事实，不能轻信口供，不能搞逼供信。张秀山在师干部会议上强调指出：今后，不经师党委批准，不准乱抓人、杀人。张秀山等同志及时制止了肃反扩大化，为党和人民保存下来一批优秀的红军指战员。

在张秀山、王兆相的领导下，部队进行了严格的思想教育、军事教育和战

---

① 访问李正亭记录，2000年6月。

② 王兆相：《战争年代的回忆》，军事科学出版社2002年版，第185页。

术技术训练，整体作战素质有了显著提高。独立师的其他各项工作也得到了加强和改善，部队呈现新的面貌。全师官兵平等，更加团结；军民互助，关系进一步融洽；部队作战英勇，纪律严明，热爱贫苦百姓，很快就成了无数青少年向往的地方。他们纷纷放下锄头，扔掉讨饭碗，跟着部队要参加红军。张秀山根据过去在红二十六军组织少年先锋队的经验，把这些青少年集中起来，经过政治和军事集训，编入战斗部队，经过实战锻炼，他们很快就变为政治觉悟高、组织纪律性强的红军战士。这些小红军战士，对提高红军的战斗力起到了不可估量的作用。

王兆相说："张秀山军事和政治工作经验相当丰富。他担任政委后，加强了部队的政治思想工作，特别是加强了党组织的建设，使部队面貌焕然一新。"①

以后，上级决定成立神府军分区，任命张秀山为司令员兼政委。

在战斗中，神府红军独立师逐渐发展壮大。为了解决冬季的给养问题，师党委决定独立师打到府谷以北的敌人占领区去活动。

第一次带领大部队到敌占区作战，王兆相心里没有多大把握。张秀山鼓励他说："不要紧，放大胆，闯一闯就有经验了。"他们共同研究了作战方案和这次军事行动中应该注意掌握的政策，以及宣传等方面的问题。

经过师党委的战前动员和充分准备，红军独立师在侦察清楚敌军部署后，以突然动作，一夜突破了敌人的防线，袭击了孤山、吕家岩、建安堡等地的敌人。接着，红军独立师又在栏杆堡附近击溃了敌军两个连。张秀山在吕家岩战斗中右臂负伤，但仍指挥部队消灭了木瓜、清水的民团，救出了被抓群众，补充了部分军需。

1936年8月，在准备攻打哈拉寨时，正巧寨里在举行庙会，张秀山与王兆相商定，派一部分红军战士化装成国民党军队打进哈拉寨，里应外合，一举全歼守敌。

红军先头部队身着国民党军队的军装开进了哈拉寨，地方反动民团恭恭敬敬地把他们请到庙会的戏台前，坐在那里看晋北梆子。一段戏没有唱完，后续的红军大部队就发起了攻击。红军里应外合，敌人阵地顷刻瓦解。

---

① 王兆相：《战斗在窟野河两岸》，载《陕西党史丛书》第12辑，陕西人民出版社1990年版，第187页。

红军独立师在哈拉寨宣传党的政策，严厉打击了恶霸地主，没收了国民党反动民团财产，支持和鼓励正常的商业往来，救济当地劳苦大众，扩大了红军的影响。

在红军第一作战区捷报说：“我英勇的红独立第一师，此次直入白区，打到敌人深远的后方，占领清水、木瓜、黄甫、哈拉寨等重要市镇，消灭了黄甫、哈拉寨的反动民团，缴获步枪17枝，短枪3把，子弹及用品甚多。没收汉奸、卖国贼大洋两千余元，布匹两千余尺。这一伟大胜利，扩大与巩固了府谷苏区，推广了抗日红军的声势于晋绥边境。”

不幸的是，红军独立师在三天后撤出哈拉寨的时候，遭遇到敌人的拦截。在战斗中，一团政委邓万祥、一连指导员张宗仁壮烈牺牲，部队散失了一些缴获的布匹等物品。

在这次行动中，红军缴获的粮食没有解决大部队的吃饭困难问题，使很多战士因缺粮生病浮肿。张秀山、王兆相带领部队出征外地去打土豪，剿敌收粮，解决了面临的困难，保证了冬季红军的粮食供给。

独立师的发展与胜利，对敌人震动很大。蒋介石的中央特派员和陕西、山西绥远的剿共部队的指挥官，急忙集聚在一起，共商“围剿”之事。

1936年9月至11月间，敌人利用初冬季节，对神府苏区发起了第四次“围剿”。敌人以晋军七十二师陈长捷部四个团为主力，八十六师高双成部三个团和一个骑兵营相配合，并调集大批地主民团，总计1万余兵力。敌军这次“围剿”，采取稳扎稳打的战术，每天前进占领一两个村庄，修筑防御工事。敌人的团与团之间联系紧密，遥相呼应，南北夹击，密集向根据地推进，企图与我军决战，军情紧急。

10月1日，中共神府特委在阎家山召开会议，张秀山代表特委作了反“围剿”报告。他对敌情作了详细分析，他说，晋军与榆林的敌八十六师不一样，八十六师是地头蛇，队伍中多是地痞流氓和土匪，熟悉苏区情况，作战凶狠刁顽。而晋军是训练有素的正规部队。晋军团配有迫击炮连，营配有重机枪连，班都有轻机枪，每个士兵都武器装备精良，子弹、手榴弹样样充足，他们善长打正规的阵地战。但是，晋军的弱点也很突出，他们不熟悉地形，在兵力、火力没展开之前，攻其不备，猛打穷追或设伏围歼，便于我军开展游击战，可自由进退，使敌陷入人民战争的汪洋大海。只要我们针对晋军特点，开展好战前练兵，我们就一定会取胜。所以他提出了“向南作战，先打晋军”的作战方针，得到了与会同志的一致赞同。①

会上，张秀山部署独立师打击外线敌人，独立营和游击队在内线各自为战，伺机消灭小股敌人、破坏敌交通线，动员群众坚壁清野，困滞敌人，不让敌人得到任何东西。会后，特委责成张秀山同志代写了中共神府特委关于粉碎敌人第四次围剿的决议。根据这个决议，神府独立师在贺家川召开了誓师大会。针对晋军的特点，红军独立师进行了战前练兵。

10月中旬，敌军深入苏区，向苏区军民展开残酷“围剿”。敌人胃口很大，战线拉得很长。

张秀山、王兆相率领红军独立师趁隙插入敌后，首战泥河沟，歼灭敌人1个排。之后，红军以弱示敌，派约100多人的独立营，进入敌占区，引诱驻苏怀家守敌出动。敌人果然上钩。敌团长立即率两个营兵力，紧急出动向独立营扑来。张秀山、王兆相率红军独立师主力夜行军60里，在苏泥家村设伏待敌。

拂晓，敌军一个连突然占领村东南山头阵地，早已等待在那里的独立师一团，立即发起猛烈反击，全歼该连，俘敌连长及以下官兵几十人，缴获轻机枪四挺，步枪、手枪几十支。几乎同时，村后山又发现敌人一个连，埋伏在那里的红军独立师二团，对正在行进的敌人展开围歼战斗，干净利落，再俘敌连长，全歼敌人。

张秀山、王兆相审讯了被俘的两个敌军连长。一个敌连长供称：“原以为是武器不好的200多人的游击队，想吃掉你们。团长、营长都在后面督战，谁知刚拿下前哨阵地，就被你们冲垮了。”另一个敌连长说：“你们红军打仗不正规，不等我们展开，一群娃娃兵上来就把我们抱住了。如果让我们部队占领阵地，看你们能不能打胜。”

张秀山听后笑着说：“那就等着以后再碰上时，先通知你们，等你们准备好了再打！”说得两个被俘的敌连长无奈地苦笑了起来。

根据敌连长供词，张秀山、王兆相迅速率部撤离战场，转移到后方，召开庆功大会，总结对晋军作战经验。战士们认识到，打晋军要勇猛进攻，突然打

---

① 乔钟灵：《回忆神府革命根据地》，载《陕西党史丛书》第12辑，陕西人民出版社1990年版，第110页。

击，不让其展开战斗队形，一旦打垮，他们就会集体交枪。

会后，红军独立师分开作战。一团在王寿梁歼敌百余人，迫使晋军放弃高新庄、衙院沟等据点。二团在万镇山上截击敌运输队，缴获敌军大量米面、驮骡。

红军独立师参谋长李治洲同志回忆说："秀山同志指挥部队灵活机动，从来不死打硬拼。有一次，秀山率领红军一部外出执行任务，途中突然与国民党军主力驻榆林的八十六师高双城部遭遇。由于敌我力量极为悬殊，敌强我弱，撤退已经来不及了。秀山果断下令，部队立即占领制高点，修筑工事，以强示敌。敌人指挥官不明真相，也命令士兵慌忙修筑工事。在双方相持阶段，秀山急令红军悄悄地撤出阵地，火速脱离了险地，使红军在极为不利的形势下，转危为安，为革命保存了有生力量。"①

各县、区独立营和游击队在保卫家乡的同时，也主动出击，破坏敌人交通，积极配合主力红军作战。

在根据地军民的有力打击下，敌军两次被迫调整战线，后因傅作义在绥远对日作战而退出苏区。红军趁敌军败退，迅速进至通秦寨一带，打开了佳县金明寺、井道峁、清泉寺等地土围子，解救了大批群众。

12月间，红军独立师根据情报了解到，高家堡驻有敌人高玉亭营。张秀山、王兆相经与大家商量，决定采取围点打援战术，吃掉这股敌人。

一天早上，红军独立师派出一部兵力，首先对高家堡南面几十里外乔岔滩村南山碉堡里30余人的民团，围而不打；派出另一部兵力攻打该村1个排的驻守敌军。同时，又派一支小部队到高家堡附近引诱敌军。

战斗打响后，高家堡敌营长高玉亭立即率约两个连的兵力和百余名民团，驰援乔岔滩的守敌。红军闻讯后，立即出动2个主力团，在援敌必经之路的黄蒿梁村设好伏击圈。当敌人急速通过该处时，红军战士居高临下，发起猛烈攻击，彻底打垮了敌人。除击毙一名敌连长外，还俘虏了大批敌人，缴获了80多各种枪支，其他敌人落荒而逃。乔岔滩守敌也被迫投降。

张秀山率部于深夜突然攻打高家堡，红军攻城的枪炮声震天动地，惊醒了全城睡梦中的人们。红军很快歼灭了守敌两个连。敌营长高玉亭侥幸逃

① 访问张鸿志记录，1999 年 4 月 5 日。

脱。红军取胜后，当夜押着俘虏，撤到东南方向几十里外的龙尾峁。

红军在这里召开了军民庆功总结大会，张秀山代表红军在大会上发表热情洋溢的讲话。他表彰了红军全体指战员和地方支前的民众，号召他们更加努力杀敌立功，争取革命最后胜利。他还宣布了红军优待俘虏的政策，鼓励他们参加革命队伍，而且来去自由。即使释放回家的士兵，也希望他们不要继续以人民为敌。俘虏们深受感动，有的俘虏当即参加了红军。

说来也巧，张秀山率红军一撤出高家堡，敌人营长就回来了。经两次较量，敌营长高玉亭被红军打怕了。加上一大批被俘的官兵家属，得知了他们亲人们的情况，哭声一片。他们成群结队来找敌营长，强烈要求他派人和红军谈判，商谈放人事宜。此时，高玉亭不知从哪里打听到：红军指挥员张秀山的本家亲戚张乐会就在高家堡开店经商，而张秀山和堂兄张鸿恩从小就在高家堡读书，他们经常住张乐会家，来往密切。高玉亭为此亲自到张乐会家登门拜访，请求张乐会出面跟红军讲和。

敌营长满脸堆笑地对张乐会说："你是张秀山的本家，能说上话，能不能叫他把人放回，其余的事好商量。"

张乐会开始表示不愿意前去。在敌营长的百般恳求下，张乐会答应去试一试。实际上，就在红军攻打高家堡的前一天的中午，张秀山得知原在榆林等地以教书和做工为名，从事党的地下工作的张鸿恩此时正在高家堡养病。张秀山立即派人找到张鸿恩的家人，通知他们马上去高家堡找回张鸿恩，一定要在天黑之前出城，以防止在战斗打响后，张鸿恩被敌人捉住扣为人质。谁知，当张鸿恩的妻子与一位本家叔叔马不停蹄，穿过35里山路赶到高家堡时，天色已晚。他们两人的脚刚跨进城门，守城的敌人就把城门关闭了。因为无法出城，张鸿恩夫妇只好躲了起来，硬着头皮等待天亮再作打算。此时，张乐会正发愁没有办法把他们送出城。有了这个借口，张乐会马上就和张鸿恩等亲属直奔红军驻地龙尾峁村，去找红军。

张乐会和张鸿恩等人赶到龙尾峁村，已时近中午，红军正巧刚开完庆祝大会。经过教育，除一部分俘虏自愿参加红军外，其余的俘虏已经全部释放。张乐会很顺利地带着被俘的人员回到了高家堡。张家在高家堡名声大振，成了"活菩萨"，敌营长和被俘人员的家属纷纷前来张乐会家表示感谢。

这件事从表面上看，好像红军真给了敌营长面子，却不知这是中国共产党抗日统一战线和俘虏政策所致。从此，高家堡的敌人再也不敢与红军作对，更不敢找张乐会的麻烦。张秀山的堂兄张鸿恩参加了红军，成为独立师政治部的宣传干事。①

至此，神府苏区被敌人占领地区大部恢复，敌第四次“围剿”又告失败。

四、神府特委

1936年12月12日，西安事变爆发。张学良、杨虎城将军扣押了蒋介石及其军政要员，举行“兵谏”。在周恩来率领的中共中央代表团协助下，西安事变得以和平解决。

1937年1月，张秀山和王兆相率领红军独立师三上哈拉寨，以扩大宣传，筹集军需。红军沿途消灭了新民、庙沟门民团，俘虏了先后三次骚扰红军的内蒙骑兵营营长及一批士兵。

在王兆相师长的回忆录中，我们找到了记述张秀山政委在占领哈拉寨后的一些生活和战事片断：

> 晚上，李治州参谋长说他腿不舒服，想用酒治一治。他把酒倒入盆子，又将盆子放到炕头的锅灶上，脚伸入盆内，不慎将酒洒在外面，一下子着起了火。我看见火起，不知怎么办好。还是秀山同志灵活，马上拿过一件大衣，把火盖起来，火被扑灭了。可李治州腿上的汗毛全给烧掉了，两腿尽是燎泡，有的地方还脱了皮。我们赶紧叫医务人员给他包扎起来。
>
> 进入哈拉寨后，我们又扣住几个内蒙准噶尔旗的骑兵。我们再一次写信给他们上级，除了继续宣传党的统一战线政策外，还特别指出，他们上两次来人袭扰我们是不应该的。我们把这几个骑兵刚放回去，他们又来袭扰。这次打得很激烈。我因吃午饭时多喝了些酒便睡着了。两边山上打枪，我不知道。张秀山同志喊我怎么也叫不醒。秀山同志说：“敌人在两边山上打得很急，你还睡觉。”我赶忙起来出去察看敌情。心想，今天一定好好教训这些家伙不可……很快，我们就把对方人马全部俘获了。人、枪和马匹各三四十。

① 张宪政：《深深怀念叔叔婶婶》（未刊稿），2000年12月20日。

从被俘营长韩守信口中，张秀山得知发生了西安事变的消息。虽然这个敌营长对事变基本情况说不清楚，但这对远离党中央，通信联络中断，长期受敌人包围的中共神府特委是一个极为重要的消息。

张秀山和王兆相向这位营长讲解了中共抗日民族统一战线政策，用酒席款待后，释放了他们。他们开始还不相信红军能放他们回家，可当他们真正踏上返乡之路的时候，都竖起大拇指，连声称赞“红军讲信用，够朋友”。韩营长对张秀山等人说，他自己是个大老粗，不懂什么是共产党和国民党，但是自己是一个有良心的中国人，再三表示以后不再骚扰红军，拥护汉蒙联合抗日主张。①

张秀山和王兆相率领红军避开神木、府谷敌军两个营在门头沟一带的阻击，从府谷城东的温家川、郝家峁附近迅速穿过敌人的封锁线，胜利地返回根据地。

1937年年初，敌人乘神府苏区与中共中央中断联系，尚未得到西安事变真实情报之机，以国民党八十四师师长高桂滋为“剿共”总指挥，纠集七个团、两个骑兵营，近两万兵力，对神府红军发动了第五次“围剿”。敌人由佳县、米脂、榆林出发，自南向东压来，企图把神府红军逼到狭小地带消灭。

张秀山根据当前敌我形势，对部队进行战斗动员。他要求全体红军将士发扬英勇顽强的战斗精神，采取机动灵活的战术，坚决消灭来犯的敌人。

红军独立师出兵南进，在当地党组织指引下，进至佳芦县秃尾河畔的薛家会村后山沟里设伏。同时派出一支几十人的小分队，化装成武器差，经验不足的游击队，袭扰附近徐家畔一个营的守敌。敌人看到弱小的红军游击队恼羞成怒，妄图一口吃掉他们。小分队边打边退，一点点把前来追击的一个多连敌人，引进红军埋伏圈。红一团奋起攻击，击毙连长一名，俘敌几十人，缴获枪几十支，其中有轻机枪二挺。同时，红二团在王家堝成功设伏，俘敌副团长以下十几人，枪十几支。

从被俘的一个叫苏丁臣的副团长口中，张秀山等人了解到西安事变的详细情况。他们还了解到，这次“剿共”总指挥高桂滋的八十四师和前来参加

① 《神府革命根据地综述》，载《陕西党史丛书》第12辑，陕西人民出版社1990年版，第28页。

“围剿”的高双成八十六师矛盾重重。名义上高桂滋是来帮助高双成的，实际上是为了吃掉高双成的八十六师。高双成为了保住自己榆林、米脂、横山的生命线，也想借用高桂滋的兵力和与延安停战之机，集中力量消灭神府苏区的红军独立师，以扫清后顾之忧。这些信息，使中共神府特委进一步了解到了内外形势的重大变化，为红军制定下一步行动方案提供了有利依据。

1937年2月，中央决定：张秀山任中共神府特委书记，杨和亭任副书记兼组织部部长，武开章任宣传部部长。毛凤翔任统战部部长。王宝珊接任神府独立师政委。①

中共神府特委随即召开了特委扩大会议。张秀山在会上指出：由于国民党隔断了神府苏区与党中央的联系，特委目前不清楚党中央对解决西安事变的精神，但坚信党建立抗日民族统一战线的方针政策是不会改变的。本着自卫原则，红军要坚决反击敢于来犯之敌。同时，要写信给周边的国民党军队，呼吁停止内战，一致抗日对外。张秀山指示红军独立师南下佳县、米脂等敌占区活动，想通过敌人的报纸宣传，达到让党中央了解神府苏区情况的目的。②

红军独立师出发前，张秀山对王兆相师长说：“兆相同志，我们师深入白区活动，已有好几次，还是有些经验的。这次任务很重要、很艰巨，一定要小心，不可粗心大意，希望这次既能消灭敌人，壮大自己，更重要的是要完成让敌人把我们活动的消息报告给党中央的战略意图。回来后给你们开庆祝会。”

3月，红军独立师挥师南下，深入敌占区佳县、米脂、榆林一带，纵横几百里。敌人慌忙调集四个团，六七千人马尾随，又派飞机轰炸、扫射，但是敌军唯恐中我埋伏，不敢与我接近，被红军牵着鼻子在敌占区转了一阵，搞得筋疲力尽。之后，红军冲破层层阻截，胜利归来。很快，阎锡山的报纸惊呼：“共匪人马二三千，装备整齐，在佳县、米脂一带猖獗活动，国军正在围歼之中”，等等。③

---

① 《神府革命根据地综述》，载《陕西党史丛书》第 12 辑，陕西人民出版社 1990 年版，第 29 页。

② 《神府革命根据地综述》，载《陕西党史丛书》第 12 辑，陕西人民出版社 1990 年版，第 29 页。

③ 王兆相：《战斗在窟野河两岸》，载《陕西党史资料丛书》第 12 辑，陕西人民出版社 1990 年版，第 202 页。

中共中央军委副主席周恩来，在西安看到报纸上刊载的国民党军队围剿神府苏区红军的消息，立即向国民党西安行营主任顾祝同提出严正抗议，揭露他们破坏停战协议的行径。敌人被迫停止了对神府苏区的“围剿”。中共神府特委的战略意图完全实现。

1937年4月，迫于全国抗日救亡运动的形势，国民党要求与神府特委谈判。在特委书记张秀山的主持下，红军与国民党阎锡山、高桂滋、高双成的各部代表举行谈判。谈判中，国民党反动派以为神府红军没有电台，消息闭塞，声称“全国的红军部队蒋委员长都要进行收编”，还对我军干部进行封官许愿。为此，张秀山对国民党谈判代表杨鹤龄反复宣传中共团结抗日的正确主张，严厉揭露对方的收编、劝降阴谋，打击、阻止了对方的骚扰活动。张秀山义正严词地指出：“你到我们这里来想收编我们红军，给我们这些人封了官，许了愿，但你也不看看我们这些人，哪一个是为了个人升官发财来干革命的。我们是中国共产党领导下的人民军队，是受中国共产党中央委员会领导的。毛泽东主席要怎样编制我们的部队，就可以怎样编制。毛泽东主席和朱德总司令要调我们的部队到哪里去，就调到那里去。别的不管是什么人，都没有这个权力。我们两家之间不存在谁收编谁的问题。我们现在应该谈的是停止内战，一致抗日的问题。希望我们今后能精诚合作，团结抗日。”①张秀山的一番话，说得这位国民党代表面红耳赤，无言以对，扫兴而归。

中共神府特委主动积极地开展对苏区周围的国民党军官的抗日民族统一战线工作，先后派王恩惠到佳县通镇与国民党八十四师李少棠团长谈判，派杨和亭到神木县与国民党八十六师罗德新团长谈判；派武开章到佳县县城与晋军二〇九旅段树华旅长谈判。同时，派部队到敌占区散发中共中央抗日统一战线宣言，写信给驻府谷的国民党八十六师的高景明营长，呼吁他们停止内战，一致抗日。

神府红军独立师还坚决歼灭了敢于抢占苏区几个村庄的国民党八十六师罗德新团的一个连，在他们承认错误后，全部归还了被俘人员和枪，既保卫了红色根据地，又向他们展示了红军联合抗战的诚意。

当时神府苏区没有电台，与中共中央的通讯联络常常处在中断状态。党

① 张秀山：《我的回忆》（未刊稿），1988 年。

中央关于西安事变的文件，中共神府特委一直没有看到，这给特委的工作带来极大不便。张秀山一方面积极派人与中共中央联系，一方面责成红军以及游击队，全力搜集有关西安事变的各种情况。没有多久，游击队就在高家堡至神木的公路上，缴获了国民党陕西省政府民政厅长王一山给各地专员、县长的一封信。信中详细地解释了西安事变的起因、经过和解决的情况，及张学良、杨虎城抗日救国八项要求，赞扬中国共产党调停西安事变，使之和平解决，及要求全国精诚团结，共同抗日的正确主张。

这封原本出自杜斌丞先生之手的信，观点鲜明，逻辑严密，对中共神府特委的抗日统一战线工作以及团结党外人士参加国共合作，共同抗日，起到了一定的积极作用。几十年以后，张秀山仍能背诵出其中一些片断："需知西安事变并非偶然之举，溯至九一八事变以来……对日妥协，实行不抵抗主义；……绥战既起，国人皆曰战，而士大夫之流则以大事化小，小事化了……张杨二将军披沥肝胆，痛切陈词，不得不发起兵谏之举……"

张秀山结合报纸、情报、俘虏等各方面的信息，依据这封信中的有关内容，给特委和红军独立师的全体干部，做了一场生动的国内外形势分析、报告会，这对神府苏区执行中共中央抗日民族统一战线的政策，在掌握国共谈判尺度上，做到有理、有利、有节，起到了非常关键的作用。

经过多次国共双方代表的反复较量，中共神府特委和红军独立师与周边的国民党驻军和地方政权，最终达成了停战协议。

对此，中共中央给予了充分肯定。中共中央组织部曾致信中共神府特委，指出："你们长久离开省委和中央领导，独立的在神府艰苦斗争，保卫了神府苏区，扩大了地方武装，最近自动和进攻部队协商停战，我们听到这些消息非常愉快，向你们致以最热烈的民族革命的敬礼！"①

同年4月底，中共中央派以张邦英为团长、吴溉之为副团长，由王濮、强晓初、李登瀛等领导干部和电台队长、译电员、警卫员等15人组成的中央工作团，通过国民党军队占领区来到神府苏区视察工作。经过认真的调查研究，工作团肯定了神府苏区的工作。他们认为这里条件虽然艰苦，但工作很扎实，党群

① 《中共中央组织部给神府特委的信》（1937 年 4 月 3 日），载《陕西党史资料丛书》第 12 辑，陕西人民出版社 1990 年版，第 74 页。

基础好，干部情绪高，游击战争打得好，特委发挥了重要作用。工作团向神府苏区传达了中共中央关于统一战线的新精神，明确了党的工作方针政策和对神府工作的指示。从此，神府根据地不仅能用电台与中共中央保持联系，还能持介绍信通过国民党占领区往返延安之间，有力地促进了根据地的发展。

5月2日至14日，中国共产党在延安召开了由苏区、白区和红军代表参加的全国代表会（也叫苏区代表会）。张秀山因主持神府根据地工作，没有参加会议。

在这次会上，张闻天作了《中国共产党苏区代表会议的任务》的开幕词。毛泽东作了《中国共产党在抗日时期的任务》和《为争取千百万群众进入抗日民族统一战线而斗争》的报告，他强调了在抗日民族统一战线中坚持无产阶级领导权的重要性。

会上，为了一致抗日，实现国共第二次合作，中共中央决定把苏区改为国民政府的特区，红军改为国民革命军。

5月15日，在延安城内二道街礼堂，召开了陕甘宁边区党的第一次代表大会。参加全国党代表会议的陕北省、陕甘宁省、关中特区、神府特区的代表出席了大会。

会上，毛泽东对边区党的工作做了重要指示，要求“转变与创立特区为抗日民主政治的模范区域，为抗日民族革命战争中政治与军事的模范区域，为实现民主共和制的模范区域”。

会议上，边区政府主席林伯渠代表中共中央，对神府工作给予了高度评价。他指出，神府革命根据地能在极端艰难的情况下，保持下来，并取得了牵制打击敌人的重大胜利，保卫了陕甘宁边区，保卫了党中央。

毛泽东主席对神府的工作给予了充分的估价，他说：“神府很艰苦，坚持下来很不容易！”①

大会选举产生了由林伯渠、李富春、李维汉、张秀山、刘景范、高岗等执委17人，蔡畅、张邦英等候补执委6人组成的中共陕甘宁边区第一届委员会。会议对在肃反中犯错误的同志进行了批评。

---

① 王保成：《“神府坚持下来很不容易”——回忆毛泽东主席对神府苏区的关怀》，载《神府革命根据地》，陕西人民出版社 1990 年版，第 30、436 页。

5月17日，在第一次全体执委会议上，大家本着团结的精神，仍然选举郭洪涛为书记（后改为高岗）。

1937年7月，神府特委直接由陕甘宁边区党委领导。根据国共合作的形势，神府特委撤销了下辖的神木、府谷、佳芦三个县委和神城、榆林、佳北、赤绥四个工委，只领导神府县的沙峁、马镇、陈家坪、杜桑塔、杨家沟、萧木等六个区委，以及在国统区新建立的府谷工委、神木东区委、神木西区委和高家堡区委等党的秘密组织，特委机关设在神木县的贺家川。

1937年7月7日，日军进攻卢沟桥，发生了震惊中外的七七事变。第二天，中共中央发布了《中国共产党为日军进攻芦沟桥通电》，号召全国同胞和军队团结起来，筑成民族统一战线的坚固长城，抵抗日本的侵略。

8月13日，日军进攻上海，当地军民奋起反抗，全国抗战开始。

8月22日至25日，中共中央在陕北洛川举行政治局扩大会议，通过了《关于目前形势与党的任务的决定》和《抗日救国十大纲领》，制定了坚持持久战的战略方针，决定把党的工作重心放在战区和敌后，放手发动群众，建立抗日根据地，开展独立自主的敌后游击战争。根据洛川会议精神和国共两党谈判协议，8月25日，中国工农红军改编为国民革命军第八路军，挺进华北敌后，广泛发动群众，开展游击战争。

1937年8月，中共神府特区第一次党员代表大会在神木县贺家川召开。

贺家川位于神木县东南的黄河西岸，是窟野河、黄河交汇的地方，仅有百余户人家，是神府特区苏维埃政府（后改县政府）所在地。

在会上，代表们听取了张秀山的政治报告。会议根据国共第二次合作的新形势，确定把建立和巩固抗日民族统一战线，全力支援抗日战争，作为神府党的中心任务。会议决定，加强团结和内部领导，要以三分之一的力量抓根据地党的建设，三分之一的力量抓抗日救亡，三分之一力量抓群众工作。

会议选举的中共神府特区委员会成员为张秀山、杨和亭、王兆相、唐洪澄、乔钟灵、武开章、贾怀光、刘长亮、张江全、毛凤翔、王宝珊、贺伟、李旺淮、刘瑞兰（女）。其中，张秀山为书记，唐洪澄为组织部部长，武开章为宣传部部长，毛凤翔为统战部部长。

党代会后，中共神府特委对境内的区、乡、村党组织进行了认真整顿，进一步加强了抗日根据地党的组织建设。

1937年8月，驻神府特区的中国人民抗日红军独立第一师根据中共中央军委命令，整编为一个团，对外称一二〇师工兵营。一个月后，该团东渡黄河，奔赴山西抗日前线。

1937年9月6日，陕甘宁边区政府正式成立，中共陕甘宁特区委员会随之改为中共陕甘宁边区委员会。陕甘宁边区所辖区域基本是原来西北根据地的范围，即陕、甘、宁的23个县，13万平方公里，人口150万。

9月22日，国民党中央社发布《中共中央为公布国共合作宣言》。蒋介石发表讲话，承认中国共产党和陕甘宁特区的合法地位。这些标志着全国的抗日民族统一战线正式形成。

1937年9月，中共中央调张秀山到延安的中国人民抗日军事政治大学学习。抗大总校先后办了八期。学员主要来源于红军各部队的指战员和各个根据地的地方干部，同时还有从全国各地，甚至海外奔赴革命圣地延安的大批热血青年。

抗大这座革命的大熔炉，在中华民族的抗日战争中，为各个抗日根据地输送了大批优秀领导骨干，也为中国人民的解放事业，提供了无数急需的军政干部。

抗大第三期共计13个队，学员1272人。张秀山从前线来到抗大后，担任九队队长。九队的学员是陕甘宁边区各地来学习的干部组成。在大家的眼里，年仅28岁的张秀山是一个能带兵打仗，又能搞根据地建设的“老干部”。他衣着朴素，平易近人，工作雷厉风行，给抗大的同学们留下了特别深刻的印象。过了一段时间，上级把张秀山调到由来自全国各根据地红军高级干部组成的四队学习，这里有王树声、许世友、曾传六、洪学智等一批我军高级将领。

期间，毛主席与张秀山等同学进行了一次亲切的谈话，他鼓励大家投身到火热的斗争中继续锻炼改造自己，并为抗大同学会题词：“坚定不移的政治方向，艰苦奋斗的工作作风，加上机动灵活的战略战术，便一定能够驱逐日本帝国主义，建立自由解放的新中国。”在抗大，张秀山凭着良好的政治素质和丰富的实战经验，谦虚好学，严格要求，取得了优异的成绩。

抗日战争爆发后，神府根据地成为陕甘宁边区的抗日前哨和晋绥边区的后方，是华北及其他抗日根据地与延安党中央联系的重要通道。党中央加强了对神府一带黄河防线的领导。

1938年3月，日军进攻陕甘宁边区，势在夺取神府、榆林，南下进逼延安。中共中央急调张秀山回神府，继续担任中共神府特委书记兼第一河防司令部政委，主持神府抗日前线军政工作。

1938年5月，八路军一二〇师在神府根据地的贺家川建立了野战医院。张秀山等领导同志组织群众倒出最好的窑洞，杀猪宰羊热情接待在抗日前线光荣负伤的子弟兵。不久，著名的加拿大医生白求恩率领医疗队，赶着10匹驮满医药器械的毛驴来到这里。白求恩先后给20多名重伤员做了手术。临走时，白求恩把自己的十几件衣服和床单送给了重伤员，把当时极缺的治疗伤员伤口感染和化脓的特效药——“阿采克罗米”留给贺家川的八路军医院。①

国共合作后，在划分地区谈判中，神府地区有些同志受右倾思想影响，只讲团结，不敢斗争，将我大块地区划归了国民党神木县、佳县、府谷县政府管辖。我们只保留了四个半区。国民党顽固派还不满足，采取搞磨擦、蚕食我边区的反动政策。

张秀山回到神府立即召开特委会议，认真执行毛主席党中央在反磨擦斗争中要有理、有利、有节的原则。他说：“在反磨擦斗争中，以团结抗日为重，避免武装冲突，用和谈的手段解决矛盾。但武装斗争也不能放松，一旦出现两军相持的状态，一定要做好打的准备。另外在反磨擦斗争中要和地方党、政府密切配合，接受地方党和政府的指示。还要紧紧依靠人民群众的支援和帮助。”

在张秀山的领导下，相继取得两次反磨擦斗争的胜利。

李文智（时任保安二中队指导员）回忆说：

> 1938年7月的一天，我们收到司令员黄罗斌、特委书记兼神府分区保安部队和神府河防司令部政委张秀山的通知。我和莫善沛队长来到司令部，张政委对我们说：“佳县万镇联保处主任刘国华是个阴险毒辣的反共分子。他派自卫队进占我们神木三区王家申沟一带。他们扬言要编保甲，向农民收税征粮，实质是来闹磨擦蚕食我们边区。你们带上两个排进

① 王恩厚：《难忘岁月》，中医古籍出版社 1998 年版，第 195 页。

驻三区元昌湾，和三区领导联系，依靠人民群众，争取以政治谈判解决问题。”我们按这一指示主动和自卫队谈判，同时莫队长带人看地形，做好作战的准备。在谈判中我们根据群众的情报揭发他们不抗日，闹磨擦、枪杀百姓的恶行。在群众的支持下，他们成了过街老鼠人人喊打，自卫队夹着尾巴逃跑了。根据群众的要求，张政委指示我们：“你部在原地再住十天左右，稳定群众的情绪。”我们帮助群众干农活，军民非常团结。

7月底，张政委又指示我和莫队长带两个排进驻神府三区胡教子野。因为前两天解家堡联防主任解生龙派人来蚕食我们区域。特委统战部长毛凤翔传达张政委的指示：解生龙是来搞磨擦的，妄图侵占我们的地区。我们的方针是寸土必争，决不让步。解决的办法有两个，一是尽量避免武装冲突，通过谈判解决问题。二是部队作好打的准备，一旦敌人向我们打了第一枪，我们要狠狠地给敌人以致命的回击，消灭敌人有生力量。根据张政委指示，我们主动给自卫队长写信，提出和谈解决问题。但我们的忠告他们不听。三天后，他又派两个民团骑兵连和国民党一个步兵连进驻解家堡，扬言保安队不撤走，要与我们决一死战。我们一方面召开党员和骨干分子开会，讲我们的立场；同时给张政委写紧急报告。张政委立即给盘塘黄罗斌司令员打电话说：“我们也增加兵力，二中队一排、三中队全部，由政治处主任杨中行带队，增援二中队，立足于打，但不能放弃和谈解决的机会。”战士和群众看到我们的增援部队来到，情绪非常高涨。敌人知道后非常紧张。他们内部有矛盾，士兵不愿与我们打仗。了解这些情况后，我们以抗日为重，共同对敌，又提出和谈，不搞流血的武装冲突。经过几次谈判，他们陆续偷偷撤走了。我们又取得了胜利。

1939年2月，陕甘宁边区党委决定中共神府特委改为中共神府分区委员会。

这一年，张秀山领导神府特委团结根据地人民群众，认真贯彻党的各项抗日方针政策，坚决回击国民党反动派蚕食边区的阴谋活动，使神府真正成为陕甘宁边区的抗日前哨，一二〇师和晋绥抗日根据地的可靠后方，华北抗日根据地与延安联系的有力纽带。①

---

① 李文智：《两次反摩擦斗争》（未刊稿），1986年。

五、绥德反磨擦斗争

1939年4月，中共中央调张秀山到延安马列主义学院学习。

马列学院坐落在延安北门外的坡地上，脚踩延河水，背倚关家坪，由几十个窑洞和平房组成。校长是张闻天。当年延安共有6期560多名党政军干部在这里学习。

与张秀山一起学习的陈剑飞说：

我进的是马列学院二班。我们这个班的学员同其他班一样，都是来自五湖四海。既有战功卓著的老红军。如徐海东（红十五军团军团长）、周桓（十八集团军政治部组织部长），也有开创陕北革命根据地的功臣，如张秀山（实际张秀山是三班——作者注）、阎红彦；也有来自各方面的有影响的人物如张学思（张学良之弟）、杨拯民（杨虎城之子）、丁玲（著名文学家）；有一二九爱国学生活动的积极分子如宋平、杨易辰、荣高棠、王禹明、宋黎等，还有一部分是白区地下斗争的革命者，如邓力群、马洪、王光伟等。①

马列学院开设了马克思主义哲学、政治经济学、科学社会主义、西洋革命运动史、中国革命运动史等课程。

马列学院的教育方针，是理论联系实际，学以致用。学习的方法是听课、阅读、讨论相结合。课堂上，大家认真做笔记，课后认真阅读原著。

马列学院经常请毛泽东、张闻天、朱德、陈云等同志给大家作形势报告。他们紧密联系抗日战争的实际，提出党的具体任务和实施战略。他们有的妙趣横生，有的朴实无华，有的引经据典，把丰富的革命斗争经验变成学习和理解马列主义生动的现实教材，深受学员们的欢迎。当时的马克思主义哲学的教员是中共著名的理论家艾思奇。他治学严谨，讲课深入浅出，给张秀山留下了深刻的印象。

在抗日战争的困难时期，日军飞机不断飞到延安上空轰炸，教学经常受到袭扰。为了躲避轰炸，大家在山坡上挖了一条防空壕，平时在山坡上上课，

---

① 陈剑飞：《延水河边的一座革命熔炉》，《龙江党史》（回顾篇），1991年第3期，第23页。

敌机来了，就搬到防空壕里看书。

延安的生活相当艰苦，几个人挤在一个窑洞里，有一张木板钉的简易桌子，每人一条凳子，听课带去，下了课带回窑洞。大家吃的是小米饭、山野蛋烧白菜，做饭和取暖到几十里外的山沟里去背来树枝当烧柴。

马洪说：

我1939年在延安马列主义学院时认识的张秀山同志。通过一起生活和学习，我感到他有丰富的地方工作经验和军事指挥才能。他平时生活朴素，对自己要求严格。他对人诚恳，办事讲原则，实事求是，能体现党的作风，很有模范作用。

在马列主义学院知识分子的大本营里，秀山的这种作风很可贵，也使青年知识分子们对他很敬仰，大家都把他当老干部看，实际上他才28岁。①

9月的一天，毛泽东同志在延安的杨家岭召集高岗（中共陕甘宁边区党委书记）、萧劲光（八路军留守兵团司令员兼政委）、王震（三五九旅旅长）、陈奇涵（绥德警备司令员）和张秀山等五人开会，专题研究绥德地区国民党反共顽固分子坚持反共立场，制造磨擦的情况。

绥德，素有“天下名洲”和陕北“旱码头”之称。它西接宁夏，北通内蒙，东与山西隔黄河相望，是延安的天然屏障，也是陕甘宁边区经济和文化比较发达的地区之一，有着十分重要的战略地位。

1937年10月，日军侵入山西柳林，隔黄河向陕北的宋家川等地炮击。国共双方经商定成立绥德警备区，下属绥德、米脂、佳县、吴堡和清涧等五县。原驻守该地的国民党八十四师高桂滋部奉命调离，由八路军陈奇涵部接防，警备区司令部设在绥德城内。地方行政事务由国民党当局负责，头子就是被毛主席斥责为“磨擦专员”的何绍南。他网罗反动势力，频繁滋扰，磨擦反共，制造事端，把绥德作为发展反革命力量的大本营。受王明“一切服从统一战线，一切通过统一战线”的右倾思想的影响，我方对敌人的暗杀、造谣、镇压群众等顽固反共的行为过于迁就让步，客观上助长了反动派的嚣张气焰，给我党的统一战线工作和抗日斗争造成了一定的困难。

---

① 访问马洪记录，1995 年 6 月 28 日。

会上，毛主席明确指出：绥德警备区在反磨擦斗争中，进攻性不够，要坚决打击敌人的嚣张气焰。会议决定，王震的三五九旅从抗日前线调回，接防绥德警备区，以反击国民党顽固派的进攻，加强河防，保卫陕甘宁边区。

由于张秀山在神府反磨擦斗争中，坚决有力，中共中央决定调他任中共绥德特委书记兼警备区政委。同时，报刊上要大量揭发国民党反动派制造分裂，破坏抗日的卑劣行为，为我党开展反磨擦斗争，做好舆论和道义上的宣传。为此，王震几次来到张秀山住地，商讨绥德军政大事，催促他尽早结束学习赶赴前线。

1939年11月13日至12月17日，张秀山参加了在安塞县徐家沟举行的中共陕甘宁边区第二次党的代表大会。出席这次大会的代表176人。会议上，毛泽东作了重要报告。他分析了国内外严重的事态，指出陕甘宁边区正处于日寇和反共分子的包围中，中国正处在抗日民族统一战线发生投降、分裂与倒退的关头。会上，张闻天、陈云、高岗、张邦英等都作了报告，张秀山被选为边区党委委员。会议结束时，张秀山代表边区党委致了闭幕词。①

这次会议是边区党的各项工作逐步走向正规的伟大转折，对边区建设和发展产生了重要的影响。

1940年1月，张秀山到达绥德。中共绥德特别委员会（简称特委）领导成员做了重要调整：书记张秀山，副书记李合邦，组织部部长杨和亭，宣传部长邹问轩，统战部长刘文蔚，民运部长李景波。

警备区司令部先后属于中共绥德地（特）委、八路军后方留守兵团司令部和陕甘宁晋绥联防军司令部领导。警备区下辖三个正规团、一个保安独立团。担任上自佳县万户峪，下至清涧河口，长达380里的河防任务，抗击日军的进攻。

中共绥德特委当时没有公开。特委机关就秘密设在警备区司令部里，张秀山的公开身份是绥德警备区政治部民政科科长兼秘书室主任。在党内，对绥德特委也有“警区特委”、“绥德分委”之称谓。

中共绥德特委隶属陕甘宁边区党委，下辖绥德、米脂、佳县、吴堡、清涧五个县委。以后，陕甘宁边区人民政府为了巩固河防，又在绥德界首村成立了

---

① 《陕甘宁边区大事记述》，三秦出版社 1990 年版，第 131 页。

河防县，同时成立了中共河防县委，归绥德特委领导。特委当时只有20多人。

反共专员何绍南秉承国民党所谓《限制异党活动办法》，处处与我党我军作对，专搞破坏、暗杀，限制人民的抗日活动。张秀山与王震等同志来到绥德后，遵照毛泽东同志关于反磨擦态度的指示，坚决以“人不犯我，我不犯人；人若犯我，我必犯人”的严正态度对待之，[①]领导绥德人民，针锋相对地开展了反磨擦斗争。

王震说：“当我们奉命调到这里来的时候，何绍南说我们是从山西那边撤退下来的残兵败将，不许我们进驻绥德城。但是我们不管他那一套，不用他们来批准，我们命令部队擦亮三八大盖、九二步兵炮，脱掉炮衣，亮出歪把子机枪，雄赳赳地开进城里来了。”[②]并向他们提出，为了维护治安，我军要日夜巡逻。

1940年2月，何绍南集中了13个保安队，偷袭我军七一七团阵地，并占领了一部分阵地。我军立即奋起反击，全歼了这批匪徒。接着，在人民群众配合下，张秀山与王震等同志一起领导八路军相继解决了绥德、吴堡、清涧一线黄河沿岸上的反动保安团，坚决歼灭了哗变的民团，打击了敌人的挑衅活动，使敌人的阴谋未能得逞。随后，张秀山动员广大军民，召开群众大会，揭露何绍南贪污公款数十万元、擅离职守、私贩大烟和白银，引起了地方各界人士的极大不满。

2月15日，林伯渠、萧劲光致电国民党最高当局，要求惩办何绍南，委任王震为专员，并将绥德、米脂、佳县、吴堡、清涧等五县行政隶属边区，以利保卫河防。

何绍南见大势已去，不得不搬到城外的二郎山上去住。在强大的军事威慑下，他日夜惊恐不安。29日深夜，何绍南只好率七个保安中队，焚毁了二郎山军械、弹药库向西逃窜。

王震当即打电话告诉张秀山：“何绍南逃跑了！”张秀山说：“我地形熟，骑术好，我带兵去追！”我警备部队立即组成讨逆兵团，由张秀山任政委，何

---

① 毛泽东：《和中央社、扫荡报、新民报三记者的谈话》（1939 年 9 月 16 日），载《毛泽东选集》第二卷，人民出版社 1991 年版，第 590 页。

② 王首道：《王首道回忆录》，解放军出版社 1987 年版，第 242 页。

平远任团长，率警备区七团二营和旅教导营追击敌人。张秀山率队出发，经五里湾、木角楼向逃敌追去。他们在苗家坪一带歼敌大部，追至米脂县边境，抓到国民党专员公署一批官员。何绍南只带少数人逃回榆林。何在给国民党当局的报告中哀叹："几年来的心血尽付东流了。"

张秀山等人在《抗战报》上发表文章："犯官何绍南破坏抗日民族统一战线，扰乱我军的河防任务，叛逃离职……"毛泽东同志得知后称赞说："此次行动解决的好。"

反磨擦斗争胜利后，3月建立了绥德分区行政督察专员公署，王震兼任专员。公署机关设在绥德城内，隶属陕甘宁边区政府，下辖绥德、米脂、佳县、吴堡、清涧五县。①随之，绥、吴、清等地相继建立了抗日民主政权。绥德警备区的工人、农民、商人、学生、青年、妇女等各种抗日组织也相继建立，抗日救国的各项工作轰轰烈烈地开展起来。

为彻底转变领导方式，克服民运工作的形式主义，把各个群众团体的政治任务与群众迫切需要解决的问题结合起来，张秀山为《抗战报》写了一篇社论，标题是《反对民运工作中的形式主义》。他说："各个救亡团体应该对目前的组织状况进行一次检查，开展反对形式主义的斗争。应该了解：只有克服了形式主义，才能使各个救亡团体的工作活跃起来，名副其实的完成它在抗战建国中的光荣任务。"②文章对目前绥德存在的种种表现进行了深刻的分析，指出其危害性，号召广大干部群众在实际工作中加以注意和克服。

1940年6月，陕甘宁边区党委考虑到张秀山对神府分区的情况比较熟悉，特将神府分区划归绥德特委领导。

绥德地区是陕甘宁边区经济和文化比较发达的地区，集中了不少有名的地主、士绅。张秀山等同志遵照党中央的指示，大力开展抗日民主统一战线工作，对他们既注重团结争取的一面，又注重说服教育的一面。这些人赞成拥护中国共产党的抗日主张，但对抗日政府征收钱粮很有意见。张秀山就逐个拜访这些头面人物，向他们宣传在国难当头之际，要有人出人，有钱出钱，

---

① 中共陕西省组织部等编：《中国共产党陕西省组织史资料》，陕西人民出版社 1994 年版，第 247 页。

② 《抗战报》，1940 年 6 月 14 日。

有粮出粮，这样才能打败日本的道理。李鼎铭先生原来在榆林中学当过教员，张秀山就登门拜访，以师生之谊，晓以大义，鼓励他支持我党的统一战线工作。安文钦先生等人也都出自绥德地区。[①]张秀山都同他们谈过话，议过天下事。许多社会知名人士见共产党人真心实意地团结自己，都衷心拥护党的抗日方针政策，愿为建设抗日民主根据地尽力。一些地主、士绅积极出钱、出粮，支援抗战。在边区，张秀山团结、争取一批知名地主、士绅，让他们拿出“老元宝”支援抗战的故事流传很广。

1940年6月18日，张秀山在《抗战报》上发表文章《论警备区临时参议会的建立》，文中详细阐述了党的抗日民主统一战线的主张，指出在绥德警备区建立临时参议会是根据《陕甘宁边区参议会选举条例》严格进行的，明确了公署选举委员会的组织规程、计划、步骤及参议会成员的条件和构成，强调了参议会的重要性，号召各界民众、机关团体“风雨同舟，和衷共济”。

8月4日，绥德警备区第一届临时参议会召开。中共中央和陕甘宁边区派谢觉哉同志参加了会议。王震、张秀山、袁任远、马豫章等领导参加了会议。李鼎铭、安文钦等人也应邀参加了会议，他们还代表绥德参加了陕甘宁边区第二届参议会。在会上，李鼎铭先生被选举为陕甘宁边区政府副主席；安文钦先生被选举为陕甘宁边区参议会副参议长。

共产党诚心对待党外人士，他们也积极为党出谋划策。针对边区的经济困难，李鼎铭先生向边区第二届一次参议会提出了“精兵简政议案”，引起了毛泽东同志的注意。他在批阅后写道：“‘精兵简政’这个办法很好，恰恰是改造我们的机关主义、官僚主义、形式主义的对症良药。”

1941年年底，中共中央发出了“精兵简政”的指示，仅陕甘宁边区就先后进行了3次精简整编。经过整编，边区及县政府的内部机构从89个裁减到45个，直属机关从35个裁减到22个，各级政府工作人员从8200人裁减到5737人，真正达到了减员增效、遏制官僚主义等诸多方面的目的。

1940年秋，法西斯德国大举进攻苏联。在国内，蒋介石动用几十万军队对陕甘宁边区实行军事围困和经济封锁。

为抗日救国，统一军政力量，克服重重困难，1940年9月11日，中共中央

---

① 梅剑：《延安秘事》（下），红旗出版社 1996 年版，第 453 页。

政治局决定成立陕甘边中央局。25日，中共中央任命高岗为书记，张秀山、王震、习仲勋、刘景范等19人为中央局委员。

抗战前，整个陕甘宁边区只有绥德省立第四师范（简称绥师）、米脂中学和延安省立第四中学等三处中等学校。其中绥师、米脂中学都在绥德警备区。绥师是陕北革命发源地之一。张秀山读书时，就深受绥师进步学生的宣传影响。通过自身参加革命的经历，他深知革命需要文化知识，改变落后的乡村同样需要文化知识。张秀山来到绥德就紧紧地抓住学校教育，千方百计利用它为警备区培养了一大批坚持抗战和边区建设急需的区、乡级干部，以及各类师资力量。他为绥师解决了大量的教学经费等问题，使绥师逐步发展起来。

绥德反磨擦斗争胜利后，米脂中学校长、国民党特务殷尔斌，带领一些追随他的反动教师，跑到榆林去了。当时，这个学校大部分教师长期受国民党奴化教育的毒害，讲究所谓的"气节"，不愿意为共产党干事。张秀山就找到他们中间的代表人物高定侯等人谈话。他语重心长地说："气节应该是正义的、进步的，不能为反动腐败的势力争气节。比如，辛亥革命以后，有些清朝的秀才，为表示要忠于清政府，这些秀才说：'头可断，血可流，辫子不能不留'。堂堂乎气节男子。但到了民国十几年，谁也没有去劝他们剪辫子，他们自己就剃成了光头。他们的气节又都跑到那里去了呢？"经张秀山多次教育，大多数教师幡然醒悟。为把米脂中学变成革命阵地，张秀山深入师生中间，宣传民主政权的好处，鼓励他们团结起来，参加革命。待时机成熟后，张秀山又召集了米脂各界抗日救国会、各群众团体代表和米脂中学全校师生大会，民主选举原榆林中学校长、中共党员马济川先生为米脂中学校长，挫败了反动学生破坏选举的阴谋。随后，张秀山从各地抽调一批进步教师，在学生中组织成立了抗日救国会和其他革命团体，使该校逐步变成一个革命的学校，为根据地培养了一大批革命青年知识分子。

绥德的反磨擦斗争胜利和抗日民主统一战线建立，以及文教等事业的发展，是与张秀山和王震的密切合作分不开的。大家都称绥德的班子，是一个非常团结、协作的领导班子。张秀山说："我们共同工作得非常好。王震同志性情耿直，说话直爽，有时工作中说话火了点，下面人有不好接受的，我就去做解释工作，事情总能圆满地解决。"在两年的艰苦工作中，他们相互信任、相互支持，建立了深厚的友谊，这种友谊一直持续到他们的晚年。

这时，张秀山结识了延安女子大学赴绥德工作团的程帆。

程帆，原名刘英明，1915年3月17日（农历二月初二）出生在河南省新乡县王府庄的一个民族工商业家庭。她的父亲深明大义，爱国抗日，支持自己的孩子参加革命活动，曾经掩护过地下党的领导同志。解放后，他曾担任过河南省人民代表、参事室参事、民革成员。她的母亲是一位善良能干的家庭妇女。

1927年，年仅13岁的热血少年刘英明，在河南省信阳省立第三师范附小读书时，就跟着大学生勇敢地举着小旗上街游行，高喊“抵制日货！打倒列强！支援国民革命！”等口号，高唱“打倒列强！打倒列强！除军阀！除军阀！”的歌曲，参加革命活动。

1935年，一二九抗日救亡运动中，在开封北仓女中上学的刘英明与同学们一起，集结河南大学、开封高中、开封女师等学校的学生，冲破大批军警阻拦，到河南省政府门前游行、静坐、高呼抗日口号，组织卧轨拦阻火车三天三夜，要求到南京请愿，呼吁国民党当局抗日救国，不当亡国奴。此时，刘英明已经成长为一个有理想、有文化的革命青年。

1937年七七事变以后，刘英明和同学田星一起参加开封地下党组织的农村宣传队，深入农村，动员民众起来，用鲜血和生命抗日救亡。后来，她们参加了开封抗敌后援会组织的战地服务团和商震的二十集团军妇女宣传队工作。

1938年，日军逼近武汉。刘英明不甘当亡国奴，拒绝家庭包办的与一名国民党军官的婚约，通过哥哥刘国明找到中共地下党。她联系了九名女同学，要求党组织介绍她们到革命圣地延安去参加抗日救国。得到党的批准后，刘英明高高兴兴地把地下党的介绍信缝在内衣里，准备与同学杜枫等人起程去西安八路军办事处。可是，原准备同行的同学中，有五人被父母阻拦在家里不能同行。途中，又有一名同学借口返回。只有刘英明、杜枫、郝苓表示：为了革命，誓死不回头。她们三人经过艰苦的长途跋涉，终于到达了革命圣地延安。

到达延安后，刘英明改名程帆，进入延安抗日军政大学五大队女生二队三班学习。

1939年5月，程帆转入延安女子大学四班学习。7月，程帆加入了中国共产党，毕业后留校教务处工作。

1940年10月，程帆作为延安女子大学工作团成员去绥德组织妇救会工作。临行前，程帆去同学田星家辞行。田星的爱人曹力如是边区政府秘书长。曹力如与张秀山是老战友。他介绍说："秀山人好、忠厚老实，政治上可靠，军政经验丰富，领导能力强。"曹力如还让程帆捎去一封信。张秀山与程帆姻缘的红线，就由这封信牵起。程帆活泼、能干、工作特别出色，自然引起张秀山的注意。

那年，张秀山29岁，程帆25岁。双方志同道合，相知相爱，最后结成终身伴侣。曹力如后来开玩笑说："程帆是拿着我的介绍信去结婚的。"从此，两人携手并肩共赴革命征途。

那么，张秀山此时神府老家的情况怎么样呢？我们从保存在中共中央组织部的张秀山档案里，查找到了他在1940年6月亲手填写的纸张已经发黄的《自传》，其内容是我们不曾知晓的："现在家里只有三口人，母亲、弟弟和一个孩子。弟弟送到'保小'去了。家中还有三十多垧地，每年收两石多租……三个妹妹都出嫁了，妹丈（夫）都是农家人。在西安工作时，对外曾经叫过张绍武……"

1940年10月，中共绥德特委归陕甘宁边区中央局领导。

1941年1月，陕甘宁边区中央局决定将绥德特委改为绥德地委。张秀山任地委书记。地委机关仍设在绥德城内。张秀山与程帆的第一个儿子就出生在这里。

张秀山在绥德的生活条件很差，他的侄子张宪国回忆说：

> 1941年初，母亲借了两碗小米给我带上，与四个同伴一起去延安寻找叔父张秀山，参加革命。我们经过十几昼夜的长途跋涉，沿途乞讨度日，终于到达了革命圣地延安。但是，此时叔父已经调往绥德担任特委书记兼警备司令部政委。陕甘宁边区政府民政厅的刘叔叔热情地接待了我们，他把我们年纪小的安排到边区政府招待所当勤务员。因为当时我只有十岁，叔父便委托在晋西北军队工作的杨文谟叔叔从延安开会返回时把我带到绥德，并送我到干部子弟学校学习。当时学校很困难，生活靠供给制，一天只能喝三顿稀饭，身上穿的是用麻袋片缝制的衣服。因为没有鞋，大家只好光着脚。由于连磨带冻，我的脚上裂了口子。当时叔父刚刚结婚，婶母在妇救会工作，敌我斗争很激烈，工作也很忙，但他们十分疼爱我。

在这样艰苦的条件下，婶母千方百计四处搜寻，终于找到了一块破旧的车胎，马上做了一双鞋子给我穿上。每周学校休息，叔婶把我接回家中，在窑洞里支一个床与他们同住，他们把最好的东西留给我回来吃。在我患肺结核病住院时，他们将组织上配发的一点点猪油积攒起来，自己舍不得吃，全部给我滋补身体。以后，我随同他们到延安上学。在叔婶的亲切关怀教育下，我成长为学生干部，并光荣地加入了中国共产党。当国民党胡宗南几十万军队进犯延安时，叔叔教导我："一个青年人要以国家民族利益为重，应积极地投身到革命斗争中去，你只有驰骋在硝烟弥漫的战场上，才能真正成长为一个信念如铁、意志如钢的男子汉。"于是我遵照叔叔的教诲，在敌人进攻的危急时刻，毅然投笔从戎，先后参加西北野战军保卫延安的青化砭、羊马河、潘龙、瓦子街等重要战斗，从班长升为营级干部，荣立两次一等功、两次三等功。当叔叔得知我进步的消息时，特别高兴。他及时鼓励和鞭策我再接再厉，努力奋斗，为党再立新功。①

1941年5月以后，绥德地委归中共西北中央局领导。9月，张秀山因劳累兼缺乏营养患上了肺结核病，在绥德和延安休息一段时间。李合邦代理了一段时间地委书记后，由习仲勋接任地委书记。

① 张宪国：《一生正气　永驻人间》（未刊稿），2001年2月。

|第五章|
延安整风

一、西北局高干会议

1941年春，中共中央发现陕北肃反仍然存在诸多问题。任弼时给张秀山去信，了解陕北党自1934年以来，在军事、政治问题上的争论，以及1935年肃反问题的发生和经过。张秀山本着实事求是的态度，写满了9页信纸，共计6000余字，详细地向中共中央汇报了有关情况。

4月11日，任弼时受党中央委托，负责召集陕北肃反总结委员会开会研究，由委员会代党中央起草《中央关于1935年陕北（包括陕甘边和陕北）肃反问题重新审查的决定》草案，并列入西北高干会的议事日程。以后半年，遵照毛泽东的指示，西北局在开展整风运动的同时，组织一批干部深入基层调查研究，收集整理有关材料。

1941年9月边区中央局改为中共中央西北局。在西北局组织部部长陈正人的主持下，召开了一次西北局地、县组织工作座谈会。中央派任弼时、陈云、王若飞等人参加会议。会后，在毛泽东的直接参与下，着手筹备西北局高级干部会议。①

在毛泽东的直接领导下，西北局的整风一直很规范，发现问题就及时研究解决，借以指导全党的整风。西北局确立了高干会的任务：整党、整政、整军、整民（人民团体的领导机关）、整关（党、政、军、民之间的关系）、整财、整学。在“七整”中贯彻整风和精兵简政。根据“七整”任务，组织了七个整

① 《关于陕甘宁边区党高干会经过及经验总结》（1943年6月），存陕西省档案馆。

风准备委员会，分别进行会议的具体准备工作。整政准备工作由林伯渠主持；整军由贺龙主持；整关、整财委托陆定一和小委员会进行；整党、整民由陈正人领导的组织部长联席会议进行。

1942年10月19日至1943年1月14日，中共中央在延安召开了西北局高干会议。这次会议是在边区整风运动开展半年后取得一定成绩的基础上召开的，是党在延安整风中的一次重要会议，也是西北革命历史上具有重大意义的会议。西北地区的地方县以上、军队团以上负责干部，以及中共中央高级学习组和中央党校内的重要领导干部，共计475人出席或旁听了大会。

毛泽东在开幕式上致开幕词。朱德、任弼时、刘少奇、陈云、彭真、贺龙、叶剑英等中央领导参加会议并讲了话。

这次会议，在继续开展整党整风，解决统一领导、精兵简政、发展生产和财政经济等问题的同时，总结了边区党的历史经验教训，检讨了抗战以来边区党内存在的某些偏向，清算了1935年“左”倾机会主义错误对西北革命根据地肃反造成的危害，有力推动了陕甘宁边区整风运动和大生产运动的深入发展。

为了进一步认清错误的实质，中共中央先印发了《两条路线》一书和中共六届四中全会、五中全会的决议。中共中央号召与会同志对照学习，一正一反，泾渭分明，使大家便于认清真理，修正错误。

毛泽东利用两天的时间，在会议上专门讲了斯大林的《布尔什维克化十二条》。他联系中国革命的具体实际，讲清了目前西北党存在的问题，为高级干部明辨西北历史上的路线是非，纠正错误倾向，加强党的团结指明了正确方向。

11月5日至18日期间，在西北局高干会上，广大与会干部开始集中检讨边区党在中共中央到达陕北之前的历史问题，他们以大量的事实揭露批判了“左”倾错误肃反的严重性和给西北革命造成的严重危害。

在会上，张秀山先后两次发言，以铁的事实对“左”倾机会主义祸及西北革命的错误，进行了系统批判。

11月5日，身体尚未完全康复的张秀山在会议上首先发言。他说：

> 这次高干会，在边区党的历史上，是有重大意义的。这次会议是在党中央和中央西北局的领导下，具体地进行整党整风。这两天大会，发言的

同志已经讲到主观主义、宗派主义统治的情况。关于我们边区党的历史上的一些争论问题，许多同志意见不一致，我说这样，你说那样，他说的另外一样，这表现我们的党和党内干部的思想还不一致，我们的思想方法还不一致。最近我们都学习了整风文件，把我们过去的争论上的分歧意见，大家当面谈一谈，究竟谁是谁非。每个同志拿出自我批评的精神来检讨过去，这对于整个党，对于干部都有好处。我们今天研究这些问题，也是为了"治病救人，惩前毖后"。现在我发表一点意见，不对的地方，请大家批评指正。因为过去历史问题是很复杂的，争论问题很多，我今天只讲三点：

一是1935年，陕甘党内在政治、军事问题上的争论，是主观主义与非主观主义，宗派主义与非宗派主义的争论。

二是陕甘党那时候的宗派主义表现在那里？

三是1935年肃反的原因和责任问题。

接着，张秀山联系西北根据地的实际情况，着重讲了陕甘党内在政治、军事问题上的争论问题。他谈了1934年夏天的阎家洼子会议争论、冬天陕甘边特委给陕北特委的一封信争论、两者统一领导后玉家湾会议上的争论、反"右倾取消主义"、红二十五军来陕北以及陕甘晋省委成立后的肃反争论，等等。

他说：

指责红二十六军不能正确执行党的路线，一贯是"逃跑主义"和"窜山林路线"，这是不对的。

我们过去曾经打过许多败仗，也打了许多胜仗。在长期的战争中，红二十六军慢慢摸索出正确路线，就是在陕甘普遍开展游击战争。正确的战略布署首先以红二十六军为主，创造三个根据地，分成三路游击队。陕北是第一路，陕甘边是第二路，关中第三路。每一处都有了基础，每一处都派了干部，比如陕北派杨重远、白雪山、强世卿、王兆相……在陕北开展游击战争。陕甘边如庆阳、合水、安塞也相继组织了游击队，派了很多干部。关中派了许多干部，斗争非常残酷，打死了几个游击队总指挥，打死了一个又派去一个。这样创造了三个根据地。但这个路线对不对呢？今天我们看是对的。但是，是不是总的路线对的，下面就没有缺点错误呢？是有缺点的。我们过去屡次在党的会议上，检讨出许多不够的地方，许多缺点和错误。

但总的说，创造苏维埃，开展游击战争，实行土地革命总的路线是没有错误的。

在谈宗派主义表现时，张秀山列举了大量事例，说明宗派主义者“我”的人和“人家人”干部政策对西北根据地的严重危害。

在探讨肃反的原因和责任问题时，张秀山严肃指出了北方代表轻信个别人的诬告，开展肃反的错误，揭露他们错杀大量红军优秀干部和战士的行为。

他在讲到错误肃反原因时说：

总的原因就是主观主义和宗派主义捣鬼。具体的原因：是北方局领导的错误。北方局代表指示“要进行肃反”；第二是代表团领导的错误。代表团不了解情况，就发号施令，就来杀人；第三是张国焘路线残余，助长了“肃反”；第四是“肃反”中反革命分子陷害干部；第五是某同志给北方代表的一个报告，我想这是起决定作用的。

张秀山运用马列主义的观点，联系西北地区实际，仔细地分析了每次争论的焦点，严肃地指出了“左”倾错误所在和严重危害性，观点令人信服。

他最后说：“没有中央的到来就没有现在的陕甘宁边区，就像昨天贺龙同志讲的，就没有我们这批干部。外面进攻，里面杀，陕甘宁边区早就完了，陕北的党也就完了。”

参加会议的中央领导同志都作了认真的记录。张秀山的这次讲话，根据中央领导同志的要求，经过大会工作人员记录整理出来两万余字发言材料，下发到与会的每位同志。

11月15日，张秀山再次在会议上发言。他说：

我们这几天大会，收获很大。许多同志在发言当中，着重批评了过去犯错误的这些同志，但是我们对于过去党内路线斗争的这方面回忆还不充分……现在我再简单地讲三点：

第一个问题是两条路线斗争的问题。前天（贾）拓夫同志已经讲过了，已经指出来过去以刘志丹为代表的红二十六军军事路线是正确的路线，是马克思主义的路线。我们说红二十六军路线是马列主义的正确路线。红二十六军正确路线是从那里来的呢？以当时的情况看：刘志丹等同志在当时并不是精通马列主义，熟悉辩证法的人，然而他们做的事情，为什么有符合马列主义的地方呢？

1.他们的思想方法是从客观实际来的。就是说红二十六军的路线是从地下生长起来的，不是天上掉下来的。他们能够根据党的实行土地革命，开展游击战争，创造红军、创造苏维埃的总的任务，在陕甘边的区域具体的怎么办？在这样的社会情况下，怎样来研究和解决问题？他们的思想方法完全是符合马列主义原则的，也是符合毛主席思想方法的。

我记得毛主席曾在中国革命战略问题上讲过这样的话，“指导战争能够打胜仗，要把客观情况和主观的指导相符合，打了胜仗虽然这些同志不懂得辩证法，但是他们的办法完全是和辩证法的思想一致的”。同时，我们看到斯特罗夫说：“精通韬略的大将，当然是一个不坏的自发的辩证法家，即使他连辩证法听都没有听过。”从这样的原则来看，当时志丹等人也可以成为自发的，虽然他们那时候连辩证法唯物论的书看也没有看过，可是他们的思想是从客观实际，从全面出发来研究问题，所以他们能够正确的指导革命，能够执行党的正确路线，能够研究出正确的执行方法，这是红二十六军正确路线来源的第一点。

2.这个正确的路线是从多年的经验教训中摸索出来的。因为过去在长期的战争中打了许多的胜仗，也打了许多败仗。无论胜仗、败仗的经验，在长期的摸索中慢慢的懂得了许多问题。

首先是懂得了武装和农民结合的问题，中国革命主要是农民战争。农民战争就必须要武装，而武装就要和农民结合起来，这个问题是不是开始就懂得了？我们是不懂得的。许多陕北的同志讲是经过了清涧暴动、渭华暴动，经过了甘肃的陇南兵变、靖远兵变，这些暴动都失败了，因为这些没有和农民结合，以后虽然结合了，比如渭华暴动，但没有上山，就又失败了。在这样长期战争，我们懂得了，武装必须要和农民结合。有了武装，没有农民就不能成功。同样的有了农民，没有和武装结合，也要失败的。关中二十几个县的农民围起城来“交农”斗争，无论是自发的，无论是党领导的都失败了，因为没有和武装结合。我们经过了这一些经验教训，才知道了武装要和农民结合。

在长期斗争当中，我们懂得了什么是游击战争。游击战争要游、要击。游而不击，不行，没有成绩；击而不游，也不行，不能生存。过去杨某就击而不游失败了。开始，我们对战术没有研究，分不清什么。但是，在长期的战争中摸索出来了。毛主席的游击战术十六字诀的总精神，在长期战争中我们懂得了。同时，我们知道了什么是游击根据地。王世泰同志讲过了，在哪里创建根据地，我们不大懂得。是在陕甘游击队摸索的经验，红二十六军南下摸索的经验，一直到三原苏区的失败。如武字区几十里大的一个苏区，在平原上一个小根据地，我们的游击队在晚上行动，白天躲在地窨子里，上面盖了茅草，假使敌人来了，把它掀开怎么办？由三原到耀县，到淳化上了个大山，这样就从武字苏区到了照金，把红军的力量保存了，根据地必须在山上建立。后来照金苏区也失败了，因为敌人围剿薛家寨，我们的力量很少。我们要死守薛家寨是错误的。敌人打薛家寨，我们不能守。在战斗中，由于我们跑得快，结果虽然敌人把我们的薛家寨打开了，但我们还没有损失多少。我们跑得好，不跑的话，就要一网打尽了。我们的根据地要在哪里建立呢？

这个时候，在刘志丹等人的领导下，红二十六军成立了。开始的时候，志丹、我（当时我在四十二师）研究这样的问题，决定了要创造三个根据地。我说："兔子有三个窝，红军一个根据地就吃不开。"我们研究了一下，兔子为什么要有三个窝，因为一个窝恐怕人或者别的走兽捉住它。在一个窝里住长了、经常住，就容易被别人知道。所以，我们要经常调个窝，那个窝调这个窝，调换着住，这样才能够存在。红军四十二师要以这样的原则建设根据地。于是，我们确定陕北第一路游击队创造一个根据地，陕甘边第二路游击队创造一个根据地，关中第三路游击队也创造一个根据地。四十二师在三个根据地当中，哪里好打仗就在哪里住，帮助那三个根据地开展游击战争，把他们打成一片。

薛家寨失守以前，这个观点还不明确，当时是普遍的开展游击战争，不是抓住三个根据地这样的中心来发展。现在，实践可以证明，这种建立游击根据地的摸索是完全正确的。这是经过长期战争中得来的，也只有经过长期战争才能够懂得的。开始我们是不懂得的，很多的同志不懂得。

在长期战争当中，我们也懂得了一些政策。比如对于土匪的政策。我们现在来说，如果不懂得对于土匪的政策，就处理土匪，就会遇到很多的困难。陕甘苏区长期有土匪，并有相当数量。如果我们没有采取正确的政策，争取土匪，对待土匪，坚持下去就很难。

在长期战争当中，我们知道了怎么样利用土匪，争取土匪，必要的时候，怎么样消灭土匪。土匪成分动摇的时候，不能与我们合作的则消灭。杜衡把他们组织成20多个游击队，这是完全错误的。后来，（红军）又把他们全部消灭了。我们的正确政策，就是要对我们发展有利的，对革命有帮助的，就是要和土匪建立统一战线。土匪和革命游击队还有本质上的区别。虽然土匪坏，但他们还有一二分革命性，他们受到国民党的统治，豪绅地主的进攻，我们是可以利用的……

对于民团的处理，我们出了很大劲和他们拉关系，比如罗连成、何志兴部队，因为我们的力量小，打不了他们，也消灭不了他们，待拉到了某种程度，我们的群众工作做好了，群众发动起来了，经过群众的路线，就来消灭民团，这也是正确的政策。虽然我们不懂得什么统一战线，但是懂得拉一拉他们，对革命是有利的。只要对革命好，我们就来；对革命不好，我们就不来，这个正确路线是从长期斗争中摸索出来的。这是第二个来源。

3.红二十六军正确路线是从党内两条路线斗争中来的，这个问题许多同志讲过了。红二十六军经常和机会主义斗争，不是反对右的，就是反对“左”的。红二十六军斗争的历史是在反对机会主义中斗争出来的。开始，红二十六军反对李艮、杜衡的“左”倾机会主义，又反对某某右倾机会主义。

1933年在陕西党遭到严重失败时期，右倾机会主义者则动摇，反对统一，要分散，闹独立性，自己打游击。这时机会主义者要红四团，不受省委代表的领导，不受陕甘边特委的领导，要独立去游击。他们在游击战争中能游击，便游击；不能游击，就拉倒；这是取消革命的右倾机会主义。在陈家坡会议的斗争中，我们克服了这种右倾机会主义。

1934年阎家洼子会议和某某的“左”倾机会主义进行了斗争，使陕甘边的革命向前发展。假使不这样，革命发展是很困难的。红二十六军是从两条路线斗争中，从自我批评中和细心检讨中发展起来的。每一次战斗，不管是胜利或失败，战斗以后都要检讨自己的工作，取得经验，在这个当中来摸索正确路线。

我们说红二十六军是马列主义的正确路线，不是从天上掉下来的，是从这样过程中形成的。虽然红二十六军的路线是马克思主义的正确路线，但是它还有没有主观主义的作风呢？现在检查一下，也是有的。比方过去打了许多败仗，为什么打败仗？就是没有把主观指导和客观条件融洽，没有解决主观和客观的矛盾，这还是主观主义的看问题。由于有这些主观主义的作风，使我们打了败仗，这也是不可避免的。还有一个问题，就是粗枝大叶，调查研究不够。比如在桃渠坝我们杀了两个人，没有把情况搞清楚。有三个战士捉了两个奸细，其中的一个战士说他们是反革命，把我们的行动报告给敌人，我们就听了这个战士的报告，就把两个人杀了。等我们第二次到那个地方去，老百姓都跑了。因为我们冤杀了这两个人。我们只好宣传党的政策，争取群众回来。这样处理问题，就是粗枝大叶，没有精确的调查。像这样的事，不只是这一件事。

我再谈一下"左"倾路线是从那里来的，是从四中全会以后的主观主义和宗派主义统治下来的，这些问题许多同志提到了，我只简单地提出这样几点：

首先就是他们的思想方法是主观的唯心的，在政治的实践上表现为教条主义，是反马克思主义的。

主要特点是：他们不从客观实际出发，专门从主观和唯心的观点看问题；不从历史上看问题，不从本质上看问题，而是看现象；不是全面地看问题，而是片面地看问题；使其成为反历史主义的思想方法，成为反唯物论的思想方法。因为他们的思想方法是这样的，所以他们不去调查研究红二十六军发展的历史和战略部署，而用教条来处理红二十六军的问题。他们一见面就骂我们是机会主义，骂得很痛快。他们不分析具体的情况，也不愿意分析，就说我们污蔑群众落后。他们不愿意知道群众有先进和落后的区别，不愿意把各个地区的群众分别来看。因此，他们不能了解当时许多问题和红二十六军的路线正确的问题，也不了解什么是游击队、游击战争和游击根据地。什么地方做游击根据地最好，他们没有搞清楚……他们认为，红二十六军是机会主义、窜森林主义、逃跑主义。因为他们思想方法是这样的，是主观主义唯心的反历史的，就不可避免要做出错误的结论。他们武断地说："二十六军是逃跑主义，是窜森林路线。"他们不顾客观情况，不顾陕西党发展的历史，不顾陕西党受过敌人的摧残，党员不多，所以就大骂“机会主义，取消主义”。他们不管那个地方有没有工人，就骂我们不组织工会。不管土匪成分是怎样的成分，就骂一顿，这样的只看到红军的个别土匪成分和土匪行动，便这样乱骂一气。由于他们的思想的错误，不可避免地要做出这样错误的结论。因为他们不从客观实际出发，只好翻教条、党八股，照着党的文件做事，不管是否适合这里的情况，这样的做法就成了抄袭文件，把文件当成教条。比方1934年9月《西北政治危机与紧急任务决议案》说：“西北和全国一样是两个政治前途的决断的关头，只有两条路，没有第三条路。一条是苏维埃，一条是殖民地。此外，没有其他的路。”这不是党八股吗?！这不是教条吗?！由于他们思想方法的错误，不可避免地形成主观主义、宗派主义的路线。这是他们错误思想方法和路线问题的来源。

以上说明了红二十六军正确的路线和机会主义的路线，两种思想方法不同，同时产生了在当时政治上、军事上、组织上路线的对立。这个“左”倾机会主义路线在军事上是打大城市，不管地理情况怎么样，就乱来指挥一套。在组织上要贯彻他们的宗派主义。

……“肃反”给了我们这样多的教训。这些教训，首先就需要我们今后提高干部党员的理论水平。如果有一点工作经验而没有理论，那是不行的。今天我们党员干部的理论水平虽然提高了，但是还不够。只有把我们的党员干部从理论上更提高一步，才能防止主观主义、宗派主义的发生。有经验的同志要提高理论，经验还少的应该补充经验，使得我们许多干部把理论和实际结合起来，如果不能把理论和实际联系起来，那么这还是非常困难的。仅有一点书本上的常识，不能把理论和实际联系起来，就会做教条主义的俘虏。这是第一个教训。第二个教训，我们全党干部要提高嗅觉，比方主观主义、宗派主义、党八股，这些东西马上就要警惕起来，比方夸夸其谈和脱离实际的分子，马上也要警惕起来……这样可以防止主观主义、宗派主义的发生和发展，以能防止像陕北“肃反”那样的事情，这是第二个教训。第三个教训，我们应加强我们的党性锻炼，开展正确的思想斗争，应该经常拿党中央《增强党性的决定》来检讨我们自己，检讨我们思想。发现错误的思想，发现主观主义、宗派主义倾向，就应该进行检讨，进行斗争。“左”的观点、“右”的观点都要斗争，我们要反对“左”

和右的机会主义，正确地开展思想斗争。同时，这种主观主义、宗派主义发展到一定的程度，就必须加以组织上的制裁。如果我们不把这些东西清除出去，让他们占了统治地位。如果再来一个“肃反”，那就不得了，会对我们党有很大的损失……

我们今天要在党中央领导下，开展整顿“三风”的运动，应该把“三风”不正的残余整好，把每个干部的思想搞好！这样才能防止主观主义、宗派主义的发生和发展，彻底地肃清主观主义、宗派主义、党八股！①

张秀山联系实际，有理、有力的发言，受到了毛泽东等中央领导同志的高度评价。从此，年轻的张秀山以他丰富的革命斗争经历和扎实的理论功底，受到了中共中央领导集体的重视。

曾经参加这次会议的秦川说：

1942年西北高干会议，我参加了旁听。当时礼堂里坐满了人，毛主席等中央领导就坐在前排，是那种很长的木凳子，能坐十几个人。我们都全神贯注地听张秀山发言。当年我们都是刚刚参加革命的青年，不懂得什么是路线斗争。听了秀山同志的发言，给我们上了一场生动的路线斗争教育课。他在“肃反”中受到那么严重的迫害，但是他发言不感情用事，以大量的事实为依据，来分析批判“左”倾机会主义的错误和产生的根源，用现在的话说是摆事实、讲道理，讲得有理、有力，使我们在心灵上受到极大地震撼。②

1942年12月12日，中共中央作出了《中央关于1935年陕北肃反问题重新审查的决定》，《决定》指出：

中央根据（1942）10月陕甘宁党的高干会议对于陕北历史问题的检讨与结论，认为……“肃反”将陕北苏区和红军的创造者，刘志丹等同志逮捕，并杀害了200以上的党政干部，这种将党的好干部，诬认为反革命分子，加以逮捕和杀害，不仅完全是错误的，而且是革命的罪恶……中央认为在1935年及以前陕北党内两条路线斗争中，刘志丹等同志所坚持的政治

---

① 《张秀山在高干会上关于边区党历史问题的发言》（1942年11月15日），存中央档案馆。

② 张元生访问秦川记录（手抄件）。

路线和立场是正确的，而某某所执行的路线是错误的“左”倾机会主义的路线。因此，中央及党务委员会1935年11月间的决议除对戴、聂处分仍保留有效外，应当取消。

《决定》中指出了1935年中央党务委员会所作决定中的错误内容，“其基本原因是那时中央还没有作出‘在遵义会议以前一个时期内在中国党内占统治地位的政治路线是错误的’这一决定的缘故。某某在陕北执行的‘左’倾机会主义路线正是这一错误在陕北的具体化。而造成的错误‘肃反’，则正是这一路线登峰造极的结果。”

1943年1月8日至11日，任弼时同志代表中共中央在会上作了报告，他明确指出：

中央认为陕北“肃反”，是王明路线登峰造极的产物，是政治野心家想篡夺西北党、政、军的领导权，他们逮捕红二十六军和陕甘边根据地的高级干部，杀害了200多名优秀干部，不仅是错误，而且是罪恶。产生这些错误的原因，一方面是他们当时执行的政治路线是错误的，是“左”倾机会主义的，而且这种错误的“肃反”，也是由于他们执行并发展了这种“左”倾机会主义错误路线的结果。另一方面也是他们的品质恶劣，到了陕北这个地区大摆“钦差大臣”的派头，有高度的领袖欲，是一种政治野心家，想篡夺西北党政军的领导权。因此就把党内斗争发展成为党外对敌斗争的性质。当时他们的政治借口，就是反对所谓刘志丹同志为代表的右倾取消主义路线。经过这次高干会议检讨的结果，事实证明刘志丹等同志所执行的路线不仅没有错误，而且是从实际出发的一条正确路线。

……从1935年到现在已经是七年了。一直到今天，才把这一个“肃反”问题重新审查清楚。

……从陕北党的历史问题检讨中，可以明白，政治路线之正确或错误，对于革命的胜利或失败是具有决定作用的。有些同志这样说：“过去毛主席在报告中讲到主观主义、宗派主义、党八股如果发展到极点，可以闹到亡党亡国亡头的地步。”绝不能深刻的了解，想着也许是过分的夸张之辞吧？但是参加了这个高干会议之后，才了解毛主席这些话的真正内容。

……像某某那样的干法，执行着错误的路线又加上恶劣的品质，继续在陕北搞下去，陕北的党委要垮台，是亡党。陕北苏区和红军也不能继续存在，是亡国，许多党员、许多老百姓会被反革命杀掉，是亡头。这就是说，从这次陕北党的历史问题的检讨中，使我们深深懂得党的路线正确与否，对革命的成败是有决定的意义，这对于我们是最大的教训。①

在闭幕会上，毛主席作总结说："我们虽然是从历史中走过来的，但要从观念形态上恰当的反映历史是不容易的。经过这么多磨折，这样多年，这次高干会才把历史搞清楚。"②

这次高干会议是对边区党历史和现状的大检讨，是整风运动与解决边区实际问题相结合的典型，是对边区党员干部最生动最实际的路线斗争教育。会议为我党全面开展整风运动，提供了宝贵的经验。这是中央第二次解决西北历史问题。

1943年1月6日，陕甘宁边区高干会议之后，张秀山调中共中央西北局任组织部副部长③，贾拓夫任西北局秘书长，林伯渠为边区政府党团书记。

1943年3月，张秀山任中共西北局党校校长。中共西北局党校是陕甘宁边区党委1937年在延安创办的，校名叫中共陕甘宁边区党校。1941年归中共西北中央局领导，改名为中共西北局党校。该校办学八年，先后为西北根据地培养和训练了4200多党员干部。

二、在延安中央党校

延安中央党校的整风运动是在党中央、毛泽东同志直接领导下进行的。它是全党整风运动的重点，也可以说是全党整风运动的一个缩影。

1943年3月16日至20日，中共中央政治局召开会议，通过了《中共中央关于中央机构调整及精简的决定》：在中央政治局及书记处之下，设立宣传委员会和组织委员会。这两个委员会，是政治局和书记处的助理机关。毛泽东担任宣传委员会书记，负责管理中央宣传部、中央党校、解放日报、文委、出版局等单位；刘少奇担任组织委员会书记，负责管理中央组织部、统战部等单位。

---

① 任弼时：《关于几个问题的意见》，1943 年 1 月 8 日至 11 日在陕甘宁边区高干会上的演说。

② 金冲及主编：《毛泽东传》，中央文献出版社 1996 年版，第 649 页。

③ 《张秀山档案》，中共中央组织部存。

在两次中央全会之间，中央政治局担负领导全党工作的责任，有权决定一切重大问题。政治局决定，毛泽东为主席。书记处重新决定由毛泽东、刘少奇、任弼时等三同志组成，毛泽东为主席。

会议决定调整中央党校领导班子，毛泽东同志兼任中央党校校长，彭真任副校长，黄火青任秘书长。

中共中央党校的前身是马克思共产主义学校。党中央长征胜利到达陕北后，正式定名为中共中央党校。该校是我党专门培训高、中级领导干部的学校。

6月，中共中央决定：调张秀山到中央党校参加整风学习。当32岁的张秀山来到中共中央党校时，全校已经发展到4个部。其中：一部是党的高级干部；二部是从前线调回学习的县团以上的中层干部；三部是担任文化宣传工作的高、中级干部，包括理论工作者和作家；四部是工农出身、文化水平较低的县团级以下的中层干部。后来，党中央将西北局党校合并进中央党校，成立了五部和六部。五部主要是陕甘宁边区的地方干部；六部是从抗日敌后和国民党统治区来的区营级干部，以及青年知识分子。合并后，全校的教职员和学生总数为6000余人。毛泽东为中央党校题写了校训：“实事求是，不尚空谈。”

张秀山回忆说：

> 在整风学习前，中央党校和马列主义学院的教学方法受教条主义的影响还是很大的。讲哲学的只讲辩证法的三大定律，不联系干部的思想实际；讲政治经济学的大谈资本主义的经济规律，什么绝对剩余价值，相对剩余价值，平均利润等等。而解释不了边区当时存在的一些特殊经济现象。把边区货币的贬值，说成是边区通货膨胀，他们不了解边区出现的经济困难，完全是由于国民党顽固派对边区的封锁和破坏，阻碍了生产和商业的发展，从而造成市场紧张。不少同志学了一大堆马列主义抽象原则，而不注意或注意领会其精神实质，不联系中国革命的具体实践。这种学风，正像毛泽东批评的那样，“纯粹是‘无的放矢’。”1942年中央政治局首先作出了《关于党校组织及教育方针的新决定》，停止了党校过去规定的课程。
>
> ……整风学习前，党的“七大”代表、党员干部的思想也很不一致，理论水平也低。有许多同志弄不清楚中国革命的历史，弄不清楚为什么我党在十年内战期间，经过无数革命同志浴血奋战发展起来的苏区和红军会

损失90%，白区几乎损失100%。①

延安整风开始后，毛泽东在中央党校作了《整顿党的作风》的报告。这篇报告和《改造我们的学习》《反对党八股》等两篇文章，确定了整风运动的指导思想、任务、目的和方法。为此，中共中央印发了《整风文献》一书，专门成立了学习小组，由毛泽东亲自任组长，其重视程度，可略见一斑。

8月，中共中央决定张秀山任中央党校教务主任。②教务处副主任由刘芝明和杨献珍担任。

毛泽东让从战火和肃反中磨炼出来的张秀山担任中央党校的教务主任，其信任程度和真实用心是显而易见的。

张秀山本来是6月被调到中央党校参加整风学习的。两个月后，他就被任命为中央党校教务主任，变成了具体组织实施的负责人。面对着众多身经百战的红军将领、党内著名理论家、文化名人和一大批朝气蓬勃的青年知识分子，张秀山深感自己责任重大。

8月8日，毛泽东、周恩来出席中央党校二部举行的开学典礼，并在大会上讲了话。

时逢抗战形势发生了变化，中共中央决定七大延期举行，让全国各地来延安参加七大的代表，集中到中央党校一部，以系统地学习马列主义理论，总结中国革命斗争经验和教训，分清路线是非，联系自己实际，整顿党的作风，进而增强全党团结。所以中央党校集中了中共延安以外的几乎全部七大代表，和各个历史时期、各方面军、各根据地及白区地下党的一大批高、中级干部。这些同志是党的精华和宝贵财富，是革命的中坚力量。这样也就集中了党内各方面迫切需要解决和弄清的问题，因此，中央党校的整风学习运动能否按中共中央的部署进行，关系到能否用毛泽东思想统一全党，夺取抗日战争和解放战争胜利的全局。

中央党校首次组织学员们系统地学习研究了毛泽东同志的哲学、军事等有关著作，以及新民主主义革命理论和党的建设理论。张秀山还多次请毛泽东、周恩来、朱德、任弼时、陈云等中央领导同志到中央党校作报告，对大家

---

① 张秀山：《我的回忆》（未刊稿），1988 年。

② 《张秀山档案》，中共中央组织部存。

的疑难问题给予解答。这样的学习，在中央党校组织进行了一年多的时间。因为党校工作紧张，任务繁重，事关重大，张秀山经常与同志们忙碌到深夜。他窑洞里的灯光有时一直亮到天明……

1943年10月10日，中共中央决定党的高级干部转入重新学习和研究党的历史与路线是非问题，这是全党整风运动的高级阶段。10月14日，毛泽东在西北局干部会议上，第一次在比较大的范围公开点名批评了王明，并指出了他过去对党的严重危害和现在对党的破坏活动。

在毛泽东的亲自领导下，张秀山认真执行“理论联系实际”的教学方针，坚决排除王明教条主义和经验主义理论脱离实际的恶劣学风。

在学校教务处的组织下，学员们结合党的历史和亲身经历的党内路线斗争经验教训，学习了中央书记处编印的《六大以来》和《两条路线》这两部文献。大家通过对中国历史状况和社会状况的认真学习与思考，对中国革命性质、任务、对象、动力、革命中阶级关系的变化，各个历史时期的战争政策和策略得失，以及对中间阶级、派别的政策和工作重点是放在城市还是放在农村等问题，都进行了详细的分析和认真的讨论，使大家逐步认清了“左”倾错误路线（包括“左”倾机会主义执行者在西北搞的肃反）对中国革命的危害，统一了对党的历史上路线斗争是非的认识。

在学习第一次国内革命战争时期的文件，讨论党的六大决议时，大家的看法很不一致，争论很激烈。为此，请周恩来同志到党校为大家作《关于党的六大的研究》的报告，帮助大家统一了认识。

在学习第二次国内革命战争和抗日战争初期的文件时，主要清算了以王明为首的第三次“左”倾机会主义错误和抗日统一战线中的右倾错误。朱德总司令到中央党校讲话，公开点名批评了王明，指出王明路线的错误，引导广大学员树立理论联系实际的马列主义好学风。后来，刘少奇同志来中央党校，结合党内的错误路线，给大家讲了列宁的《左派幼稚病》。

学员们还学习了郭沫若的《甲申三百年祭》，研究明末李自成起义军由于骄傲而导致失败的历史教训，以引此为戒。学习鲁迅的《阿Q正传》，以克服自身的“阿Q精神”等，开阔了学员们的视野。

中央党校的整风学习也联系到西北地区革命历史，张秀山用亲身的战斗经历，对王明“左”倾机会主义和“三风”进行坚决批判，给大家上了活生生的路线斗争课。

在整风运动中，中央党校坚决贯彻毛泽东的“惩前毖后，治病救人”和“既要弄清思想，又要团结同志”的方针，充分调动了教师和学员的教学积极性，使校内的民主气氛很浓厚。

在教学过程中，张秀山主张教学相长，互相讨论学习，取长补短，提倡自由讨论，自觉开展批评与自我批评，达到共同进步的目的。所以，大部分学员都能自觉地暴露思想上的问题，检讨头脑中主观主义和个人主义倾向。经过一番讨论和学习，路线是非清楚了，每个人自己写反省笔记，检讨思想上和工作上的缺点、错误。并且把这些缺点和错误拿到小组和支部会议上让大家分析讨论，批评帮助。在总结经验教训的同时，也使大家受到启发教育。中央党校的这种学习方式，对提高学员的思想理论水平有很大促进作用，取得了很好的教学效果。

张秀山经常联系实际问题，主持各部召开民主生活会，学员们畅所欲言。在四部学员们讨论思想方法问题时，有的学员不承认自己有问题。如一位当营长的学员说：“命令来了，就打仗嘛，还有什么主观主义？”张秀山和同志们就引导他，通过打胜仗与打败仗来做比较分析，指出什么是主观主义。张秀山说：“打胜仗是因为经过了充分的调查研究，了解了敌情、地形，形成了正确判断。反之，打败仗就是由于调查研究不够，对敌情、地形了解不够，在思想上犯了主观主义的错误。当然，有时候打败仗，也与上级发出的主观命令有关系。但如果上级下达的命令是正确的，你领兵单独作战，不侦察地形，不了解敌情变化，也同样完不成战斗任务，也还要犯主观主义的错误。”经过大家联系实际的讨论，互相启发，使很多工农干部弄清了一些学习上的难题。

一位曾经在西北执行过错误路线的主要负责人，当时正在中央党校学习。他是毒打审讯张秀山的指使者，受过党中央和中央领导同志的严厉批评教育，正处于困境之中。当张秀山得知他的父亲不幸去世的消息后，主动出面帮助他安排回家奔丧，还为他配备马匹，抽调警卫人员，使这位同志深受感动。大家目睹张秀山以党的事业为重和不计前嫌的宽广胸怀，许多知情的老同志为之动情。①

---

① 张宪国：《一生正气　永驻人间》（未刊稿），2001 年 2 月。

三、聆听毛主席教诲

在整风期间，毛泽东曾多次来到中央党校讲话和检查工作，与张秀山促膝谈心，向他了解西北党的历史和西北的风土人情，以及党校教学和学员的学习、思想情况。张秀山作为教务主任，工作认真负责，做事周全细致，工作有条不紊。毛主席对张秀山主抓的教学与业务工作所取得的成绩很满意，很赏识。

一次，毛泽东问张秀山："你认不认识学员张金保？"张秀山说："认识。"毛泽东说："她是六届中央委员，四中全会后，遭王明的打击，被开除了党籍。"毛泽东接着让张秀山把张金保找来。张秀山很快找到了张金保，毛主席和她整整谈了半天，既调查了解六届四中全会的具体情况，又做了张金保的思想工作。这使张秀山进一步了解到党内路线斗争的情况，学习到毛泽东注重调查研究和善于做思想工作的作风。

1944年元旦，张秀山和党校一些干部坐着一辆卡车给朱总司令和彭德怀等人拜年后，来到枣园给毛泽东拜年。

在这里，毛泽东向大家讲了中国革命的战略思想问题。他说："江浙一带是中国的首脑地带，中原是中国的心脏地带，而西北是中国的边陲地带。中国革命取得最后的胜利，就非得解决心脏地带、首脑地带不可。"毛泽东的一席话，使张秀山心中豁然开朗，明确了中国革命下一步的发展战略。

张秀山在教学上主张寓教于乐，积极支持中央党校成立评剧院，专门派教务处副主任刘芝明负责这项工作，还调来三部的齐燕铭为导演，让他选调一批优秀学员，精心排练杨绍萱编写的评剧《逼上梁山》。

1944年1月9日，在中央党校大礼堂首次上演了评剧《逼上梁山》，受到了毛泽东等中央领导同志的表扬和人们的热烈欢迎。

根据毛泽东的要求，中央党校评剧院编写和排练了《三打祝家庄》《难民曲》《参加自卫军》《苏联人》《拥军爱民》《朱永贵挂彩》等优秀剧目。他们的表演真实可信，故事情节生动曲折，鼓舞了革命斗志，教育了广大群众，受到党校师生和延安军民的一致好评。

在中央党校期间，张秀山与毛泽东经常接触。在他们几次交谈中，张秀山实事求是地向毛泽东反映一些学员在整风中受到了冲击，思想上很不愉快的情况，毛泽东很重视，进行了认真的调查研究。

1944年5月，毛泽东在中央党校欢送即将奔赴抗日前线的学员大会上讲话时说："在整风中，有些同志受了点委屈，有点气是可以理解的。但已经进行了甄别，还生气不讲团结，这就不好。整风中的一些问题，是则是，非则非，搞错了，摘下帽子，赔个不是。"接着，毛泽东向大家敬礼说："同志们，我举起手向大家敬个礼。"对受到委屈的同志表示了赔礼道歉，学员们激动得热烈鼓掌，大家心情愉快地走上了抗日前线。

延安整风学习运动，特别是通过党的历史和路线问题的学习、讨论、总结，使全党在毛泽东思想的基础上，达到了空前的团结和统一。这在政治上、思想上、组织上为七大的顺利召开，为夺取全国革命胜利奠定了坚实的基础。

正如毛泽东接见中共中央党校部分学员时说的那样："延安的窑洞是最革命的。延安的窑洞里有马列主义。延安窑洞能指挥全国的抗日斗争……全国人民的希望都寄托在延安的土窑洞里。"①

1944年8月，秋季的陕北延安，极目远望，一片金黄色的世界。经过多年的征战，张秀山终于过上了一段比较稳定的生活。他把老母亲接来尽心照顾，还把弟弟和亲属的两个孩子接到延安上学。他的家就安在中央党校的窑洞里，与秘书长黄火青的家相邻。他有两个孩子先后出生在这里。老战友黄火青在几十年以后还笑谈起当年孩子们的一些奇闻趣事。

一个星期天下午，张秀山满面春风地赶回家中看望老母亲，西北局窑洞前的两个儿子看见爸爸回来，高高兴兴地迎上前去。张秀山把小兄弟俩一边一个抱在怀里，便兴致勃勃告诉老母亲和爱人程帆、弟弟鸿志说："今天我同朱德总司令、彭真同志乘美军的飞机，到延安的天上转了一圈。"家里人听他一说，都觉得很惊讶和兴奋。原来是美军军事观察组邀请朱总司令坐飞机看一下延安全貌，为了让大家都感受一下，总司令让彭真和张秀山陪同一起去。他第一次从飞机上看到宝塔山的雄姿和革命圣地风貌。张秀山还告诉家人，他深刻地体会到了美军先进科学技术和我军落后科学技术之间的差距，感到自己肩上担子的沉重。他说，这件事对以后指导中央党校的教学工作，有很大的启发。

---

① 吴志渊：《西北根据地的历史地位》，湖南出版社1991年版，第490页。

1944年9月间，中央决定派王震、王首道率领一支部队深入华南，建立抗日根据地。中共中央决定将南下支队的营以上干部集中在中央党校，举办为期15天的短期训练班，学习党的抗日民族统一战线的方针政策，以及敌后工作的经验。

王震是张秀山的老搭档。在绥德反摩擦斗争中，三五九旅的干部也与张秀山朝夕相处，有着很深厚的战斗友谊。战友相逢，张秀山格外高兴。

10月25日，在中央党校大礼堂，张秀山和南下支队的同志们听取了毛泽东同志的重要讲话。毛泽东同志分析了抗日形势和我党的任务、策略，为大家指明了方向，武装了思想。张秀山对毛泽东的共产党员要学柳树、学松树的教诲牢记在心，可以说使他受益终身。

党校组织大家学习《军队政治工作》等文件，开展了深入的思想动员，明确了这次进军的目的和意义，详细研究了南下的方针和政策，提高了大家的认识，为南下支队走上抗日前线做好了准备。

11月1日，八路军南下支队在延安东关飞机场誓师出征，张秀山与王震、王首道同志挥手告别，相约胜利后再见。

1945年4月23日，中国共产党第七次全国代表大会在延安召开。出席大会的正式代表547名，候补代表208名，代表了全国的121万党员。张秀山作为正式代表参加了这次大会。①

七大确定的工作方针是：团结一致，争取胜利。毛泽东在开幕词中指出，中国面临着两个前途和两种命运的斗争，党的任务是要用全力去争取光明的前途和光明的命运。

在大会上，张秀山亲耳聆听了毛泽东所作《论联合政府》的政治报告，朱德所作《论解放区战场》的军事问题的结论，刘少奇所作《关于修改党章的报告》，周恩来所作《论统一战线》的重要发言，以及任弼时、陈云、彭德怀、张闻天、陈毅等同志在会议上的发言。

大会确定了“放手发动群众，壮大人民武装力量，在我党的领导下，打败日本侵略者，解放全国人民，建立一个新民主主义的中国”的路线。

大会通过了《关于政治报告的决议案》《关于军事报告的决议案》和《中

---

①　《张秀山档案》，中共中央组织部存。

国共产党章程》。大会选举产生了新的中央委员会。

6月11日，毛泽东作了以《愚公移山》为题的闭幕词，七大胜利闭幕。

这次大会，是中国共产党在民主革命时期召开的最后一次重要的代表大会。这使张秀山等所有与会人员深受鼓舞。这次大会总结了中共20多年来曲折发展的历史经验，制定了正确的纲领和策略，克服了党内的错误思想，使全党同志在马克思列宁主义、毛泽东思想的基础上达到空前的团结，从而为取得新民主主义在全国的胜利奠定了坚实的基础。

四、西北党史座谈会

中共七大闭幕后，1945年7月中共西北局根据党中央指示，召开了西北党史座谈会。与会同志发扬延安整风的精神，拿起批评与自我批评的武器，进一步揭露和批判了王明“左”倾路线殃及西北革命根据地的罪行。张秀山应邀参加了这次会议。

在肃反事件中犯了错误的一些同志，首先在会上做了深刻检讨。

7月10日，朱理治在发言中说，“没有认识到是用不正确的路线反对正确路线”；“将党外问题及党内问题混淆起来”；“没有认识到遵义会议前中央路线是错误的，而全国各地的肃反错误是这条错误路线下造成的恶果”。“那时张秀山说：陕北的群众好，经济条件好，群众开化，陕甘的人口少，经济文化落后。当时我骂他是‘特殊论’。直到后来，中央来了以后，我到陕甘任省委书记时，我才认识了陕甘的确是特殊的”，“我根本不懂调查研究，更说不上作历史全面的调查研究了。对陕北历史根本没有研究过，假如到陕北后能稍微研究一下，也决不会犯这样大的错误”。

正如1941年3月毛泽东在《农村调查》的序言和跋中说：“对于中国各个社会阶级的实际情况，没有真正具体的了解，真正好的领导是不会有的。”

西北根据地长期处在被国民党军队、地方军阀、土匪、民团的包围和分割之中，陕甘和陕北的环境、经济有着很大差异，斗争方式也随着当地条件而不同。由于刘志丹、谢子长、杨森、杨琪牺牲得早，这使西北党内在军事、政治问题上存在一些争论。

张秀山发言说：“毛主席说过：‘人是从历史走过来的。’但是对历史看不清楚就发生分歧和争论。只有分清是非，才能求得一致，才能团结。”

在长期的西北革命斗争中，张秀山基本上参加了每一个关键的会议和有争议问题的讨论。在7月14日的会议上，张秀山第一次全面、系统讲述了每次重要会议和战斗的经过与争论的问题，发言稿经过记录整理共64页，4万多字，成为重要的党史资料。

他讲了四个问题：一是甘（肃）、宁（夏）兵运工作的经验；二是党内斗争；三是一个历史过程，几种不同看法；四是坚持原则，团结全体。

在兵运工作经验中，他讲了兵运工作的经历、执行的路线、斗争的方式，为党建立武装力量的成果，也讲了失败的原因和自己的思想转变过程。他最后说：“在兵运中我没有犯路线错误，这不是因为我了解路线我有本事，而是因为我做的是实际工作。凡是做实际工作的一定有正确的办法，在实际工作中摸索出的办法一定是对的。如果我不去当兵，从学校出来就到上级机关去工作也一定会犯错误，比如我说的省委的指示信，我也一定不会写的，因为不了解下面的情况。因此证明凡是今天政治上军事上没有成熟的干部一定要做下层工作，如果到领导机关里去必然会犯错误。”

在讲党内斗争问题时，他说：“党内斗争常常比对敌斗争还要重要，党内斗争的失败常常比对敌斗争的失败还要重要，如果党内对机会主义斗争失败了，革命也要失败。”

他讲了西北党内的一些历史事件经过和教训；反杜衡“左”倾机会主义的斗争；陈家坡会议；杨家店子战斗后及兰家坪师委会议上的两次反右倾斗争；葫芦河反右派斗争……

他着重讲道：“对右派我们是进行了长期的思想斗争，没有采取打击政策，没有采取党外手段。对这些人是采取一个一个地耐心说服。某某是四团团长，叫他领导关中游击队，他钻在山里买些肉酒吃，不敢出去，结果敌人来了，把游击队打垮了。他还在党内进行无原则的派别活动，我们始终对他很客气。当确定开除他党籍时，他正在生病，我们写好了决议准备送给他，结果刘志丹同志说他正在生病，等他病好后再通知他。党内斗争我们始终是爱护的，不愿把他搞死。对拥护他的下面的干部我们也不撤职，当觉悟后，我们还提拔，开除党籍的一个也没有。对党内机会主义决不是排斥他们，尤其是党的领导机关采取这种方法，才是正确路线，才是真正的党内斗争。”

他接着讲了阎家洼子会议；陕甘特委给陕北特委的信；周家崄会议；玉家湾会议；文安驿会议；西北工委会议；最后讲了他唯一没有参加的西北工委扩大会议……

关于对机会主义的态度问题，张秀山说："对于机会主义应该采取严肃的态度，不应采取自由主义态度。如果谁对革命的损失不痛不痒，那就不是革命的态度。你是一个党员，就必须过党的生活，党内发生这件事，你就必须表明自己的态度。"他进一步说："对机会主义，每一个共产党员、每一个有党性的人，都应表示一种公愤，不是私愤。因为他危害革命把好多的干部都杀掉，使得现在的干部缺乏。如果我们看他们把我们好几百干部杀了，还觉得没什么，不表示义愤，这不是共产党员的态度。我们说的是公愤，私愤是要不得。比如：那年我回到神府，知道家里一下被杀了三口人：父亲、伯父及堂兄弟……但是我回去没有表示私愤。也知道是游击队搞的，我对他们非常和气，从政治上来批评他们，从其他事实来谈到这个问题，说以后不要随便杀人，给了他们一些教育。对于他们没有一点成见，但他们心里非常害怕，我继续教育他们，叫他们好好参加革命，努力学习。难道应该有私愤吗？不应该有的。而公愤就不能不有，这就是共产党员的立场。"

张秀山和他的战友们还在座谈会的发言中，进一步指出了王明"左"倾路线思想上是主观主义和教条主义的，批评他们把马列主义的词句搬运到中国来当作教条，不了解半殖民地半封建中国社会的特点，否认中间力量的存在，尤其强调反对富农，低估了农民游击战争和根据地的重要性。批评他们把红军游击战当作所谓"游击主义"来反对，否认敌强我弱，把必要的转移当作"退却逃跑主义"。批评他们采取宗派主义的干部政策，打击地方干部，给这些人戴上"右倾机会主义"、"富农路线"、"调和路线"等大帽子，加以残酷斗争、无情打击，极大地削弱了党。

陈云严肃地指出，1935年7月"左"倾路线在神府苏区搞的社会肃反，杀害了当地一些共产党员，以及张秀山、王兆相、毛凤翔等同志的父亲及亲属是极端错误的，是一种犯罪。是不应该的。

这是中共中央第三次解决西北历史问题。这次座谈会充分发扬了民主，进一步澄清了西北党的历史问题。

在这个时期，张秀山无论是转战陕甘边，还是领导地方工作，都念念不忘老战友刘志丹、王兆卿等烈士的子女和遗孀，他千方百计为他们排忧解难，解决一些实际生活问题。

刘志丹的女儿刘力贞在《情同骨肉》一文中深情地回忆到与张叔叔来往经历：

1934年，国民党军队抄了我们家，母亲带我到了陕甘革命根据地——南梁（今甘肃华池县境内），在那里我见到了一位高个头、满脸和气、说话文雅、对我十分亲切的人。当时，我只有四岁。父亲（刘志丹）对我说："这是你张叔叔，记住。"他当时是陕甘边特委书记，和我父亲是亲密战友，经常来我家和我父亲商量事。张叔叔来时总要问我母亲生活上有啥困难，很关心我的成长。那时，我们的生活很苦。他看到我的衣服很破，就自己花钱给我买来一块布，叫我母亲给我缝了一件衣服穿，我高兴得跳了起来。有时，张叔叔还从山上采来野果拿来给我吃。在我的印象里，张叔叔是一个非常关心我的人。1936年3月，他调到神木工作。4月间，我父亲牺牲于东征前线，他很痛心，对我母女也更挂念。1937年，我们到延安，他从外地来延安开会，都要抽时间来看我们母女，并带来当地的土特产。虽说延安比南梁生活好多了，但布料奇缺。一次，张叔叔来延安，给我带了一套灰色人字呢衣服，我母亲说他又费心了，他说这是应该的。我把这套衣服视如珍品，穿破了补了再穿，总也不愿意罢手。后来，张叔叔也调到延安工作，更是经常来我家问寒问暖。1945年，抗战胜利了，他要去东北工作了。临走前，他又花钱给我做了一套蓝色洋布列宁装，当时延安人都穿灰色土布衣服，我能有这样一件好料子衣服，同学们都很羡慕。他们哪里知道，张叔叔把他对父亲的怀念都寄托在了我身上，有把我当成他的女儿看待。这一点，我越来越有深刻体会。①

烈士王兆卿的儿子王黎明想起张叔叔对自己无微不至关怀，无限感慨地说：

我的父亲王兆卿1933年牺牲，我和母亲孤儿寡母相依为命，全靠当地党和人民以及父亲、叔父的战友照顾我们的生活。1936年我第一次见

---

① 刘力贞：《情同骨肉》，《我的八十五年——从西北到东北》，中共党史出版社 2007 年版，第 416 页。

到张叔叔，当时我叔父王兆相在神府任独立师师长，他任师政委。我和母亲去看叔父时见到了张叔叔，他给童年的我留下很深很好的印象。此后他任神府特委书记，照顾我到当地小学念书。1940年，他任绥德特委书记，写信叫我们去绥德干部子弟小学学习，星期日休息时，特别是暑假，我们常去张叔叔家。他在忙碌中热情的接待我们，关心我们的学习情况，给我们神府的孩子留下了很好的印象。1941年放寒假后，因国民党反共高潮，围困陕甘宁边区造成边区经济十分困难，因而精兵简政，绥德干小停办。我与堂妹就失学在家劳动。那时，我在家一边劳动，一边抽空看《精忠说岳》等小说和报纸。订了一份晋绥边区的《抗战日报》。有一天在报上看到张秀山叔叔在刘志丹烈士纪念陵园落成典礼上的讲话，得知他当时任西北局组织部副部长。我就给他写了一封信，要求他帮助我去延安念书。很快得到了他的回信，叫我去延安学习。1944年春到延安后，张叔叔已调任中央党校教务主任。他和边区政府民政厅商量，让我堂妹王利华等十几个红军后代去保育院小学学习。我不想去延安大学中学部学习，要求去保小学习。我就去中央党校找张叔叔，他听了我的理由后觉得我跟不上中学的课，同意我去保小，当即给民政厅副厅长唐洪澄写了信，唐厅长批准了我去保小学习。张叔叔对我无微不至的关怀，令人十分感动。记得1944年春刚去延安，当年冬住西北局招待所度假时，去中央党校看望他，有时碰上开饭，他就留我们吃饭。当时我们十几岁，饭量大，吃的多，他见我们饭桌上不够吃了，就不顾自己领导干部和长辈的身份，亲自到其他饭桌上把剩下的饭菜端过来，让大家吃得饱饱的。真是吃在嘴，甜在心上。叔叔对我们真好，是永远也忘不了的。

我在保小时，张叔叔始终关心我的学习和成长，1944年寒假时，他派人接我们住在延安门外的西北局招待所度假，过了一个温暖的春节。我在保小努力学习，成绩优良，团结同学，很快被选为班、校学生会干部，1945年1月入党，4月转正。我给他写信报告了我的情况，他在“七大”闭幕后给我回了信，知我入党后，很高兴，勉励我继续努力学习，提高思想觉悟，还送来了“七大”的文件：《论联合政府》和《论解放区战场》及修改党章的报告。1945年夏，我毕业前，保小留我当教员。我想上延中学习，就给他写信。他鼓励我继续好好学习，还让我看《三国演义》、《水浒传》等古典小说，增加一些文学和历史知识。他还给校长王志均写了信，叫我去延安中学学习文化。①

1945年8月，王黎明等人顺利地进入延安中学学习……

在延安工作时期，是张秀山自从参加革命以来，度过的工作、学习和生活最平稳的时期；也是他与中央领导同志一起，系统学习马列主义、毛泽东思想，总结历史的经验教训，全面提高自己政治思想水平的时期。他在毛泽东直接领导下，参与中央党校的教学工作，参加中国共产党第七次全国代表大会，所以，他非常珍惜这一段美好时光。张秀山说："回顾延安整风的这段经历，是我一生铭记不忘的。"延安时期形成的优良作风是我们党光荣而宝贵的传统。他始终珍藏着一枚延安中央党校的徽章（004号）和第328号中共七大代表证（10排22号）。

① 王黎明：《回忆张秀山叔叔对我的关怀》，《神府开发报》1995年。

|第六章|
建立巩固的东北根据地

一、挺进东北

1945年8月8日，苏联对日宣战。苏联红军进入东北，向日本关东军及伪军大举进攻。同时，毛泽东发表《对日寇的最后一战》的声明。10日至11日，朱德总司令发布受降及对日展开全面反攻等七道命令。我各解放区全面开始大反攻。

8月15日，日本帝国主义宣布无条件投降。16日零点时分，“日本鬼子无条件投降了！”振奋人心的特大喜讯把人们从梦中唤醒，消息立刻传遍了整个延安城。

一瞬间，延安城内外灯火通明。延河水沸腾了！宝塔山变红了！全城军民欣喜若狂，万众奔走相告，街头巷尾到处响起喜庆的鞭炮声，到处是灯火的海洋和欢乐的人群。

中央党校的师生们把欢庆的锣鼓敲得震天动地，手中没有东西的同学，纷纷跑回宿舍把脸盆和水桶拿来当作锣鼓，纵情敲打。狂喜的人们激动得热情拥抱，欢呼雀跃，不少同志把手中的帽子等物品，高高地抛向天空，大声地呼喊着“抗战胜利了！”“我们胜利了！”“中国共产党万岁！”等口号。同学们还把破棉被和衣物，捆裹在木棒上，自制成无数个火把，连夜高举熊熊燃烧的火龙，上街游行，昼夜狂欢。

张秀山满怀着激动的心情和胜利的喜悦，与战友们一起，跳起欢快粗犷的陕北秧歌舞，投身于欢庆反法西斯战争胜利的海洋之中……

抗日战争胜利后，国民党妄图通过内战抢夺抗战胜利果实。针对反革命策略，中共中央提出“针锋相对，寸土必争”的方针。中国面临着两种命运、两个前途的最后决战。鉴于东北在战略上的重要意义，国共双方在此展开了激烈的争夺战。东北拥有当时中国最大的工业基地、最大的粮仓和林海。它的钢铁产量占全国的90%，发电量占80%，水泥产量占70%，煤炭产量占50%，所以“得东北者得天下”。①

蒋介石强调：“东北不是中国革命的策源地，而是中国革命胜利的归宿地。”国民党向东北派出以第二号人物陈诚为首的国民党中央（包括候补）委员、中央监察委员13人，陆军上将6人，率领“五大主力”中的整编第一军和第六军等，共计16个军100余万人，利用美军陆、海、空优势抢占东北。②

从地理位置上看，如果共产党能控制东北，就可以背靠苏、朝、蒙，南与冀热辽解放区和整个华北解放区连在一起，使自己有了一个可靠的战略后方。毛泽东在七大政治报告中明确指出：“从我们党、从中国革命最近和将来的前途看，东北是特别重要的。如果我们把现有的一切根据地都丢了，只要我们有了东北，那么中国革命就有了巩固的基础。当然其他根据地没有丢，我们又有了东北，中国革命的基础就更巩固了。”③中共中央先后派中央委员10人（包括政治局委员4人），候补委员10人，并陆续从各解放区抽调了2万名干部和11万人的部队开往东北。④

国共双方战略指向和决心，从中略见一斑。

1945年8月23日，中共中央召开扩大会议，决定毛泽东、周恩来去重庆同国民党进行和平谈判。刘少奇代理中共中央主席工作。会议决定从中央机关、中央党校、陕甘宁边区机关抽调精兵强将组成干部团，由张秀山、黄永胜率领去东北开展工作。同时，抽调陕甘宁晋绥联防军教导一旅二团约2650人、二旅一团约700人（该团是教导三旅主力团，其前身是全军著名“朱毛红军”的红一团，这支威名远扬的部队，涌现出“大渡河17勇士”、“狼牙山5壮士”

---

① 《新华书目报》，2001年2月18日。

② 毕健忠：《解放战争：得东北者得天下》，《军事历史》1999年第1期。

③ 《毛泽东文集》第三卷，人民出版社1996年版，第426页。

④ 中共中央党史研究室：《中国共产党历史》第一卷，下册，中共党史出版社2002年版，第688页。

等英雄群体，也是解放军现驻香港步兵旅前身①）与干部团一起组成东北支队，护送干部团赴东北。毛泽东、朱德签署命令，任命张秀山为东北支队政委兼干部团政委，黄永胜为司令员，李寿轩为副司令员。

中央党校的一、二、三、四、六部的干部和中共中央机关，以及地方上的党政干部都踊跃报名，积极要求参加干部团。经过严格审查挑选，中共中央把组成干部团的1000多名干部，编为3个大队，集中整训。

整训结束后，张秀山传达了中共中央三条指示：第一，轻装。团级干部不配牲口。每个人只穿随身衣服，其他如大衣、毯子、被子等都留下。第二，要从当好普通一兵做起。每个党员、干部要放下架子当好普通战士，同东北的同志打成一片，不管到什么地方，都要组织群众、依靠群众、关心群众，要像柳树枝一样，插在哪里就在哪里生根发芽。第三，遇到问题要考虑党的政策、群众的利益和当前的情况，认真处理。

干部团成立了党的领导小组。由张秀山担任组长，赵德尊为组织委员，杨英杰为宣传委员，李寿轩、兰桥为军事委员等。

8月28日，毛泽东率领中共谈判代表团离开延安去重庆。同日，刘少奇代表中共中央与张秀山等支队领导谈话。他特别强调，你们是第一批延安派出的干部团，一定要想尽一切办法进到东北。以后我们还要陆续派更多的干部去东北。他说："你们去了东北，也许要上山打游击，当然，也要派一些干部去沈阳、哈尔滨等大城市开展工人运动，即使国民党接收了东北，我们也要争取东北，这是从最坏的情况做出的估计，应当有这种思想准备。""中央将随时给你们去电报。"他还说："东北我们决定派军队去，能走路的先走，能快走的先到，到了热河边境瞪着眼睛望一望，能进去就进去，以后再抽些队伍抽些干部去东北，抽几万去。一切要看情况，有空子就钻，铁路不能走就走公路，大路不能走就走小路。"②东北支队直接归中共中央领导。

29日，中共中央向中共晋察冀中央局、中共山东分局等发出指示，晋察冀和山东准备派到东北三省的干部和部队应迅速出动，秘密进入东北，控制广大乡村及苏军未驻扎的中小城市，建立政权、建立军队，放手发展。

---

① 王健英：《驻香港步兵旅"红军团"的光辉征程》，《党史文苑》1997年第3期。

② 王双梅：《代理中央主席指挥全党军事斗争》，《中国青年报》1998年10月24日。

中共中央在中央党校礼堂召开了动员大会。刘少奇同志在会上作了动员报告。他说，我们面临的形势是严峻的，国民党提出单方面受降，准备抢占东北。党中央根据形势的发展，作出了新的战略决策，要派大批干部迅速进驻东北，建立巩固的东北根据地。刘少奇同志指出，我们到东北能不能站住脚跟，就看我们的工作了，要准备做孙行者，要在铁扇公主的肚皮里开展斗争。

1945年9月2日晨，东北支队在延安城东飞机场集合，张秀山率部整装待发。

中共中央派彭真等领导人前来送行，还有中央党校、中组部等各单位的机关干部、学生和当地的老百姓，人们把东北支队的同志们一层层围在中间，把大枣、鸡蛋等好吃的东西，使劲往他们的怀里、背兜里塞。同志们千叮咛、万嘱咐，相互握手告别，相约在前方战场上再见。

第一个星期，东北支队进行适应性行军，每天只走40里至60里，以调整部队在野外长途行军、宿营的能力。张秀山不顾一天的劳累，手把手地教同志们怎样在野外做饭、如何烧水用热水洗脚等。第六天，东北支队的行军速度就加大到90里，达到了正常行军速度。这些事例，都深深地印在东北支队同志们的脑海里……

原黑龙江省顾问委员会副主任张向凌亲身经历了这次挺进东北的行动，他回忆道：

干部团越走越大。在绥德时增加了朝鲜义勇军，到晋西北的兴县增加了以林枫同志为首的独立营，过同蒲路时两个步兵团也跟上来。听说东北武器很多，因此他们的重机枪全部留下，只带了步枪和少量轻机枪。他们既要到东北去，又要负责掩护干部团。

从9月2日离开延安，至9月26日抵五寨县城，全部是在根据地行军。群众对大批军队和干部上前线，表现了极大的热情。我们所过村庄，都看到墙上有标语，街上有过街旗，大书“祝出征同志旗开得胜！”“敌人敢顽抗就消灭它！”村头有大锅，烧着开水和绿豆水；男女老少站在街道两旁，拿着鸡蛋、花生、红枣塞进过路战士们的口袋里，拿着切开的西瓜送到手里……

行军中的政治工作是抓得很紧的。在绥德、兴县、五寨三次大休息中，都召开了支部大会和小组会，检查行军中不守纪律、行动迟缓、不愿出公差，以及借群众东西不还和损坏不赔等问题。有一次政委张秀山大发脾气，他说："有的同志自称有群众观点，愿意为人民服务，做人民的勤务员，今天连一点事务工作都不愿做，不愿伺候人民的代表，你那群众观点哪里去了？"

……在25天的行军中，（我们）听了四次形势报告。一次是9日在绥德休息时，由抗大校长何长工同志所作；一次是17日，在兴县休息5天，由干部团政委张秀山所作；另一次是19日，由林枫所作。第四次是在五寨休息一天，支部书记参加团的紧急会议，回来传达的。中心都是讲前方形势变化很快，敌人拒绝向我交枪。山西阎锡山的部队，绥远傅作义的部队，已到达晋中、晋北，蒋介石的部队正由美国协助，从空中和海上向东北赶运。国共谈判无结果，争夺势将不免，要我们加速前进……①

部队到达山西兴县时，按照中共中央指示，张秀山所率领的东北支队增加了晋绥解放区的一些干部，增派中共晋绥分局代理书记林枫为支队领导。晋绥解放区还为东北支队的全体指战员补充了鞋子、衣服，每人发了3斤重的干粮袋，并以170元陕甘宁边区币兑换一块银圆的价格，为同志们解决了经费问题。

同时，张秀山部接到了中共中央关于东北形势发生重大变化的情况通报。

原来，东北支队刚刚从延安出发，9月14日苏联红军就派一架飞机来到延安。在冀东军分区司令曾克林陪同下，苏军驻东北最高指挥官马林诺夫斯基元帅派懂得中文的贝鲁罗索夫中校为代表来延安，向中共中央转交了他的一封亲笔信。

在延安的王家坪八路军总部，朱德总司令会见了苏军代表。贝鲁罗索夫中校以正式的官方语言，转达了苏军最高指挥官马林诺夫斯基元帅的四点声明：（1）按照红军统帅部指示，蒋军与八路军进入满洲，应按照特别规定的时间。（2）红军退出满洲之前，蒋军及八路军均不得进入满洲。（3）因八路军单独部队已到沈阳、平泉、长春、大连等地，红军统帅转告朱总司令命令各部队退出红军占领之地区。（4）未得红军允许进入满洲之国民党部队，已被

---

① 张向凌：《从延安到北安》，载《我与黑龙江》，黑龙江人民出版社1988年版，第49—50页。

红军缴械。红军统帅部转告朱总司令，红军不久即将撤退，届时中国军人如何进入满洲，应由中国自行解决，我们不干涉中国内政。①

贝鲁罗索夫中校转达了马林诺夫斯基元帅对朱总司令和八路军的“深厚之同情”。

实际上，由于苏联领导人过高地估计国民党的力量，认为中共没有能力统一中国，主张在蒋介石处于“领袖地位”的前提下实现统一，所以与国民党政府签订了《中苏友好同盟条约》等一系列条约和协定。但出于对苏联自身利益的考虑，他们不愿意看到美蒋势力勾结控制东北，希望中共军队尽快开进东北，迅速强大起来。冀东军分区曾克林部公开进入沈阳后，被美蒋特务发现，在国际新闻界发表消息，说苏联政府背信弃义，违反了与国民党政府签订的条约。苏联政府只好作出姿态，提出以上要求。但中共军队退出沈阳后，共产党组织仍然留在那里，受到了苏军暗中保护。

跟随苏军飞机同来延安的冀东军分区司令员曾克林，向中共中央汇报了东北约有100万枪支、几百门大炮等待接收的情况。

中央领导同志听了汇报后十分高兴。因毛泽东正在重庆与蒋介石举行国共两党谈判，在延安主持工作的刘少奇马上组织中共中央召开会议。

9月14日，中共中央政治局会议决定：成立中国共产党东北中央局（以下简称东北局），任命彭真为书记。陈云、程子华、林枫、伍修权为委员。②同时派彭真、陈云、伍修权、叶季壮等同志，立即带领报务员和译电员各1名，随同苏军飞机赶赴沈阳。东北局全权代表中共中央指导东北一切党的组织及党员活动，东北一切党的组织和党员必须接受其领导。从华中、华北派遣100个团的干部去东北，提醒进入东北的党的各级组织和各部队，只有用东北地方部队的名义和非共产党的面目，才有可能得到苏联红军的支持。

中共中央决定按照苏联红军的要求，从其所提出的城市中撤出部队，一部分转入农村。

在这次会议上，张闻天、李富春、高岗等要求到东北工作，得到了中共中央的批准。

---

① 参见《任弼时传》，中央文献出版社 2004 年版，第 32 章。

② 《刘少奇年谱》（上卷），中央文献出版社 1996 年版，第 491 页。

9月15日，彭真、陈云等同志乘坐苏军飞机飞抵山海关。18日，他们乘火车到达沈阳，东北局的工作随之展开。同时，中共中央又从各解放区抽调大批部队急速赶往东北。

9月19日，中共中央向全党发出指示："全国战略方针向北发展，向南防御。只要我们能控制东北及热、察两省，并有各全国解放区及全国人民配合斗争，即能保障中国人民的胜利。"

9月23日，中共中央致电张秀山、黄永胜，要求东北支队"以最快的速度"尽早到达沈阳，以配合东北局建立和巩固东北根据地。

同日，东北局经中共中央转来电报："吕正操、林枫、黄永胜、张秀山并聂荣臻：满洲发展条件甚好，望晋西北、延安、北岳来此干部速赴灵邱（丘），请聂派汽车送古北口或赤峰，坐火车经锦州到此。"①这时，东北支队干部团已达1600人。

9月25日，东北支队进至五寨，26日，抵达神池附近。27日，黄永胜率两个步兵团计3400人与东北支队干部团会合。同日，林枫、张秀山、黄永胜等率领东北支队5000余人，分作两路急行军，以迅速动作从杨防口（阳方口）南北，突破敌人封锁线——同蒲铁路。30日，东北支队到达沙河。

为加快行军速度，支队决定集中所有马匹装备及主要领导干部，携带电台，配备精干警卫人员，共300余人组成前梯队，由林枫带领，其余为后梯队，由张秀山、黄永胜带领，争取快速通过敌占区。这样，前梯队行军速度每天达180里到200里，后梯队行军每天最快速度也达到了150里。

当队伍行进到山西应县境内的小石村时与敌人发生遭遇战，东北支队集中兵力在打退敌人进攻后，翻山越岭，冒雨昼夜兼程。

据情报，朔县有敌人骑兵出动。军情紧急，东北支队急行军一夜一天，大家刚刚休息一下，马上又出发了。

黑夜，狂风暴雨中，数千人马宛如一条十几里滚动的长龙，飞快行进在崎岖山谷之间。他们在野草丛中趟出一条两丈宽的泥泞山路，一瞬间就湍流成溪。大家满身泥水，衣服全部淋透，人人冻得瑟瑟发抖。疲劳、寒冷、饥饿一齐袭来，有十几名同志失踪。张秀山严令整队前进，不许离队自由行动。部队

---

① 《彭真年谱》，第一卷，中央文献出版社 2012 年版，第 302 页。

经艰苦的长途跋涉，暂时脱离了险境。路过应县城外时，日军和伪军持枪站在城头观看，不敢轻举妄动。他们正等待国民党阎锡山的军队接收，不肯向共产党军队投降。张秀山等领导同志决定，为抢先到达东北，不争一城得失，部队迅速通过。

10月2日，东北支队要经小石口抵繁峙县的沙河镇，全程150里。有消息报，敌人要阻止部队北上。张秀山指示，部队必须在午饭前急行军90里，突过小石口。对女同志和病弱者要分工负责，必要时两人架一个。东北支队从清晨开始了急行军，历经千辛万苦，终于先敌一步赶到了小石口。干部团又有多名同志掉队。由于后有追兵，张秀山率部继续向东北疾进。敌人跟进占领了小石口。我警戒部队掩护干部团逐步后撤，情况十分紧急。

部队连续强行军，使同志们的体力透支很大，大多数人已经超过了自己身体的极限，甚至举步维艰。张秀山表情严峻下达命令，全体指战员要不惜一切代价，一定要摆脱尾随的敌人。大家水喝干了，就喝小路旁的沟水；饿极了，就吃一点已经变成糊糊的炒面或泡烂的馒头；脚出血泡了，就草草地包扎一下，立即追上队伍。半夜，东北支队抵沙河镇，大部分同志们累得没有洗漱和吃饭，蒙头就昏睡起来。张秀山挑选精锐主力部队，布置严密的哨兵警戒线，以防止敌人偷袭。

10月6日，东北支队经平型关抵达灵丘县城。张秀山向全体干部通报了国内最新形势：国共谈判无结果，蒋介石在美国的支持下，通过海、陆、空运送大批部队，与我军争夺城市和交通线，尤其是争夺东北，不许日、伪军向我军投降。中央电令，要我东北支队不顾疲劳，加速前进。

十天来，阴雨连绵，行军艰苦异常，敌人尾追不舍。在东北支队干部团中发生了队伍不整、怪话不断和违反纪律的现象。张秀山提出通过行军总结，进行整风，克服自由主义、个人主义，加强行军纪律，坚决保证完成行军任务。

经过整顿，东北支队全体指战员克服了千里行军，人马极度疲惫之困难，以坚强的毅力和勇敢的精神，于10月11日顺利抵达华北重镇张家口。

这是晋察冀边区在日本投降后，我军接收的第一座城市。

萧克同志代表聂荣臻向东北支队全体讲话。他讲了目前敌我形势及张家口的情况，转达了中共中央要东北支队加速前进的电报。边区为东北支队准备了大批灰色棉军装、军帽、胶鞋、粮食和弹药。

东北支队从张家口乘火车，经宣化、下花园、怀来到达延庆。这里距国民党军队驻地康庄、八达岭仅有四五十里。

张秀山等率队取近路，跋山涉水，披星戴月，马不停蹄向东北急进。连续超强度行军，使许多同志和马匹都累倒在行进路上……

途中，部队休息时，东北支队使用电台与中共中央联系，报告情况，请求指示。

10月19日，东北支队进入北平北部无人区。沿途山区十室九空，百里无鸡鸣。路旁病死、饿死的尸骨无人掩埋，偶尔见到一户人家，十八九岁的女孩子以草帘遮体，到处是破败凄惨景象。行军中，张秀山和同志们纷纷把自己的干粮、衣物、银圆送给群众。沿途群众一看是自己的队伍，十分高兴。一位老人说："我们终于又见到我们中国的军队了，有出头的日子了。"

此时，国民党政府为抢占东北，特在长春设立军事委员会委员长东北行营，任命熊式辉为东北行营主任。

9月3日，国民党政府明令划分原东北地区为九个省和行政院直辖两个市，公布了《接收东北九省办法》。5日，正式发表东北各省省主席、直辖市市长任命令。

10月16日，蒋介石任命杜聿明为东北保安司令长官，命其督率所部乘美国军舰海运或飞机空运北上抢占东北。10月25日以前，国民党军拟调入6个军18个师，近20万人。

东北支队到达万里长城的要塞险关——古北口。该地四面环山，地势险要，是一个不满千户的小镇。因为它控制着北平至承德铁路和公路，是冀热两省交通的咽喉要道，所以它是通向东北的重要屏障和门户。张秀山派人与驻守在这里的苏联红军联系，以八路军指挥员身份和苏军指挥官约见。苏军得知张秀山部是中国共产党派来的军队，他们十分高兴。双方商讨了八路军乘火车去东北等有关事宜，得到苏军的大力支持。临行前，苏军指挥官看中了张秀山佩带的小白勃朗宁手枪。张秀山不顾秘书和警卫员的劝阻，把自己的手枪赠送给了苏军指挥官。苏军指挥官高兴地跳了起来，连声说道："哈拉少！哈拉少！"（俄语，"很好"的意思）他还激动地紧紧拥抱了张秀山。

10月23日，中共中央致黄永胜、张秀山、林枫并告彭真电："承德、平泉之线苏军已撤……如热河被国民党控制，对我整个局势将极不利。因此，决定黄永胜、张秀山及其所率之两个团并干部二百人即留热河，迅速与新发展之部队合编并建立政权，发动群众，准备作战。其余干部则迅速去东北。”①

东北支队顺利抵达承德后，张秀山奉命率干部团原中央党校六部的两个中队和步兵团一部，与黄永胜一起留在承德，与先行到达的冀东部队一起，负责组建热河野战军。

这期间，东北支队前、后梯队先后乘火车抵达沈阳。

东北支队是急行军进入东北的，高级干部一律不准带家属。两月后，另一支高级干部家属队伍由延安出发，向东北挺进。当时，每家按规定配备一匹牲口，牲口背上安上架窝子。张秀山的夫人程帆带着三个孩子，一个架窝子只能睡两个孩子，正好安志文的夫人马淑性只有一个孩子，帮助带上一个孩子。就这样，家属队开始了千里行军。穿越敌人封锁线，为了防止孩子哭闹，母亲们就给孩子的嘴里塞上一块干粮。她们历经一个多月千辛万苦，终于来到了北方重镇张家口。

在东北，国共两党发生了激烈的争夺战，沿途风险莫测。她们只好滞留在张家口。一直到1946年5月底，这些人才乘三辆卡车启程去东北，后换乘火车到达了哈尔滨。这次北上，与程帆同行的有陈云的夫人于若木、彭真的夫人张洁清及其子女等。程帆和孩子们平安地到达哈尔滨后，张秀山高兴极了，他手上抱一个，肩上背一个，与爱人一起，照了全家福，一家又团圆了。

二、初到松江

1945年10月31日，中共中央和中央军委正式决定成立东北人民自治军总司令部，林彪任总司令，彭真任第一政委，罗荣桓任第二政委，统一指挥进驻东北的各方军事力量，迅速清除日伪残余，扩大人民武装，建立根据地。

11月2日，中共中央决定组建中共北满分局（以下简称北满分局），在北满地区组建军队，发动群众，建立政权，镇压反动派，巩固东北后方。北满分局由陈云任书记。

11月8日，东北局致电中共中央、毛泽东，报告和请示派往各地负责干

① 《刘少奇年谱》（上卷），中央文献出版社1996年版，第147页。

部的配备情况："中共辽宁省工委书记陶铸、副书记白坚，中共沈阳市委书记孔原；中共安东省委书记黄春圃（江华）……中共合江省委书记张松（张闻天），省主席李延禄；中共松江省工委书记王友（钟子云）；中共嫩江省工委书记刘锡五、副书记朱光，省主席于毅夫；中共黑龙江省工委书记张秀山。"[1]同日，在承德的张秀山接到东北局的电报，要他急赴沈阳接受新的任务。

11月11日，东北局致电中共中央："昨日友方突然通知陈云，苏方已允许在苏撤退前五天中让国民党空运部队到各大城市……并声明此种事件之决定，东北苏军全体人员无权力变动。如果五天中我们与国民党空运部队冲突，则苏方只能缴我们的械。友方一再提出莫斯科的利益应该是全世界共产主义者最高利益……"

东北局经过请示中共中央同意，决定调三五九旅、冀鲁豫二十一团，以及万毅、萧华等部，准备在苏军撤离后，迅即夺取沈阳、长春、哈尔滨市，消灭蒋军着陆部队，但遭到了苏军严辞拒绝。

13日，张秀山到达沈阳。东北局书记彭真、东北民主联军总司令林彪、东北局组织部部长林枫一起同张秀山谈话。考虑到松江省在东北的重要地位，经请示中共中央同意，东北局决定让张秀山随同陈云去北满，任北满分局委员、中共松江省工委书记兼松江军区政委。[2]

东北支队干部团的张向凌回忆说："一天，干部团全体集中在沈阳一家工厂的大厂房中。张秀山等同志陪着一个戴礼帽、穿夹大衣的人走进来。行至队前，来人摘下帽子向大家招手，我们才认出这是彭真同志，这时爆发了一场亲切而又新奇的哄堂大笑。彭真同志说：'这身穿戴和延安不一样是吧，工作需要嘛！'彭真同志详细地分析了国民党和我争夺东北的斗争形势，指出国民党在大量收编敌伪残余和土匪，到处抢占地盘。要求我们迅速到各地去，发动群众，组织军队，建立政权，迎接更激烈的斗争。隔了一天，又在同一地点，林彪也作了一个报告，提出拒敌于山海关之内，保卫沈阳要像保卫马德里一样。当时我们听了都很高兴，以后的实践证明，在敌强我弱的形势下，

① 《彭真年谱》，第一卷，中央文献出版社 2012 年版，第 332 页。

② 《黑龙江省志·第七十卷·共产党志》，黑龙江人民出版社 1996 年版，第 114、115 页。

这样的决策是错误的，使我军主力受到很大损失。”①根据东北局的安排，张秀山和干部团的同志们纷纷整理行装，奔赴各地开展工作。这批干部，大多数是地级和县团级，具有丰富的创建根据地经验和军事指挥才能，对东北的解放起到了重要的作用。

11月16日，在东北局的安排下，张秀山与陈云一起坐苏联红军的飞机到达松江省省会哈尔滨市。

松江省位于东北地区北满（现黑龙江省）的南部和东南部地区。境内东部和北部山脉连绵，张广才岭横亘东南，中部丘陵起伏，西部为松嫩平原东端。境内土壤肥沃，盛产粮食，是东北的战略中心之一。

张秀山后来回忆道：

> 当我受命奔赴松花江畔开辟工作时，深感肩负责任重大。我在沈阳市里只住了三天，11月16日就和陈云同志一起坐苏联运输机飞往哈尔滨。飞机上只有苏联驾驶飞机的机组人员，没有任何苏联军官陪同。机组人员只给陈云同志放了一个沙发，他当时只带着一个秘书刘达同志。当飞机到达长春时，因另有任务刘达就下去了。过了几天他才赶到哈尔滨。当飞机到达哈尔滨马家沟机场降落下来后，我们都是自己提着行李走出机场的。怎么去找我们的人呢？在机场旁边有个保安队，是新组编的。我们找了一个看起来像旧军官样子的人，问他八路军办事处机关在哪里？他回答说，你们到第四管区去找。我们只好找了保安队的一个小勤务员，让他帮助雇了一辆平板马车，大家坐马车从马家沟到了第四管区。第四管区有个临时司令部（现址第三中学）。司令员是刘子奇，政委是王建忠。我们找到了他们，打了个电话。钟子云同志来了以后，把我们安排住下。我住在一个伪满邮政局长家里。我们来的时候陈云同志连警卫员也没有带。我从延安出来带了两个警卫员，调了一个给陈云同志。

哈尔滨号称“东方小巴黎”，位于松花江南岸的中长铁路和中东铁路的交汇处。

1945年8月19日，苏军进驻哈尔滨市，设立了卫戍区司令部，由苏军远东红旗第一军实行军事管制。中共党组织在当地的一般活动，重大决策都要经

---

① 张向凌：《从延安到北安》，载《我与黑龙江》，黑龙江人民出版社1988年版，第60页。

过军事委员斯莫林科夫（相当于政治委员）的同意，才得以进行或实施。

日本投降后，被监禁在日伪香坊监狱里的共产党员和进步人士周维斌、刘忠民等同志陆续出狱。8月30日，周维斌、张观等20余名同志，召开秘密会议，成立了中共北满临时省委。当得知中共中央派彭真、陈云等人到达沈阳后，临时省委立即派周维斌、张观去沈阳汇报情况。陈云代表东北局接见了他们。陈云指示他们回到哈尔滨，协助我党抗联将领李兆麟接收政权，发动群众，建立自己的武装。

苏军进驻哈尔滨后，留任原伪滨江省民政厅厅长谢雨琴为省长；任命拥有苏军少校军衔的李兆麟为副省长；任命哈尔滨最大的工业资本家张庭阁为市长。李兆麟通过苏军关系，安排共产党员张观任市政府秘书长、周维斌任市公安局局长。随后，李兆麟利用这一时机，以省政府的名义，接管了报社和电台，整编了六个保安大队和一个朝鲜保安大队，成立了中共领导的哈尔滨市保安总队。

10月10日，东北局派钟子云等20多名同志先行到达哈尔滨，撤销了中共松江地区委员会，10月中旬成立了中共滨江地区工作委员会。由钟子云任书记，李兆麟、张观等为委员，领导全面工作。

11月16日，陈云和张秀山等人来到哈尔滨后，北满分局正式成立，委员有陈云、张秀山、李兆麟等人。陈云任书记。①北满分局统一领导北满地区的松江、合江、嫩江、黑龙江（当时省会在北安）、绥宁（牡丹江）5个省和哈尔滨特别市，共辖80多个市、县，面积40多万平方公里，人口近1000万。②

同日，根据东北局的指示，北满分局撤销了中共滨江地区工作委员会，组建了中共松江省工作委员会，任命张秀山为松江省工委书记兼省军区政委。

松江省工委的委员有：张秀山、卢冬生（省军区司令员，后为聂鹤亭）、钟子云（工委副书记兼哈尔滨市委书记）、李兆麟（苏军管制下的滨江省副省长兼哈尔滨市中苏友协会会长）、李寿轩（省军区副司令员兼参谋长）、邹问轩（省工委秘书长）。

---

① 《黑龙江省志·第七十卷·共产党志》，黑龙江人民出版社 1996 年版，第 114 页。

② 张向凌主编：《黑龙江四十年》，黑龙江人民出版社 1986 年版，第 47 页。

松江省下辖14个市、县，面积约4.8万余平方公里，人口234.7万余人。①

中共北满分局和松江省工委等党、政、军机构，最初都设在苏军占领的哈尔滨。北满分局机关设在哈尔滨市南岗区东大直街26号（现为178号）的李兆麟公馆。随着中共经过哈尔滨派往北满各地的重要干部王鹤寿、范式人等同志的到来，这里就人满为患了。为了维持这个联络点，陈云等人迁到距此不远的花园街24号一个邮电局局长的房子里。几天后，陈云住处的地板上也住满了去各地的同志。

中共北满分局和松江省工委的安危，关系到成败的大局，张秀山决定抽调40多名由关内来的战斗经验丰富的连、营级干部，充实和加强了市保安总队，任命刘子奇为总队长，刘铁南为政委。经过清理整顿，保安总队发展到5个大队，共计5000余人。

哈尔滨市的敌我斗争形势尖锐复杂。国民党军统特务头子戴笠派遣特务张渤生，来到哈尔滨市建立了滨江组。接着，他们在沈阳、大连、吉林、长春、齐齐哈尔、牡丹江等地建立据点，发展特务120多名。同时，国民党胡宗南部特务系统西安战团的殷为受派遣来到哈尔滨市。他们在各学校建立了“东北青年解放同盟”，依靠“三青团”组织，设置了情报组、文化组、军事组等特务组织。

国民党中统凭借与日伪的关系，派东北联络部部长陈新民勾结汉奸首领曹兴武，委任他为“黑哈北专员”，潜入哈尔滨，大肆收编日伪余孽和流氓匪帮。国民党任命曹兴武为“中央先遣军第五战区”总指挥，网罗匪徒号称3个军计34万人。他们分布在北满各地，荼毒人民，无恶不作，与共产党争城夺地。这股匪徒依靠日本特务头子后藤出谋划策，是长期扰乱北满根据地的祸根。

国民党东北保安司令长官部少将宣抚特派员邱立亭，在哈尔滨成立了松江省保安军。他把松江省21个县划为7个联防区，分别任命了联防区的司令……仅松江省境内的国民党收编的各类土匪就有2.5万余人。

此时，北满从关内来的中共部队总共不到1500人，党政地方干部也不过60人。陈云来北满之前，考虑到创建根据地过程中对敌斗争的需要，向辽东军区司令员兼政委萧华要了所属的原山东吴克华部三支队1个团3个营，

① 《黑龙江省组织史资料》，黑龙江人民出版社1992年版，第162、163页。

即著名的老七团（由老部队一个营扩建而成的）。这个团由支队长王奎先率领，在陈云和张秀山同志抵达后不久，迅速赶到哈尔滨市。这个团属于哈南军分区，其中的一营到达哈尔滨市后，由副团长王梁率领前去占领中长铁路的咽喉要道——哈南的双城县。二营、三营负责保卫北满分局和松江省的党军政首脑机关。还有温玉成率领从华中赶来的新四军3个团的干部架子，被分别派往哈东和哈北地区。陈云和张秀山就靠这点宝贵力量，集中使用，先在各地组建和扩编了8个团，形成拳头，与敌人进行了长期艰苦和顽强的斗争。

一直到1945年底，北满的大部分战略要地和交通线都曾被敌军和土匪占领，56座县城有29座为敌人掌握，三分之二的乡镇由敌人控制，敌我力量对比十分悬殊。

为了掌握有利地形和制高点，准备苏军撤走后占领哈尔滨市，张秀山带领几个便衣警卫，秘密巡查了哈尔滨的大街小巷。当张秀山等人来到哈尔滨火车站附近的全市制高点——圣•尼古拉大教堂时，浓郁的俄罗斯民族风情立刻感染了大家。这座东正教堂建于1899年，所有的圣物、圣像及大钟都是由莫斯科运来，古朴的钟楼和几个高耸的殿顶充满了异国情调。广场的西南角，有一座典雅别致的花园式小洋楼，它是原中东铁路管理局局长霍瓦尔特的住宅，当地人称为“白毛将军府”（解放后张秀山曾住此处）。张秀山随行的一位当地同志，把手指向哈尔滨火车站方向说：“这是一条秘密的红色之路。”陈独秀、李大钊、刘少奇、周恩来等共产党人，从这里奔向十月革命的故乡。中国共产党早期领导人瞿秋白，也在这里第一次听到了《国际歌》，闻到了“共产党的空气”。后来，他把《国际歌》的中文译稿发表在《新青年》创刊号上，从此“英特耐雄纳尔”的歌声传遍了中华大地。

张秀山望着到处金黄头发、蓝色眼睛的外国人，看着整齐行进的苏军巡逻队，沉默不语，他在思考苏军撤退后，我们如何占领哈尔滨，抢占东北，得准备几套应急方案……张秀山的目光聚焦在远方。

陈云、张秀山和几个工作人员，利用电台领导着几个省的工作。中共北满分局和松江省工委的人员都很精干，为便于工作和警卫，双方在一起合署办公。

据内部情报，陈云、张秀山一到哈尔滨就被国民党特务列入暗杀名单。①国民党特务头子殷为与军统特务“滨江本组”相勾结，曾经四次联手组织了特别行动队，预谋暗杀中共北满分局的领导人。敌特别行动队在陈云住处——哈尔滨市南岗区花园街24号附近设立了据点，以随时实施暗杀行动。敌人在暗处，我们在明处，所以防范工作相当困难。张秀山得知陈云住所附近出现可疑人员后，立即加强了那里的警戒，增派警卫部队。他告诫全体同志，无论付出多大代价，一定要绝对保证北满分局机关和陈云同志的安全。张秀山指示保卫部门组织精干人员，打进敌人内部，最终侦破了特务分子企图谋杀陈云同志的案件，抓获了国民党匪特19人。张秀山及时布置警力，防守严密，敌人几次暗杀阴谋都未能得逞。

11月中旬，松江军区成立，司令员卢冬生，政委张秀山，副司令员兼参谋长李寿轩，副政委李兆麟，政治部主任张池明。因“东北问题极复杂微妙”，当时东北局电示“松江军区名义暂不对外发文告”。松江军区司、政、供、卫机构相继组建起来，划分了五个军分区。

第一军分区（哈东军分区），司令员温玉成，政委董浩然。辖阿城、宾县、珠河、苇河、延寿、方正等县。

第二军分区（哈南军分区），司令员王奎先。辖双城、五常等县。

第三军分区（哈西军分区），司令员刘子奇，政委王建中。辖扶余、肇东、肇州、肇源、安达等县。

第四军分区（哈北军分区），司令员谭友林，政委李建平。辖呼兰、巴彦、木兰、东兴、兰西、青冈、通河等县。

第五军分区（牡丹江军分区），司令员李荆璞，政委金光侠。辖宁安、海林等县。②

事实上，中共主力部队尚未到达，松江军区只是成立了各部队的组织领导机构。中共军事干部极为缺乏，个别部队指挥员还没有到位。这些部队绝大部分由地方武装组成，实际领导权掌握在原地方保安队队长、公安局局长等人的手中。他们采取“明当八路，暗当中央军”的“挖底”政策，乘扩军之机，混进中共军队内部，这为国民党军队进攻时发生反革命叛乱埋下了隐患。

---

① 修来荣：《陈龙传》，群众出版社 1996 年版，第 245 页。

② 唐洪森：《国共争战大东北》，科学普及出版社 1999 年版，第 86—87 页。

17日，苏军军事委员会委员斯莫林科夫少将召见中共松江省委副书记兼哈尔滨市委书记钟子云（王友）。

钟子云回忆道：

斯莫林科夫说：你们要准备好，尽快把哈尔滨交给国民党政府接收。哈尔滨市委和哈尔滨日报以及其他党群干部可以留下，工会、青年团、妇女会等地方群众工作仍由你们负责。只是你们穿军装的部队和大的党、军机关撤到外县去剿匪、锄奸、做群众工作、建立革命根据地，我们暂在这里保护和帮助你们做群众工作。我向陈云、张秀山等同志如实转达了苏军的要求。我们为不退出哈市的问题曾连续多次找斯莫林科夫，他因没办法答复，也就不再出面接待我们了。因为很多干部想不通，不愿撤离哈尔滨，于是就请陈云同志出面找苏军领导商谈这个问题。斯莫林科夫让卫戍区司令官卡扎科夫中将来接待我们。陈云同志说：我们奉中共中央和毛主席的命令来的，不能退出这个城市。他们围绕这个问题谈了很长时间。开始时，卡扎科夫还比较客气，谈着谈着他的态度强硬起来，说：这是我们上级的命令，你们必须在11月23日退出哈尔滨。①

张秀山说："我们在哈尔滨刚落下脚，只住了一个星期，苏联红军就因为苏联政府和国民党政府签有条约，不得不让我们离开哈尔滨，由国民党接收。"

11月20日，在陈云的主持下，召开了中共北满分局、松江省工委和哈尔滨市委联席会议。

张秀山、聂鹤亭、李兆麟、钟子云等出席了会议。会议就目前的形势与创建北满根据地的任务作了认真的分析和部署，研究了如何对待苏军要求中共党、军机关和部队撤离哈尔滨等问题。

李兆麟通告了苏军的最新态度：如果明后天不走，还可能解除我们的武装。由于苏军阻拦，银行拖延经费提取，物资供应等都发生了困难。

会议就中共东北党政军机关撤离问题进行了充分的讨论。大部分人认为，撤退到距哈尔滨市东部的宾县比较合适。因为那里属于半山区，进可攻，退可迅速转移到山里。会议决定：中共北满分局，松江省党、军机关撤至宾

---

① 中共哈尔滨市委党史研究室等编：《中共中央北满分局》，黑龙江人民出版社 1998 年版，第 167—168 页。

县；中共哈尔滨市委转入地下，杨维任市委书记；哈尔滨保安总队（部队公开名称）分两路撤至宾县、肇东；哈尔滨市公安局负责抢运武器弹药；各机关、部队23日撤完。①会议确定今后党的中心任务是：依靠群众、艰苦斗争，创建包括中、小城市与铁路支线在内的广大农村根据地。张秀山就党政军机关人员三位一体，统一部署有序撤退，以及抢运军火仓库等问题，进行了部署。

中共宾县工委书记陈德京说：

> 11月21日我来到哈尔滨，向省工委书记张秀山同志汇报了宾县的形势。我的话音刚落，一位领导同志对我说："苏联与蒋介石签订了条约，中央决定我们撤出哈尔滨，你看到阿城好，还是到宾县好？"我说："阿城有铁路，一有事就先动。宾县交通方便又不方便，是半山区。说方便有公路，半山区对打游击有条件，进可攻，退可守，吃米烧柴都方便，只要有火柴用，有盐吃，就可以活动。"听了我的话后，他对我说："我们商量一下。"他同张秀山进了里屋。20分钟后张秀山与那位同志从里屋走出来。张秀山向我介绍说："这是陈云同志。"这时我才知道与我谈话的是陈云。陈云同志说："北满分局和部队机关决定到宾县去。我们先给你调一个排、两挺机枪。你先回去准备粮草，沿途了解情况。大部队随后就到。"当天下午4点，我由哈市回到宾县。路过蜚克图、满家店我都安排了住屋。晚上，我找到了赵三声，传达了陈云同志、张秀山同志的意见。为扫清社会障碍，当时决定查抄城内的两个国民党部。我们有了兵，赵三声又找一个带路的。领几个战士，把城内两个国民党部查抄了，抓了主要负责人，押了起来。②

北满分局联席会议后，为了安全起见，张秀山决定等部队到达蜚克图后，让松江军区副司令兼参谋长李寿轩带领参谋先行赶到宾县，安排北满分局、松江省委和军区等单位的进驻事宜。张秀山指示松江部队，一部分跟随分局和省工委进驻宾县，另一部分由王奎先同志带领，迅速占领双城、五常和拉林，发动群众，扩大武装。哈尔滨市保安总队2个大队1400人，进驻宾县。另外3个大队改编为3个团约3000多人，增派王学明（后任哈西专员）等30多名地

---

① 中共哈尔滨市委党史研究室等编：《中共中央北满分局》，黑龙江人民出版社 1998 年版，第 581 页。

② 中共哈尔滨市委党史研究室等编：《中共中央北满分局》，黑龙江人民出版社 1998 年版，第 207—208 页。

方干部，由王学明、刘子奇等人带领去了呼兰。他们接收了肇东、肇州、肇源、青岗、安达等县，建立了军分区、地委和专员公署，开辟了哈西根据地。

11月22日，陈云和张秀山致电林彪、彭真，说苏军虽要我撤到城外，但仍要求我领导机关、地方干部、警察留在市内工作；并要我方副市长即日就职；另，据闻苏军延至明年春天可撤。以上情况说明，环境并未变坏。“我们方针仍将主力部队及军事干部分散各县，放手发动群众，组织群众武装，肃清反动土匪，建立政权；在市内是争取群众，孤立国民党，以造成将来重入哈市的条件。”①

临行前，陈云、张秀山召集松江省和哈尔滨市有关人员开会，布置了撤离哈尔滨后的各项工作，指示党的干部要退出滨江省政府；除少数人外，一律转入地下；军队部署在哈尔滨市外围，逐步积蓄力量，随时准备转入反攻。鉴于保安部队人员成分复杂，在撤退的前一天晚上，陈云、张秀山等领导同志紧急召开了一次连以上干部会议，对一些可疑人员，当场采取了果断措施。他们向大家说明了我党“来去自由”的政策，从而，清除了一部分不坚定分子。以后，根据张秀山等领导人的命令，驻守在三棵树的工人自卫团300余人和市公安大队1000人也相继撤驻宾县，编入松江省军区所属部队。

在撤离时，因苏军阻拦，中共松江军区只从银行提走了200万元经费，其中哈尔滨市留下50万元。因经费紧张，部队大部分冬装无法解决，只好陆续向哈尔滨商人赊欠了1.2万套军服。当时，东北党组织在哈尔滨市扩军招兵，因为没有衣服，也没有饭吃，人边来边走，很长时间都没有招满名额。后来，陈云和张秀山指示李寿轩在抢运军火的同时，组织人力紧急抢运大批棉花，暂时解决了部队过冬棉衣的燃眉之急。

苏军虽然使用了许多强硬的手段，督促东北党组织尽快撤出哈尔滨，但他们还是提供了20辆汽车和急需的大量武器弹药，以及生活物资。以后，苏军一直与东北党组织互通美蒋情报，派部队参加了外县剿匪战斗，给予了东北党组织有力的支持。

12月中旬，依据苏联政府与国民党政府签订的《中苏友好条约》，蒋介石的接收大员关吉玉、杨绰庵等100余人，带领250多名原日、伪军的“铁石部

① 中共中央文献研究室编：《陈云年谱》（上卷），中央文献出版社2001年版，第433页。

队”，从沈阳乘火车来到哈尔滨，接收松江省政权。

苏联红军随即撤免了原松江省和哈尔滨市的所有行政官员，把几座办公大楼交给了国民党。国民党政府任命关吉玉为松江省省长、杨绰庵为哈尔滨市市长。他们前往李公馆拜访李兆麟，几次均被李拒绝。李兆麟辞去副省长的职务后，以中苏友好协会会长和抗日联军将领的身份公开活动。

国民党接收大员来到哈尔滨市后，大肆网罗日伪残余，炫耀国民党抗日功绩，欺骗和愚弄人民，过着花天酒地的生活。事实教育了那些被迷惑和相信国民党“正统”的老百姓，大街上流行起了“想中央，盼中央，中央来了更遭殃……”的民谣。

1945年11月22日，在陈云、张秀山率领下，中共北满分局和松江省各机关、部队的同志们，顶着凛冽的寒风，踏着皑皑的白雪，向宾县转移。由于部队的大部分同志没发棉衣和棉鞋，一路上，为了防止冻伤，大家没有乘坐汽车和马车，连跑带颠地向前行进……

宾县，位于哈尔滨市东部63公里，始建于1880年，旧称苇子沟。清朝初时，它是皇家的围场禁山。九一八事变后，著名抗日联军第三军军长赵尚志的“木炮轰宾州”等战斗，就发生在宾县。

转移途中，先头部队在距哈尔滨约20多华里的金家窝棚与当地的土匪（大排队）发生激烈战斗。我军迅速出击，打得土匪抱头鼠窜。陈云同志称之为“金家窝棚的枪声”。

当转移机关和部队快要到达约百十户人家的蜚克图（地名，满语草木丛密的狼窝）时，接到由宾县送来的紧急情报，说四和尚庙发现国民党“中央挺进军”300多土匪抢劫烧杀，鱼肉百姓。这伙土匪今晚还要进攻宾县，欲抢夺那里我军军备仓库的武器和弹药。根据情报，张秀山提出先发制人的歼敌方案：我军暂时不进入宾县，立即派出5个连的兵力，主动进攻，坚决消灭这股土匪，狠狠地打击国民党的嚣张气焰，给予敌人震慑。但军区领导同志意见分歧很大，歼敌计划未能实施。大家研究决定，机关和部队在蜚克图宿营，同时立即派出1个营兵力乘坐11辆汽车，急速增援宾县。负责保卫领导机关的哈南分区七团团直和二营留下继续担任警卫任务，三营在营长张来发、教导员丁勤秀的带领下，轻装乘车，火速赶往宾县。

当陈云、张秀山第二天率部赶到宾县县城时，战斗已经结束。李寿轩和陈德京向陈云、张秀山等领导同志报告了县城的情况。

1945年日本投降后，以宾县伪县长王恩周为首的汉奸官吏，成立了县治安维持会和保安大队。保安大队队长由原伪军少校于会堂担任。保安大队的3个连140余人中，有100多人是原来的伪兵，还有40多人是由当地招募的。11月2日，苏军进驻后，于会堂表面上积极进步，暗地里十分仇视共产党和苏联红军，准备配合国民党反动派进攻宾县。宾县城内驻有1个小队30多人的苏联红军。他们平时保持中立，闭门不出。11月21日，陈德京根据陈云、张秀山的指示，派中共党员韩谋智率领5名战士，查抄了国民党宾县党部和党务专员办事处，逮捕了国民党党员李芸培等人。

11月22日，李寿轩等先行进驻宾县。11月23日晚9时，我军增援的三营300余人乘车赶到宾县，他们与县里秘密联系后，悄悄潜入一所中学休息待命。

夜晚11时左右，四和尚庙的国民党“中央挺进军”300余人，利用夜幕掩护，在于会堂等叛匪的配合下，里应外合攻进了宾县县城。整个县城枪炮声响成一片。土匪们攻占了李寿轩的住所，冲进了拘留所，抢走了李芸培等5人和100多支步枪、3挺机枪、1辆汽车。敌人接着攻击我军的军备仓库。

紧要关头，三营分三路从背后向国民党军发起了猛烈攻击，国民党军全线崩溃，落荒而逃。我军经过两个小时的战斗，基本上肃清了城内的土匪，共毙俘土匪40余人。

当时，宾县境内有各类土匪武装50多股，近2000人，而我军不过1000多人，且大部分是新兵，部队的成分比较复杂。针对这种情况，张秀山告诫县里和警卫部队的负责同志，要他们时刻警惕，严查城内敌人暗探，防止敌人再次从内部发动突然袭击。

果然，一个月后，我军撤退到宾县的一个连叛变。他们打死松江省军区机要员和警卫排排长，围攻中共北满分局和松江省委，手榴弹都扔到了陈云住处，陈云和张秀山等领导同志亲自参加了平叛战斗。

张秀山从破获的特务组织成员交代中得知，几次土匪袭击宾县县城的活动，都是在哈尔滨市的国民党特务子殷为、张渤生等联合土匪精心策划的。国民党军统领导的“中央锄奸团”团长张兴邦，派遣女特务、他的妻子阎秀霞去宾县，伺机暗杀陈云、张秀山等中共领导人，他们妄想趁共产党在宾县立足未稳，消灭其首脑人物，打乱共产党的后方。

匪情紧急，张秀山白天协助陈云同志领导各地工作，晚上率警卫部队夜以继日地巡逻放哨，就是睡觉也是枕戈待旦。为防止形势突变，他建议给每一位从关内来的老同志发一支短枪和几颗手榴弹，以防不测。张秀山以他精心思考、周密安排和大胆果断的工作作风，给陈云和同志们留下了深刻的印象。

中共北满分局进驻宾县后，取消了县维持会，成立了民主政府，任命陈德京为县长。张秀山重新部署全城各个重点部位的警卫部队，清理整顿县保安大队，任命战斗经验丰富的王伟任队长，调季铁中为政委。不久，哈尔滨市三棵树铁路工人自卫团300余人，在老工人出身的张永棣团长率领下到达宾县。松江省军区将其改编为特务团（后因东北老百姓对“特务”一词反感改称警卫团）。实际上，这个团只有一个营的兵力，是由胡铁桥、李子正同志发展组建的。这支部队由工人组成，政治上可靠，阶级觉悟高，战斗力强，对保卫我党政机关作用很大。

中共北满分局和松江省机关撤至宾县后，办公地点选择在宾县县城的一个天主教小教堂里（现为中共北满分局纪念馆）。宾县一下子成为北满的中心。人们把宾县称之为“小延安”。

陈德京和季铁中是由关内回来的老同志，都是宾县人。季铁中是延安中央党校二部的学员，张秀山的老部下。季铁中经常在空闲时间，把一些延安来的老同志聚到他家改善伙食，张秀山利用这个时机与大家谈心和研究工作。他们对宾县的情况熟，社会关系多，对稳定县里局势起到了很大的作用。张秀山说：“陈云同志常找他们开座谈会，研究宾县城内社会各阶层对我党我军的态度，考虑我们在北满应采取的斗争方针和策略。他除了讨论政治形势及具体工作外，也常对分局干部及松江省委干部谈思想方法。他把唯物辩证的思想方法归纳为‘交换、比较、反复’六个字。”①

紧张工作之余，张秀山不忘记做党的统一战线工作，他听说被毛泽东、朱德称之为：“国家民族之干城，亦爱国人士之领袖”、在西安事变中遇难的东北军爱国将领王以哲就出生在宾县的东偏脸子屯，而王以哲的一个姐姐就住在宾县。他马上与省军区司令员聂鹤亭一起前去看望这位老人。此事在地

---

① 中共哈尔滨市委党史研究室等编：《中共中央北满分局》黑龙江人民出版社 1998 年版，第 160 页。

方上引起不小的震动，许多人都认为共产党够朋友，靠得住。

中共北满分局领导只有陈云和张秀山，工作特别忙，生活也很艰苦。大家的生活由松江省工委供给，一律不发津贴，管吃管住，伙食标准很低。即便这样，他们仍尽量缩减生活开支，保证工作所需。有时经费短缺，张秀山就找陈德京，让他找商会研究，安排各商号出钱与物，临时解决一下供给困难。如果有重要的军事行动，陈云与张秀山商量后，由陈云下达命令。

松江军区作战科长王宏伟说："那时的战斗岁月是异常艰苦的。记得一天傍晚，张秀山政委叫我随他去首长处接受任务，我跟他进了一间不过10米的住室。室内陈设简陋，一张军人铁床上面几乎没有铺盖，一张小写字台，上面亮着一盏瓦数不大的台灯。我们的脚步声惊动了首长，他转过脸看我们，我立即从他那亲切的面孔上，认出他就是陈云同志。陈云同志示意我们坐下……我们（动员哈市伪军学校学生起义参军和抢运医疗器械）的任务完成的很好。"①

1945年11月28日，东北人民自治军松江军区（或称松江人民自卫军）奉命公开成立。松江军区由聂鹤亭任司令员，张秀山任政治委员，李寿轩任副司令兼参谋长，李兆麟兼副政委，张池明为政治部主任。军区机关设司令部、政治部、供给部、卫生部。

松江省军区以哈尔滨市为中心划分成哈东、哈北、哈西、哈南等四个军分区和牡丹江军分区，总计五个军分区。②

在军区第一次连以上干部会议上，张秀山作了形势动员报告。在讲完部队为什么从大城市转移到小城市的原因后，他指出：

> 我们不是不要大城市，撤退后我们每个县都组织了一个县大队，为全面占领东北做准备。苏联红军撤退时，我们再里应外合回到大城市……我们要放手发动群众，组织武装，肃清反动土匪，建立政权。
>
> 我们一进宾县，就遇到反革命进攻。我们只有发动群众，才能扩大军队，建立政权。这边山东、河北的人多，我们对于中间分子，要尤其注意。

---

① 中共哈尔滨市委党史研究室等编：《中共中央北满分局》，黑龙江人民出版社 1998 年版，第 201 页。

② 黑龙江省地方志编纂委员会编：《黑龙江省志·第六十六卷·军事志》，黑龙江人民出版社 1994 年版，第 75、76 页。

我们必须消灭反革命，他们才能不动摇。

我们要准备打仗，准备战斗。这地方反革命武装才三四万人，也没有战斗力。将来我们出击时，要特别注意群众纪律，军事上胜利还要政治上胜利。我们的部队就是宣传队，我们口头不讲，纪律好，老百姓就会拥护我们。金家围子我们打胜了，但是群众纪律不好。老百姓丢了许多东西，因此政治上没有胜利。后来四连去了，做了工作，赔了一部分钱，群众又争取过来了……光有军事上胜利，没有政治上胜利，任务只完成了一半。

关于建军问题，他说：

我们要把部队真正建成为八路军。我们要特别注意政治教育，强调阶级教育，因为我们是无产阶级领导的军队。这次宾县战斗说明了我们战士政治上是糊涂的。三大纪律八项注意，服从命令听指挥，是人民军队的生命线。最近有的部队什么都向商会要，商会很恐慌。以后，由供给部统筹。从今天起，部队建立伙食单位，不准向老百姓要吃的。我们强调从实战出发，进行军事训练。边战斗，边训练……新部队一般说是好的，但是还有个别坏人混进去了。因此，连队首长要特别注意审查国民党特务，我们要把他清除出去，防止他捣乱。

新老部队要团结起来。本地干部很好，如抗日联军干部。外来的干部要尊重本地干部。大家要互相尊重，互相学习，互相帮助。这次老部队打得好，新部队战斗力就差一点。我们的口号是：新部队向老部队学习。我们特别要传令嘉奖八连和九连。

对于支持地方工作问题，他说："这里县政府和县委已经成立，我们部队的每一个人都有帮助地方的任务。拥政爱民、清查户口。清查时，我们的态度要特别好。城市秩序建立以后，我们再去发展农村……"①会后，部队展开了政治和军事整训工作。

1945年11月下旬，"陈云同志接到东北局的电报，问'高岗和洛甫来何处找你？'陈云同志回电报说在哈尔滨见面，因乡下到处有土匪"。②

---

① 张秀山：《在松江省军区第一次连以上干部讲话》（手抄件）。

② 张秀山：《北满分局在宾县》，载中共哈尔滨市委党史研究室等编：《中共中央北满分局》，黑龙江人民出版社1998年版，第160页。

陈云决定，把张秀山留在宾县主持中共北满分局工作，自己乘苏军汽车去哈尔滨。在哈尔滨市南岗区的一幢小楼——北满分局秘密机关里，陈云、高岗和张闻天针对东北形势和北满实际情况，以及干部中的混乱思想，连续讨论了三天。11月30日，由陈云主持起草，以他和高岗、张闻天的名义，给东北局并转中共中央发去了《对满洲工作的几点意见》的电报，指出了国民党军队在美国的支持下，已经占领了山海关到锦州一线，正向三大城市推进，使我独占满洲已没有可能。电报指出了当前东北工作的基本方针：

> 集中必要的武装力量，在锦州、沈阳前线给国民党部队以可能的打击，争取时间。同时将其他武装力量和干部，有计划地主动地和迅速地分散到北满、东满、西满，包括广大农村、中小城市及铁路支线的战略地区，以扫荡反动武装和土匪，肃清汉奸力量，放手发动群众，扩大部队，改造政权，以建立三大城市及长春铁路干线两旁的广大的巩固根据地。
>
> ……
>
> 在北满迅速建立根据地的最大困难，在于老部队缺少。直到今天为止，北满的老部队不到1500人，新组建的部队已达25000人。在人力和武器方面说来。大的发展可能性是具备的，如果再有3个月的时间，东北局能够从南满抽调4个大团进入北满，组成五万以上有战斗力的部队，是有把握的。否则，部队的数量虽大，不但不能战斗，而且其可靠性也是成问题的。最近宾县、北安被蒋匪攻占，某些新部队叛变，应该引起我们的严重警惕。这种情况，在国民党进入北满之后，必将更加严重。以上各点，对迅速建立根据地有重大意义，望东北局帮助解决，并请转中央。①

刘英（张闻天夫人）说：

> 当时，北满分局就那么几个人，陈云、闻天、秀山，很少的几个人啊！我听过张秀山同志的几次报告，讲得非常实际，解决许多问题。他是一位很有工作经验、很能干的领导。秀山能解决问题，陈云就抓他。大家缺什么、有什么要做的工作就找他，工作配合的很好。这是闻天工作比较愉快的一段时期。②

---

① 《陈云文选》，人民出版社 1984 年版，第 223、224 页。

② 张元生访问刘英记录，2002 年 6 月 4 日。

12月6日，陈云、高岗、张秀山、李兆麟致电东北局并报中央，请示有关北满分局组成人选问题。中共中央于1946年1月6日复电，同意由陈云任书记，陈云、高岗、洛甫（张闻天）、张秀山、李兆麟为北满分局委员。①

12月13日，中共中央致电东北局："高岗、陈云要求派老部队一个大团到北满，应从速派去。因其北满建立武装与根据地将是更比较有安全保障的。"②12月14日，彭真、罗荣桓致电三五九旅刘转连部，并告陈云、高岗和中央军委："九（359）旅应于接电后三日内出发北进……"，③接着东北局又派出山东七师、田松支队从南满来到北满根据地，以协助松江省军区剿匪。

三五九旅在旅长刘转连的带领下，从梅河口出发整整走了两个月。陈云和张秀山焦急地等待着三五九旅的到来，他们每天都问秘书，刘转连他们到什么地方了。然后就在地图上找出他们所在的位置，计算出与宾县的距离，商讨剿匪有关事宜。

中共北满分局和松江省等各机关单位的到来，使宾县各种生活物资骤然紧张。一些不法奸商乘机投机倒把，每天组织八辆大汽车去哈尔滨运送各种物资，使当地的粮食、柴、猪等生活物资，大量外流到国民党接收的哈尔滨等地，加上"九省流通券"的影响，城内的物价逐渐高涨起来。

12月4日，张秀山组织大家研究，以松江省工委名发出了《关于各地注意制定适宜的经济政策的通知》，指出：由于我们转入中、小城市和次要铁路沿线及乡村，我们的物资供给就更加困难。若不及时解决便会影响部队的扩大和巩固，因此，首先调查清当地群众生活状况和土地产量及生产种类、群众负担状况等，制定合理的经济政策，使征收物质和粮食达到合理负担。另外，搞清敌伪财产及军用物资的数量，除军用外，亦应适当救济贫民。④

1946年2月，宾县市场的每斤大米5元、白面6元、猪肉18元、豆油9元……地产的大豆、高粱、酒、蔬菜、柴及房租等日渐涨价，使党本来就很紧张的财政经费，更加捉襟见肘。18日，张秀山主持召开了经济工作会议进行了研究。陈云参加了会议，作了重要指示。会上大家分析，如果宾县现存的约11万吨粮

---

① 中共中央文献研究室编：《陈云年谱》（上卷），中央文献出版社2001年版，第436页。

② 《彭真年谱》，第一卷，中央文献出版社2012年版，第354页。

③ 《彭真年谱》，第一卷，中央文献出版社2012年版，第354页。

④ 丁晓春等编：《东北解放战争大事记》，中共党史资料出版社1987年版，第28页。

搬运完了，离新粮下来还有9个月，城内的粮食必然缺乏。

县长主张到乡村中收集公粮，征收税捐，但因四周村屯土匪横行，必须用武装保护。张秀山认为这不只是土匪问题，而须设妥善办法，求得根本解决。

有人反映，虽然宾县的物价比以前高得多，但比哈市还低一半。加之上次我军为了紧急运送军火临时征用了大批车马，致使县城附近的乡村大车不敢进城，也是引起油盐柴等物价高涨的原因之一。

有人认为，现在政府不收一切税捐，商人很赚钱，贸易太自由了。老百姓虽然从党政军房租中得到一些好处，但生活上感觉很困难。

还有人说，哈尔滨市如果受到影响，国民党反动派必定乘机造谣，是我党收税所致。最好我党以政府名义自行发行货币，虽然需要一段准备时间，但是这样既对我党的政治影响和经济作用很大，又能抵制伪币及流通券渗入。

在这次会议上，张秀山综合大家的意见，提出了具体的实施办法。

1.成立松江省宾县税务机关，由县政府负责筹备，于一个星期内施行。主要人员由党组织派出，下级事务人由当地采用，以合乎手续。张贴公告于必要地点。

2.成立松江贸易公司，由供给部筹备，按业务情况组织。发行货币1000万元，以税后作保证。下级技术人员如专门人员，由地方采用。地址设在宾县兴农金库旧址。货币额以10元、50元、100元为标准，用以收买物资，不可乱用于公务上，以保持我方的信用。①

这些办法的实施，为我党掌握政权后，发展东北经济，摸索到一些经济规律，提供了许多有益的经验。

三、剿匪建政

东北解放后，各地土匪蜂起，成为建立巩固的根据地的一大障碍。

中共松江省委撤至宾县后，加紧选派军政干部去接收各县政权，各地新成立的保安武装也派去了政委或指导员。然而，这批干部和东北各地一样，均遭土匪攻击，受到重大损失。随着松江省的延寿、方正、通河、木兰等地先

① 张秀山:《在研究宾县经济贸易形势会议上的发言》(1946 年 2 月 18 日)，抄录件。

后发生反革命叛乱。松江省所辖20个县（不包括牡丹江），除宾县（一度被土匪攻占）、呼兰、巴彦和双城仍然在我党控制之中外，计有15个县的武装相继发生了严重叛变，人数达1.9万余人。松江省大部分地区被国民党“中央胡子”和土匪、特务盘踞。哈东二团除少数干部外全部叛变。他们疯狂活动，到处袭击共产党干部，屠杀革命群众。党组织派往苇河、珠河、延寿等地的干部被打死或打伤，派往各地担任保安武装政委或指导员的干部几乎全部被杀，宾县一度处于叛变土匪的四面包围之中。

1945年11月末，北满分局召开了高干会议，提出了“扫荡反动土匪武装，肃清汉奸力量，放手发动群众，扩大部队”①等任务，确定彻底消灭土匪的方针，开展轰轰烈烈的剿匪斗争。

12月2日，张秀山主持召开了松江省军政干部会议。会上，张秀山批评了部分干部中存在的和平幻想和“部队新组建，成分复杂，不易打硬仗”的顾虑，主张不失时机“搞拳头”，争取在苏军撤离之前，集中使用各军分区的老干部，组成强有力的武装部队，在剿匪的实战中锻炼和发展部队，制止匪患在北满蔓延。他的建议得到陈云和与会大多数同志的支持。会议决定：对新组建的部队进行组织整顿，纯洁队伍；彻底消灭土匪残余，为创建根据地扫清障碍。会议确定了“建军、剿匪与发动群众”三位一体的工作方针。

松江省成立了军政委员会，由张秀山任书记，实行一元化领导。李兆麟、聂鹤亭、李寿轩、张池明为委员。②张秀山决定以哈东军分区8团（团长赵峰）、9团（团长周继光）、哈南军分区一团、7团大部（团长刘登远）为骨干部队，抽调哈北军分区四团和炮兵团一部分兵力，集中起来，作为剿匪主力部队，组建剿匪司令部。张秀山亲自担任司令员兼政委，温玉成任副司令员兼副政委，向全省发布了剿匪命令。③

1945年12月初，剿匪部队经过10余天短期整训，陈云、张秀山等领导同志在全体军人大会上，做了剿匪战斗动员。剿匪战斗随即展开。

松江省大规模剿匪战斗的开始，标志着我党在东北的战略方针从夺取大

---

① 中共哈尔滨市委党史研究室等编：《中共中央北满分局》，黑龙江人民出版社 1998 年版，第 7 页。

② 中共中央东北局秘书处编印：《中共中央东北局重要档案汇编》，1954 年 8 月 1 日。

③ 中共中央党史资料征集委员会编：《辽沈决战》，人民出版社 1988 年版，第 69、90 页。

城市到建立广大的农村根据地的实际转变，为北满乃至东北根据地的建设提供了宝贵的经验，起到良好的示范作用。

那时，国民党反动派组织的各股土匪所采取的战术都是聚轰而攻之，散逃而遁入山林。匪徒大多是本地人，消息灵通，来去不定，大部队很难觅其踪影，这些散匪对我党下派的土改工作队威胁极大。我军剿匪部队原计划先打在宾县附近的高丽帽子的土匪，等我军赶到高丽帽子，狡猾的土匪早已闻风逃遁。

我军侦察员报告：双城东部八家子、周家店一带，有“国民党先遣军第三军”军长王正午及左建堂匪部在那里进行整编，指挥部就设在八家子。

王正午匪部下辖5个团，共纠集乌合之众3000多人，分散在八家子附近的村镇。其中有我哈东军分区驻玉泉城内的保安二团叛匪300余人。他们勾结土匪，利用国民党中央军的招牌，抢粮劫财，扰害乡民，奸杀妇女，公然叫嚣要与共产党和八路军顽抗到底，是松江省最大的一股土匪，他们曾参与攻打宾县县城。

八家子位于五常、阿城、拉林之间，即五常县城北45公里处，清末以来就是一个比较大的集镇。这里地势较高，四面都是开阔地，屯内筑有土城墙和护城沟。境内的北筒沟有著名的金太祖墓地。

松江剿匪司令部决定，由张秀山亲率剿匪主力1800人，迅速出击，长途奔袭，围歼敌军指挥部及其主力部队。

张秀山的警卫员张纪怀回忆道：

那时，军区刚成立不久，地方部队还没有健全起来。

东北的土匪是比较刁顽的，单兵经过训练，早在日本鬼子统治时期他们就练就一身为非作歹的本事。有的头目甚至还能双枪打飞鸟，加上土匪熟悉地形，给我们剿匪工作带来了一定困难。

12月12日，我们获悉一股土匪进入了“八家子屯”。当时，政委张秀山带着我和其他有关人员，骑马迅速赶到部队驻地。由于我没有骑马的经验，下马时左脚挂在了马镫子上，右脚还未着地，身子立刻倾倒在地下，马拖着我小跑，张政委看到后，立即勒住马，一手将我提了起来。这是我一生中难以忘怀的首长对一个警卫员的深情厚意。

为了抓住战机，尽快消灭土匪，经过紧急研究，秀山政委带着一团，于当日傍晚出发。

时值寒冬腊月，遍地是雪，北风呼啸，尤其在夜晚零下40度以下夜行军，对关内来的同志还是第一次。在漫天白雪的映照下，虽然是夜晚，天还不算特别黑暗。为了隐蔽行军，部队都反穿棉衣或大衣露出白色的里子，帽子也用白毛巾包起来。除了鞋子外，基本上变成了“白人”。夜行军本来是个常事，但在严寒中行军却遇到一些新的问题。首先，战友们的眼睫毛要经常擦，不然呼出来的气，结成冰霜，影响视线。其次，手易冻麻，连大小便解裤子都要互相帮助。再次，是穿鞋子走路问题，穿上靰鞡鞋，在雪地上行军走路又轻又保暖，可是有的同志穿的是日本的大头鞋，每走上百十步，就成了“高跟鞋”，而且越走越高，如不搞掉，简直无法走路，同志们只好边走边用刺刀砍。①

一夜急行军，拂晓前即赶到了目的地。张秀山率领部队，在八家子以北与前来的各剿匪部队汇合。

张秀山随即下达了战斗命令：七团包围八家子南部和西南部；一团包围西部、北部和东北部并负责打援，留出东门，诱敌出逃，命自卫军朝鲜族大队在距踞东门两里处设伏……天亮后，我军从南、西、北三面向敌人发起进攻，务求多歼敌人。

12月13日天亮前，战斗准时从南部、西部和北部同时打响了。顿时，八家子周围枪声大作，杀声震天。

在发起攻击时，部队遇到新的问题。八家子屯虽然不是县城，但地势高，四周筑有土城墙，还挖了两米多深的护城沟。沟边有冰雪冻成的坡，下沟容易，上沟难。前面地形开阔，土匪顽抗，阻滞了部队前进，增加了不少伤亡。

八家子刚刚下了一场大雪。我军主力部队的战士大多来自关内，有相当一部分战士没有棉衣、棉鞋或棉手套。他们不顾天寒地冻，英勇顽强地向敌人发起一次又一次的猛烈冲锋。敌人尸横遍野，有的土匪还没有来得及穿上衣服，就被我军俘虏。我军战士的鲜血也染红了冲锋路上的雪地……

守卫在八家子的土匪们特别嚣张，他们仍顽固地叫嚷着：“你们土八路别想进来，赶快回去吧！”关内来的老部队战斗经验丰富，他们在强火力掩护

① 张纪怀：《剿除土匪、巩固根据地》，1999年5月。

下，组织搭人梯爬上河沟。勇猛善战的老七团的战士们，率先在城墙西南角炸开缺口，攻入城内，动摇了敌阵军心。

紧接着，我军一团等部队，从西北两个方向突破敌人防线，敌人全线溃退。匪徒们边打边撤，战士们与敌人展开了激烈的巷战。部队穿插攻击迅速逼近匪徒指挥中心——一个设有土碉堡的地主大庄院。

地主大庄院原是一个“烧锅”（烧酒作坊）大院。它的四周有四米多高的土院墙，墙体上不仅泼了很多水，结成了坚硬的冰，而且还有许多射击孔。敌人凭借有利条件负隅顽抗。院墙又高又滑，战士们爬不上去，使我军突击队的攻击行动受阻。我军集中迫击炮、掷弹筒和轻、重机枪对准敌人阵地猛烈轰击。不多时间，就把院墙轰出一个大洞。土匪们慌忙用门板等物品把大洞堵住，仍然拼死抵抗。仗打得很残酷，一次冲锋就有五六个同志牺牲或受伤。后来，担任前沿指挥的营长调来五挺机枪封锁敌人火力，才将受伤的战士救下来。战斗激烈异常，从早上一直打到中午。

张秀山命令停止进攻，以避免更大的伤亡。他把前线指挥部移到距离大庄院二三百米的一所学校里，指挥部队对土匪展开政治攻势，向他们喊话劝降。土匪们拒不投降，幻想着附近的土匪前来增援。张秀山命令部队收集梯子和绳索，准备在晚间攻打敌人。

战斗打响后，附近村镇的土匪赶来增援，被我军一团的战士们大量杀伤后，纷纷溃散而去。

固守在大院的匪徒们，见援兵迟迟不到，感到事情不妙，准备逃跑。天黑后，敌人在院东面院墙下面的一个排水沟处挖了个洞，妄想一个一个潜逃出去。

我军发现后，立即组成一个突击小组，在强大火力掩护下，直冲敌堡。战士们轮起大斧砍开用柳条草泥编筑的院墙，奋力掷进几十颗手榴弹，把剩余的敌人送上了西天。

逃跑的敌人在东门遭到了我军朝鲜大队的伏击，打死打伤者无数，被打散的乌合之众丢盔弃甲，向阿城方向拼命逃窜。战斗整整进行了一天。

战斗结束后，张秀山指挥战士们打开土匪和地主的粮仓，分给老百姓，并召开群众大会宣传共产党的主张，号召人们团结起来，剿灭土匪，建立民主政权，扩大了我军的政治影响。

随后，张秀山率部跟踪追击，继续围歼八家子、周家店一带的敌人，给土匪以致命的打击。

张纪怀说："当时剿匪困难很大，土匪地形熟、打枪准、匪性刁顽。张政委不仅战斗经验丰富，而且骑马打枪样样行。他带的部队，作风英勇顽强，打得敌人望风而逃。"①

这是松江剿匪战斗中的第一个大胜仗，基本上消灭了国民党先遣军第3军主力部队，先后共毙伤敌470余人、俘敌357人，缴获轻重机枪20余挺、步枪300余枝、掷弹筒10余个及战马80余匹，打散1700余人。我军牺牲240人，伤30余人。

据松江省人民自卫军政治部的《前方快电》报道："群众对我军之不辞劳苦，冒雪远征，为民除害，咸表敬意，所到之处百姓欢腾。当我军攻占八家子、周家店时，群众纷纷自动慰劳我军，送肉送菜，喜形于色。对此次之伤员，体贴尤为周到，抬担架，借被子，无不争先恐后。一位63岁之老农对我战士说：'你们为我们打土匪，除祸害，因而受伤了，我们真是感激得很。'战士睹此情形，士气愈高，决心不顾一切，誓为彻底消灭所有匪伪而战。"②

八家子和周家店战斗的胜利，狠狠地打击了国民党反动土匪的嚣张气焰，铲除了作恶多端的王正午部匪徒的老巢，锻炼了部队的冬季作战能力，坚定了群众革命胜利的信心，极大地鼓舞了根据地军民的斗志。

当地老百姓看到共产党的军队是为穷人打天下和除祸害的，纷纷送孩子参军，使我军队伍迅猛扩大。这次战斗，由于我军服装单薄，被冻坏手脚的战士约100余人，其中还有截肢致残的。为此，张秀山与陈云多次商谈解决部队的冬季服装问题，以保证剿匪战斗的正常展开。

陈云的秘书刘达回忆说：

> 从这以后，部队的服装补给工作就显得非常重要。陈云同志经常念叨：金家窝棚、八家子、手套、帽子、靰鞡、大衣。他几乎每天都要念叨几遍，表示这是非常重要的事情……我们在哈尔滨市搜集到了近十万张牛

---

① 张纪怀:《剿除土匪、巩固根据地》，1999 年 5 月。

② 《我军攻占八家子、周家店两要地》(1946 年 1 月)，载黑龙江档案馆编:《剿匪斗争》(内部发行)，1982 年版，第 223 页。

皮和一部分棉纱、棉布，对我们解决部队过冬问题起了很大作用。①

部队经过短暂的休整和补充兵员，由张秀山率部继续北上剿匪。在部队路过料甸子村宿营时，张秀山和温玉成住在一位老乡家里，因煤烟中毒，险些出事。但是，他们只休息了一天。

12月30日拂晓，张秀山率部突然包围蹿扰到张家油坊的国民党"先遣军第二师"1个营。

在炮火和机枪的掩护下，我军向敌人发起猛烈攻击，很快就攻入村子。剩余的土匪龟缩到村西一个地主宅院里。这个大院设有炮楼，而且院墙高大，易守难攻，敌人利用有利工事，拼命顽抗。为了避免重大伤亡，张秀山命令部队停止进攻，集中所有炮火，轰击敌人固守的阵地。敌人被炸得魂飞胆破，被迫撤离大院，拼命向村外突围。我军轻、重机枪一齐开火，打得敌人抱头鼠窜，尸横遍野。我军乘机向敌人发起追击，一连追击了3个村庄，直到下午3时战斗结束，共毙敌67名，伤敌40余名，俘敌66名，缴获轻重机枪8挺，步枪147支。②只有少数土匪逃脱。我军以伤亡十几人的较小代价，取得了较大的胜利。

张秀山又率部急速奔袭糖坊、满井等地，"不停息地打击"国民党"东北保安军"刘铭九、徐占海等部。

刘铭九是阿城县平山镇有名的大地主。我军进驻该地之前，他在本地组织了保安队。之后，我军收编了这支保安队，组成了阿城自卫团，后把自卫团改编为哈东军区第三团，任命刘铭九为团长，派一部分从关里来的老红军到该部任职。如团政委陈克明等人，以改造这支部队。

在国民党反动军队向我根据地发动进攻的时候，刘铭九勾结土匪刘树恒部，公开打出国民党"东北保安军"的旗号，杀害了副团长华锡侯等7名指战员，拉走70多人，叛变投敌。

刘铭九匪部逃到距宾县县城西北40公里的满井一带招兵买马，人数增至200多人。他勾结土匪徐占海、刘树恒、石云鹏等部共计600余人，陆续占据

① 哈尔滨文史资料研究委员会编：《哈尔滨文史资料》第8辑，1986年版，第53、54页。

② 《张家油坊剿匪大捷》（1946年1月前方专电），载黑龙江档案馆编：《剿匪斗争》（内部出版）1982年版，第223页。

了糖坊一带，捣毁新生的民主政权，屠杀革命群众，气焰十分嚣张。

糖坊，位于宾县县城西北60公里，它西界阿城，北临松花江，与呼兰隔河相望，地理位置十分重要。

老七团指挥员刘登远说：

> 12月底，张秀山政委亲自指挥我七团2个营，一团和三团一部分计1000多人，包围了宾县的糖坊。被包围在糖坊的除刘铭九、徐占海部土匪外，还有刘树恒、石云鹏、阎克俭等几伙匪徒，共有600多人。
>
> 战斗是早晨六点钟开始的。我们七团的部队很快就攻破了东门，并迅速地解决了东门内的土匪。当我们占领南街之后，一团的部队也突入西门，向刘铭九的指挥部福义魁大院扑去。土匪狗急跳墙，开始向我们反冲锋。敌我双方激战了一上午。到中午时，刘树恒、阎克俭那伙土匪突破我们的包围，逃出了糖坊镇。镇子里只剩下了刘铭九和徐占海部的土匪约300多人。但是，这些土匪非常顽固，据守在福义魁大院和几座炮楼里拼命抵抗。我们七团和一团攻了几次都没打进去，还受到一些伤亡。在进攻受挫的情况下，我们只好把部队撤下来休息，等天黑以后，再往里攻。
>
> 到半夜时，我们集中了迫击炮、掷弹筒，一起向大院和炮楼轰击。炮火把院内的房子和草垛都打着了，火光把大院映得通红。轰了一阵后，我军又从四面往里攻。在我军的猛烈攻击下，土匪纷纷缴械投降。匪首徐占海腿部受伤后，被我们抓住了（后来在押送时，他用拐杖反抗，被战士用枪打死），而叛匪刘铭九在激战中被炮弹炸死。
>
> 这次战斗，虽然我军伤亡100多人，但是彻底消灭了叛变的刘铭九匪部，解除了土匪对我宾县县城的威胁，也为宾县的老百姓除了一大祸害。①

1946年1月4日，东北人民自治军改称东北民主联军。同时，北满军区奉命成立。司令员高岗，政委陈云（兼）。同时，我松江部队一团、四团、七团、八团和炮兵团分路围剿各股土匪。

1月13日，359旅8000余人到达松江省南部。在陕北绥德反磨擦战斗和在中央党校时，这支部队的许多指战员都与张秀山并肩战斗一起学习过。该部

① 《后方的前线》，解放军出版社1986年版，第284页。

随即向北满根据地腹地开进剿匪。

1月22日，松江部队解放木兰县，又收复了方正县。23日，359旅解放了延寿县。接着，两支部队会师后沿江东下，挥师直奔匪穴通河镇。盘踞通河的蒋介石委任的国民党第一集团军上将总司令李华堂匪部，闻讯仓皇出逃。以后，部队转战东兴等地。杨国夫七师、田松支队等主力陆续到达北满，参加了剿匪战斗。

1946年1月，珠河伪警察、国民党新编二十七军一〇六师师长刘昨非成立了“国民党挺进军五县联合纵队”，他纠集了五常、延寿、苇河、方正和珠河等县多股土匪计1700人，盘踞在五常县东部重镇小山子城内，奸淫烧杀，无恶不作，公然与共产党对抗。

小山子镇史称太平山，始建于清朝咸丰年间，其境内东部的苇沙河左岸的保龙殿，是金太祖完颜阿骨打的诞生地。

> 2月6日，松江省委书记兼省军区政委张秀山决定：派哈南军分区司令员王奎先为总指挥，率领7团、9团、骑兵团和五常独立团，前往小山子剿匪。
>
> ……当时天降大雪，路上积雪一尺多深，十分寒冷，战士们风餐露宿，克服了重重困难，于农历正月十一（2月12日）到达小山子城外。三面包围，与敌人展开了激烈的战斗……负责攻打东北城墙的七团七连（曾转战太行山区，屡立战功，被朱德总司令命名为“钢铁连”）的全体指战员，借着灯光，冒着弹雨，多次发起冲锋，付出了极大的代价，没能攻入，连长李财顺及部下72名战士壮烈牺牲。
>
> 2月17日拂晓，负责攻打西北城墙的五常独立团，冒着枪弹冲到城下，用炸药将城墙炸开，全军立即杀进城内，敌军顿时一片混乱。人民自卫军在城内与敌展开了激烈的巷战和白刃战，消灭700多敌人，街道上布满了敌人的尸体。刘昨非、“一枝花”等匪首率残部从城东南向山里狼狈逃跑。经过七天七夜的激烈战斗，终于歼灭了国民党挺进军的所谓“五县联合纵队”，小山子从此解放。①

张秀山率部主动出击剿匪，使敌人的阴谋被及时粉碎，为我党从南满急调主力争取了宝贵时间。三五九旅等主力部队到达北满根据地后，使我党的

---

① 《五常县志》，黑龙江人民出版社 1989 年版，第 642、643 页。

力量骤然增强。主力部队与松江省军区联合东征西讨，横扫南北，连续收复了通河等多座县城。

经过5个月的连续艰苦战斗，松江省军区部队会同三五九旅，共进行大小战斗102次，相继收复县城12座，击溃敌人12000余人，毙俘敌人6000余人，缴获枪械约2万支。①我军牺牲400余人，伤800余人，冻伤700人。

截至1946年4月，松江省的大部分有组织的土匪已经被我军歼灭，小部分零星土匪被迫隐蔽起来或四处逃窜，其中，有一两千土匪窜入哈尔滨市区。

陈云致电中共中央："经过8个月的工作，我在北满已掌握主动……去年12月至今年1月下旬，我将一切力量都使用于掌握连队、巩固部队，并积极组织机动兵力向匪主动进攻，稳住了局面，从被动挨打转为主动进攻。2月至3月中旬，我军主力到达，北满全面展开剿匪战争，克复了22个县城。"②

我军攻占通河后，李兆麟陪同一名苏军少校，来到宾县与我党交涉，要求北满分局和松江省工委搬迁到距离哈尔滨比较远的通河县去，从宾县、阿城和双城等地退出，等待国民党接收。否则，国民党大员不敢前来接收。苏军要求我军与其合作，实行国共和平共处，保护他们的生命安全。

北满分局经过反复研究讨论，考虑到与苏军的关系，通河县水陆交通方便，城内有发电厂，烧柴和粮食充足，所以同意了他们的要求。

针对大家对苏军行为的困惑，张秀山做了深入细致的思想工作，他在松江省工委会上说："这个事情没有什么了不起的，我们过去也不是全无估计的……东北的和平要靠充分准备战争，加强我们的力量才能获得。今天，我们的战斗任务就是消灭国民党军队的土匪军。"③会议决定：挑选精干的部队，驻守县城。国民党如果来接收，我县长就兼公安局长，公安局副局长兼农会主任。派可靠人员留守县财政科，掌握经济命脉，以提留现款。不能运走的军用物资，挂上"军用仓库"的牌子。

1946年2月6日，陈云、高岗、张秀山等率领北满分局和松江省工委随军进

---

① 张秀山：《在松江省人民代表大会上关于剿匪和治安工作的报告》（1946年4月20日），载黑龙江档案馆编《剿匪斗争》（内部发行），1982年版，第223、26页。

② 陈云：《北满根据地建设的进展状况》，载《中共中央北满分局》，黑龙江人民出版社1998年版，第56页。

③ 张秀山：《讲话记录》，手抄件。

驻通河县城。后来，战争形势发生了巨大变化，国民党进驻宾县等地的得意算盘没能实现。

北满农村大部分是山东、河北等地来的开荒农民，80%的土地掌握在经营地主手里。他们大多数自己购置枪支弹药，豢养炮手，看粮护院。这样的地主武装，既防止土匪抢劫，又联合土匪迫害敢于反抗的贫苦大众。他们外出为匪，回家为民，在农村势力很大，是我党县区乡基层新政权的最大威胁。我党刚进入北满时，最初派往县区基层的军政干部，绝大多数是被这类地主武装联合国民党反动派杀害的。

2月10日，松江省工委发出《关于剿灭土匪的指示》：我军剿匪斗争连续取得胜利，土匪"在许多城镇被逐出"，"其活动是分散在偏僻的乡村及哈市附近，尽可能避免与我军作战，以游击战的办法来逃避我军的清剿"，"各部队应继续在各个地方不分土匪大股、小股和散匪，应乘机清剿，并发动群众配合作战，坚决消灭之"。①

2月22日，松江省军区召开排以上干部会议。张秀山对部队如何肃清各股土匪、开展练兵运动、开展生产、减租等工作进行详尽的安排和布置，对在剿匪战斗中英勇善战的老七团全体指战员进行了表扬。3月底，中共北满分局和松江省工委等单位迁回了宾县。

在剿匪过程中，松江省根据党中央的有关精神，发出"减租减息和分配敌逆财产"的指示，实行减租减息政策，清算大汉奸、大地主、大恶霸罪恶，让贫苦群众自己起来斗争，倾诉深仇大恨，提高阶级觉悟，通过分粮、分浮财，使广大群众得到直接的物质利益。

松江省集中使用干部，先突破一点，再逐步推进。他们首先在宾县的满井、全孝两地发动群众，摸索经验。为了保护这两地干部的安全，张秀山动员了一部分军事干部，参与下乡工作队做群众工作，使松江的剿匪和地方工作很好地配合起来。

中共松江省委总结了满井经验，规定了人民武装建设的基本方针：把地主保安队和大排的武装转移到基本群众手里，消灭保安队和大排，实行枪换肩。发动和武装群众，斗争地主。并要求各专署与县政府颁发布告，限制地主

---

① 丁晓春等编：《东北解放战争大事记》，中共党史资料出版社 1987 年版，第 41 页。

私自搜缴原有的枪支，以保证群众武装的扩大。

张秀山强调说：“发动与武装群众，必须与群众的经济斗争结合起来。我们要先进行经济斗争，从中逐步掌握武装群众。有了武装便可以压倒地主，才可能再扩大经济斗争。这样逐步深入经济斗争，逐步扩大武装力量。”①

张秀山把工作能力较强的马斌（又名马宾）派到宾县担任县委书记，让他亲自带领武装工作队，下乡发动群众。他们每到一个地方就住在最贫苦的农户家中，与农民一起同吃、同住、同劳动，关心群众的疾苦，启发农民的思想觉悟，满足农民生活中最迫切的需要，让贫苦大众团结起来参加斗争。他们组织农民搜缴地主武器，组成农民自卫团，在斗争中培养和发现积极分子，带领他们到新开辟的村屯开展工作，使斗争很快就从一个村屯发展到几个村屯，从一点发展到一片。当时宾县有1000余名的农民自卫队，其中有700多支步枪，都缴自地主武装。冬天，县城里很多贫苦人家都没有柴烧，大家与群众一起上山打柴。确定谁砍柴的山林地就由谁来管理，这里的匪情也由他负责，使土匪的行动受到了极大的限制，为我军剿匪创造了有利条件。张秀山抓住这个典型向全省推广，并向薄弱的县区派出精明强干的武装工作队，采取“到处钉钉子”的办法，发动广大的贫雇农，各地工作局面很快打开了。

马斌深有感触地说：

> 张秀山是一位很有工作能力和工作方法的领导同志。当时松江省很困难，工作任务繁重，千头万绪。陈云同志就是抓张秀山，打开北满工作局面的。因为张秀山是从创建陕甘边根据地开始，从最基层一步一步干起来的，斗争经验丰富。他知道如何开展群众工作，知道依靠群众、发动群众的重要性，也知道做基层农民工作的难度。他把松江省有能力的干部都派到下面基层去。当时，我都是松江省工委委员了，他让我下去当宾县的县委书记，搞农村的土改和建政工作。我所取得的成绩与他的领导是分不开的。②

陈云写了《发扬马斌式的群众工作》的社论，刊登在《东北日报》上。他

---

① 张秀山：《讲话记录》，手抄件。

② 访问马宾记录，2002年3月19日。

把这种做法称之为“蝗虫政策”，把他们的经验概括为一个公式，即经济—武装—再经济—再武装。马斌工作队的经验对创建东北根据地，起到了重要的指导作用。

张秀山注意加强干部战士的政治教育，防止松劲和腐化现象的发生，树立长期艰苦斗争的思想，进一步密切军民关系，高度警惕坏人混进内部，有组织、有重点、有步骤地向周围地区发展，紧紧地掌握住新政权和新编的地方武装。

1946年3月9日，中共北满分局委员李兆麟在哈尔滨市被国民党特务杀害。31日，张秀山主持松江省各界代表在宾县召开了李兆麟将军追悼大会，并代表松江省军政领导机关讲话，痛斥国民党特务暗杀李兆麟的滔天罪行。在宾县的松江省各地中学、医大、学联、农会、工会、天主教、基督教和各个军政机关的代表参加了追悼大会。大会通过了致全国人民通电，通电严厉谴责了国民党反动派无耻的暗杀暴行，号召全省人民团结起来，驱逐国民党接收大员，建立人民民主政权。

张秀山对抗联将领李兆麟十分尊重，遇事总找他商量。尤其是有关哈尔滨市的工作，张秀山从来不自作主张。他特别注意尊重和采纳抗联干部的意见，用团结合作的实际行动，影响了一大批从关内来的干部和地方干部的关系，对维护党内的团结起到了表率作用。张秀山在一次集会上说：“国民党的关吉玉来到哈尔滨市以后，阴谋分化我们与抗日联军的关系，做了许多组织工作。他们拉拢抗联将领说：‘中央如何照顾抗联，中央都很关心抗联的孤儿寡母，表示亲爱的不得了。’但是，他们不承认我们八路军。我们解放区的干部，从一开始就注意尊重抗联干部，发现有小磨擦和意见，就及时教育解决，所以关系一直十分融洽。”他强调，大家要互相尊重，互相学习，互相帮助，只有我们团结起来，才能取得最后胜利。①

李兆麟牺牲后，张秀山深深地感到自己肩上的担子更重了。他知道，哈尔滨市工作的成败，对于松江省乃至北满来说，至关重要。所以，他不得不抽出大量的时间，亲自领导和处理哈尔滨市的各项工作。同时，他指示各级领导同志利用各种舆论工具，宣传党领导的抗日联军坚苦卓绝的战斗经历，扩大

---

① 张秀山：《讲话记录》，手抄件。

党的影响。

1946年4月9日，东北局致电北满分局陈云：“同意王友为松江军区副政委，张秀山在分局助你工作。”①实际上，从跟随陈云来到松江后，张秀山除了率领部队外出剿匪外，一直在北满分局协助陈云工作。张秀山回忆道：

北满分局驻宾县时，直接领导了松江省委的工作，对宾县的工作也给了很多直接帮助。那时土匪遍地，要站稳脚跟首先要派部队打土匪……经过这些（剿匪）战斗，打开了宾县周围的局面。我们按照党中央、毛主席关于建立巩固的东北根据地的指示，部队所到之处都打汉奸、没收汉奸财产、分给贫苦农民和城市贫民。在把敌人打退后，我们组织了工作队，带着武装，下乡组织群众、宣传群众，搞反奸清算斗争。原来不了解我党政策的群众被发动起来。在此基础上，建立了区、乡政权，开展建立巩固的根据地的斗争。②

在日本投降后短短八个月的时间里，松江省的工作就取得了很大的进展。

4月20日，在陈云同志为北满分局起草的给东北局并转中共中央的《北满根据地建设的进展状况》报告中指出：“北满65个县，我已占的58个县中，农民已经发动者16个县，宾县、宁安、木兰、方正、通河5县更普遍深入，其余仅在开始……剿匪大胜，开辟了农运的前途，但由于到达北满的地方干部甚少，龙江、合江农运现在才开始。”③我们可以看到，在北满根据地，发动群众比较好的县基本都在松江省。

在剿匪斗争取得初步胜利后，建立各级民主政权的工作就提到议事日程。

1946年4月中旬，松江省哈东、哈北、哈西专署专员何延川、钟声、王学明，以及宾县县长陈德京、巴彦县长王兴华等人联合发起召开松江全省人民代表会议，呼吁成立民主政府，发挥民意，讨论施政方针，接收全省政权。

4月14日，宾县人流不断，车马云集，市民们兴高采烈，大小商店和货栈张灯结彩。松江省人民代表大会在宾县中学的礼堂召开。全省各县代表113名和各界来宾94名出席了会议。

---

① 《彭真年谱》，第一卷，中央文献出版社2012年版，第425页。
② 《中共中央北满分局》，黑龙江人民出版社1998年版，第162页。
③ 陈云：《北满根据地建设的进展状况》，载《中共中央北满分局》，黑龙江人民出版社1998年版，第54页。

张秀山作了剿匪和治安工作报告，他总结了半年来全省建政、整军、剿匪等方面的工作及经验，提出了继续剿匪、开展练兵、发展生产、武装群众等任务：

> 5个月的苦斗，非人民的军队是做不到的。在冰天雪地中，我们战士们的战斗情绪始终是很高的。战士们很自豪地说：“冻的很苦，胜利很大”……为老百姓就是死也甘心。在巴彦西元宝岗子的战斗中，我们1个连打败了敌人1000余人，给敌杀伤很大，如此英勇战斗的例子很多，不胜枚举……
>
> 现在的治安状况是绝大部分地方已安静了。宾县挖了土匪的根子。五常还有千余土匪，延寿还有200余，苇河300余，双城西部及哈市尚有几小股，哈北有潜伏的散匪，哈西有五站七八百的一股。
>
> ……希望人民管兵，大家管兵。只有老百姓都来管理我们的军队，部队才能管理的好，才能做到军民一家。①

张秀山语气谦逊和道理明晰的讲话，引起了各位代表和来宾的一阵阵掌声。大家听说张秀山是来自革命圣地延安中共中央党校的教务处主任，都不禁对他肃然起敬。这次人民代表大会通过了四项决议。全体代表投票选举冯仲云为松江省民主政府主席，杜光宇为省参议会会长。随后，民主政府提出了施政纲领，罢免了国民党的伪省长关吉玉。松江省人民代表大会对建立革命政权和人民武装作了详细安排和部署。到4月底，松江省各县都建立了民主政权。

四、担任中共松江省委书记

1946年4月，哈尔滨《北光日报》接连发表沈阳、长春两地在苏军撤退后“社会治安混乱不堪，匪盗横行，白昼行动，人民生命财产毫无保障，和平民主事业被摧残”的消息。为此，张秀山派松江省军区副司令李寿轩和张秀山的秘书以军代表的身份，前往哈尔滨市与驻哈苏军交涉，并了解东北三大城市的接交问题，苏军答应给我党以尽可能的密切合作。

---

① 张秀山：《在松江省人民代表大会上关于剿匪和治安工作的报告》，载《中共中央北满分局》，黑龙江人民出版社 1998 年版，第 57—64 页。

4月25日，苏联红军开始撤离哈尔滨。翌日，哈尔滨130名各界代表发表声明，吁请民主联军进驻市区，维持社会治安。

松江省军区集结了5个步兵团、1个炮兵团，以及民主联军总部直属七师十九团，三五九旅大部主力等部队1.2万人推进哈尔滨市郊。陈云、张秀山、李天佑等领导同志召开党军政联席会议，部署各部队进攻路线，商讨有关进驻事宜。会议决定，派出若干武装小分队，携带轻重机枪，先行秘密潜入哈尔滨，占领市内几处重要军事制高点，控制重点交叉路口，着重保护好发电厂、自来水厂、面粉加工厂和铁路站桥，掩护我军进攻。会议规定了各部队的主攻方向。

4月28日拂晓，解放哈尔滨的战斗打响了。我军按照计划，迅速向指定地点攻击前进。此时，国民党军政官员和军队已经大部溃散。我攻击部队只在南岗区和道外区少数地段，遇到小股匪徒抵抗或暗枪射击，民主联军顺利地解放了哈尔滨。同时，陈云、张秀山等领导同志率领中共北满分局、军区及松江省党政军机关，乘车进入哈尔滨市区。哈尔滨回到了人民的怀抱。

1946年初，国民党军队在美国的帮助下，集中了最精锐的五个军兵力，分别向四平等地展开猛烈进攻，他们利用飞机、大炮和机械化部队的优势，突破和占领了我军多处防线。

大敌当前，群众没有充分发动起来，部队兵员和弹药补充不足，战斗伤员无人抬，造成了前线个别部队人心浮动，悲观情绪泛滥，后方土匪叛乱不断的严峻局面。

5月14日，陈云主持召开了中共北满分局松江、合江、黑龙江、绥宁四省省工委书记会议。为了应对前线紧急形势，便于剿匪战斗，中共北满分局重新组建了松江省工委。张秀山仍任书记。在省工委委员中增添了数名军队指挥员，委员人数达13人。①松江省军区的哈南军分区和哈东军分区合并江南军分区，下辖一团、二团、三团、七团、八团；哈北军分区改为江北军分区，下辖六团。松江省在十几天内，就接到两次紧急扩兵任务，为主力部队补充了3000余名新战士。

5月19日深夜，鉴于四平前线我军有被敌围歼的危险，林彪下令部队撤出

① 《黑龙江省志·第七十卷·共产党志》，黑龙江人民出版社1966年版，第723页。

四平，从而摆脱了战略上的被动局面。20日下午，敌人以伤亡1万多人的代价占领了四平空城。我军主力部队伤亡8000多战斗骨干，有的部队失去了战斗力。

20日，东北局在长春南郊范家屯召开了紧急会议，根据中共中央的指示，讨论下一步的行动和今后的作战方针。会议整整开了一个通宵。我军是守长春还是后撤？争论激烈。会议最终决定：放弃长春，主力部队迅速后撤。

关键时刻，我民主联军总部作战科科长王继芳叛变投敌。敌人得知情报后，以新六军等为先导，利用大量坦克和汽车分多路快速迂回追击，致使我军四个团滞留在第二松花江敌方一侧。撤退途中，有的部队连续六天六夜没有休息，许多部队建制被敌人打散。我军主力撤至第二松花江以北的松江省境内。

5月23日，蒋介石亲自飞抵沈阳督战。同日，东北局致电中共中央："敌自迂回四平成功后，乘虚冒进……为避免被迫作战，我们（林、罗等）决定撤出长春。我们昨夜退出，现在已抵哈尔滨，林仍率主力在前线指挥。"①东北局和民主联军总部撤退到哈尔滨。

东北局决定把敌后的长春市和德惠等地划归松江省管辖。张秀山紧急组织松江省主要领导同志召开会议，详细布置长春撤退后的有关事宜。

东北局和民主联军总部在第二松花江北岸和松江省南部重镇陶赖昭，成立松花江前线临时司令部，以杨国夫的第七师和松江省军区的部分地方部队为基础部队，组成阻击兵团，迟滞敌人北上。由东北民主联军副司令吕正操任司令员，张秀山任政委（还有一说周桓任政委、张秀山任政治部主任），负责前线指挥。

"四平"战斗的失利，使逃潜到山区的松江省国民党中央军及各路土匪残余又蠢蠢欲动，乘机组织叛乱，包围新生的基层民主政权和下派的工作队，疯狂屠杀革命干部和群众。一时间，土匪武装又嚣张起来。

国民党东北保安总司令部第95师师长王兴武，在松江省延寿县纠集残部1000人烧杀抢夺；五常县的八家子等地约有500余土匪大肆活动；宾县和阿城等地也有300余残匪兴风作浪，与国民党军队遥相呼应，公然制造暴乱。在双城、宾县和延寿等县，就有3个团和2个大队3600人叛变投敌。他们互相勾

① 《彭真年谱》，第一卷，中央文献出版社 2002 年版，第 446 页。

结，相继袭击了双城、宾县、通河、拉林等地的部分区乡自卫队，采取吊死、活埋，甚至开膛挖心等残忍手段，残酷杀害革命干部群众，造成一些地方民主政权瓦解。通河、东兴、木兰地区部分自卫队叛变，一部分军政干部惊慌失措，临阵脱逃的现象频频发生。这种情况，进一步引起了松江省南部前线的双城、五常、拉林以及哈尔滨等地群众的恐慌。“国军占领了双城，大部队已经离哈尔滨50多里了！”各地谣言四起。

在北满后方，各省情况也是一样，如张秀山从延安带来的干部团派往黑龙江省逊克县担任县长的抗大干部顾延岭，以及他带去的17名战士，被敌人抓去活埋。临刑前，顾延岭被敌人捆起来，打了两枪，他大骂敌人：“我就是老八路，抗战八年没有牺牲，今天却死在你们这些汉奸特务手里。”干部团的延安县政府秘书赵光被派往黑龙江省通北县，被叛匪枪杀……仅1946年，北满根据地就有3.37万收编的地方部队叛变，有154名中共党政军干部被敌人杀害。①

在此艰难时刻，张秀山临危受命，赶到松江省南部前线。他在双城县火车站召开了哈尔滨附近县委书记紧急会议，听取了他们的情况汇报，安排了剿匪以及建立农村根据地、动员群众支援前线等事宜。会后，张秀山乘装甲列车急赴陶赖昭前沿阵地。他与吕正操司令员一起观察松花江沿岸地形，组织部队炸掉陶赖昭处江桥，修筑防御工事，准备率部阻击敌军北进。面对国民党军飞机的狂轰滥炸，张秀山根据指令把土改工作队变为武装工作队，动员大批民夫破坏了靠近南部前线的五常至舒兰段的铁路和公路。张秀山调集了部分抗战时期有实战经验的干部，准备在哈南地区打地道战和游击战。一些村屯之间地道已经挖通。

1946年5月25日，彭真在哈尔滨主持召开了东北局会议，讨论了我军主力撤退后的形势，适当调整分局和合编部队等问题，决定北满分局与东北局合并，中共松江、合江两省工委改为省委，直属东北局；原北满分局所属的黑龙江、嫩江两省划属西满分局。中共松江省委书记张秀山，副书记钟子云，省主席冯仲云，省军区司令员李天佑，政委张秀山（兼），副司令员李寿轩，副司令

---

① 中共中央东北局秘书处编印：《中共中央东北局重要档案汇编》，1954年8月1日，第178页。

员兼参谋长熊伯涛，副政委钟子云。松江省委下辖16个县委（或工委）。[①]同日，东北民主联军南满第四纵队迅速攻克了鞍山、大石桥和营口，策动了驻守在海城的敌军一八四师潘逆端部起义，迫使敌军停止了向北满的进攻脚步。不久，松江省军区划扶余、肇东、肇源、肇州、安达等5县归嫩江军区，组成其第四军分区。张秀山奉命撤至哈尔滨。

中共松江省委遇到的最大困难就是缺乏干部。扩大军队急需干部，接收政权更需要干部，每个县只能派去几名干部。为了解决这个问题，在宾县时松江省开办了军政干部学校，张秀山亲自担任校长，林立负责教学工作，培养了一批干部。当时的省工委还发出了《培养青年知识分子和开办学校工作的通知》，要求各县举办训练班，有条件的区、乡也要办班，培养训练干部。宾县、木兰、巴彦、阿城、延寿、呼兰等地都办起了干部训练班，每个县都培训了100余名干部。张秀山挑选了一些有学生运动经验的党员，去各地恢复与建立了各县的县立中学。他利用从哈尔滨转移出的一些医疗器械，在宾县建立了一所医科大学松江省训练所，我国许多著名的专家都出自这里……到我军进驻哈尔滨时，已有1200多名各类学生充实到民运部门及军队工作。松江省重视青年知识分子的工作，强调青年知识分子必须与广大工农群众相结合，使他们在建设根据地过程中发挥了很大作用。

来到哈尔滨后，在干部紧缺的情况下，张秀山坚持建设广大农村、中小城市和次要铁路线为根据地的方针，着重加强了对各地剿匪和建政的领导工作。张秀山向那些想留在城市的干部反复说明了不消灭土匪，没有把外县的农民发动起来，便不能保住哈尔滨等大城市的道理。中共松江省委除留少数干部在哈尔滨市办公外，把大部分机关和干部迅速转移到东南山区的延寿一带。这些干部合理的配置，对建立和巩固北满根据地确实起到了重要作用。[②]

张秀山一面精简机构和人员，提高工作效率；一面运用中央党校的教学经验，充分调动各级党组织的积极性，继续开办各类学校和培训班，使干部

---

① 中共黑龙江省委组织部等编：《中国共产党黑龙江省组织史资料》（1923—1987），黑龙江人民出版社 1992 年版，第 165 页。

② 《张秀山谈松江根据地记录》，存黑龙江省档案馆（1983 年 8 月 29 日）。

数量得到迅速增加。到1946年底，松江省就培养了新干部7000余人，初步缓解了干部短缺的压力。①以后，松江省加快了干部培训的速度，利用训练班集训了12877人，采取以会代训的形式集训了10027人，还有用“带徒弟”培养了1922人，使松江省的军政干部总数由原来关内来的466名，很快扩大到约2万人。后来，省委建立了党校，张秀山担任了第一任校长，干部培训工作逐步走上了正轨。

1946年6月2日，东北局致中共中央并转在前线指挥部队林彪的电报中说：“我军自四平、长春撤退后，完全处于被动，主力被敌机械化冲迷，顽军也占吉林，并有一部分强渡过江。我军渡江主力万、罗、梁等部队均有失散，未集结起来，目前很难作战。因此，我们准备放弃哈尔滨，争取摆脱被动，休整部队，部署各地区独立坚持局面。”②次日，中共中央复电同意放弃哈尔滨，采取运动战与游击战方针。③

敌军占领东北大片地区后，大兵团主力分散，不敢孤军北进。6月6日，国共双方达成休战15天协议。因关内我军及时发动牵制性进攻，使实际停战延续到10月。

1946年6月15日，张秀山在哈尔滨市卫戍区司令部大楼召开会议，布置撤出哈尔滨后省委工作和主力部队剿匪的分工。张秀山说：“最近半个月休战，但和平无望。杜聿明无和平诚意。松江省将变成战区，某些地方可能变成敌后，敌人可能会占了我们的铁路线。不能让城市拖住我们，松花江流域亦可能被其控制，也可能被分割起来。我们要以珠河、苇河、延寿为根据地。在宾县一带建立游击根据地。江北的木兰、呼兰，哈西的青冈、兰西，以山地或平原为依据，组织武工队。我们工作的中心，是要集中力量在山地组织工作队，镇压地主，剿灭土匪，发动群众，解决土地问题。实践证明，由群众斗争中产生的武装是可靠的，收编的各种武装是不可靠的……关于参与剿匪的部分主力部队的分工，珠河、苇河为（山东）一师，江北为（新四军）三师七旅，木

---

① 张秀山：《在县书联席会议上的报告》，载黑龙江档案馆编：《土地改革运动》（上），1983年版，第138页。

② 《彭真年谱》，第一卷，中央文献出版社2002年版，第450页。

③ 《彭真年谱》，第一卷，中央文献出版社2002年版，第451页。

兰、呼兰为（山东）七师，由主力部队派兵进剿，地方帮助主力补充兵员。”①接着，他对敌后根据地的区域划分和干部配备问题提出了自己的意见。经过认真的讨论和研究，大家一致同意张秀山的意见。

初进东北，中共中央和东北局的工作方针以占领大城市和铁路干线为主，进而控制整个东北时局的走向。但是，苏军执意要把大城市和交通要道交给国民党，强迫中共军队退出，使大部分同志思想准备不足。经过一段时间的残酷战斗与艰苦工作实践，在前线的军队指挥员林彪、黄克诚和主持后方工作的陈云、高岗、张闻天等人，多次打电报向中共中央反映敌强我弱的实际情况，呼吁放弃和平幻想，主张不与强敌硬拼死守，丢掉大城市，下乡发动群众，进行剿匪土改，通过在距敌中心较远的城市和广大农村建立巩固的根据地，逐步改变敌我力量的对比，得到了主持中央工作的刘少奇的支持。毛泽东从重庆回到延安后，详细研究了这些意见，起草了《建立巩固的东北根据地》指示。

6月16日，中共中央致电东北局："目前东北形势严重，为了统一领导，决定以林彪为东北局书记、东北民主联军总司令兼政委，以彭真、罗荣桓、高岗、陈云四同志为东北局副书记兼副政委……"②林彪主要负责前方工作，罗荣桓主持后方工作，彭真负责敌占区及其城市工作等，从而在组织上保证了东北解放战争的胜利。

6月17日，中共松江省委书记张秀山根据四平、长春失守后形势的变化，以省委名义发出紧急通知，要求各地迅速清剿土匪，大胆放手发动群众，反奸清算，镇压反革命的破坏活动，整理好地方武装，纯洁自卫队，搞好物资搜集工作。松江省将各分区进行了重新调整，在延寿、通河、方正一带建立了后方根据地，以适应长期战争的需要。

7月初，东北局相继召开会议和发出指示，要求派出三分之一的主力部队和五分之三的干部，下乡清剿土匪和发动群众，以创建长期的后方根据地，迎接国民党军的进攻。

8月中旬，上级为松江省委适时增补了主力部队的指挥员和优秀的地方干

---

① 张秀山：《会议记录》（1946年6月15日），手抄件。

② 《彭真年谱》，第一卷，中央文献出版社2012年版，第455页。

部为省委委员，以指挥部队，尽快剿灭土匪。如东北民主联军一师师长梁兴初、政治委员梁必业；七师师长杨国夫、政治委员刘其人；六纵队七旅旅长王东保、政治委员郭成桂；以及李海涛等人为省委委员。委员人数达到16人。①同时，张秀山主持召开了松江省剿匪部队的连以上干部会议。他说：我们大家现在不要都企望和平，因为15天的谈判毫无结果。实际上，停战小组是观战小组。今天谁要希望和平就是机会主义，就是失败。东北是全面内战，我们要准备战争。我们是有信心的！不在武装的好坏，而在于人……如果形势不利，我们是准备放弃城市的。我们不在乎城市的得失，而在于消灭他们的有生力量。某些地方我们准备打游击战争，创造根据地。有部分游击区，我们坚持武工队。主力兵团、游击队全面进入对反动派的斗争。我们要发动群众……要发动50%到70%的无产阶级，让他们翻身，这就是革命。现在到处土匪蜂起叛变，我们要彻底清查地方武装，要组织无产阶级队伍……我们要用战斗来迎接新任务。

接着，张秀山具体部署了主力部队剿匪任务和各地配合事宜。主力一师负责一分区；主力三师负责二分区；主力七师负责三分区。他反复要求广大指战员积极行动起来，运用“打”（穷追猛打），“挤”（武装工作队配合剿匪，把土匪挤得无法生存），“杀”（把罪大恶极的匪首，坚决杀掉），“放”（对交枪的土匪经教育后放回家）的办法，开展各地区、各部队之间的剿匪竞赛运动。他要求各县书记和县长亲自下乡领导工作，研究问题，总结经验。他说：打土匪要抓紧，要狠狠地追，狠狠地打两次，把土匪打死二三千就好办了，土匪的气焰就打下去了。他要求各部队清剿土匪，为民除害，拥政爱民，改善民生。

松江省的土匪一般是在深山密林中建立匪穴，储藏粮食和枪弹，他们大部分是骑兵，进山的各个要道都设了密探，消息灵通，行动迅速。他们勾结地主恶霸，残杀农会干部，策反我地方部队和不坚定分子，加之匪民难分，对新生的人民政权造成了很大的威胁。

8月25日，松江省委发出《关于抓紧时间迅速剿灭土匪的指示》，要求各部队划定剿匪责任区，运用了环环相套、分进合击、穷追猛打等战术，限期包打，加快剿匪速度。土匪纷纷落网，团伙土崩瓦解。为了彻底根除匪患，松江

---

① 中共黑龙江省委组织部等编：《中国共产党黑龙江省组织史资料》(1923—1987)，黑龙江人民出版社1992年版，第165页。

省委推广了五常县开展冬季搜匪锄奸经验，广泛清查户口，组织群众武装搜山，开展挖匪根运动。

在张秀山的指挥和部署下，剿匪部队在珠河、苇河一带，利用1个月的时间，追击和围剿刘昨非匪部，全部歼灭该部500余人。接着，松江军区部队在巴彦、呼兰附近的山区剿灭残匪3000人，在延寿肃清了1000余名土匪，在拉林击毙了匪首金山。在我军强大的武装围剿下，敌人的营垒产生了动摇和分化。张秀山督促松江省政府利用有利时机，开展轰轰烈烈的宣抚收降工作。

1946年10月，中共松江省委成立了宣抚委员会，由省长冯仲云任主任委员，钟子云、周维斌任副主任委员。松江省宣抚办事处设立在哈尔滨市道外三道街，由陈钦任处长，负责收降哈尔滨和附近各县的土匪。

从10月开始，松江省委组织所有部队和民兵、自卫队进行搜山，开展政治攻势，宣传我党的政策：无论有无罪恶，只要主动投降，交出武器，改邪归正，不再为非作歹，则不咎既往，并发给收缴武器费和安居费，准其归乡安居劳动，有立功表现者给予奖励。

在安排好山区人民生活的基础上，张秀山指示各地组织群众讨论“穷人当胡子怪谁？”“现在什么人当胡子？”明确了清除匪患的重大意义，使全省的剿匪工作有了很大进展。很快，松江省境内残留的最大匪首、国民党委任的20军副军长左建堂，被阿城小岭区新兴屯民兵在大顶山搜山时击毙。11月，全省就有3243名土匪缴械投降。

11月3日，林彪、彭真、高岗致电张闻天等后方各省军政领导：“松江顽匪大体已肃清，你们应根据东北局9月30日剿匪指示，动员全军，以高度的积极行动，争取在半月内，将合江、北安（黑龙江省）、牡丹江地区所有成股顽匪全部肃清，以巩固后方。”①

据松江省军区统计，1946年共进行剿匪作战297次，毙伤俘敌21700余人，缴获步枪5800支，轻重机枪216挺，短枪396支，大炮65门，马1300多匹，电台两部，及其他军用物资。从而，基本上肃清了松江省各地的大股匪患。②小股土匪残余逃匿山林或隐匿市郊。

---

① 《彭真年谱》，第一卷，中央文献出版社 2012 年版，第 467 页。

② 中共中央党史征集委员会等合编：《辽沈决战》，人民出版社 1988 年版，第 74 页。

剿匪斗争的胜利，使中共掌握了建立根据地的主动权，推动了土改运动的全面开展，使共产党有了广泛的群众基础。各地普遍建立起县大队、区小队、村自卫队等人民武装，巩固了各地的民主政权。这些地方武装，经过剿匪战斗的锻炼，不断发展壮大，为解放战争前线提供了一大批战斗力强、数量充足的后备兵源。

五、清算分地

抗日战争胜利后，全国解放区以反奸清算、减租减息为内容的群众运动广泛深入地开展，广大农民群众迫切要求获得土地。

在北满农村，66.6%的土地集中在军阀、地主和富农手中，而占农村总户数63.2%的贫雇农却处在无地和少地的境地。①其中参加生产的大部分是山东、河北等地来的开荒农民，他们约占农民的60%以上。如果不能满足他们对土地的要求，中共就不可能站稳脚跟；如果能够解决他们土地问题，中共就获得了足以战胜一切敌人的最基本条件。所以，中共实行土地改革，是彻底摧毁敌伪统治经济基础的中心环节，是打败国民党军队进攻的关键。

张秀山多次主持召开全省工作会议，学习中共中央《关于建立巩固的东北根据地》的指示，要求把工作重点和主要力量放到广大农村，号召所有干部积极下乡，做好反奸清算、减租减息和发动群众工作。针对有的同志留恋城市的思想，张秀山强调说，只有大家深入农村，先搞好农村，才可能最后搞好城市，才能最后赢得胜利。松江省委适时规定了群运工作的主要对象应是农村的农民，各县党委的性质即是民委，而民委就是农委。

开始，党的下乡干部只是跟随剿匪部队进行救济、分积谷仓粮、分土匪家产等工作。了解到东北农村的租佃剥削很重，张秀山主持松江省委开会研究，根据上级有关精神，遂发出“减租减息和分配敌逆财产”的指示，着重强调了“先减年成，再减二五”的减租政策。

据松江省阿城、宾县、哈西的工作队的调查，农村中没有土地的农民占农村人口的50%—60%，他们对减租斗争不感兴趣。斗争之后，退的租粮，多被

① 杨永茂主编：《黑龙江简史读本》，黑龙江人民出版社2002年版，第191页。

佃富农、佃中农用大车拉走。张秀山认为，只有开展反奸清算斗争，帮助人民群众解决实际困难，使这些农民得到土地，才能发动广大群众。

1946年1月1日，中共松江省工委在《关于减租、处理敌逆地产和发动农民的指示信》中指出："农民的基本问题是地租和土地问题，只有清算、控诉运动是不行的"，"开拓地原则上分给无地少地的农民"。信中强调要"认清发动农民群众的重要性，帮助农民解决地租和土地问题。有了农民，我们在东北才能站稳脚跟"。①当时反奸清算的主要对象是日伪时期欺压人民的汉奸、特务和地主恶霸，没收他们的土地、财产。松江省根据贫苦群众生活需要，将满拓地、开拓地及军用地等，无偿给予无地和少地的农民，率先拉开了土改运动的帷幕。

大地渐暖，春耕将至，农时紧迫。3月4日，张秀山等人经过深入调查研究，根据上级精神，总结了几个月的经验教训，首先以中共松江省工委名义制定下发了《关于敌产满拓、开拓、军用地处理的初步办法》。21日，东北局发出了《关于处理敌伪土地的指示》，东北全境普遍开始了没收和分配敌伪土地的斗争。到1946年春耕前，松江省没收和分配敌伪土地工作基本完成，人民群众共分到满拓地、开拓地170万亩。②

5月4日，中共中央发出了《关于土地问题的指示》（简称"五四指示"），决定把减租减息政策改为没收地主土地分配给农民，实行"耕者有其田"政策，指出"解决解放区的土地问题是我党目前一切工作的最基本环节"，这是中共土地政策的重要改变。这个政策主要内容是：没收地主土地（给留一份），分给无地少地贫雇农，开展反奸清算、打击恶霸斗争，不动地主其他财产，不动富农，团结中农，保护工商业，照顾开明绅士和抗日军人家属，允许他们捐献土地。该项政策照顾条款较多，大家把它归纳为"一条批准，九条照顾"。当时，毛泽东正在重庆与国民党进行和平谈判，中共中央出于形势需要，公开报道时仍然讲减租减息政策。松江省委立即下发了有关文件。

许多由南满根据地来的新干部，要求松江省委正式分配工作。张秀山根据过去的经验，坚持集中使用的原则，把所有新来的干部都集中到宾县、通

---

① 丁晓春等编：《东北解放战争大事记》，中共党史资料出版社 1987 年版，第 34 页。
② 杨永茂主编：《黑龙江简史读本》，黑龙江人民出版社 2002 年版，第 192 页。

河、方正、木兰等地去组织工作队，坚持“到处钉钉子”和“老蝗虫走时必须带出小蝗虫来”（带徒弟才算工作生根，才算完成任务）。对于新发展的地方干部，省委规定除大部分参加工作队外，其余都组织到农会里去，尽力提高农会威信，开展清算分地运动，以巩固农村根据地。

北满根据地的部分军政干部，由于受抗战时期统一战线思想的束缚，对中共中央新的土地政策产生了抵触情绪。有的干部认为，分地违反减租减息政策。在土改运动开展起来后，一些主力部队同志的思想没有转弯子，仍然停留在统一战线时期的认识上，所以各地普遍出现了军队干涉土改，阻止群众运动的现象。如第一纵队第二师的民运科长当面质问一位松江省委领导同志说：“这样干是否过火？简直是内战时的情况，同中央政策不符嘛。”

在大敌当前的紧急时刻，松江省南部战线附近的县、区，由于土改运动深入进行，接连引发了军民对峙事件，加上个别部队为筹集给养，随便抓人和压价买卖，致使个别区域，军队与地方关系、干群关系紧张。

张秀山组织了一支由马斌率领的14人武装工作队来到陶赖昭附近村屯，从分积款和仓粮入手，开展轰轰烈烈的清算分地运动，极大地鼓舞了前线群众的革命热情。根据老战士回忆，敌人的飞机在陶赖昭不断轰炸，部队往来频繁，松花江边上的老百姓都搬空了，可陶赖昭农会却十分拥挤活跃。

我军一位营长临时住在陶赖昭的一个地主家。当贫苦群众赶去分地主的浮财时，受到这位营长的阻拦。在这里视察工作的张秀山立即找到这个营长，严厉批评了他的言行，责令他向贫苦群众赔礼道歉，挽回人民子弟兵的政治影响，受到当地干部群众的赞扬。

松江省南部的宾县、双城等地也相继发生了军民对峙事件，引起了张秀山的高度重视。他一面组织省委精干人员前往该地调查研究，核实反映的问题；一面责成省委委员（即主力部队的纵队司令员或政治委员等人）召集有关部队的干部讨论过去抗日时期统一战线政策与当前土改政策的关系，分清了是非，批评了某些党员干部的模糊认识和错误立场，严肃处理了军队中出现的问题。①经过各级领导同志的努力，松江省发生问题地区的军民关系得到迅速恢复。

---

① 张秀山：《会议记录》（1947年6月30日），手抄件。

6月底，松江省委下发了《关于土地改革运动与创造根据地的指示》，分析了松江省面临战争前沿严峻的军事形势，阐明了土改对创建根据地的重要意义，提出了的具体任务。

7月3日至11日，东北局在哈尔滨召开了扩大会议，总结了过去的工作，分析了目前的形势，制定了贯彻执行中共中央指示的具体措施（即“七七决议”），确定了创建根据地的主要任务，号召一切可能下乡的干部，走出洋房，脱下西装，换上农民衣服，不分文武，不分男女，不分资格，深入到农村中去，把群众发动起来，开展反奸清算，分粮分地，剿灭土匪，镇压反革命的斗争，建立巩固的根据地。从此，东北党的工作重心真正从城市转到农村，迅速扭转了军事上的被动局面，迈开了胜利的步伐。

为落实“七七决议”，张秀山主持召开了松江省委扩大会议。东北局书记林彪到会讲话，传达了会议精神。

张秀山说：“一旦蒋军在东北将战场揭开，松江省便有变为战场的可能。同志们！东北群众能否真正地发动起来，是决定我党在东北成败命运的关键。只要东北老百姓能够真正地拥护我们，能够和我们结成一条心，我们便可以克服任何困难，便可以击败蒋军而取得战争的胜利。全体参加群运的同志们，今天发动群众是我党的头等任务，你们参加这一工作是最具体的革命工作，是对革命品质与党性最实际的考验。省委号召松江全党为贯彻东北局会议精神，为充分发动群众而奋斗到底。”①

全省组成了以张秀山为团长、金铁群为副团长，下属16个工作队，共计1500多人的工作团。机关只留一名组织干事李刚处理日常事务，其他人员不论职位高低，都深入土改第一线。新来的省委副书记李德仲来报到，见只有一名看家的同志，立即背起背包，直接下乡去了。

一位干部在日记中记录了张秀山的行踪：

7月3日。我没吃早饭，就在车站等火车，直到6点半才开车。很快，就到了一面坡（车站）。下车时，遇见秀山与邹问轩。他们是后上车的。秀山去亚布力，邹问轩去苇河。秀山让我等他两天，回来后一起去延寿。我便住在一个铁路电务段姓孙的负责人家里。

---

① 张秀山：《会议记录》（1946年9月18日），手抄件。

7月5日。秀山昨天已回。因为雨大，我不知道。今晨秀山叫我去，知我有病。他让找医生看看，以决定能否同行。我知道延寿的医药条件差，就找了1个卫生部的医生，打了一针。我决定暂时不走。

7月7日……听屯里搬来的老百姓说，距离这里30里元宝镇有胡子（土匪）抢马、抢东西。许多老百姓已经逃到这里，特别是有马的人家。他们都住在屯里的闲破空房里。他们说老百姓很苦。屯里只留下看地少数人了。我们的自卫队打不了胡子，希望军队去打。说胡子自称中央军，穿的很破，见到老百姓就让和他换衣服、换鞋子。说胡子只许叫中央军……

7月8日。秀山准备去剿匪，到元宝镇……车站又碰见了梁秘书。他是下车找秀山的，苇河县长阻止其拉木头。

7月10日。下午我与王景侠乘邹问轩的大汽车来延寿。我住在省委的‘大典当’，参加秀山处会。会后，我说去方正县。秀山说那边的情况已了解，群众已发动，最近不必去。让我与李奇、张江全、苏丹等去西南。秀山原想自己去，但因事他不能去了。晚间，我与苏丹谈后，秀山说明天不去了，让我写传单。我与苏丹分工。因为我住的床临近街头，秀山一定让我在他处住，我没去。

7月11日。传单两份。1.告匪同胞书（苏丹写）。2.告匪军书（我写）。修改后，交秀山。下午在秀山处商改两个传单。下乡，秀山让等部队来后再去。

7月12日。秀山来我处决定明天走，找马子章谈那边的匪情。下午在秀山那里，确定先去王家屯，明天动身。

这些日记中的事例，真实地记录了张秀山在土改和剿匪第一线日夜辛劳忙碌的身影。此时，张秀山正率领省委土改工作团，来到了西南山区延寿一带，发动群众清算分地搞土改，为我党撤离哈尔滨准备后方根据地。

延寿一带群山环抱，河流纵横，自古“匪患四起，异常猖獗”。张学良曾亲率大军来此剿匪。鉴于情况复杂，省委成立了延寿中心县委，统一领导延寿、方正、通河县，任命秘书长邹问轩为县委书记。张秀山把他们分成四个工作组，下属若干个土改工作队，上山下乡，发动群众土改、剿匪。延寿县常发乡土改工作队队长就是毛泽东的侄子毛华初。他穿着临别时毛泽东给他的黄色军大衣，跟着张秀山来到乡村搞土改。这些延安干部，给山区人民带来了老八路作风。

张秀山亲自带领一个土改工作队，来到延寿县斗争最复杂的高丽营子蹲点。他带领群众斗争了恶霸、伪满村长“黄大头”，起出了他们隐藏的枪支、弹药，成立了农会和自卫队，把最贫苦的年轻正派的农民骨干选拔到领导岗位上来，依靠他们攻破当地的封建堡垒，打掉了反动势力的威风，开始了轰轰烈烈的土改运动。

在执行土改政策过程中，松江省有些地方出现了或“左”或右的偏差，“该斗的恶霸地主，其威风未垮，打击的不重不彻底；不该斗的却又进行了斗争。”

8月25日，张秀山主持松江省委召开了扩大会议，强调要放手发动群众，与地主阶级撕破脸皮，开展坚决斗争，但绝对不要侵犯中农利益。会议把清算分地作为中心任务。①9月18日，松江省委向全省工作团发出《关于深入发动群众的指示》，肯定了工作团取得14个县分地约36万垧的成绩，提出了具体工作要求：

检查分地的情形，是否有不公平不合理的现象？是否侵犯了中农的利益？从政策的观点检查分地的结果。

大量地培养教育积极分子，淘汰流氓成分的假积极分子，使他们逐渐成为坚强的地方干部。

健全农会，清洗坏分子。允许中农参加农会，保证领导权掌握在贫雇农手里。

组织农民自卫队，动员参加县、区、乡队，实行村村联防、站岗、查路条、打土匪。每个工作队（组）要扩大1个连的武装。

在发动群众中来建设党，发展新党员。吸收经过斗争考验的，有了觉悟的农民积极分子入党，建立农村党支部，成为坚持农村斗争的核心与堡垒。

坚持斗争，不脱离现在工作的地区。工作队变成武工队，在斗争过程中来创造根据地。②

根据这些指示，松江省宾县、通河、延寿、木兰、双城等县积极行动起

① 张向凌主编：《黑龙江四十年》，黑龙江人民出版社1986年版，第97页。

② 黑龙江省档案馆编：《土地改革运动》（上）（内部发行），1983年版，第66—68页。

来，进一步开展土改斗争，秘密发展党员、健全各地农会，建立和巩固农民自卫队武装。

在建立后方根据地期间，张秀山经常往返哈尔滨，主持召开了中共松江省委和军政委员会会议，讨论了当前战争形势。张秀山对松江省南部前线、哈尔滨和后方的领导干部，进行了重新调整。为了巩固后方，保证土改运动正常进行，肃清内部奸细，他提醒大家说："我们要把各县的锄奸保卫工作做起来。重点放在延寿、方正、珠河、苇河一带……各单位开始转移出去，地点延寿。"①

此时，东北局考虑到敌人可能进攻北满根据地，靠近松江省南部敌我军事分界线前沿的原准备放弃的五常、拉林、双城等地战略意义重要，要求松江省在这里尽快发动群众，分掉土地、打掉土匪，限期完成。"只要群众'轰'起来，粗枝大叶也行。"张秀山随即组织了土改工作队去了五常一带，很快就把群众发动起来搞清算，分完了土地，初步建立了县、区的人民武装。

六、消灭"夹生饭"

敌人重兵压境，我党仓促发动群众，造成东北大部分地区的土改煮成了一锅"夹生饭"。

从松江省情况看，土改工作进行了将近一年，但发展得不平衡。有工作做得比较好的地区，也有打击面过宽了的地区，还有基本上未动的死角，而最大的一部分是"半生不熟"的地区。

这类地区的主要特点是：土地也分了，地主也斗过了，农会也成立了，积极分子也有了，群众武装也组织起来了。但问题仍然很多，有的地方走了过场。据核查，和平分地、假清算、假分地的现象，在一些地方还相当严重。当时阶级斗争十分尖锐，反动地主采取各种各样的手段来破坏土改工作。主要有：利用拜把子，认干亲，来麻痹群众。发展封建迷信团体。制造谣言，恐吓群众。收买干部，为其效劳。公然收回土地，不让分青苗。伪装老实，献坏地、留好地，隐藏黑地，隐藏浮财。勾结土匪、私藏枪支，妄图东山再起。请吃请喝，

---

① 张秀山：《会议记录》（1946年11月15日），手抄件。

拉拢腐蚀干部。拉拢富农和划错成分的中农，与农会作对。派遣狗腿子，亲信打入农会，伪装积极，甚至组织假农会。在这些破坏手段中，以收买干部和利用狗腿子进行活动为最普通和严重。

11月20日，张秀山在写给松江省委宣传部长李海涛、哈南分区专员张鹏图和双城县委书记林诚的信中，表明了自己对“夹生饭”问题的严重关注，希望他们作一次严格的工作调查，并请将检查的情形报告省委。[1]21日，东北局发出了《关于“半生不熟”问题的指示》，指出当前中心任务是解决“半生不熟”的问题，要求各地认真地检查土改工作，集中力量消灭“夹生饭”。

当时，担任中共松江省委工作团副团长的金铁群正在五常县领导工作队开展工作，他清晰地记得张秀山一次下乡的情形：

> 一个晴朗的早晨，听五常县委书记封仲斌说，省委书记张秀山同志从珠河县（现为尚志县）乘马爬犁到了五常县常堡区白杨同志（县委副书记）的工作地点，我们便与“一纵”文工团王政委带了警卫员，同乘一辆雪撬（爬犁）出发了。因为那里要召开处决匪首刘家臣的宣判大会，秀山同志要参加，不会立即到县城来。
>
> 那天是个大雪封地、万里无云的天气，三匹骏马拉着我们飞驰在白雪皑皑的县道上……爬犁把我们拉到靠山屯旁边一个只有几户人家的小屯子里，它和这里的沟岔、山林被厚厚的冰雪覆盖着……这里是白杨的住处——一位贫苦的雇农李福生的家。
>
> 不料，省委书记张秀山和秘书苏丹同志与警卫员已经到了这里。秀山同志说：他是为了看看白杨起草的一份布告，才随后赶来的。白杨拿出了布告念给我们听。秀山边听边说：对于匪首，要写上坦白从宽、抗拒从严，对于胁从分子要写上胁从不究，对于顽固分子要写上投降自首的期限，过期不向县、乡政府自首的要斩尽杀绝。不大功夫，李福生夫妇让小女孩看看灶火，便把一瓦盆小米粥、几个饭碗、一把以树枝代用的筷子拿来了，另外，还有一碗咸菜，都放在南灶灶沿上。小米粥是清香气味，十分鲜美。布告读完了，也讨论完了。大家便分坐在炕沿上、站在里外屋，各自端

---

① 张秀山：《关于双城五家区群运情况给海涛、鹏图、林诚同志的一封信》，载黑龙江档案馆编：《土地改革运动》（上），1983年版，第68—70页。

起一碗粥、夹上一筷子咸菜，吃起饭来。趁大家吃饭，我把文稿修改了一遍，叫张秀山和封仲斌同志先后传阅、审定后，便由苏丹等人先拿到镇上张贴去了。

……吃罢午饭，秀山拿起笤帚扫了地，向女主人道了谢，便与大家挤在一辆爬犁上，在厚厚的、闪亮的雪道上飞驰起来。这时，他又向白杨、李福生说，为了彻底摧毁农村中的封建堡垒，要把经济斗争与政治斗争、武装斗争结合起来，要以群众的真正掌权、彻底翻身、巩固根据地与支援前线为目的……

在“公审恶霸匪首刘家臣大会”上，秀山同志在沸腾般的欢呼与掌声中讲了话。他说：这里的土改、建政、剿匪任务已经基本完成了，最大的恶霸匪首就要镇压了，急风暴雨式的运动就要由“查地、挖坏根”等各种耐心细致的方式来代替了。我们需要用严密的阶级分析，需要讲究领导艺术，团结各方面的力量，整顿各种组织，建立与健全农村的秩序……

11月初我们与各工作队一起，返回了县城。我立即把沿途巡视时起草的两份讲稿交给秀山同志审阅。一份是要在工作队长会议上总结与布置工作的讲稿，一份是代表省委工作团要向全县工农代表大会报告的讲稿。秀山同志一一作了批示，并着重指出，按照此地阶级结构的实际情况，套用毛主席对全国的分析，说是“两头小中间大”，是不适当的。因此地主、富农户数虽少，占地却很多，中农户数与占地数都不多，无地和少地的贫、雇农则是人口与户数占绝对多数，所以可以说这里的阶级结构是“金字塔”式的。同时，秀山同志也把他已写好的讲稿交给我与封仲斌同志看。

全县工农代表大会准时召开了。检阅来自各区的人民武装队伍、许多小伙子、姑娘们，都穿上了节日的服装……

在大会上，秀山同志说，从北满分局陈云同志指示创建巩固的松江根据地一年多来，全省完成了土地改革；培养锻炼了当地的干部队伍；建立了群众武装；肃清了土匪。在春耕前的这3个月，要全力消灭“夹生饭”，把创建根据地的工作彻底搞好，为前线提供充足的兵源、粮源。

……当时松江省各级领导干部很重视研究问题和“领导艺术”，要求领导干部要随时随地从实际出发，发现新问题，研究新问题，解决新问题，把党的政策与重大措施具体化，为群众指明前进的方向，形成了一种富于创新精神的领导作风。①

到11月末，松江省土改取得了阶段性的胜利，全省有86万余人，分到了67万余垧土地，占全省人口的三分之一强，并分房子6万余间，牛马1万头，培养7000余名积极分子，发展党员2400余人，松江根据地基本形成。②

12月11日，在张秀山主持下，中共松江省委召开了县委书记和工作队长参加的扩大会议，研究了全省土改工作和根据地建设等问题，总结了一年来的工作。大家一致认为，在强敌压境的情况下，大刀阔斧地开展土改工作的做法是必要的。形势只允许我们快，不允许我们慢。如果那时不限期发动群众，可能连土匪也打不掉。但是，这种做法也有不少弊病。其中主要是积极分子成分复杂，封建势力尚未给予致命打击，在执行政策上有忽“左”忽右的表现，但右的倾向突出。因此，继续放手发动群众，仍然是全省工作的主要努力方向。会议提出了以“查地、挖坏根”为中心，以“查阶级、查干部、查政策、查组织、查假分地（明分暗不分）、查黑地”作为群众运动工作的基本内容，使农村土改中消灭“夹生饭”工作更加深入一步。③

张秀山回忆说：

> 消灭“夹生饭”主要是针对一些土改过程中走了过场的地方。如巴彦县有一个屯子，以前虽然也经过对地主三番五次的斗争，但地主的势力并未有被摧毁，基本群众翻身也是有其名，无其实。屯子仍被称为“满洲国”、“老中华”的四大户把持着。县委带领三个区的工作队到那里进行集中试点。但是，工作队进屯后，群众不敢接近工作队员。后来深入到最贫苦的农民家了解，才发现从减租、清算到分地，“四大户”均未受触动。秋收时，地主仍然是粮垛成山，牛马满圈；分地时，地主都是留好分坏，留多分少，留近分远。并霸占青苗，拖延打场，群众并未分得一粒粮食。同时，他们不断挑拨穷人斗穷人。这屯换了四次“头行人”，不是烟鬼、兵痞，就是流氓警察或跳大神的，还有化型地主，伪满兴隆会长。这些人是在以

① 金铁群：《创建北满根据地的一段回忆》，载《星火》第二集，辽宁人民出版社 1981 年版，第 186—200 页。

② 张向凌主编：《黑龙江四十年》，黑龙江人民出版社 1986 年版，第 97 页。

③ 中共哈尔滨市委党史研究室：《中国共产党哈尔滨历史》第一卷，黑龙江人民出版社 2001 年版，第 590 页。

前区工作队的个别人支持下上台的。群众都说，对四大户的斗争，是干部“坐在地主的炕头上算账，遇事同狗腿子商量”这么进行的。群众也从未与四大户“撕破脸”，分果实也是凭抓阄，明分暗不分。分了地主的马，但还是“地主用，小户（指穷人家）不敢动”；房屋是“地主住瓦房，小户住破屋”。所以群众对于分地主的浮财信心不大。这个屯的自卫队只有个花名册和一个烟枪队长，枪支都捆在四大户中的朱二八爷家。以后又捆放在“农会”屋子的角落里。像这样的地方不重新进行土改，消灭“夹生饭”，根据地是无法巩固的。工作队根据这个屯的情况，在这里重新发动群众，彻底地查了四大户的土地，挖了他们的底财，起了他们藏在地窖里的财物，封了他们的粮垛，收了他们的车、马、牛。发动起来的贫雇农群众，整整分了七天七夜他们的土地、财产。

土改运动的进一步开展，初步满足了农民的土地要求，松江省农村已经看不到无地的农民，基本上做到“耕者有其田”。

1947年4月3日，松江省召开了省委扩大会议。大家就群众运动中打、杀地主等问题，展开了激烈的争论。张秀山对全省土改工作中存在的错误，进行了严肃的批评。

张秀山说：

我在双城时，有一个情况，是工作队化装成胡子找地主，让他带着打八路军，他就带着去。我批评他们说，你们这样干，非把八路军干部杀了，才算罪大恶极？才该杀吗？

杀人的原则没有争论……杀人还是不要多杀，要慎重。至于打人，保卫系统不能打人。“过大堂”，是群众创造的。我们自己不能扩大，扩大就会出毛病。干部不能打，这要当成纪律。

关于工商业问题，他指出：

私人资本不没收，中、小地主的资本可以不没收。真正群众痛恨的恶霸地主，群众要没收他的资本可以。带有敌伪残余的性质的资本，我觉得可以没收。发展工商业是对的，对一些商人可用上税来解决。

我们与某同志的问题，不是因为他说我们“左”，我们就说他“右”，我们的争论在宾县就开始了。

那时，我们就牢记陈云同志的话：“他有他的角度看问题。”后来，陈云同志说，他有些“右”。群众的“左”，我们要纠正。但是，我们主要是放手发动群众，杀人要经过县，也可以出布告。①

这次争论，及时澄清了松江省某些高级干部中的模糊认识，统一了大家的思想。

5月19日，张秀山主持召开省委会议，讨论了全省的治安锄奸工作，以严厉打击恶霸地主和匪特破坏活动，有效地配合土改工作。省公安处处长布鲁谈了各地敌特动态。东兴、通河的黑山一带土匪活动猖狂；呼兰有敌特暗杀团，打组织部长，打穿黑衣服的（指干部）；巴彦敌特公开给我们写警告信。有的打进各级机关内部，刺探情报……

张秀山说：

我们具体的步骤应该更明确些，主要的力量应放在外县（广大农村，中小市、县）和铁路线，顺序也应如此。以点到线，由线到面。这个要看我们的力量，能搞点的，就搞点。如过桥的要道，拉林、五常可设检查站。我们中心就在这里，不必要两个重点，不必要把敌区的工作和下面工作平列起来。我们应该把最大的力量放在农村中，这样使用力量，才会有重点。我们的路线就是群众路线。总之，不管军队和各县都要注意下去，思想要搞通。②

此后，松江省加强了治安锄奸工作，并对各个交通要道的实施有效控制，有力地打击了敌人的破坏活动，保证了土改工作的进一步开展。

6月25日，东北局发出《关于挖财宝的指示》，各地迅速开展了“砍大树（大树指恶霸地主）、挖财宝”运动（简称“砍挖”运动），这是“煮夹生饭”斗争的进一步深入和发展。

当天，张秀山主持召开了有高岗参加的松江省县委书记联席会议。这次会议，总结了全省半年来群众工作，号召大胆放手发动群众，大造封建之反，彻底摧垮地主阶级势力和封建秩序，开展“砍挖”运动，消灭剩余的“夹生饭”，建设起革命的新秩序。

张秀山在讲话中说：

---

① 张秀山：《会议记录》（1947年4月3日），手抄件。

② 张秀山：《会议记录》（1947年4月3日），手抄件。

放手本身就是政策，就是政策的主要部分。放手也不是不要领导，放手本身就是有领导的群众路线。我们绝不会放手侵犯中农，更不会放手侵犯贫雇农的。根据“七大”决议说：“放手发动群众，壮大人民武装，在我党的领导下，打垮日本帝国主义（今天应该说打垮美蒋），建立民主自由的新中国。”放手也就是“七大”的路线。一切不放手的做法，既不能壮大人民力量，更不会打胜仗，也可以说没有执行“七大”的路线……但“矫枉必须过正”，“不过正则不能矫枉”。在这样一个大运动中，不可避免地要发生一些过火的现象，我们不要因此而害怕。

……消灭“夹生饭”的标准，现在只规定两条：彻底摧毁封建势力，一切果实到手。为了集中力量，要突破一点，取得经验，以推动全盘。有重点、有阵地、有后方地开展。

张秀山明确指出：

对大地主斗争得愈彻底愈好。中地主的土地也要分，底产也要分。小地主不挖底产，小地主按其成分是地主，但不比富农强，要照顾点。一般地说，地主还是应分得地，只要地主愿劳动，不愁没地将来种。对恶霸富农，彻底斗，应该分。勤劳的富农，其多余的土地牛马，亦可征收，但不分底产。

土地改革后，在整个生产力向上的过程中产生出新的富农经济，是新民主主义的经济道路，并不是旧的资本主义道路。今天我们是打击旧富农，发展新富农。就是一点，今天我们不是消灭富农，也不应该提出消灭富农的口号。

不要侵犯中农，有政治错误就斗政治，不要分中农的家产和土地。要更多地说服和教育中农。

对个别佃富农自己没有土地的，一般地说，不分他的牲口，可以让他拿马换地，或采取自愿献马的方式……①

县委书记会议之后，松江省各县、区立即展开了“砍挖”运动，使农村的土改运动形势迅速改观。但是，由于个别地方片面强调放手，一切由贫雇农

① 张秀山：《在县书联席会议上的报告》，载黑龙江档案馆编：《土地改革运动》（上），1983年版，第152—161页。

说了算，出现了打、杀人过多，农民进城抓人，侵犯工商业者等过火现象。

随着“砍挖”运动深入，北满各地贫雇农揪斗团浩浩荡荡进城抓逃亡地主。张秀山开始同意让农民进城抓逃亡地主，当他听到哈尔滨市领导汇报，农民携带枪支进城到处抓人，引起了社会混乱后，明确指示：“外县来市内抓人要经过省委。有关问题，要做好解释工作……”松江省委随即下发了《关于群众运动问题致县委的一封信》，强调了进城抓人揪斗的有关规定。

对于出现的一些问题，张秀山明确地表明了态度。当呼兰县农民来抓同记商场经理吴百祥（民族资本家、解放后任市政协副主席）和汤原县农民拿着县委介绍信来抓双合盛经理张廷阁（民族资本家、苏军管制时期的市长）时，张秀山立即派省委社会部部长陈龙特地赶去与农民代表见面，耐心地向农民兄弟解释了党对地主兼工商业资本家的政策，把他们劝阻了回去。农民是回去了，但是到底要不要保护城市的工商业？这个问题从市委一直争论到省委，大家的意见严重分歧。会上，陈龙直接请示张秀山说：“像吴百祥的同记工厂还没不没收？”①

吴百祥是河北乐亭人，以小生意艰苦起家，逐步发展起来。他接连创建了同记商场、工厂和大罗新百货店等企业，成为著名的民族资本家。日伪时期，吴百祥的企业接连倒闭、歇业。我党进驻哈尔滨后，吴百祥重整旗鼓，死而复生，企业渐渐地恢复生机。对于这位爱国的民族资本家财产，如何处理事关重大，张秀山坚定地说：“吴百祥的工厂不能没收，浮物也不没收，欠了债可斗政治，并赔偿损失。”他认为哈尔滨的工商业必须保护，因为前方的武器、军装、药品，都要靠工商业来生产和制造。②他强调说：“即使在哈市的工厂没收了，也应该归哈市政府管，不能属县；地租不退了，就是没收土地。至于地主兼资本家作恶多端可以斗，工厂不没收，斗政治、罚款。”

对农民进城乱抓人等问题，在松江省县委书记联席会议上，张秀山特地讲到：“我们出了毛病就纠正。抓人来哈，由省公安局主持，犯人财产由公安机关处理……”③后来，东北局召开了会议，经彭真、陈云、李富春、张秀山

① 张秀山：《会议记录》，手抄件。
② 张秀山：《会议记录》，手抄件。
③ 张秀山：《会议记录》，手抄件。

等人研究，决定除各级社会部、公安局外，任何群众团体不得随意抓人。外地到哈尔滨抓人，必须由松江省委和哈尔滨市委同时批准，由各县负责人和市委工作队直接接头；属公安系统的，经过公安处及陈龙同志审查。松江省委及时通报各地，工商业者不准不顾政策随便斗争，农民也不能进城“砍大树、挖财宝”，从而保证了党的政策的贯彻执行。

张秀山在总结“砍挖”运动时说：

“砍挖”运动是一个群众运动的大风暴，干部和群众在思想上准备不足，群众中酝酿不够，加上有些干部把放手误认为放任，因此发生了偏差。如某些地方流氓乘机混水摸鱼，侵犯了中农利益。各县普遍存在过重地打击城市工商业现象。打人杀人过多，差不多是“每斗必打”。因为群众见打一下，就能打出果实来，所以死人多了些。三个月的砍挖运动，尽管对放手的掌握上及群众路线的运用上，都有些偏差，但经过这次运动，也确实严重地打击了封建势力，基本上消灭了“夹生饭”。①

张秀山作为省委书记对“砍挖”运动中出现的过火行为承担了责任。他在省委一次会议上说：

“放手就是政策”讲得简单些，但是有作用，因为那时要求有更加放手的政策，是适合新的“群运”。“群运”有点也要有面，要有轰动的形式。②

后来，张秀山回忆这段历史时说：

这时省委参照新华社发表的一论二论三论放手发动群众的社论，在发动群众的工作上曾强调要“放手”，反对一切右倾保守思想，提醒大家对于地主恶霸的任何哀乞叫骂都不要同情理睬。这种提法也是从党的七大制定的路线“放手发动群众，壮大人民的力量”来的，也是针对党内还有一部分人仍受抗日时期统一战线思想的束缚讲的。③

这也许是“放手”一说的真正出处。

经过3个月的“砍挖”，松江省挖出金子5000多两，银子5万余两及大批粮

① 张秀山：《三个月砍挖运动的估计及今后平分土地的意见》（1947年10月28日），载黑龙江省档案馆编：《土地改革运动》内部发行，1983年版，第210—217页。

② 张秀山讲话记录，1947年11月25日。

③ 张秀山：《松花江畔的暴风骤雨》（讨论稿），1984年6月28日。

食、布匹、农具，摧毁了地主阶级的经济基础，严重地打击了封建势力，解决了农民生活生产的困难，提高了群众的阶级觉悟，培养了一大批积极分子和新干部，使共产党的威信得到普遍的提高，也使各地民主政权，以及农会、农民自卫队得到巩固和加强。

七、平分土地

在前方捷报频传的新形势下，为充分调动广大农民革命和生产的积极性，中共中央工作委员会在河北建屏县（今平山县）召开全国土地工作会议之后，于1947年10月10日颁布了《中国土地法大纲》，决定在广大解放区彻底废除封建半封建的土地制度，实行平分土地。

11月，东北局召开了北满省委书记联席会议，规定了平分土地的方针和政策。此时，松江根据地的土改工作已经基本完成，曾经出现的“左”的苗头，已经得到了有效地遏制。但全国土地会议精神是只反右不防“左”，而会议提出了反“差不多”的思想，号召“打倒地主平分土地”，使“群众自发论”的影响扩大，进而导致“左”的偏向的发展。

从12月开始，松江省在农村又来一次打乱平分土地运动。运动初期，一些地方取消了区、村原有政权，干部一律解职，认为他们是群众运动的绊脚石，形成了旧路线和贪污的“圈子”，要“搬石头”，“跳圈子”，“一切权利归农会”。一些地方出现了极端的打杀下台干部情况，甚至有波及到县以上机关的趋势。

针对这种阶级斗争扩大化的严重倾向，张秀山接受“砍挖”运动的教训，要求全省各级领导同志，慎重处理有问题的干部，必须禁止打杀干部，他在会议上提醒各级领导干部说：

> 宾县估计县委大部分（干部）贪污，区委都贪污。这是不对的看法。农民还是农民，农民拿了小东西批评一下就可以，不要乱戴贪污的帽子。对新干部估计，对农民估计不要拿我们尺度去衡量。今天看了很好，过一时期又会发现问题。这是不是又说工作不好了呢？所以，我认为到一个时期说一时期的话……①

---

① 张秀山：《会议记录》（1947 年 12 月 22 日），手抄件。

方式要从实际出发……（某县）干部解职，在曹发区是对的，用于财神庙土顶子就不对了。如果省里开会，决定长岭区方式好，那是不对的，因为我们要从具体情况出发。在这些问题上没有讲明，因此有些同志回去走了弯路。

对犯错误的干部，解职审查是确定的。但是，我们要注意以下几点：一在干部内部要有动员，否则干部受打击，用得好就不是打击干部，无论如何不能让干部受气。干部是有毛病，新干部有'满洲国'作风，强迫命令，但是一般规定不要打杀。阶级异己分子可以由县上决定处理。二要审干和改造农会联系起来。不说解散农会，改选期间干部停职。有些确实有把握的，就相信他们。个别的地方可以不解职。农会即是贫雇农的农会，由他们掌权，需要中农参加就找他们来。①

张秀山率领有关人员总结了五常县常安区坚持不"跳圈子"，依靠干部发动群众，开展平分土地运动的经验，及时在全省各地推广，及时制止了这种错误行为的蔓延。

松江省呼兰县康金区在平分土地中，出现了"扫堂子"（这个村的贫雇农，到另一个村斗争地主、富农，让他们净身出户）的违反政策的现象。当时《东北日报》将其作为经验进行报道和介绍，于是"扫堂子"迅速在东北各地推广，普遍出现了过重地打击城镇工商业，严重侵犯中农利益的问题。对此，张秀山深感忧虑。

张秀山及时组织松江省委开会研究对策，就群众运动问题及时给各县委发出指示信，强调"群众起来后，必须防'左'"，及时制止了各地"扫堂子"现象的蔓延。松江省委决定纠正偏差，在经济上赔偿了斗错的中农的损失，并采取了一些补救措施。

1948年2月1日，东北局及时发出指示，必须对地主、富农采取分化政策，缩小打击面，不侵犯中农利益，保护城镇工商业，设法停止与防止乱打人杀人的现象。

4月，中共松江省委召开了县委书记县长会议，会议着重检讨了平分土地中的错误偏向和过激言行。5月，松江省委再次发出了《中共松江省委关于

① 张秀山：《会议记录》（1947年12月27日），手抄件。

纠偏工作的指示》，使群众运动中出现的“左”的偏差，得到了彻底纠正。实事求是地说，在土改运动中发生的这些“左”的偏向，有党的政策不完善的原因，也有以小农经济为社会基础产生的平均主义思想的更深刻的社会历史原因。

这次平分土地满足贫雇农的土地要求，一般富农和小地主与贫雇农同样分得一份土地，得到了农村广大贫苦群众的支持，形成了“斗争地主、总攻封建，彻底平分土地、分配斗争果实”的高潮。

经过全省上下共同努力，群众真正发动起来了。贫苦大众通过“个人挑、互相比、大家评”和“比成分、比劳动、比人品、比家底子、比社会关系”等办法，进行排号站队，分到了浮财和土地，革命觉悟和热情空前高涨。大家纷纷表示：“一不做、二不休，扳倒葫芦洒了油，参加革命至死不倒巢。”

在农会的基础上，松江省各地普遍建立了贫雇农代表大会或贫雇农团。作为平分土地运动的执行机关，带头人由农民群众直接选出。农村的一切问题，均由当地群众大会讨论决定，充分体现了翻身农民当家做主人的权力。

在急风暴雨式的群众运动面前，一切旧世界和封建势力的污泥浊水，都被滚滚的革命洪流荡涤冲垮。经过两年多轰轰烈烈的土改斗争，广大贫雇农终于实现了千百年来拥有自己土地的愿望。

通过土地改革运动，松江省党组织有了很大发展。

土地改革以前，鉴于本地区我党的影响小，干部与积极分子少的实际情况，中共松江省工委决定采取“严密、慎重与个别发展”的建党方针，遵照“斗争中发现、个别考察、秘密发展”的原则，规定党员基本条件：“地方上是选择在斗争中表现坚决勇敢（无此条件不能入党）；能自觉遵守群众团体的决议与纪律；能自觉拥护和帮助革命政权与人民军队的人入党。在军队中，是要选择作战坚定勇敢；在巩固部队上经过反叛变、反奸细的考验（不具备这两个条件不能入党）；忠实于群众利益；遵守纪律的人入党。”

当时主要在“蝗虫”工作队①的地区，发展党的组织。如方正、木兰、通河等县。重点区域还秘密建立了党支部，其他地区“不大量发展”。从减租

① 陈云同志将土改工作队形容为“蝗虫”工作队。

减息、清算分开拓地、满拓地，一直到土改初期，由于各地党组织缺乏经验，发动群众不够充分，尤其是后来为了应付战争，完成上级“大量发展党员”任务，致使有的地方发展党员极不慎重，甚至在群众尚未发动的地方也去发展，使一些坏人乘机混入党内。我军在长春撤退后，军事形势严重，宾县、方正、木兰、通河的政治土匪都发生暴动。许多党员经不起考验，叛变投敌众多，教训惨痛。

我党派大批土改工作队下乡后，发动贫雇农，开展清算分地。尤其是消灭“夹生饭”，经过了激烈的土改斗争，使贫雇农的阶级觉悟得到了普遍提高。松江省党组织开始大批地清洗了第一、第二个时期混入的一些坏分子。以后发展的党员，大部分是贫雇农积极分子，政治上比较可靠。有的地方还建立起党支部来。到1947年10月，松江省共发展党员5000多名，绝大多数成为我党的优秀骨干分子，成为对敌斗争中主要依靠的力量。

在斗争实践中，松江省利用办训练班、带徒弟、扩大农会和工作队等有效的办法，培养了一大批基层的党政干部和农会积极分子。如哈北地区在查地中就培训了翻身骨干5000人，训练干部1489人。为党组织增加了大量的新鲜血液，增强了广大群众必胜的信念。

著名作家周立波小说《暴风骤雨》，就是反映松江省珠河县（今尚志县）元宝镇（上述日记中提到的）土改运动和剿匪斗争这段历史的。这本书的名字就与张秀山的这次讲话有直接关系。

“七七决议”后，周立波跟随张秀山领导的土改工作团下乡，来到了元宝镇开展土改工作。

元宝镇伪村长、地主韩凤岐残酷剥削穷苦农民，依靠其弟是土匪头子，对贫苦农民进行残酷剥削，民愤极大。

小说《暴风骤雨》中，清晰地描述了当时县委争论情况和大部分工作队员的观点：“工作队的年轻的人们唱着《白毛女》里的歌曲。萧队长没有唱歌，也没有跟别人唠嗑。他想起了党中央的《五四指示》，想起了松江省委的传达报告。他也想起昨儿下晚县委的争论，他是完全同意张政委的说法的：群众还没有发动起来，或没有真正发动起来时，太早地说到照顾，是不妥当的。废除几千年来的封建制度，要一场暴风骤雨。这不是一个平平常常的事情。害怕群众起来整乱套，群众还没动，就给他们先划一个圈子，叫他们只能在这圈子里走，那是不行的。”①

周立波从元宝镇实际出发，坚决贯彻执行松江省委的指示，放下知识分子的架子，坚持访贫问苦，扎根串联。在工作中，周立波注意发现和培养积极分子，分期举办学习班。经过诉苦、教唱歌、讲革命道理和八路军战斗故事，提高了一批贫苦农民的阶级觉悟，使许多人都成为土改运动中的骨干。如斗争地主的带头人郭长兴，就是《暴风骤雨》中郭全海的原型。

半年后，他走时带了满满三麻袋资料。正是以这些资料为基础，他写出了优秀长篇小说《暴风骤雨》，书中的人物几乎都能在元宝镇找到原型。元宝镇成了土改和剿匪的典型，先进事迹登上了《东北日报》。张秀山把周立波调到省委宣传部工作，主编《松江农民报》，参加省委财经工作巡视团，全面熟悉土改情况。省委还为周立波找到松花江畔一处安静的写作地点。经过他一年半的辛勤写作，长篇小说《暴风骤雨》出版发行了。

这部小说中的故事，真实地再现松江省人民在创建北满根据地的过程中，浴血奋战，艰苦斗争的情景。以后，《暴风骤雨》改编成电影在全国放映，影响巨大，荣获了斯大林文学奖。

经过伟大的土地改革运动，一大批有觉悟的贫苦农民走上了革命第一线，他们积极生产，踊跃支前、参军参战，在松江省的广大农村建立起了自己的乡村政权和武装。

八、支援前线

东北民主联军主力撤至北满后，利用暂时休战时机，按部队划分区域，就地进行剿匪和休整，补充兵员。东北局指示，各省要当好“兵贩子”，保证每个主力师（旅）充实三个团和一个补充团。因为大部分主力部队都在松江省境内，这里就成为主要的后方补充基地。

松江省紧急行动起来，张秀山主持召开了省委扩大会议，决定将松江省军区的主力，即双城、五常、巴彦、阿城、延寿县五个独立团，共计7500人，紧急补充给主力部队。

---

① 周立波：《暴风骤雨》，人民文学出版社 1994 年版，第 9 页。

松江省动员了大批进步青年参军参战，大批新兵源源不断地补充到主力部队。各地掀起参军参战的高潮。仅松江省哈东军分区就为新四军三师七旅、山东一师和七师（主力部队原番号）输送了大批兵员。①

从一本久存发黄的会议发言记录中，我们看到了张秀山领导支前工作时忙碌的情景……

10月15日，张秀山主持召开军政委员会会议。他说："我们要加紧整编、扩大和训练部队，为我军主力提供一流的补充兵团。目前松江省的任务：一是敌人来了，在松江门户打仗；二是突击培训8个团兵力，等待东北局指示时出击……"松江省补充主力11000人，补充地方部队约40000人。

就保证补充部队战斗力问题，张秀山对干部配备提出了要求："一般要设副职，标准要降低，即不论资格。主要的标准是忠实、勇敢，就可当指导员、连长。现在我们要准备打仗，正职伤亡后，部队便有人领导。如果临时再搞，不如早搞妥当，办法就是在下级提拔。各部队要抓紧训练，战斗小组要搞，'三三制'以及战术训练都要抓紧进行。"

1946年10月19日，敌人采取"南攻北守，先南后北"战略方针，调集9个师10万余兵力，分三路猖狂进攻我南满根据地，以解后顾之忧，再集中力量攻占北满。国共战火重新燃起。同月，为便于指挥战斗，以林彪为司令员的东北民主联军前线总指挥部由哈尔滨市移驻松江省双城县。东北局和后方指挥部仍设在哈尔滨市，由彭真、高岗等人具体负责。这些机关的后勤和警卫工作，由张秀山具体负责。

前线总指挥部在松江省双城县期间，指挥了著名的新开岭战役、四保临江战役三下江南战役、秋季攻势、冬季攻势、夏季攻势和辽沈战役。张秀山经常来到这里商讨工作，安排有关支前事宜。他说："松江省支前任务一直是很繁重的。"

针对敌人的疯狂进攻，我军于11月2日发起新开岭战役，迎头痛击了敢于来犯之敌，全歼敌主力二十五师8900人，狠狠地打击了敌人的嚣张气焰。

12月17日，敌人又集中七个师兵力对南满根据地发动进攻。为了牵制敌人，迫敌两面作战，我军采取"南北呼应，南拉北打"战略方针，在南满主力

① 刘平编：《张池明将军》，中共党史出版社2001年版，第174页。

部队进行“四保临江”战役同时，北满主力部队发起了“三下江南”战役。

“一下江南”，我军准备集中12个师兵力南下作战。上级要求松江省独立编成一个独立师，支援主力。

12月19日，张秀山在省委召开的紧急会议上说：“这次编师，主要是配合南满斗争和举行战略反攻。”经张秀山提议，将松江省军区所属的最精锐的部队哈东一团、三团，哈北四团共约6130人，抽出组成独立二师，任命温玉成为师长、张池明为政委、李道之为参谋长，以哈东分区机构为师直机构，直接开赴前线，参加“一下江南”战役。该师是东北局整个扩军计划中9个野战步兵师之一。经过战斗实践检验，独立二师骁勇善战。陈云说，就整个东北看，应以松江省的独立二师为榜样。

在张秀山主持下，“一年来松江省军区补充主力兵员计哈东补充七师7000人，哈北补充三五九旅3000余人，5月补充4000人，九月补充4000人，后又补充了5个独立团约7500人，并将松江各县朝鲜部队组成1个独立团拨给护路军，共计补充主力约24000余人。”①北满人民群众积极参军参战，东北民主联军除原有三纵、四纵外，很快又编成一纵、二纵和六纵，各主力部队编制满员，恢复和加强了战斗力。②

1947年1月5日，我北满主力为策应和支援南满部队，开始“一下江南”作战。至1月17日，我南满、北满主力部队共歼敌1.1万人，迫敌抽调3个师北援，缓解了南满主力部队的压力。

1月30日，敌人经过短暂休整后，又纠集4个师对南满根据地发动进攻，我军“二下江南”作战，再歼4000余敌人。该月，松江省军区将哈东二团、哈北5团、军区直属的炮兵团直接补充主力。松江省军区各分区仅剩一个团和县区的地方武装。③

2月13日，敌人调集5个师再对南满根据地发动进攻。该月，松江省军区将主力哈北六团、军区直属七团、哈南十团共计6300余人，编成独立四师，任命王奎先为师长、刘永源为政委，以哈南分区机构为师直机构，直接投入战

---

① 东北军区司令部编：《东北三年解放战争军事资料》（第二部分第三节），第20页。

② 刘平编：《张池明将军》，中共党史出版社2001年版，第174页。

③ 东北军区司令部编：《东北三年解放战争军事资料》（第二部分第三节），第20页。

斗。北满主力部队在三下江南作战中，仅郭家屯一战就围歼敌八十八师全部、八十七师大部和军直各一部约7500人。

此战之后，松江省大批新兵仍然源源不断地输送到前线。3月24日，张秀山在会议上布置："松江省扩兵1300人。地方武装归军区管、军费归军区。"4月3日，张秀山对扩兵中的干部问题、新兵质量、俘虏教育和伤员治疗等问题进行了详细安排："松江省再动员8000人参军，完全由军区负责。每县要征兵一个连，共14个连。由军区补充炸弹带、子弹带、绑带……"①

在三下江南战斗进行期间，以张秀山为首的松江省党政军系统，动员了大批民夫、筹集粮草，支援前线。我军支前的民夫以松江省为主，松江省军民几乎全部投入了这场战斗。

张秀山说：

当时我们成立了战勤动员委员会，发出了战争动员的紧急指示。省委要求各市、县要完成收容一万名伤员的任务，按计划动员民工，组织担架队、大车队和医疗队，迅速开赴前线。许多县的支前队伍都是由县领导亲自带队。省组成战勤支队，县为大队，区为中队，以下分为班，每班五、六担架，（还要求担架队队员必须全部是贫雇农，保证每个人穿的衣、鞋、帽耐寒，每人带一张狍子皮，不能冻坏一名担架队员）。战勤支队随军行动，服从配属部队的指挥调动。在战区或附近的交通要道上设兵站，负责接收、调动战勤队伍和粮秣供给。民工参战前，不仅认真做好思想动员和具体组织工作，而且衣着、用品、伙食等都做好充分准备。对他们的家属也予以照顾，按军属优待。参加支前和战争的广大干部、群众，在前线不顾敌人炮火和敌机的狂轰乱炸，冒着生命危险，夜以继日地向前方送弹药、粮食和作战物资，向后方运送伤员。在支前中涌现出许多可歌可泣的英雄事迹，许多支前民工立功受奖，获得"战勤模范"的荣誉称号。②

据记载：

先后参战的有16个县，民夫达17万人，其中松江省10个县。沟通前方

---

① 张秀山：《会议记录》（1947年4月3日），手抄件。

② 张秀山：《创建东北根据地的群众工作》，《中共党史资料》第37期，中共党史出版社1991年版，第65页。

和后方设4条兵站线，参加的工作人员达1000人。根据天气正冷、敌机不断空袭、白天不能行动，决定隔40里设一大兵站、20里设一小兵站。大兵站可以供伤病员、民夫、部队食宿，牲口补充草料；小兵站为伤员准备大米稀粥，部队、民夫可以喝到开水。兵站设在哪个区，哪个区的区长就兼兵站站长，区政府也就是兵站。兵站所在地的住户就是招待所，房主就是招待员。由于翻身农民热情参战，加上组织工作严密，保证了伤病员迅速地、安全地转运到后方，保证了20万军民的食粮和5万头牲畜的草料供应。不但做到了部队回师江北有饭吃，而且准备出击江南的粮食6000石。还保证了弹药的供应。①

松江省大批翻身的贫雇农组成浩浩荡荡的支前队伍，宾县、双城、五常等南部县运送军备物资的车马萧萧，身背担架或粮食的队伍向前线涌动，充分显示了人民战争的巨大力量。

当年的《松江省阿城县后勤参战的经验》这样记述：

阿城县人民四次参加支援前线战争，共出动一万人以上。在严寒天气和极度疲劳条件下，大多数群众手脚冻坏了，腿破了，还忍饥挨饿抬运伤兵。夜间困不得眠，白天亦少得安睡，最紧急的情况常是昼夜奔忙转运，并两餐为一食。疲劳到极点时，群众都卧雪而眠。但群众参战的热情不仅未见减低，却反愈益增高，创造了许多令人感奋的爱护伤员的事迹。有将饭碗为伤员接尿者；有将皮衣给伤员盖上而自己受冻者；有的长途抬运伤兵疲劳行军后自己饥饿不堪，还给伤兵购买果品饺子者。这些爱护感动得伤兵同志落下泪来……

双城县担架队一位中队长，不顾敌人飞机和大炮狂轰乱炸，连续往返战场三次，为抢救伤员而负伤，仍然激励大家："我是轻伤，不用管我，快去抢救同志们。"阿城县参战队一位副连长，在战场上被地雷炸伤，部队要送回后方医院，他仍坚持留在战场。②

松江省的口号是："送好粮，打好仗，保卫胜利果实。"那时的松江"各

① 赵亮、纪松：《冯仲云传》，黑龙江人民出版社1994年版，第248页。
② 张向凌主编：《黑龙江四十年》，黑龙江人民出版社1986年版，第117页。

地从鸡叫直到夜半，翻身农民送粮大军的漫长行列，均不绝于途”。[①]

当时松江省支前和春耕生产任务压力很大。但是，松江省完成得很好。全省军属和支前民工的土地均由各级政府组织人力按时代耕，没有荒芜一亩，获得了好收成。这些都极大地鼓舞了前线的将士和民工，激励他们奋勇杀敌，踊跃支前。

三下江南战斗后，松江省接收了2000多伤兵和2000多残废军人。松江省参战的大批担架队民夫，经过战火考验，坚定了跟着共产党、八路军干革命的决心。

在后方军民的支持下，经过4个月的艰苦作战，到1947年4月我军共歼敌4.3万人，收复城市11座，从根本上扭转了东北战局，我军开始由防御转入进攻。

1947年5月16日，东北民主联军向国民党军展开夏季攻势。这是我军转入战略性进攻的第一个战役。张秀山根据上级要求，抽调省委民运部长兼哈东地委书记马宾、木兰县委书记王兴华等100名精兵强将组成新区土改工作团，去南满新解放区开展工作。

曾任张秀山秘书的王兴华清楚地记得：

> 夏季攻势开始后，我军在南满一举攻下了战略要地梅河口。在新解放的大片土地上，急需要派干部队去协助当地建党建政……
>
> 有一天，哈北地委书记谢邦治忽然找我谈话：“省委调马宾和你共七位领导干部，组成新区土改工作团奔赴新区。你们都不要回县交代工作，从哈尔滨立即起程，星夜直接去大反攻战场。”
>
> 我很快知道了成员名单，即：省委民运部长兼哈东地委书记马宾、木兰县委书记王兴华……都是三八式老干部。全团共70多人。
>
> 东北局和松江省委为我们专门在哈尔滨市“马迭尔”饭店举行欢送上前线的送别会……忽然从大厅后由一位男芭蕾舞演员用手托着一位女演员，进入大厅……这是我第一次看到芭蕾舞。[②]

此后，随着战争形势的胜利发展和新解放区的扩大，李天佑、李寿轩、

---

① 中共哈尔滨市委党史研究室：《中国共产党哈尔滨历史》第一卷，黑龙江人民出版社2001年版，第656页。

② 王兴华：《难忘1947年》，《黑龙江日报》1999年7月30日。

李华生、李海涛、陈伯（布鲁）、金铁群、邹问轩等同志组成工作团，到新开辟的解放区工作。

对于当前的形势，张秀山乐观地估计道：

形势确实发展得很快，如果我们拿近视的眼光来看就不够了。现在形势发展是日新月异。我们20天打掉了敌人6个师，5个保安团，大大地超过了预算。这形势是我们打出来的，不是等待而来的。敌人是被动和防御的形势，胡宗南进入陕甘宁边区后，已经无机动兵力了。

全国现在的形势，是我们准备大反攻了。我们军队已经由战略防御转变为战略反攻。陕甘宁边区已经反攻了。山东自从消灭敌人机械化师以后，也转入反攻了。冀鲁豫敌人弱，更不用说。可以说是全面进入反攻了。山顶是翻过了，或已到山顶，可以说我们的力量在增长，敌人在削弱。这完全证明中央估计是正确的。

今天我们说准备，不是静止的准备，是火力的准备。多抓俘虏，多消灭敌人，就是准备。过去敌人主动，今天我们主动。蒋在军事上被消灭90个旅以后，加深了他们的政治和经济危机。①

1947年7月1日，夏季攻势胜利结束。我军历时50天，歼敌8.3万人，攻克城镇42座，东北解放区连成一片，战场主动权牢牢地掌握在我军之手。

随着前线胜利捷报不断传来，一些同志居功自傲、闹生活待遇等新的问题也随之出现。张秀山在听取各地支前工作汇报会上，对一个县委的主要领导同志进行严肃地批评。他说："有的同志有些成绩，但有了成绩就有包袱了，就放松了。原则问题抓不起来，就闹生活问题。一个党员，有成绩是应该的。党照顾你，是照顾你的进步，不是照顾你的落后。我们应该把事做好。像某同志的这种错误是原则错误。以后，有成绩就升级，有错误的就要降级，不迁就后退的。"他批评了"私人有仓库，战士无鞋穿，炕上无席片，枕头一块砖"的现象。他强调一切为了战争，把最好的东西全部给军队，以保证前线的供应。②

夏季攻势以前，我军主要利用战斗间隙，依靠地方政府临时动员和抽调

---

① 张秀山：《会议记录》（1947年6月11日），手抄件。

② 张秀山：《会议记录》（1947年6月30日），手抄件。

大批地方武装直接进行新兵补充，虽然经过部队审查清洗，但是逃兵很多，军事物资消耗和对部队影响都很大。

7月27日，东北局和东北民主联军总部做出了关于成立二线兵团的决定：动员大批翻身农民和工人入伍，抽调一批主力部队和地方部队的干部及老干部为骨干，不经过地方武装逐步升级的阶段，直接编成独立团。经过短期训练后，即补充主力部队或编成新师。

在张秀山主持下，松江省仅六七两个月，就按照上级的要求，动员了一万多名翻身农民参军，经过严格地军事训练，装备了精良的武器，逐步达到了实战水平，及时补充了主力部队，受到了东北局和民主联军总部的表彰。

8月，松江省军区决定组建二线兵团，取消各军分区机构充实了各主力师、团机构，军区仅1个警卫营和直辖的各县大队。

1947年9月14日至11月5日，东北民主联军调集9个纵队，开展秋季攻势，歼敌6.9万人，收复城市17座，进一步扩大了解放区。

松江省积极安置前线的伤残军人，张秀山在11月25日召开的省委会议上，决定省供给机关和财政机关合并成立了生产管理处，统一管理松江省各县大队、区中队生产，以供给伤残军人的安家基金，解决约一万人伤残军人问题。

截至1947年11月，松江省军区支前的军事费用支出占整个松江省财政收入的80%以上，不包括松江省军区自给的10%，也就是说松江省军民节衣缩食，把财政收入几乎全部投入了支援解放东北的战斗。①

12月15日，我军发起了持续3个月的冬季攻势，歼敌8个整师15.6万人，攻克城市17座，将东北国民党统治区压缩到3%。

1948年1月，东北局和东北民主联军总部决定在全力扩大主力同时，进行第二期组建二线兵团的工作，以与国民党军队一决雌雄。

在张秀山的主持下，松江省军区以警卫团和独立一团、二团、三团共9904人，编成独立七师，由罗华生为师长、邱子明为政委，抽调军区骨干组成师直机构，直接开赴吉林、长春一带补充主力。不久，松江省军区的独立五

① 《冯仲云主席在松江省专员县长联席会上的报告》，摘自黑龙江省档案局编：《建立政权》，1984年版，第66页。

团、独立六团等也补充了一纵、二纵、六纵等主力部队，陆续开赴前线。①

1月5日，中共中央东北局副书记兼东北解放军副政委罗荣桓分别主持召开了北满七个军区会议，讨论了第一批独立团的训练、编制和第二批二线兵团的组建问题。

罗荣桓说："目前正在训练的第一批40个团，必须在1月底以前每个团补足2500人，一个不能少。而且要切实保证兵员质量。第二批独立团，经过同各省委商量，决定再成立126个。其中北满46个、热河50个、南满30个。每个团2500人，总计30余万人。"大家听了罗荣桓的话，均面带难色。北满刚刚动员了10万多人参军，再动员20万人能行吗？

松江省是征兵的重点地区之一，上级下达的任务是五万人。罗荣桓问前来参加会议的省委副书记李德仲有没有困难，李德仲坦白地说："有困难。我们已经动员了三万人，再动员五万恐怕完不成。"

罗荣桓对他说："你们松江省土改搞得比较健康，农民有了土地，就会起来保卫果实。这个数字不算主观，我们对农民的觉悟要有足够的认识。会后，你们省委研究一下，再答复我。"②

松江省靠近前线，各县参军和支前的任务都十分繁重。有的土改开展好的村子，积极分子几乎全部上了前线。一个土改开展比较好的区主要负责干部，听到又要动员青年当兵，而且扩兵的人数多，任务急，当时就蹲在那里哭了起来。因为区里扩兵和战勤工作开展得好，剩下的大部分青年都在前线当大车运输队员和担架队员。

针对干部群众的各种议论，张秀山冷静地分析了全省的实际情况后说：我们的困难是确确实实存在的，但是为了人民的解放事业和劳苦大众的根本利益，就是做出再大的牺牲，也要完成上级交给的任务。我们干部要进一步深入到群众当中去，开展好土改运动和平分土地工作，充分调动广大贫苦农民翻身求解放和保卫胜利果实的积极性，利用各种形式，加大参军、立功、打胜仗的舆论宣传，让共产党的主张深入每村每户。

"前方接连打胜仗，后方青年积极参军打老蒋。"松江省分到土地的广

---

① 东北军区司令部编：《东北三年解放战争军事资料》第二部分第三节，第21页。

② 《罗荣桓传》，当代中国出版社1991年版，第433页。

大翻身农民，纷纷参军参战。松江省军区补充主力的部队，英勇善战、战功卓著。仅1946年至1948年，松江省先后有4个师（独立二师、四师、七师和整训一师）和10个独立团，补充主力部队。其中四野十纵队，大部分兵源来自松江省；十二纵队（四十九军）3个独立师全部是松江省的子弟兵。全省共扩军15万余人（包括牡丹江4800人），每次大的战役都有几万至十几万民工参战，这对于一个仅有200多万人口的省份说来，不能不说是个奇迹。①

这些事实充分显示了松江人民高度的政治觉悟，也是以张秀山为首的中共松江省委全力支前的一个缩影。

九、稳定城市

哈尔滨市是松江省会和北满分局所在地，是中共在全国解放的第一个大城市。东北局和民主联军总部转移到该市后，这里就成了中共在东北的政治、军事、文化和经济中心。

1946年4月28日，陈云、张秀山等领导同志率领部队解放了哈尔滨市，历史翻开了崭新的一页……

4月29日，《北光日报》一版报道了松江人民自卫军司令部、政治部的《为进驻哈尔滨告哈市同胞书》："……我们是东北人民的子弟兵，与东北人民血肉相连……我们将永远是你们的卫士！"

当时，国民党接收大员刚刚撤离了哈尔滨，国民党特务组织派遣多股谍报人员潜入市内，还有5000余名国民党"挺进军"、"先遣军"的残余人员没有撤走，他们伪装成正派人物，暗地里进行破坏活动，造成了市内社会秩序混乱，工厂停工，商行休业，谣言四起，抢劫猖獗，人心浮动。

考虑到尽快稳定城市秩序，保证经济迅速恢复和发展，经过同陈云同志商量，张秀山决定从松江省军区机关中抽出一部分军政骨干人员，组成哈尔滨市卫戍司令部。同时，宣布对哈尔滨市实行军事管制。省军区从主力部队中抽调1个连，就地扩充兵员，组成市公安大队，下辖11个连，每个连140人，

---

① 东北军区司令部编：《东北三年解放战争军事资料》第二部分第三节，第20页。

共1600余人。①张秀山把战斗力较强的朝鲜义勇军三支队，调回哈尔滨市担任松花江大桥、发电厂、飞机场等重要设施的警卫任务，使卫戍部队增加到3000余人，这对维护治安秩序起到了重要作用。

5月3日，哈尔滨市民主政府成立，刘成栋（刘达）为市长。刘成栋说："我记得是毛诚同志提出，不能叫刘成栋一个人带个警卫员去当市长，这才决定派郭霁云同志给我当秘书。"②因我党干部极度缺乏，陈云和张秀山等领导同志经过研究，决定抽调25名老解放区来的干部，担任市政府的各级领导工作。市政府除少数工作人员在社会上招收外，大部分仍然留用旧职员。这样，只有市公安局是重新组建的，其他如财政、交通、卫生、水电、邮政等机构和人员基本上原封不动，以保证社会生活秩序的正常运转。对原有的市区和保甲制度，也因干部缺乏，群众尚未发动，只好暂时予以保留。

金铁群回忆说：

> 省委要我兼任了（松江）省政府的民政厅长，并负责接管、审查伪满滨江省警务厅的旧职员工作……我那身普通战士穿戴的军衣、军帽和为了在农村走路方便用鞋带捆在脚上的农民布鞋与这些旧官僚的西装革履太不协调……在他们那副恭维、阿谀、奉迎的面孔上，常常露出只有"洋包子"看"土包子"那种复杂而狡黠的目光……审查结束后，我向省委书记张秀山同志作了汇报。他没有等待省委开会，随即邀请了省委副书记李德仲、钟子云（兼哈尔滨市委书记）同志、省长冯仲云同志（当时称松江省主席，作者注）、省委秘书长邹问轩一起议定：对首恶分子，要继续审查、追究责任；对胁从人员，要"试用待录"；对一般职员要作为"留用人员""包下来"。③

5月5日，松江省政府在哈尔滨市正式举行了隆重的成立典礼。5月15日，《东北日报》详实地报道了这个消息，标题是："五百万朝夕盼望下　松江省

---

① 黑龙江省地方志编纂委员会：《黑龙江省志·第六十六卷·军事志》，黑龙江人民出版社1994年版，第76页。

② 哈尔滨市政协文史资料委员会编：《哈尔滨文史资料》第八辑（纪念哈尔滨解放四十周年专辑），1986年版，第59—60页。

③ 金铁群：《创建北满根据地的一段回忆》，载《星火》第2辑，辽宁出版社1981年版，第187、188页。

民主政府成立　抗日英雄冯仲云当选省主席”。

解放后的工作千头万绪，百业待兴。松江省的大部分工作，都由张秀山亲自抓，主要问题由他拍板。松江省委专门召开了几次会议，研究了松江省和哈尔滨市的实际问题，及时调集了一批熟悉经济的干部充实到省、市政府。冯仲云说：“当时的一些干部和编制等大事，都要等张政委回来，才能解决问题。”①

对于各级政府的工作，张秀山想得很远，他说：

> 现在要加强和充实政府工作内容，党政工作要严格分开。过去党政分不开，许多政府的事党做了。以后扩兵、征粮、民夫，募捐慰问、优属代耕、救济事业、生产、财政、建设、选举运动，都由政府负责，由党委配合保证来完成。只有这样，各级政府正常的工作秩序才能逐步建立起来。不能搞得党的机关忙，政府没事。贸易、税局、财政以及供给性的工厂，由政府财政厅管理，这是一个研究方向。②

冯仲云经常就政府工作请教张秀山，张秀山便耐心地把自己的经验和体会告诉他。张秀山说：“过去没有做过政府工作不要紧，可以慢慢地摸索。平时，要多看文件，多与大家商量，要注意多研究和思考问题。不要有会就去，使自己很忙。”③

繁重的财政负担，使冯仲云感到政府经费捉襟见肘。张秀山提醒他：“你如果真正从经济开源上着手，就有办法了。”④

1946年5月，敌军气势汹汹长驱直入，占领了四平、长春等地，前锋逼近松江省南部。敌人疯狂叫嚣北上，进攻哈尔滨。下旬，东北局和民主联军总部被迫撤至哈尔滨市，并准备随时继续后撤。市内人心惶恐不安，国民党匪特活动更加猖獗。

5月26日，东北局和松江省等有关领导同志研究决定，集中各路部队和市公安大队的全体干警，在全市范围内开展一场大搜捕。这次行动，逮捕了一大批日伪汉奸、恶霸、特务，为民除了大害。其中有国民党哈尔滨市党部书记

---

① 张秀山：《会议记录》（1947年4月24日），手抄件。
② 张秀山：《会议记录》（1947年7月5日），手抄件。
③ 张秀山：《会议记录》（1947年4月24日），手抄件。
④ 张秀山：《会议记录》（1947年7月5日），手抄件。

长刘立权以下40余人，“中央先遣军第五战区”总指挥曹兴武等60余人，压榨工人、强奸妇女的老巴夺烟厂经理赵一拂，还有人们最痛恨的汉奸恶霸姚锡九、李九鹏等人。

松江省在哈尔滨道外第二中学操场，召开了10万人的群众大会，公审了勾结日伪残害人民，犯下滔天罪的姚锡九、李九鹏等人，松江省主席冯仲云宣布判处姚锡九、李九鹏等罪犯死刑。群众拍手叫好说：“敢杀九爷的是共产党！”“共产党能除暴安良，为老百姓做主，我们的救星来了！”

6月，为全面加强对哈尔滨市卫戍工作的领导，松江省军区和哈尔滨卫戍区合并，李天佑任司令员，张秀山兼政委。

当时，大批枪支流失到民间。一些坏人结伙公开抢掠，惯盗、地痞和流氓乘机进行犯罪活动，严重地危害了哈尔滨市社会治安。国民党特务经常在大街上放冷枪暗杀我军政干部。他们扬言不但要杀穿灰军装的老八路，而且要抓穿黄军装的新八路。有的同志上街买东西或去医院看病，就神秘地失踪了。林彪的一个警卫员上街办事，就让特务抓了去。好在这个警卫员十分机灵，说自己是奉天人，来哈尔滨找亲属，特务扒下他的衣服，抢走了他的东西，放他回奉天。警卫员回来后，立即带领部队包围了他们的住处，破获了敌人设在市内的这个特务据点。

张秀山在开会时要求各机关干部及家属，一般平时不准上街。特殊情况需要上街时，不穿军装，换上便衣。白天，军政人员及其家属都要把背包打好，随时准备投入战斗。夜晚，前方传来胜利的消息，大家才打开背包睡觉。否则，大家就要枕着背包睡觉，随时准备撤退。张秀山指示有关部门采取措施，确保人民生命财产的安全，严厉打击特务活动和刑事犯罪活动。

针对哈尔滨市枪支泛滥、抢劫成风的混乱局面，张秀山召开各部队连以上干部会议，部署进行“哈尔滨保卫战”。他说：“三棵树（哈尔滨东站）白天就抢人。警卫员随便去一个地方，就能清出枪支和子弹。卫戍区部队要有计划地解决反革命窝点。对国民党地下军、挺进军，我们要提高警惕性。锄奸工作，连队、支队的每一个支部，都要设立一个锄奸干事和一个保卫小组。在工作中亦吸收一批党员，扩大连队的党支部，要加强党的领导……”①张秀山

① 张秀山：《各部队连以上干部会议的讲话》（1946 年 6 月 18 日）。

集中组织一批军政骨干，深入开展调查研究，广泛地建立联系网，对重点和复杂地区，采取公开巡逻和隐蔽设哨、蹲坑相结合，发现可疑人当即审查，深挖各类犯罪团伙，突击收缴枪支，破获了许多大案、要案，社会治安秩序得到明显改善。

一些军政单位各自为政，随意抓人罚款、抢占敌伪房产。为此，张秀山责成哈尔滨卫戍司令部成立了军警联合稽查处，统一负责军政执法稽查工作，有效地整肃了军政纪律。

6月26日，根据上级指示，吉黑（原北满）军区和松江省保卫部合并。在松江省委会议上，张秀山提议陈龙为松江省委委员兼松江省社会部长，负责全省的社会治安和锄奸保卫工作。会议确定：张秀山、钟子云、李天佑、冯仲云、谢邦治、李寿轩、何伟、陈龙、马宾为省委委员。张秀山为省委书记，钟子云为副书记。

面临国民党军队进攻的严重形势，在集中松江省、市机关干部，组织下乡工作队的特殊情况下，张秀山坚持把陈龙留在哈尔滨，以确保东北局以及省会的安全。松江省各地军民加强了公开巡逻和隐蔽设哨，治安和锄奸工作取得了进展。

6月，松江省呼兰县民兵捕获了敌特交通员，得悉敌人武装攻占哈尔滨市的阴谋，接连破获了国民党新编二十七军军长姜鹏飞、东北四省分会军事委员李明信等几个重大的反革命暴乱案件，彻底摧毁了国民党在北满策划叛乱的指挥中心。

11月，东北局把中共哈尔滨市委改为中共哈尔滨特别市委，隶属东北局。实际上，松江省委副书记钟子云一直兼任着哈尔滨市委书记。张秀山也一直关心着哈尔滨市的工作。

12月19日，钟子云向张秀山汇报了近来市内卫戍工作：部队违纪，枪案不断，治安秩序混乱，建议松江省委加强对卫戍区的领导，整顿秩序，严格执法。张秀山提议抽出卫戍区参谋长王亢同志，专门负责整顿社会治安秩序。他要求迅速招收失业工人充实公安队伍，建立民兵联防体系，扩大整编公安保卫部队，打击各种违法犯罪活动。

张秀山多次召集陈龙等人研究松江省的治安和锄奸工作。陈龙说：“哈北建立了情报点，准备敌人的到来。铁路沿线的特务组织很多，他们发展组织，蓄积力量等待中央军来。护路队中间也有很多特务警察混入，有些假装积极分子打入我们的政权各种机关……”

张秀山根据陈龙等人的汇报，对全省的治安锄奸领导工作进行了重新调整和布置。他要求尽快肃清公安局内部的坏分子，清除初期混进公安内部的一些伪满警察、特务、伪职员。严格挑选公安人员，加紧选派一批立场坚定的共产党员充实公安机关。他建议各级公安系统建立锄奸组织。他说，锄奸工作要有严密的组织，以封锁消息，不泄露机密，消灭敌特，侦破案件。各县公安部门要有组织地开展侦察工作，扩大侦察线索。他要求各级基层政权要成立公安小组、锄奸小组、民兵自卫队，要清查户口，监视可疑人员，普遍建立路条制度，盘查站岗，这对军事胜利具有重大的影响。

张秀山强调各地要抽调优秀干部来省里参加公安干部的培训学习。他说：即使军事形势发生变化，各级组织也要利用流动形式培训公安干部，一面坚持上课，一面帮助公安工作。他指示哈尔滨市重点组织锄奸工作队，准备在我党撤出哈尔滨后，对匪首、特务实施坚决处理。对参议员中的士绅反革命分子，处理要慎重。材料确实后，再抓捕处理。会后，遵照张秀山的指示，各地公安机关逐步清理了留用的旧职员。仅哈尔滨市公安局就清理了留用旧职员1000多人。

1947年1月27日，中共松江省委发出《加强锄奸保卫工作的通知》，要求各地健全公安保卫组织，发动群众，加强领导，开展锄奸工作。

1947年初，仅哈尔滨市及周边地区就破获了国民党特务组织82个，地下建军组织12个；消灭小股土匪1400人，收降土匪团伙80个、匪首97人、匪徒483人；缴获了大量的枪支、弹药和电台。①

5月19日，张秀山主持召开省委会议，讨论了哈尔滨市的治安和锄奸工作。省公安处处长布鲁就与东北局交接哈尔滨市的治安和锄奸工作发言说：“根据张秀山政委的指示，3月19日与保卫部合并，4月4日分配办公室，建立机关。全部关押犯人128人，大多数是三青团和国民党。”

张秀山说：

---

① 中共哈尔滨市委党史研究室等著：《中共哈尔滨历史简明读本》，黑龙江人民出版社2003年版，第67页。

> 治安和锄奸的总原则是打击国民党特务，严防与镇压暗藏的特务分子，控制封建迷信团体和反动会道门活动……估计今后破坏我们的活动会更进一步，我们思想上不要懈怠。我们虽有破获，但特务很多。我们的工作是薄弱的。我们的保卫工作机关新成立，组织不健全。保卫工作应该和群众工作配合起来，如果两者分开，保卫工作就得不到应有的效果。土改挖坏根、查浮财，也是锄奸工作。那时延寿的工作做得好，就是和群众结合在一起。因此，我们反对单纯的做保卫工作。这是我们的方针，今天来说就是如此。我们反对不深入，也反对扩大化。另外，不能放弃了军队的保卫工作……
>
> 我们的路线就是群众路线，我们当然也要重视技术，但最主要的还是群众工作。①

张秀山主张治安和锄奸要联系起来，以便我军在紧急情况下，及时调动兵力。他在一次有关会议上说："过去有人说市内无枪，实际不一定恰当。国民党特务是不会放松要建立其武装的，我们要提高警惕。现在各地都挖出枪来，这证明是有枪的。只有群众发动起来，才能把反革命根挖出来。哈市的治安工作也要依靠群众。"②

松江省、市公安保卫部门，采取了侦察锄奸工作与群众运动相结合的方法，发动群众，依靠群众，反对"逼、供、信"，开展有效的侦察工作。

从1946年10月至1947年9月，松江省及哈尔滨市公安机关开展了户口申报和大清查工作。松江省委抽调了一大批干部和学生，在各地开展了户口大清查，基本上查清了全省的人口情况，发现和掌握了国民党特务、土匪、日伪残余等4777人，登记了9869名逃往敌占区未归人员，建立了犯罪分子的档案和刑侦技术部门，控制了各种犯罪活动，逐步建立了户口管理制度和市民外出证明制度，为打击犯罪活动提供了线索。③

松江省政府严令各地取缔妓院，对妓女和游民实行严格的限制和管理，逐步地消灭了旧社会的丑恶现象和滋生犯罪的土壤，对预防和打击犯罪起到

---

① 张秀山：《会议记录》（1947年5月19日），手抄件。

② 张秀山：《会议记录》（1947年8月29日），手抄件。

③ 中共哈尔滨市委组织部等著：《中共哈尔滨历史简明读本》，黑龙江人民出版社2003年版，第67页。

了积极的作用。

解放初期，哈尔滨市经济基本处于瘫痪状态，生活物资紧缺。人们形象地把电灯、汽车、电车和自来水比喻成“鬼火”、“痨病鬼”、“闷罐子”和“黄泥汤”。张秀山和哈尔滨市领导同志一起，发动群众，想办法，解决了许多难题。

刚进城时，中共机关和部队十几万人需要庞大的财政开支，经费来源主要靠对工商企业资本家派款、发行公债和东北流通券（纸币）。同时，我党对黄金、特货、关税和对外贸易等均未实施有效管理。这样，仅两个月全市物价平均上涨了150%。因前线战事趋紧和市内生活物资稀少，中共发行的东北流通券很快贬值，200元才能兑换蒋区的“九省流通券”100元。由于东北流通券与苏联、朝鲜等货币的比价没有确定，使中共发行的货币无法吞吐回笼。投机商乘机关闭商店和门市，分散赚钱漏税，哄抬市场物价。他们利用小贩抢购抛售的粮食和棉花，扰乱市场。当时市内各级机关和办事处甚多，他们各自为政，以前线需要、军事秘密、政府急需等名义，参与抬高物价，影响极坏。

陈云和张秀山等领导人组织有关部门和干部，成立了松江省贸易总公司和松江汽车运输公司。在卫戍区部队的保护下，他们组织人力利用搜集到的40台汽车和铁路的便利条件，紧急调运和抛售出340多万斤粮食和大批木材、烧煤等物资，有效地平抑了市场混乱的物价，改善市民生活，安定了人心。他们研究制定了一些相关法规，如禁止买卖黄金、鸦片，取缔投机倒把、非法集资和流氓霸市，任何人不得囤积居奇，规定交易只允许使用东北流通券等。他们整顿了市场，重新登记审查了经纪人，实施管制物价。他们采取了统产分销的方法，统一审查各单位采购的必需品价格、数量，取消各类推销处和照顾价；规定了各地货物买卖，统一交予松江省贸易总公司。他们全面整顿了税收，设立单独税收机构和进出口检查处，加紧征收屯集税和营业税，组织执法人员严格市场管理。

1947年5月至8月，我军发起夏季攻势，长春与哈尔滨的交通断绝。哈尔滨市内的投机商再次乘机钻空子，粮食、棉花和纱布等物品的价格顿时上涨。张秀山指示有关部门，从松江省各县陆续向哈尔滨调运粮食和物资，使物价稳定下来。

张秀山比较重视对城市工商业者的政策。在一次全省土改工作会议上，他就如何执行城市工商业政策等问题，发表了讲话。他说：

工商业是资本主义的经济，但也有两种资本：一种是敌伪残余资本，带汉奸性，可以分；还有一种是民族资本，民族资本在伪满时受压迫，已经是很少数，可以不动它。敌伪残余资本必须清算，特别是群众痛恨，带封建性、汉奸性的工商业。只有打击这种旧的资本主义，新的资本主义才能抬头，才会发展起来。有的地方不敢动敌伪残余资本，认为是工商业，同样也是错误的。有同志问："没收了，是公营还是分配呢？"我们要尽量说服群众合股经营，不要分掉。同时，不能将与敌伪有联系的商业，以敌伪资本的帽子而没收，那就打击面太宽了。我们所要清算的是依靠敌伪起家，勾结敌伪剥削群众，为群众最痛恨的敌伪残余资本。一般私人工商业，因为铁路矿山都在公营之下，其前途不会成为独占性，垄断民生，乃是新民主主义经济中不可缺少的一部分。目前，一般的中小工商业私人资本，比以前发展了。

张秀山组织人员研究讨论，以松江省委的名义制定下发了一系列保护工商业者的指示。主要内容是：土改运动中，禁止对城镇工商业者进行经济清算，使其能够照常营业与生产。凡没收了的民族资产阶级的企业，应发还原主经营。对任意提高工人工资的过"左"的偏向，要立即纠正，要实行劳资双方都有利的分红的制度；部队、公安、铁路各级政府部门应保护一切正当商人的货物往来，保障他们的生命财产安全，不得随意扣押。这些指示强调了发展和保护工商业，是党的一项长期的根本政策，不仅对夺取全国胜利是必须的，对建设一个繁荣昌盛的新中国也是必须的。松江省还采取了调整税收等政策，奖励工商业者从敌占区将工业原料和生活必需品运进解放区，奖励修复公私商店，退还非法占有的私人商店，给私人工商业者以必要的银行贷款等，极大地促进了他们发展经济的积极性，使全省的经济迅速复苏，城乡市场很快活跃起来。①

对有关部门反映哈尔滨封建迷信团体泛滥，特务利用这些团体进行反革命活动时，张秀山指示：

我们应该采取坚决打击的政策。打击这些东西并不违犯"宗教信仰

① 李华生：《民主革命亲历记》，中共党史资料出版社1988年版，第159页。

自由”。信仰宗教有自由，反宗教反封建迷信也有自由。自然我们不是所有会员都给予打击，要分化他们，要争取受蒙蔽的群众，要打击头子。我们要区分外国人和中国人，外国教堂不要没收财产和抓人。但这也不是绝对的，如果外国人做坏事，我们有把柄，群众应该起来斗，揭露他们，政治上瓦解他们内部。外国教堂也有特务活动，公安局可以注意做些工作。

城市工作现在可以动手做了……今后大家下去可以再去摸一摸，取得经验。①

这些讲话，对于中共掌握政权初期，正确执行城市政策，都起到了重要的指导作用。

在哈尔滨这个城市里，到处是欧式别墅、西餐酒吧，洋人、商人、女人，充满了无数诱惑的陷阱。社会上流传着：“新世界吃个饱，新江泉洗个澡，大舞台叫个好，跳舞厅里跑一跑，圈楼里边倒一倒。”随着战争胜利和经济形势的好转，个别省、市干部享乐思想滋生，他们讲排场、摆阔气，铺张浪费、贪污犯罪，公开提出所谓“会餐政策”，希望“工作少、地位高、东西多”，强调什么“干部保健”、“家属待遇”等特殊要求，受到张秀山等领导人的坚决抵制。

7月3日，张秀山主持召开会议，处理了一批腐败分子。他提醒党的高级干部加强党性修养，注意个人主义倾向，防止干部的生活腐败。他说：“哈尔滨市的干部生活倾向要检查一下。有的干部生活向腐化方向发展。这次会议后，各机关支部要开会传达，大家讨论，提问题作结论，解决思想问题。我们要派人检查工作，否则将来干部犯错误的更多。干部贪污腐化，搞个人主义的各种不同程度都有。党性好的，不管环境如何，不犯错误。另一种不管如何，都作坏事，这是少数。最多的是随领导环境而转移。”②

张秀山定期主持召开了省委的民主生活会，不但批评别人的缺点，也勇于检讨自己的错误。

一次，同志们指出张秀山对军队的领导干部过于迁就，没有贯彻党的一元化领导原则。

---

① 张秀山：《会议记录》（1946 年 6 月 25 日），手抄件。
② 张秀山：《会议记录》（1946 年 7 月 3 日），手抄件。

原来，1947年初东北局将我军主力六纵的司令员陈光调到松江省，任命他为松江省军区司令员。陈光是红军时期的老干部。西安事变期间，中共中央决定他接替左权担任红一军团代理军团长。抗战时期，他是平型关战役的火线指挥员。林彪负伤，他被任命为115师的代理师长。他战功卓著，英勇善战。在三下江南战役六纵过江的时机选择上，他与林彪发生了争执。陈光被调到松江省军区后，依然按主力部队配备警卫人员和车辆，待遇明显高于上级规定，这些引起了松江省部分高级干部的议论。他带来的一个参谋，在军区会议上指手画脚、盛气凌人，更加引起大家的非议。张秀山冷静地面对同志们的意见，虚心地接受了大家的批评。张秀山诚挚地讲道："在当前的形势下，要多为军队着想，他们的困难很多。地方上的党政领导同志，在小事上要委曲求全，但在原则问题上不应放松。大家要注意搞好军党和军政之间的关系，要以大局为重。"①以后，张秀山还提议陈光为松江省军政委员会的主任。直至张秀山调离松江，他们关系一直保持得很好。

一次，张秀山发言说："我们应该把批评与自我批评当作一个制度。马宾同志走时曾经对我提意见，认为我有时忙于事务工作，及时总结经验差。我确实有这个毛病。有的工作是要我亲自来总结，但忙来忙去就没有了。我没有学到陈云的作风，及时总结经验。陈云同志的方法我们看到了，也觉得好，但自己不会用。我们如果能很好地研究，看一个报告来个批注，不管是看报告或听报告，总要从里面抓住一些东西来研究和总结。其次，我的学习的作风，有是有的，但少。我个人是如此。教育干部要当一个工作来做，自己的学习也是要当作一个工作来做。军事、政治也好，不是靠聪明，而是靠学习。省级机关还是要经常召开集体会，各县来了同志，就做大报告，使大家能进步。否则，一年、两年就这样过去了，对下面同志帮助就不多。今后要领导大家学习，自己也要学习。"接着，张秀山对省委其他领导同志真诚地提出了批评意见。当有人提出，有位领导同志爱发脾气时，张秀山耐心严肃指出："主要是思想方法问题，因为它是片面的，所以你就有许多不满意地方，也容易发脾气。我对于有些事是不是有气呢？有。但是，我不一定发脾气。我们要多想一想，想通了，再互相交流一下。"

---

① 张秀山：《会议记录》（1947 年 4 月 24 日），手抄件。

省委副书记李德仲发言说："秀山的群众观点是成熟的，或说接近成熟。政治上涵养和作风是我们应该学习的。缺点：领导方法上，对一些同志思想上严肃指出不够。对我们要求严格一些，你的负担是可以减轻的。你除了掌握正确方针以外，第二个工作就是严格掌握领导干部思想，因为许多工作是要我们做的。大度宽容是需要的，但对我们这些人要严格要求。"①

张秀山说："我们关系很好，爱讲好话。但是，我们有缺点也应该说。今天大家发言，也是讲这些好的，缺点指出少……没有缺点，我倒没有感到提高得太多。因为我的缺点是：态度硬硬邦邦的。大家不要有顾虑，可能是你提了意见没有明确答复，所以使你自己觉得提这么多，不起作用，所以不说了，这种顾虑不必要。军区工作毛病很多，我们互相多提意见，批评还是要严格的。"②

松江省委适时召开了民主生活会，既报告了目前形势，又展开了批评与自我批评，从而进一步严格了党的纪律，及时制止了党内高级干部的个人主义和腐败现象的蔓延。

8月30日，东北局和民主联军总部决定哈尔滨特别市卫戍司令部重新归属松江省领导。"由松江省军区司令员陈光兼哈尔滨特别市卫戍司令部司令员；张秀山兼卫戍司令部政委；李寿轩兼副司令员；熊伯涛兼参谋长；黄文兼政治部主任。"③以后，哈尔滨特别市也重新归属了松江省。

在省委会上，一位省委领导同志对张秀山同意再次接收哈尔滨市，直接提出了批评意见。他说："东北局指示无考虑之必要，就是接收哈尔滨，还应提一提意见，因为我们自己担子够重的。过去我们和哈尔滨市委的意见有分歧，所以开始接受这个工作时，就是欠考虑的。秀山同志工作是很有成绩的，但有的问题还欠细致的。如对富农问题的结论，秀山同志做结论时，就马虎过去了。在接受哈市工作上恐怕也是如此。"

张秀山认为，我们是共产党人，下级要无条件地服从上级的命令，要克服一切困难，完成上级交给我们的任务。至于富农问题，张秀山没有进一步

---

① 张秀山：《会议记录》（1947 年 8 月 24 日），手抄件。

② 张秀山：《会议记录》（1947 年 8 月 24 日），手抄件。

③ 唐洪森：《国共争战大东北》，科学普及出版社 1999 年版，第 800 页。

解释，因为这个问题非常复杂。以至十几年以后，张秀山仍然为此问题，与高岗等人发生争论，最后在毛泽东亲自过问下，这个问题才得到解决。

张秀山无论对部下还是同级干部，都能从党和人民根本利益出发，以诚相待，取长补短，争取他们的支持，团结他们一道工作。

许多基层干部对省直机关干部，尤其是针对有的老干部和旧职员的吃、喝、卡、讲排场等衙门作风有意见，张秀山严肃指出，各厅工作都要检查，鉴定干部，纠正偏向，不好的要洗刷。我们要从干部整起……现在有一种不正之风，工作上骄傲，只能说好，不能说坏。还有就是松懈，这是会把党的意志松懈。再就是腐化堕落，不是艰苦奋斗，雷厉风行，认为有条件享受了，这是会断送干部、断送革命的。我们要在党内来一个思想斗争，不正之风要压一压，只有这样才叫坚持原则。

10月14日，松江省委和松江省军区决定：卫戍司令部所属的执法科、稽查处合并。张秀山把战斗力强、纪律严明的朝鲜族三支队调来，组建哈尔滨特别市执法大队，统一负责维持社会治安和整肃军队纪律。这支执法大队配合市公安局，参加了全市旅店和饭店清理、公共娱乐场所稽查、战勤交通检查，以及取缔妓院、收容乞丐等多项执法工作，经过一段时间的严格整顿，哈尔滨市的社会治安和军纪都显著好转。

11月25日，张秀山在松江省委会议上传达了全国土地会议关于整顿党的队伍、精兵简政等问题。他要求全省军民“整编制、整工作作风、整腐化思想”，通过整党，打掉和平享受、怕艰苦、厌倦斗争的错误思想。

东北局和民主联军总部机关警卫、交通、后勤和医疗等工作，当时由松江省具体负责。张秀山说：“总的原则是，大力精简东北局和民主联军总部机关警卫、勤杂人员和减少机关开支，支援前方。交通工具要严格控制，私人汽车一律取消。除东北局五个最高首长每人一辆汽车外，其他人都不能有汽车。”同时，他对总部的用车、用油、电话、招待所、编制、卫生、财政、生产单位的合并都作了安排。

通过1947年和1948年两次整党和整顿队伍，松江省精简了机构，提高了干部的工作效率，坚定了阶级立场，提高了政策水平。有的干部说：“如果没有这次整党，不知会把自己拖到什么地方呢？”党政干部转变了机关工作作风，关心人民群众的生活疾苦，解决了民生之必需，使共产党的威信得到大大地提高。①

张秀山紧紧抓住城市工作不放。他告诫各级领导同志说："各区要注意取得经验，要拿出较大力量注意城市工作。过去放下城市是对的，现在城市最复杂，要搞好。我们要拿出适当干部，适当力量搞城市工作。城市群众斗争可以发动，城市可以出钱、出人，抓坏人，编生产队。城市贫民不能依靠斗争来解决生活问题的。贫民没有地，分了衣服、桌椅，但长远问题没解决，要准备斗争，首先在政治上翻身，接着组织生产，不然是翻不了身的。今天翻身，明天挨饿，没有解决问题。民主就是看有没有饭吃。我们要搞生产，搞合作，搞纺织，搞下乡生产，方向就是解决吃饭问题。城市贫民多，要组织生产，取缔投机。总之，我们要把投机这个反革命死角整掉、把特务整掉。城市工作要搞生产，搞工业，小机器还是可以搞的，把工人运动和学生运动搞好。"②

1947下半年，松江省委发出了《关于城市工作的指示》，分析了土改运动深入发展的形势，指出："加强城市工作是十分必要的。"提出了城市工作的具体方法，明确提出斗争对象和打击目标是伪官吏、警察、特务、配给店等。对工商业，则加强调查研究，按政策区别对待。③

松江省各级干部深入城市街道，清查各类人员，组织生产自救，收到很好效果。在哈尔滨市60多万人中，就查出5万多黑户，10万多"黑人"。对于这些人的处理，成了省委棘手难题。因为这些人大部分都是各地的流氓无产者、逃亡地主和敌伪渣滓，杀违反党的政策，关起来他们要吃饭。哈尔滨市处理了各种刑事犯罪分子4万余名，收容游民乞丐5153名入游民教养院，使他们变成了自食其力的劳动者。④

松江省人民群众发动起来了，人民政权日益巩固，哈尔滨市以及周边地区的社会治安秩序逐步得到了治理。

从进城开始，松江省就积极组织城市工人和贫民搞生产自救，支持被

---

① 黑龙江省地方志编纂委员会：《黑龙江省志·第六十六卷·军事志》，黑龙江人民出版社 1994 年版，第 329 页。

② 张秀山：《会议记录》（1947 年 6 月 29 日），手抄件。

③ 中共黑龙江省党史研究室编：《中共黑龙江省党史大事记》，黑龙江人民出版社 1988 年版，第 249 页。

④ 郑化顺等主编：《解放战争中的哈尔滨》，黑龙江人民出版社 1991 年版，第 94 页。

服、毛皮、建筑、渔业等行业的手工业劳动者自愿组织起各类生产合作社。仅哈尔滨市就发展三万余纺纱户，还有三万多妇女经常为前线做军衣和军鞋，甚至动员男女老幼，打开影院戏楼、仓库学校，夜以继日赶制军衣、军被等军用品。这样不仅支援了前线，还能以工代赈，增加市民的家庭收入，为失业者创造了就业的机会。

到东北第四野战军进关，全市有14个行业1247家企业11.9万人，参加军需生产，给前线将士提供了107.4万套单军衣、54.9万套棉军衣、1万条棉被，其中最典型的是哈尔滨军需被服厂（现在的哈尔滨纺织厂）。南下进关的东北大军中70%的军需用品，都是来自这个工厂。①

松江省组织动员哈尔滨市贫困的市民，共计9378户，3.1余万人移民到外县从事农业生产。省里给他们分配最好的土地，为他们购买了必要的生产工具、种子和一些必需的生活用品，使他们安心生产，不仅解决了城市的剩余的劳动力，还消除了一些犯罪隐患，使这个解放区中最大的城市成为向全国解放胜利进军的出发点。

1948年1月，在张秀山的主持下，松江省委作出了《关于加强财经工作的决定》，要求各级党委加强领导，节省开支，支援前线。省委成立了财经委员会，各县成立了生产自给委员会。11日，松江省政府发布了《一九四八年经济建设计划（草案）》，强调在发展公私营经济，增加劳动人民财富的基础上，增加政府收入，以达到继续支援大规模自卫战争、巩固和扩大解放区、逐渐改善劳动人民生活的目的。计划要求：在农业上，增加粮食产量，保证充分供给军需民用；在工业上，发展公营企业和民用企业，解决军民需要；积极发展劳动人民的合作事业，建立合作社，改善生活；修复必要的公路，以适应战争和经济发展的需要，使之成为支援战争、繁荣经济的动脉。松江省的经济建设开始走向发展繁荣之路。

7月，松江省委根据东北局的指示，在各县开展了整党和公开建党工作。省委在宾县、双城等地作了公开建党试点。各县在取得典型经验后，即向省委提出公开建党报告，省委立即组织在各地实施。7月2日，哈尔滨市逐步公开党和公开建党。到1948年底，哈尔滨市的党员总数也从1945年11月的200多

---

① 曹晓霞等：《支援解放》，《哈尔滨日报》1999年9月23日。

人，发展到4043人。松江省通过公开建党，加强了党员和群众的血肉联系，迅速壮大了党的队伍。

公开建党，为解放全东北打下坚实的革命基础，这是中国共产党即将取得全国胜利的一个重要标志。

十、辽沈战役

从1947年下半年开始，东北民主联军相继对国民党军发动了夏、秋、冬攻势，至1948年初，东北敌我形势发生了根本转变。国民党军队被分割包围在长春、沈阳、锦州等几处孤立地区，占领区缩小到占东北面积的10%，我解放区已经连成一片。

随着新式整军和土地改革运动的完成，我军战斗力明显增强，后方更加巩固，兵源、粮源、支前民工充足，东北战局对人民解放军与敌决战十分有利。2月7日，毛泽东提出“封闭蒋军在东北加以各个歼灭”的战略，伟大的辽沈战役开始酝酿。

长春，拥有40万人口的城市，是东北重镇之一。国民党军队有新七军、六十军和保安旅10余万部队驻守在这里。2月18日，为了加强对前线工作，东北局决定再次把我军围困的长春市划归松江省领导。张秀山随即主持召开松江省委会议，成立了以杨石人为书记，徐慎、陈伯等8人为委员的中共长春市委，主要任务是在市郊发动群众，领导武装工作队，消灭土匪，开展土改运动，配合围城部队，准备城市接收工作。

在会议上，张秀山要求市委的同志要和军队加强联系，相互配合开展工作。他说：

> 我们最主要任务的是搞好和军队的关系。司令员陈光同志率领“松江军区前线指挥部”已经在德惠，他也是省委委员。李寿轩副司令员也要去。军队是由党领导的，因此，市委有事要去找他们，要加强联系。军队有掩护地方工作的责任。长春市委的一些东西，可以交政治部讨论。松江省委组织的丁鸿工作队走时是委托独立七师领导的。经过东北局决定，现在可以直接由长春市委领导。市委的具体工作方针是发动市郊农民，经过他们再联系，建立组织，争取更多力量。但是，不能和松江省一样，因为那

里城内是敌人，城外就是土匪，不能打击面过大。首先我们要打击大、中地主，富农最好暂时不动，以免引起城市的恐慌。为了争取多数，今年暂时不要想把土地改革做好。城市人民比较难发动，他们受到的剥削和压迫很厉害。市内的工作主要是潜伏工作，因为敌人如果失掉长春，对世界震动太大。我们现在组织的武工队，将来是市公安局的底子，用以维持城市的秩序。对城市来的自发的斗争，我们要加强领导，可以多组织游击队。我们的市委就住在师部。至于军队的任务，一是要消灭周围的胡子，发动平分土地；二是围困城市，打击敌人抢粮的部队；三是抓紧时间训练部队，应保持三分之一的部队参加训练。如果敌人逃跑了，我们就要抓住他的尾巴，狠狠地打一下。我们各部门要互相配合做情报工作，军区的电台、交通员都可以利用。长春市的编制现在不限制，前方是要发展的，具体分工可以研究，武器由军区帮助解决。对土匪应尽量争取，但是不要急于委任。武工队要普遍宣传党的政策……①

很快，长春市委的领导成员以及工作人员，共计70余人，奔赴长春开展工作。

3月13日，我军攻克了四平，长春通往沈阳的铁路交通被我军切断，敌军供给全靠空运解决。大战在即，长春市内一片混乱，大批市民纷纷逃出城去，军心动摇。蒋介石严令东北"剿匪"副总司令郑洞国亲自到长春领兵固守。然而，敌人败局已定。

为确保"封闭蒋军"战略决策的顺利实现，加强和巩固南满解放区，实现东北全境的最后解放，东北局决定，辽宁省和辽南省合并，成立新的辽宁省，辖鞍山、营口、辽阳等3市以及金县、海城、盘山等11县，调张秀山担任中共辽宁省委书记兼省军区政委，②原辽南省委书记林一山、原辽宁省委书记白坚任副书记。陈奇涵为省军区司令员。东北局把张秀山做为一个重要的"棋子"，预先安排在东北的南大门——辽宁省。

张秀山离开了工作两年零八个月的松江省。在东北局和松江省委的欢送会上，他感慨地说：

---

① 张秀山：《会议记录》（1948年2月18日），手抄件。

② 《张秀山档案》，中共中央组织部存。

我在这里主要做了三件事：一剿匪，二是土改和建立根据地，三是扩军支前。其中尤以土改和建立根据地花费的功夫最多。

1947年8月初，张秀山风尘仆仆经牡丹江、丹东，到达辽宁省南部的省委所在地瓦房店。

辽宁省南部，是辽沈决战的关键地域。这里刚刚解放，工业生产尚未完全恢复。夏季严重的自然灾害使很多地区粮食绝产，给当地人民带来了极大的困难。

张秀山一到瓦房店，就下到基层了解和检查工作。他发现这里的干部普遍存在着强迫命令和脱离群众的现象，致使"群众发动的不够充分，各项工作也很难完成"。他在写给一地委的信中指出："当前发动群众的中心，应该是调整干群关系。即经过群众批评及干部认错，满足群众的民主要求，改善领导作风。经过讲评干部，群众会继续积极起来，觉悟也会更加提高一步……但他们对我党的政策的了解还差一些。我们要把党的政策贯彻到群众中去，必须首先搞好干群关系，亦即搞好党与群众的关系。""发动群众必须了解群众的要求。目前群众的要求，除生产自救外，一般的就是民主和负担问题。负担主要是公粮和战勤，在这个问题上，必须做到公平合理，领导必须深入下层，发现问题和解决问题。"①

9月21日，林彪、罗荣桓率领东北人民解放军总司令部前线指挥部从松江省南下辽沈前线，指挥作战。辽宁省委立即在全省进行战勤动员，号召全省军民克服重重困难，迅速行动起来，积极支援解放战争。广大军民纷纷组织起运输（大车）队、担架队、民工队，建立兵站、医疗所，粮食弹药等各种军需物资源源不断地送往前线，到处呈现出一片支援战争的热烈场面。

辽沈战役打响后，锦州、长春守敌很快被人民解放军消灭。为夺取退路，蒋介石亲自指挥，他一面令廖耀湘兵团继续进攻锦州，一面令其五十二军强占营口，企图在兵败前，保证东北残部经陆路（锦州）和海路（营口）撤退。

战役进行中，当我军卡断锦州咽喉要道之后，营口就成为敌人从海路实施总撤退的唯一通道。营口是东北的第二大港口，战略地位十分重要。为防止拥有十万重兵的廖耀湘兵团转逃营口，上级命令急速南下的辽南独立二师，

① 《张秀山同志给一地委的信》（1948 年 11 月），见中共辽宁省委编：《工作通讯》。

途中放弃占领营口，调头回返盘山一带阻击敌人。第二天拂晓，该师奉命赶到指定位置就与南退之敌一〇五师遭遇，在迅即打垮敌前卫团后，迎头堵住了廖耀湘兵团南退营口之路，为全歼该敌赢得了宝贵的时间。

此时，辽宁南部的战局却发生了很大的变化。原来，正在辽南一带积极组织根据地军民全力支前的张秀山突然接到上级急电，命令他和副司令员边章伍率领两个营，到大石桥一带阻截敌人，但是敌人已经先行了一步。

10月24日，急于逃脱的国民党刘玉章五十二军的2个整编师，以及辎重团和特务团等共约3万人，乘坐70余辆汽车，以迅速动作重新占领了营口。

25日9时，林彪、罗荣桓致电毛泽东："敌五十二军部队23号占海城、牛庄，昨（24日）已占营口，我在辽南只有地方武装，辽南独二师已不能先占营口。"毛泽东当日回电："致使五十二军部队于24日占领营口，是一个不小的失着。"①这是东北我军统帅部战略部署的疏漏。

27日，消灭廖耀湘兵团五个军后，我军第九纵队与辽南独立二师，以及后面日夜兼程赶来的第七纵队和第八纵队，先后渡过了水冷浪急的辽河，向营口方向疾进。各纵队连续多天急行军，战士们已经极度疲惫，但他们克服一切困难，拼命前进，下决心一定要抓住逃跑的敌人。

10月30日下午，我军先头部队赶到营口，开始扫清外围据点的战斗。11月2日，我军对敌五十二军发起总攻。该役歼灭守敌1.5万人，敌淹死3000人，缴获汽车66辆和大批弹药物资。敌五十二军军部、二十五师（欠1个团）、特务团等，约1万余人侥幸乘船逃离东北战场。

11月2日，经过人民解放军艰苦决战，辽沈战役宣告胜利。一些被俘的国民党军官开始还不服气。在押送他们的路上，当看到后方有千千万万大车队、担架队，在没有任何军队看管的情况下，积极主动地抢救伤员，运送物资，他们感慨地说："看到老百姓这样拥护共产党，我们怎么能不失败呢！"

在辽沈决战中，以张秀山为首的中共辽宁省委领导全省军民做出保证，部队打到那里，铁路、公路、线路就通到那里。在这期间，铁路工人运往前线的军用物资达1.9万多车皮；邮电职工抢架线路，保证了通讯的畅通无阻；工程队冒着敌机轰炸、扫射，随军架设桥梁。决战进行中，军工厂的工人为前线

① 1948年10月25日18时，中共中央军委致林、罗、刘并东北局电。

补充供应了手榴弹40万枚，八一、八二迫击炮弹20万发，山野炮弹15万发，掷弹筒弹和六u炮弹60万发，子弹300万发，等等，及时地补充了前方部队大规模攻坚战和围歼战的消耗，①对战斗的胜利起到了重要的保障作用。辽沈战役的胜利，是人民解放军从战略防御转向战略进攻的第一个重要转折点，它奠定了解放全中国的坚实基础。

1948年11月23日，中央军委命令东北野战军立即停止休整，集中12个纵队、1个铁道纵队和特种兵共84.7万大军，拥10万战马，携万余门火炮，并15万余支前民工，分三路秘密出发，迅速南下进关，展开平津战役，揭开了解放全中国的序幕。

张秀山领导辽宁省广大军民不分昼夜地奋战在支前第一线，组织人员陆续运送了20多万部队和军备物资进关作战。同时，辽宁省开展了新区土改工作。全省迅速在新区建立了党的组织，恢复了城市工业生产，进行了战后经济建设，并把支援全国解放作为各级党组织的中心任务。

12月3日，在全省县委书记联席会议上，张秀山指出："各县应重视建党工作，在工厂中、农村中、学校中，没有党的支部，就没有党的核心。"关于城市工作，他说："第一要加强工人工作，为恢复生产而奋斗。工人工作并不是几个工会干部的任务，而是全党的每个党员的任务。我们要动员干部到工人中去发展党员，培养工人干部。如果我们每个党员、干部都注意做工人工作，就一定能把工运工作推进一步。只有工人觉悟提高了，复工生产就会有成绩，失业问题也就能解决了。""省府拟发工业贷款来恢复各市县的小工厂，这些工厂即使不赚钱也要办，这样可以解决工人失业问题，并能增加生产品，解决军需民用，我们的口号是生产自救，只有增加收入才能解决灾荒，光靠救济是不行的。""其次对于学生运动：由于全东北的解放，青年学生、旧知识界对我们的态度更好了，对国民党幻想最后破灭了。过去不来参加工作，不来上学的，现在也都来了。我们对这些知识分子绝不要歧视，绝不要因他们过去不出来而唾弃他们，应该把他们争取过来……如像大革命和抗战初期那样。在这个运动中来建立党的支部，将来还可以出各种干部。"接着，他对农村救灾、土改、锄奸剿匪等工作都进行了详细的部署。最后，他说："支援关内

① 《中共党史资料》第37期，中共党史出版社1991年版，第66页。

战争，争取全国胜利，不是一句空话，而是要拿出东西来，全力生产，才有实际力量。各县委应重视农业生产的领导，市委则重视工业生产的领导，新区在土改期间动员新兵。”“我们应努力工作迎接全国胜利。”①

全省新区普遍建立了党的基层党支部，春耕前全部完成了土改工作，并且超额完成了扩兵任务。仅辽中县就超额完成了2000多新兵任务。到1948年底，除南下进关外，全省党员已增加到3428人。到1949年4月，干部总数已增加到5787人。4月，辽宁省与安东省合并，组成辽东省。同月底，张秀山离开瓦房店，到沈阳接受新的工作。张秀山说：“东北全境的解放，使我们的工作由以战争为中心转入到以社会主义建设和社会主义改造为中心，党的工作进入了一个新的历史时期。”②

① 《冬季工作任务——秀山同志在县委书记联席会议总结报告》(1948年12月3日)，见中共辽宁省委编印：《工作通讯》。

② 《中国共产党辽宁省组织史资料》(1929—1987)，1995年版。

|第七章|

在东北局

一、出任东北局组织部部长

东北大地的战争硝烟散去了，明朗的天空中红旗飘扬，白山黑水之间，到处是欢天喜地的人们。

1949年3月5日，党的七届二中全会在河北省平山县西柏坡召开。同月，中共中央决定：由高岗、李富春、林枫、张秀山、李卓然、凯丰、周桓、汪金祥、刘锡五组成东北局，高岗任书记。同时决定，张秀山任东北局常委、组织部部长兼东北局秘书长、东北局党校校长，由他负责抽调东北地区1.8万名干部和哈尔滨、大连城市青年学生各500名，长春学生300名，随军南下，以开辟新解放区，并为成立中央人民政府准备一批干部。为此，张秀山两次组织召开了东北各省、市组织部长会议，贯彻落实党中央的战略部署。他说："大批调动干部是一个很细致的组织工作。抽调干部到新区去，目的是要配合军事（力量）摧毁该区多年的反动统治，建起革命基础。因此，各地党委必须十分重视这一工作。对于抽调干部，各地应采取对党负责的态度，反对本位主义。""首先着重的是质量的挑选，保证在新区的复杂条件下能起干部作用。"但是，"必须及早有计划地配备各种工作岗位的副职和加紧训练一批干部，准备接替空下的工作岗位"。

东北局组织部对南下干部集中训练了3个月，认真地学习了七届二中全会决议、目前的形势和任务、东北三年的历史总结和土改经验、城市工作和锄奸保卫等内容，介绍了相关新区的情况，强调了党的政策和纪律。经过东北各级组织部门的层层严格审查，这批干部很快按省、市、县机构梯次配备完毕，做到了保质保量，超额完成了1016名干部的配备工作。他们于1949年5月下旬，分批进关，开赴新区。

东北地区派出大批军政干部支援全国解放战争同时，还负责入关作战军民的全部费用，调配大批粮食和物资，支援关内作战。据一位南下的干部回忆，东北野战军打过长江以后，不仅弹药、军衣装备等军用品是由东北运去，就连马匹吃的饲料，都是由东北运去的。

1949年10月1日，中华人民共和国成立。新中国的诞生，正是张秀山等一切从事革命斗争的共产党人和各族人民所期盼的。此后，张秀山以更加充沛的精力投入到组织工作中去。

东北解放后，东北局按照中共中央七届二中全会精神，将党的工作重心由农村转到城市，经济建设成为新时期东北的中心任务。在此情况下，东北干部不足的矛盾相当突出。原因是：1949年以后，有1.8万名干部随四野进关南下；中央人民政府的组建又抽调了一批干部。为适应东北地区经济建设的需要，东北局组织部门把调配、培训和选拔干部做为组织部门首要的任务。张秀山为此付出了大量心血。

张秀山认为："有计划地调配和培养了大批经济干部，是一个严肃的政治任务和组织任务。接收过来的旧企业，必须依靠工人阶级搞好民主改革和生产改革，以改变企业的面貌；必须派遣政治上坚强的能掌握党的政策的干部去担任领导工作。这对恢复和发展经济具有决定性意义。"

在大批干部随大军进关，而新干部又未大批成长起来的情况下，东北局组织部从各部门抽调一批1945年9月以前的省、县级老干部，把他们派到电力、冶金、机械等大型重点企业去担任经理、厂长，以加强东北经济工作的领导力量。有的领导觉得老干部不懂得技术，不能当厂长。张秀山说："这种看法是错误的。这批老干部虽然大多数人没有做过经济工作，不懂技术，但是他们认识到了经济建设的重要性，具备了相当的政治理论水平和领导经验，经过努力学习，便逐渐学会了管理企业，成为党的经济战线上优秀的领导骨干。今后应有计划地送他们入大学、专科学校，从技术理论方面来提高他们。"

结果，在这些老干部的领导下，一大批被敌人破坏导致瘫痪的东北大型重点企业，迅速得到重建和恢复生产。我国规模最大的钢铁公司——鞍钢就是一个例子。从1949年起，仅五年时间，东北局组织部就抽调了7300名各类干部派往鞍钢，其中处级以上干部就有500人之多。①

东北刚解放时，由于敌人仓皇撤退，一些旧技术人员未能及时撤走。其中相当一部分是日本人。如何团结改造和使用这些旧技术人员，是摆在东北组织部门的一个重要课题。这部分人，有的是接收企业时留用的，有的是从各地招聘来的，成分良莠不齐。一部分人有浓厚的崇美思想和不问政治的倾向，个别的甚至公开宣称是“为人民币服务”，“按酬付劳”。

张秀山认为，必须加强他们的政治思想教育工作，启发和引导他们进步。张秀山积极组织干部说服他们留下来，并以礼相待，从生活上照顾他们，并请他们深入现场，接近广大工人群众，教育他们开展经常的批评和自我批评，使技术理论和工人劳动经验相结合。同时，教育工人尊重他们的技术指导，使他们有职有权，提高了他们的责任心和积极性，发挥了他们的积极作用。在日本技术人员集中的地方，张秀山还指示有关部门在那里设立日本职工科，具体关照他们的生活。东北局组织部采取开办政治训练班的办法，轮训了1000多名技术骨干，通过系统的政治理论学习，提高他们的政治觉悟，使这些技术人员真心实意地为东北的经济建设服务。

为适应长期的大规模建设的需要，1950年3月东北局在东北区第一次党代表会议上提出“实行全党干部专业化”的方针。张秀山说：“我们对经济部门的干部采取了有进有出的原则，除个别的不适于做经济工作的以外，一般的不使改行。这对干部和工作的提高上都有很大的好处。‘因为建设工作乃是长期的永远的，每个干部必须钻研一种专长，才能更好地发挥作用。这一点，过去不可能，今天已有充分的条件，可以而且必须这样做了。’”

张秀山带领组织部门有计划地将一批在大企业工作的具备相当文化基础的领导干部送到哈尔滨工业大学、东北工业学院及苏联院校去学习深造，使他们成为经济建设中的骨干力量。据不完全的统计，三年中，东北经济部门的干部增加了6倍，保证了经济建设迅速恢复和发展。1952年，在张秀山的提议下，东北组织部门又给基本建设部门、工矿、贸易部门调配了1.1万余名干部。

① 袁宝华：《东北工业部与新中国工业的起步》，《中共党史资料》2003年第3期，第86页。

张秀山主张“就地取材、自力更生”，大量提拔德才兼备的新干部，特别是选拔工人干部。因为他们是生产当中的积极分子，政治进步，工作热情，联系群众，懂得生产技术，有实际操作经验，大部分可以成为企业的中下层领导干部。他说：“大量提拔干部的关键在于打破保守思想，要十分重视各种运动中所不断涌现出的新生力量。有人认为工人没有文化，没有能力，不能当干部。有人片面强调新干部资历浅、能力差、经验少、年纪轻，提拔后怕影响别人情绪，不敢大胆提拔。还有人虽然工作需要，但不敢打破惯例越级提拔。因而，提拔一个科长要经过三等科员、二等科员、一等科员、代理副科长、副科长、代理科长、科长六个阶段，这些保守思想必须坚决予以批判。提拔干部要大胆，同时又要细致，防止草率马虎和赶任务、滥竽充数的现象，必须掌握德才兼备的标准。”

对“有才无德搞行政，有德无才搞党群”和“任人唯亲”等现象，张秀山予以坚决的抵制。他说：“挑选和提拔干部，必须要在实际工作中对提拔对象进行全部历史和全部工作的考察，有计划地加以培养。最好是建立积极分子名单和干部后备名单制度。要经过群众路线上下结合地了解和考察干部。特别是对工人干部，由于他们受技术理论和文化水平的限制，被提拔后除少数的可以担任重要的领导工作外，大部分只能在行政管理方面担任普通工作或者股长和车间主任等。在技术工作方面，一般的只能担任初级技术职务，如果进一步担负更重要的领导工作，便有困难。因此，除了必须加强他们业余的技术理论和文化政治教育外，还必须有计划地送他们到初级和中级技术学校和速成中学去提高技术理论和文化水平，然后再送入大学和专科学校去深造，以培养工人阶级的生产领导干部和技术干部。”据不完全的统计，3年中，东北局组织部仅工人干部就培养和提拔了8.4万余人。

培养青年知识分子干部，一直是张秀山非常重视的。中央陆续派来的大学毕业生及东北的各大学毕业的学生，在东北各经济部门起了很大的作用。这批知识分子干部，工作热情，有朝气。大规模的经济建设开始后，现有的技术干部明显不足。张秀山认为，除了对现有的技术干部要求加强学习新的科学技术，合理地使用，发挥他们的积极作用外，还要切实办好东北的各大学、专科学校和技术学校，大量培养工人阶级的知识分子干部。各大学必须注意提高教学质量，改变学校技术教育和需要不相一致的现象。必须调整各大学的院系以集中力量搞好教学，适当地加强和充实学校的干部。

在张秀山的直接领导下，东北各级组织部门到刚刚解放的上海、南京、无锡等地招聘九万名技术人员，前来参加东北的经济建设。他们到上海复旦大学等高校招聘一批留美、留英的青年教师，充实到东北各个重点大学，以提高东北高校的教育质量。

在干部管理上，张秀山认为，要严格地实行干部的统一管理，这样才能保证有计划地把干部调配到重点部门去，以保证经济建设的发展。针对有的部门机构庞大，人浮于事，以致影响工作效率的情况，张秀山建议把多余的干部调到最需要干部的部门去。东北区银行，除所属的工厂、学校及保险公司外，共有2.7万多人，经过整编冗员，集中训练了3000余人作为后备力量，又调出8000人派到工矿、贸易等企业部门及教育部门，增强了这些部门的干部力量，提高了银行的工作效率。通过各级党组织的努力，1952年东北工业部门的干部与1949年相比，就壮大了10倍之多。①

为迅速提拔大批德才兼备的青年干部，张秀山反复在各种会议上强调，不要论资排辈，要敢于大胆提拔和使用年轻干部。不要怕他们犯错误，要敢于给他们压重担，让他们在实践中锻炼成长。

当时的东北，特别是工业部门向全国各地输送了大批优秀的青年干部。其中，有相当一部分同志后来担任了省、部级领导干部。他们至今仍然对张秀山部长敢于冲破重重阻力，勇于负责，大胆提拔使用与关怀爱护青年干部的情景记忆犹新。

原国务院副秘书长马洪说：

> 张秀山在担任东北局组织部长和副书记期间，主管组织、党建、干部等项工作。他对青年干部的培养很重视，敢于和善于提拔优秀的有发展前途的青年干部。他反对论资排辈，反对任人唯亲，大力提倡五湖四海。他对干部特别爱护，即使对犯错误的干部，张秀山也一贯采取保护政策，不采取打击政策。张秀山是东北局主管干部的领导，他为“四野”配备了一大批干部。同时，东北地区选拔大批新干部工作也是由秀山主持的。他

---

① 安子文：《中华人民共和国三年来的干部工作》，《新华月报》1952年10月号，第23—25页。

的成绩是最大的。原来东北局的干部都是外来的。经过这一次调整，都变成地方化了。现在全国省部级以上或相当级别的一批干部，都是那时提的。当时，东北局除留下了高岗、李富春、张秀山等人外，陕北、苏北、山东等地的干部绝大部分都南下了。

张秀山特别重视干部选拔和使用工作。他在松江和辽宁搞发动群众、组织地方武装和土改支前，很有成绩和经验。他知道经济、生产、动员军队、支前、战役搞的好不好，全靠选拔和使用好干部。现在说是有政绩，那时张秀山主张，讲空道理的，华而不实的干部坚决不提拔。提拔的大部分干部都是土改中的积极分子。接管城市后，他主持东北局组织部门派大批干部进城进工厂做领导工作。这个任务很艰巨，张秀山做了许多工作。东北经济恢复发展很快，与干部工作成绩分不开的。虽然说不是他一个人的成绩，但他是司令官、组织者。张秀山不谈空话，是一个实干家。①

原辽宁省委书记郭峰回忆说：

1949年4月至5月份，我是辽西省委书记。整个东北都在进行土改和打击会道门、一贯道的斗争。东北局组织部长张秀山到辽西省检查工作。我向他汇报了全省的情况。原来给我的印象是，他领导的松江省处于解放区腹地，发动群众比较充分，土改彻底，我们的土改都是向松江和合江学习的。当时我军的兵员补充主要靠松江、合江、黑龙江等地。他的工作作风很深入。这次，他听完我的汇报后，就到锦州外围的锦县一个村子里去检查工作。那里是新解放区，土匪很多，经常打冷枪，情况复杂。我派了一个警卫班去保护他。有一天晚上，就有人悄悄地到他的住处窗口偷看，被警卫人员发现鸣枪示警后逃跑。但是，张秀山并没有走，继续在那里深入群众，调查研究。张秀山回来后，对辽西省委的工作给予了充分肯定和支持。张秀山看问题一分为二，对我们的缺点也提出了批评。以后，我调到东北局任组织部副部长，张秀山兼部长，对他的印象就更直接了。张秀山为人正派，不隐瞒自己的观点，有啥说啥。他很注意抓大事，而且抓得很实。当时东北各省、市的党政主要干部的任命，都是由张秀山首先提出，他对

① 访问马洪记录，1995年6月28日。

东北地区的干部合理配备起到了重要作用。①

可以说，东北经济之所以能迅速恢复和发展，除了中央政府的大力支持，主要经验是东北局组织部门采取了“抽调老干部、改造老技术人员和大量培养选拔青年知识分子相结合”的方法。

二、赴苏考察

1950年1月，经中共中央、毛泽东与苏共中央、斯大林商定，中共中央派出一个赴苏联组织工作者代表团，学习和考察苏联共产党在夺取政权后，是怎样领导经济建设和如何进行党的各级基层组织建设的，从而为中国共产党提供经验与借鉴。中共中央决定张秀山为代表团团长，中共中央组织部王甫和中共上海市委秘书长王尧山为副团长，东北局组织部秘书长金铁群为代表团秘书长，中组部的原志为代表团的专职秘书，张秀山的秘书王兴华、马文瑞的秘书何载为代表团的兼职秘书，芦俊茹、朱烈、李则望为代表团的俄文翻译。代表团成员为各中央局、省、市组织部长40余人。代表团在苏联境内参观学习的时间为100天。

代表团全体成员在北京集训了半个多月。集训内容是：请有关部门领导做报告，介绍国内外形势；礼宾人员讲解苏联生活习俗和礼仪知识，学习吃西餐、跳交际舞；进行必要的纪律教育等。

临行前，刘少奇、朱德分别在中南海勤政殿接见了代表团全体成员，他们指示说，同志们到了苏联，要学习苏共在十月革命取得政权后的党建工作和领导经济工作的经验。同时要有思想准备，如果苏共中央怀疑我党有民族主义情绪，就坚决顶回去。代表团抵达莫斯科后，驻苏大使王稼祥也向代表团强调了上述立场。张秀山坚决贯彻执行了中共中央的指示精神。

1950年2月，当张秀山率代表团从北京出发时，正赶上我国传统节日春节，大年初一车过哈尔滨，松江省委书记强晓初等人前来车站送行，还给代表团的同志们送来了热腾腾的饺子。

代表团经满洲里进入苏联境内。苏共中央特别重视这次中共中央组织工

① 访问郭峰记录，2002年3月16日。

作者代表团访问苏联。在雪花飘飞的冬季里，苏共派赤塔洲委副书记阿月列夫手捧鲜花，前来迎接代表团。他们为代表团安排了两节软卧车、一节餐车，生活照顾得十分周到。当代表团专列路过伊尔库茨克时，遇上了刚刚与斯大林签订完中苏友好条约回国的毛泽东、周恩来乘坐的专列，当列车员向大家宣布这个好消息时，代表团的同志们高兴地欢呼起来。

在苏共中央联络部副部长阿尔洛夫等人的迎接下，张秀山率代表团到达莫斯科后，下榻在莫斯科大旅馆。当时，以李富春为首的中国政府代表团也下榻在这里，他们正在进行中苏一系列经济贸易性的会谈和签订一些单项协定。根据斯大林的指示，苏方给代表团人员每月发1000卢布，作为零用钱，还指派1名克里姆林宫的老营养师，每天精心安排代表团的一日三餐，而且还另加一次晚餐，为方便代表团到各地参观访问，他们给代表团专门配备了专机。

张秀山和代表团的全体成员，对于刚刚经历过第二次世界大战，生活仍然比较困难的苏联同志的热情接待，深切地感受到苏联人民亲密友好的情谊。

为了节约开支，减轻苏方的负担，在张秀山的建议下，代表团减去了另加的晚餐，到各地参观访问改坐火车前行。同时，张秀山建议组织我国留苏学生帮助代表团做翻译和向导等工作。当时的留苏学生都参加了代表团活动，他们认真负责的精神和良好的工作成绩，受到了张秀山以及我国驻苏大使馆领导的表扬。

在苏联同志的陪同下，张秀山率代表团首先来到莫斯科红场列宁墓前，敬献了花圈。上面写着："献给全世界伟大革命导师列宁"、"中共中央组织工作者参观团敬挽"。代表团同志们瞻仰了列宁同志的遗容，参观了克里姆林宫等名胜古迹，听取了莫洛托夫关于斯大林生平的报告，考察了各类大型工厂的党建工作。作为特邀贵宾，张秀山等人还观看了红场"五一"大检阅，列席了苏联最高苏维埃代表大会，受到了斯大林等党和国家领导人的亲切接见，还观看了莫斯科大剧院演出的著名芭蕾舞剧《天鹅湖》《睡美人》。在重大会议或节日时，张秀山要求代表团每位成员胸前必须佩带毛泽东纪念章，以表现出中国共产党人特有的执着和追求。

张秀山针对苏共中央安排大型报告会比较多的情况，向他们提出，减少此类报告会，要求深入实际，调查研究，多到基层党组织和工农业生产第一线去，考察那里党组织的具体工作方式、方法，以及党政工团等关系。苏方欣然同意。在苏联各行各业领导或党的组织负责人介绍情况和经验时，我们的同志们总是撇开他们千篇一律的经验模式，单刀直入地提问：“你们当时党组织是怎么做的？”“党内具体还有什么实施措施？”“这些措施的效果怎么样？”苏联的同志们耐心地对一个一个问题详细解答。代表团从中学到许多宝贵的党的基层组织工作的实际经验。苏联的同志也把中共组织工作者代表团的参观、访问、考察安排得丰富多彩。

在十月革命的故乡——列宁格勒，代表团同志们怀着崇敬的心情，参观冬宫、阿芙乐尔号巡洋舰，聆听了十月革命的故事……

在第二次世界大战重要转折点——斯大林格勒保卫战遗址，代表团同志们亲眼目睹了弹痕累累的残留地下工事室，他们仿佛看见了德军十万官兵统帅鲍利斯举手投降的情景……

在乌兹别克斯坦，代表团同志们走进了集体农庄。集体农庄主席热情接待了大家。他领着大家参观了采棉基地，讲解了这里每年的棉花和其他作物生产情况……

在莫斯科期间，张秀山专程看望了中国留苏学生，在他们中间有许多是革命烈士的后代，还有许多是中央领导的子女和老战友的孩子。他们中间有朱德、叶挺、任弼时、萧劲光、贺晋年、崔田夫等人的子女，孩子们见到祖国的亲人，亲热地围坐在张秀山叔叔的周围合影留念。张秀山详细地询问他们的学习生活情况，认真地记录下来他们需要解决的实际困难，并及时向苏联有关方面反映，得到了苏方的高度重视，留学生的实际问题很快得到了圆满解决。这些孩子一直都与张叔叔有着密切往来。

张秀山率代表团归国时，领回了朱德、林彪、博古的女儿。一路上，三个小姑娘见到祖国的亲人，特别高兴。她们围着张秀山问这问那。张秀山安排自己的秘书王兴华专门负责照顾这三个孩子。以后，王兴华走到哪里，她们就跟到哪里。小姑娘们活泼可爱的样子和中俄语言交替使用，认真严肃地提出“中国人为什么吃草（韭菜）？”“中国人为什么不穿裙子？”等许多有趣的问题，给张秀山和代表团的同志们带来了无数欢笑，驱散了大家长途旅行的困倦。①张秀山率领代表团乘火车顺利返回祖国。火车一过中苏边界，几

① 访问王兴华同志记录，1996 年 9 月。

个月的紧张情绪一扫而光，张秀山和同志们共同举杯庆贺访苏成功。大家兴高采烈，纷纷向代表团团长张秀山敬酒。他沉醉在喜庆的气氛里……经过深入细致地调查研究，代表团向中共中央提交了一份具有重要参考价值的考察报告。

1950年6月，张秀山把苏联共产党在领导经济建设中的经验和组织形式，向中共中央做了全面汇报。刘少奇说，你们这次去苏联参观后的汇报，启发了中央的思想，知道了苏联党还有这样的组织形式。在张秀山的组织下，《东北日报》连续用几十期整版的专题文章，全面详细地介绍了苏联共产党在政府、工业、农业等各行各业基层组织的设置情况和一些可以借鉴的具体做法，给中共党的基层建设提供了宝贵经验。

不久，在东北局召开的城市工作会议上，很多城市的党委负责人都提出，要求加强地方党委对工业的领导，成立党委工业部，以改变对工业生产领导不利的被动局面。根据中共中央的指示，东北局决定选择沈阳、哈尔滨、旅大等部分城市，成立党委工业部，进行试点。当时的党委工业部，主要是协助党委领导和监督工业生产工作，总结经验教训，提出党对工业生产的指导意见。

建国初期，在我党尚缺乏管理工业生产经验的情况下，这些意见起到了重要的指导作用。

后来，中共中央根据我国的实际情况，借鉴了苏联党在经济管理方面的一些做法和经验，如在各级党委增设了工业部，在工业企业中试行“一长制”等，对当时全国的经济建设起到了一定的促进作用。

在张秀山的主持下，东北局在各省、市成立了党委工作部试点，就是现在中共在各省、市设立的企业工委的雏形。为了支持这项试点工作，张秀山把秘书王兴华派到哈尔滨市担任党委工业部部长，为筹建闻名国内外的哈尔滨“三大动力”，作出了一定的贡献，受到周恩来等中央领导人的表扬。

三、抗美援朝

1950年6月，朝鲜战争爆发。朝鲜人民军势如破竹，一直打到南部的釜山。美帝国主义纠集28个国家，组成“联合国军”出兵干涉朝鲜战局。

中共中央密切关注朝鲜战局的发展。7月中旬，为了防止意外事件的发生，中央军委决定以十三兵团为主，组建东北边防军，部队迅速集结沈阳、本溪、安东一带。8月，中共中央决定加强东北军区领导力量，任命东北局副书记李富春、东北局组织部长张秀山兼任东北军区副政委，东北局副秘书长张明远兼任东北军区后勤部政委。

9月下旬，以美国为首的"联合国军"在仁川登陆后，不顾中国政府的严正警告，疯狂北犯"三八"线。接着，美军飞机投掷重磅炸弹轰炸了我国东北边境的城市安东市区，把战火燃烧到鸭绿江边，年轻的中华人民共和国面临着一场严峻考验。

10月，中共中央决定"抗美援朝，保家卫国"，组成中国人民志愿军，入朝作战。中共中央和毛泽东主席发布命令，任命彭德怀为志愿军司令员兼政治委员，并明确规定"中国人民志愿军以东北行政区为总后方基地"。

10月8日上午，彭德怀与东北局第一书记、东北军区司令员兼政治委员高岗，以及翻译毛岸英等人乘飞机秘密从北京飞抵沈阳。

下午，彭德怀和高岗紧急召集东北局和东北军区李富春、张秀山、贺晋年等主要负责人开会，传达了中共中央政治局会议精神。彭德怀说："中央已下了最大决心尽快出兵援朝，要向敌人抢时间，否则后果难以设想。关于后勤供应问题，中央决定东北地区要全力以赴支援志愿军作战。希望东北局和军区的同志要认真研究部署，各项保障工作务必落到实处，这是保障志愿军出国作战的关键问题。会议商定10月9日召集参战部队军以上干部开会，研究部队出国前的日程安排。"①

10月17日早晨，彭德怀、高岗在沈阳再次召开紧急会议，与张秀山、张明远等人研究志愿军的后勤供应等问题。10月18日，彭德怀率先头部队入朝。

随着东北党的工作重心转移到支援抗美援朝战争方面，刚刚从苏联访问归来的张秀山也全身心地投入到志愿军的后勤保障工作中去。

志愿军入朝作战初期，东北军区的后勤保障工作困难很大。由于我志愿军仓促参战，几乎没有战备物资储备，兵站等后勤部门都没有建立起来，后勤补给线也不畅通，加之苏联出于某种考虑，怕引起美苏直接冲突，临时放

① 邱石编:《共和国重大事件和决策内幕》(上)，经济日报出版社 1997 年版，第 95 页。

弃了原定苏空军掩护志愿军作战的承诺（后来，苏联空军又限定区域参战），使敌人空军对朝鲜前线和我方的运输线得以进行狂轰滥炸，导致志愿军的后勤保障工作更加困难重重。

东北局决定抽调六名东北局委员和四名东北人民政府部长，加强了后勤领导力量。根据张秀山的提议，东北局从各省抽调了一批具有丰富支前经验的县长、县委书记等基层干部，迅速组建起来一条符合实战需要的后勤供应运输线，设立了一系列大、小兵站，配备了相应的仓储、运输、警卫、医院等重要部门。在张秀山的主持下，东北局及时抽调干部组建了三个后勤分部，随军入朝参战。其中：一分部由东北军区后勤部驻辑安办事处和部分地方干部扩建而成；二分部由四十七军后勤部改编而成；三分部由各地来的地方干部组成。第三次战役后，东北局成立了由第九兵团后勤部改编的第四分部……他们为志愿军提供了大批急需的装备和物资，对保证抗美援朝战争的胜利起到了重要的作用。

为了“组织一条打不烂、炸不垮的钢铁运输线”，张秀山曾经三次冒着美军的飞机轰炸和炮火封锁，入朝解决志愿军所需物资以及运输问题。

从10月25日开始，我志愿军在云山地区经过13个昼夜的艰苦奋战，歼敌1.5万人，取得了第一次战役的胜利。张秀山代表东北局和东北军区立即赴朝，慰问志愿军将士。当他听到我军凌晨突入美军阵地，敌人是在睡袋里举手投降的介绍时，他笑着对秘书王兴华说：“这是美国西点军校训练的投降方式。”在前线，张秀山详细地调查了解了志愿军的后勤保障情况。云山战役的胜利，打破了美军的作战计划。敌人开始了为期两周的空中绞杀战，炸毁了鸭绿江的所有桥梁、渡口和作战区域的重要交通要道和军事设施，使志愿军后勤保障工作面临着空前严峻的形势。张秀山向中央作了汇报，引起了中央领导的重视。周恩来说过：“只要东北提出要求，我们愿全力以赴，帮助你们解决问题。”①

受中共中央和毛泽东的指派，张秀山专程赴朝，秘密会见了金日成首相，听取了朝鲜方面对前线战况的分析和要求。张秀山的秘书王兴华说：“1950年12月底，我随张秀山第二次入朝。他只带我、警卫员和一个行政处长乘吉普

① 金冲及主编：《周恩来传》（上），中央文献出版社 1996 年版，第 76 页。

车到朝鲜的江界镇。当时走得很急，天非常冷，路面坑坑洼洼全是冰，车轮打滑，几次险些碰撞到路边的房子上。到达金日成的住地后，张秀山单独进去与金日成面谈，我们在外面等候。他们具体谈些什么，我们不知道。我们连夜返回了安东。”回来后，张秀山及时把与金日成会谈的情况反馈给党中央，提出了对朝鲜战场后勤保障的综合实施方案，得到了上级的批准，有力地支持了前线战役的顺利展开。①

1951年9月28日，张秀山在安东举行晚会，欢迎志愿军战斗英雄代表团返回祖国，参加国庆观礼。他在会上发表了热情洋溢的讲话，称赞这98位志愿军代表是“全世界爱好和平人民的功臣”。代表团受到了沿途东北各界群众的热烈欢迎。

1952年8月，板门店谈判陷入僵局。敌人在前沿阵地部署了18个师，中朝部队集结了13个军，大战一触即发。毛泽东对东线的志愿军第九兵团指挥员宋时轮说：“东线打的好与不好都将决定全局。”②9月，上级再次指派张秀山深入到朝鲜前线东部宋时轮的第九兵团，解决前方部队的冬季后勤供应问题。

东北局机关选派最好的司机配备给张秀山开车。这位司机说：“我们的吉普车过鸭绿江后，是志愿军的几位首长来接的。他们陪同我们一直到前线。沿途非常危险，时常遇到美军飞机轰炸和扫射。晚上开车走山路，不敢开灯，旁边就是悬崖峭壁，真危险啊！有一次，吉普车差点掉到炸弹坑里。”③

张秀山看到许多来自华东地区的南方战士，因棉衣单薄而导致大批冻伤，造成严重非战斗减员，非常痛心。他一方面抓紧解决志愿军御寒问题；一方面打电报报告毛主席，建议从东北军区抽调两个军替换宋时轮兵团，使该兵团得到休整和补充。

张秀山回忆说：

在朝鲜，我们住在九兵团的司令部里。九兵团的司令部是利用日本人在朝鲜挖的山洞，住在里面还较安全，不怕敌机轰炸。朝鲜战争开始后，

---

① 访问王兴华记录，1996年9月。

② 穆俊杰：《雪地上将宋时轮》，《中华儿女》第47期，1995年8月。

③ 访问王克瑞记录，2001年8月。

由于我们没有制空权，运输线长，敌机轰炸频繁，前线的物质供给十分困难。我们想尽各种办法，调动各方面的力量，克服各种困难，把前线所需要物资尽快送去。赴朝鲜作战的部队，生活非常艰苦。到了冬天，战士们在冰天雪地里，吃一把冰雪，啃一口冻成冰疙瘩的硬馒头。有的啃也啃不动。前方部队打电报给我们，要求能向朝鲜前线送一些炒面，以解决部队的食品困难。我们一接到电报，立即布置了炒面的加工生产任务。但因前方部队数量多，需要量大。仅靠现有的加工生产能力，按时间要求加工出来有困难。于是我们就组织动员了各级党政机关的厨房加工炒面。为了防止敌特在加工的炒面中进行投毒破坏，我们组织了党员干部不分昼夜地在厨房中轮流值班，还要在装炒面的口袋上写一个布条，注明是哪一个机关加工的，由哪个人负责。①

当时，全国人民掀起了“抗美援朝，保家卫国”的热潮，把支援抗美援朝同国内的经济恢复建设工作与各项社会改革紧密地结合起来，有力地推动了各项工作的进展。东北各地党政机关所有的干部和工作人员，每天都要加班工作，一般晚上都要加三个小时左右。一方面是为了支援抗美援朝战争，大家的加班都是主动尽义务的。另一方面也是由于在白天美军飞机对境内进行空袭，无法工作，只有利用晚上来弥补白天的工作损失。

张秀山特别关心前线的军火供应，重视东北地区的军工生产。他联系从苏联进口了一些军工设备，还经常深入到沈阳文官屯的“五二”兵工厂等重点军工企业，号召工人们积极钻研技术，自力更生支援前线，加快提高生产军火的供应能力。在很短的时间里，东北地区的军工企业，就生产出了大批高质量的军工产品。为此，毛泽东打电报给东北地区的军工企业，祝贺他们取得的辉煌成绩，表彰他们为赢得抗美援朝胜利而作出的巨大贡献。

在抗美援朝期间，敌机对东北境内的工业城市进行狂轰滥炸。东北局作出决定，把敌机轰炸范围内的如沈阳、本溪等城市的一些大工厂，向北满地区搬迁一部分。这部分工厂搬迁到北满后，很快在那里形成了生产能力，保证了抗美援朝前线的供应。通过这些工厂的搬迁，使原来的一个工厂变成了两个工厂，扩大了东北地区的工业生产能力，使东北地区的经济也得到了发展。

---

① 张秀山：《我的回忆》（未刊稿），1988 年。

中朝军民浴血奋战2年零9个月，付出了巨大代价，歼敌109余万人，取得了抗美援朝的伟大胜利。彭德怀曾经多次说过："抗美援朝战争的胜利，60%至70%应归功于后勤。"美军第八集团军司令范佛里特说："虽然联合国军的空、海军尽了一切力量，企图切断共军的供应，然而共军却以难以置信的顽强毅力把物资送到前线，创造了惊人的奇迹。"①

四、整党与"三反"、"五反"运动

1949年11月30日，东北局发出《关于成立东北局及各级党的纪律检查委员会的通知》："根据《中央关于成立中央及各级党的纪律检查委员会的决定》，东北局纪律检查委员会，在东北局领导之下工作，经中央批准张秀山（东北局组织部长）、张明远（东北局组织副部长）、汪金祥（公安部部长）、陈伯村（东北局组织副部长）……11人组成之，以张秀山同志为书记，张明远、陈伯村为副书记。"②在张秀山担任东北局纪检书记后，在抓好组织工作的同时，用很大精力抓东北局的纪律检查工作，严惩了一批党内的腐败蜕化分子，取得了很大的成效。

全国解放以后，经济形势发展很快，党组织也得到了发展和壮大。但是，党中央发现，在全国各地党组织内存在着一些问题。如：有的党员质量不高；有的地方尚有组织成分不纯，甚至混入了少数坏分子；土改时运用的"自报、公议、党批准"的建党方式，还在沿用，没有及时加以彻底否定；发展工人党员时，偏重于生产表现；在对党员的教育上，虽然进行了不少工作，但偏重于时事政治学习，缺乏有系统、有计划的教育，使一些党员缺乏共产主义的基本常识。党中央及时向全党提出了整党要求。

1950年6月8日，东北局发出了《关于整党工作的指示》。作为东北局组织部长、纪检书记的张秀山主持了东北地区整党试点工作。东北局整党工作试点共有46个单位（包括支部、总支），其中工厂支部28个，农村支部7个，机

① 柴成文等：《板门店谈判》，解放军出版社1992年版，第193页。

② 中共中央东北局秘书处编印：《中共中央东北局重要档案汇编》（草稿），1954年8月1日，第444页。

关、学校和企业支部11个。

1951年1月25日，张秀山主持召开了东北局组织工作会议。会议学习研究了中央组织部12个文件草案。会议总结了整党试点经验，认识到整党“亦为东北党的组织之实际情况所迫切需要”。会议肯定了“东北党的组织在土改、战争、生产，尤其在抗美援朝战争中，显示了巨大的作用……”①张秀山在会议上要求各地党组织坚决贯彻党中央的整党方针，认真进行共产主义宣传教育，提高党员的共产主义觉悟和政治水平。他指出，要加强对整党工作的领导，各级领导干部要亲自动手组织力量，训练整党干部，把整党工作和整风工作有机地结合起来。

在东北地区的党员中，有近50%是农村党员。整党试点中，有些同志对农村党员估计过低，认为他们在土改斗争和生产运动中之所以积极带头，是因为和自身利益一致，因此就认为这是自私自利的行为，并不是什么觉悟高，主张今后发展党员，要提高要求。

张秀山认为：“这样便是忘记了在过去党曾依靠他们完成了伟大的反帝反封建的历史任务，今后他们还将发挥更大的作用。在我们这样一个从反帝反封建斗争中生长壮大起来的国家，在拥有了城市和工人之后，如果割断历史地来看待农民党员是不适当的。应当承认农民党员在党的号召下完成土改和生产斗争的任务是与无产阶级的利益一致的，是农民党员无产阶级觉悟的表现，今后应将这种觉悟不断提高到共产主义觉悟上去。”②

经过整党教育，这些试点单位绝大多数的党员在政治觉悟上都有了很大提高，党员和群众的关系密切了，工作更积极了，生产效率也提高了。

整党试点工作，取得了整党的经验，培养了一批干部。同时，东北地区各级党校为整党分期分批培训了1.2万名骨干，为进一步整党打下了基础。

东北局的整党工作全面展开后，根据试点的经验，张秀山领导组织部门制定了《东北地区14个月（1951.11—1952.12）整党建党实施方法》。全区整党的步骤：动员—教育—登记—鉴定、审查—处理—整顿支部工作等几个环节进行。机关、学校和工、矿企业的整党在1952年内完成；农村主要利用农闲

① 《关于东北局组织部关于召开组织工作会议的报告》(1951年1月25日)。
② 《关于东北局组织部关于召开组织工作会议的报告》(1951年1月25日)。

时间进行，到1953年冬季完成；对新区不进行整党，其主要任务是镇压反革命，改造政权，训练干部，巩固党的组织。

在东北地区的工厂、矿山、学校以及广大农村中，中共党的组织不够健全，党员数量也较少。到了1952年整党时，在150万产业工人中，仅有11万党员，不能适应革命和建设形势的需要。东北局组织部把建设各级党组织，提高党员质量，作为党的工作的重点。整党中，要求各地党组织把那些积极要求入党，符合党员条件的工人、农民吸收到党的队伍中来。对于解放较晚的新区，则应持积极慎重的态度。同时，要求东北军区所属部队，也要进行整党工作。

对于不同地区和单位，东北局组织部提出了不同的要求。工矿企业要与爱国增产节约运动相结合；农村要与领导农业、副业生产相结合；机关、企业（银行、贸易、邮电、合作部门）与反贪污浪费反官僚主义相结合。①

在整党与增产节约运动相结合上，张秀山抓住沈阳五三工厂这个典型，指示在东北局的刊物上刊登他们的先进事迹，借以总结党的基层组织如何领导生产的先进经验。他在《编者语》中写道："五三工厂的党组织抓住了关键环节——推广了先进经验，注意了政治与技术的结合，领导职工学习和提高了技术。"②

张秀山说："做好整党建党的关键在于对党员与非党积极分子充分地进行共产主义与共产党教育。""重要的课程需由省、市委委员亲自去讲。"张秀山亲自担任了党课教员。他讲课的题目是"一切共产党员的斗争和工作必须在党的统一领导下进行"。他着重讲了共产党员要认真执行党的方针政策和党的决议，严格遵守党的纪律，积极参加党所领导的革命运动和社会主义建设工作。

原辽宁省政协主席徐少甫曾听过张秀山在沈阳七二四厂讲党课，题目是"怎样真正从思想上入党？"工人们反映特别好。大家说："张部长讲得实际，深入浅出，印象很深，我们很受教育。"

徐少甫与张秀山同在一个党小组。他说：

> 秀山这个人非常认真，严守组织纪律，每次党小组的会议无论多忙都准时参加，尽管没有人通知。同在一个党小组还有机关的打字员、干事等

① 《东北局组织部关于东北地区14个月整党建党实施办法》（1951年11月26日）。
② 《党的生活》1952年7月。

人。他开会时积极发言，自己有了错误就深刻检讨，别人有了缺点就严肃批评。他工作深入，平易近人，不摆架子，特别注意抓大事。当然，当时有些人认为这些是小事。比如注意抓党员的素质教育，注意抓党员思想品德和优良作风的培养。他自己以身作则，带头示范，大家很佩服他。①

张秀山要求到农村去讲党课的同志，注意通俗易懂，简单明了，不要光讲一些名词、概念，不能简单地照书本背条文，要根据农民的特点和他们的接受能力，把党课讲好，要让农民党员在听课中，能听懂记住，通过上党课来提高他们的政治思想水平。他还在东北局《农村整党简报》第九期上发表了《给农村党员讲党课要注意通俗》的文章。他说：

怎样讲党课呢？要讲得通俗，简单明了，不能讲得太多，不能照书本背条文。有的同志一讲就是四五个钟头，党员说："讲得倒很好就是听不懂，记不住"如果讲得人家不懂，那就是不好，讲了很多，人家记不住，也就白搭工没有用。因为农村党员没有文化，所以必须针对农民的认识和理解程度来讲，把新名词尽可能变成农民的语言。比如说"个体经济"农民不懂，说"单干"就懂得。现在中央宣传部编印的《怎样做一个共产党员》的课本很好，但是如果照本读仍然是不行的。必须把内容弄明白了，再用农民的话讲出来才行。

比如讲我们的最终的目的——共产主义。有的同志咬文嚼字地讲"最终目的"，讲了半天，党员只记住了"最终目的"四个字，但最终目的是什么却还不知道。如果我们用农民的话讲，就是：共产党现在干啥？将来干啥？我们说：现在建设新民主主义，将来实行共产主义。建设新民主主义就要搞好合作互助，多打粮食……当然，对农民讲共产主义是不大好讲的。农民总是以私有观念来想象共产主义。他们想象中的共产主义就是把东西归公，平均分配。他们认为土地改革就是共产主义。我们要说明共产主义是靠发展生产，生产是用最高的科学技术，并且不断地提高，生产无限丰富的产品才能实行。实行共产主义是绝不没收农民的任何东西的。现在农民家里那点破破烂烂的东西，到共产主义时有谁希罕呢？农民用不着害怕，实行共产主义农民一点也不会吃亏，而是非常有利。到那时

① 访问徐少甫记录，1999年4月。

候，人人的生活都很富足……有的同志讲社会主义与共产主义的区别，讲了许多条，党员也没有区别开。这种区别要讲也可以简明一点讲，就说：社会主义时到国家商店里买东西必须给钱；到共产主义就不用给钱了，用什么就拿什么就行了……至于共产主义的其他特点不必逐条去讲，因为农村党员没有文化，讲得太多太复杂了，反倒不易明白，甚至发生误会。如有的同志讲"经济计划"与"计划经济"的区别这样提法就错了。结果党员了解为：将来是计划经济，现在是经济计划；计划经济是吃啥有啥，经济计划是有啥吃啥。这样了解当然是不对的。如果要讲计划经济就说明旧社会生产没有计划，资本家盲目生产；至于社会主义共产主义是根据人民的需要有计划进行生产。有的同志讲："体力劳动与脑力劳动间的对立的消灭，"结果党员了解为："将来，体力劳动消灭了，脑力劳动也消灭了。"这当然是严重的误解。如果要讲这一点，就说：到那时候，所有劳动的人都有文化，所有有文化的人也都劳动，为什么所有的人都有文化呢？就说明一切生产都机械化了自动化了，人的劳动时间减少了，就可以有很多时间学文化科学了，而且劳动人民的小孩子从小就有上学的机会。这样讲农民也是可以懂得的，还有的同志讲：'每个人的个性得到发展'这就更难理解。因为一般人常讲的'个性'就是'脾气'，说'发展个性'就了解成为'发展脾气'那就遭了，如果要说明这一点，就说到共产主义社会时，每个人有什么本事都能施展出来，旧社会里常常讲英雄无用武之地。举上一些例子加以说明，农民也可以明白。总之，讲课不能照条文搬，不能贪多，一定把主要的讲明白，使农村党员懂得共产主义好，实现共产主义要靠发展生产，使之打消顾虑，愿为共产主义奋斗。还要说明怎样走向共产主义，讲明要领导农民走合作互助道路，不走富农之路。在批判富农思想时，不要把什么都说成富农思想——盖房子也是富农思想，吃点好的也是富农思想，这样随便把面扩大是不对的。批判的方法也要注意，表扬好的典型，有了好的样子，也就等于批判了坏的，促使其自觉的检讨错误，向好的学习。"

"共产主义一课讲好了，其他几课就比较容易了。但仍然要注意讲的通俗明了……"①

① 张秀山：《给农村党员讲党课要注意通俗》，载东北局：《农村整党简报》，第9期。

共产主义深奥的道理，经过张秀山深入浅出的讲解，变得通俗易懂了，这是他多年刻苦学习马列主义、毛泽东思想，在实践中注意领会、运用的结果。

1952年1月1日，张秀山以东北军区副政委的名义在军区《前进报》上发表了《做好整党工作，完成一九五二年的新任务》的长篇文章。在该文中，张秀山指出：

> 1951年已经过去了，在这一年当中，我们胜利地完成了支援朝鲜战争、保卫祖国边疆和各兵种训练、人民武装建设等重大任务。这是由中央军委和东北局直接的领导，以及全军区各机关、部队、学校所有同志们大家积极努力所得来的。这是党的光荣，是全体同志的光荣。但是，这丝毫不应使我们自满，我们要更加奋发努力前进。
>
> 1952年又开始给我们带来了新的任务，这就是：要积极加紧抗美援朝，保卫祖国边疆；要做好转业建设；要开展部队文化教育；要积极训练特种兵；要加强人民武装建设等。这些任务，我们必须坚决地去完成，以巩固国防力量，打击帝国主义侵略者，保卫世界和平。
>
> 我们全东北军区的党员已占总人数的28%，已成为一个坚强的而富有战斗力的组织，过去在完成各项任务中，曾起了积极的核心和保证作用，如全军的功臣当中，党员即占了55%。但是，我们也必须看到：现在许多党员的水平还很低，部分组织不纯，甚至有些党员思想发生蜕化。因此，我们必须要搞好整党，使我们党的组织和党员思想水平都提高一步，以便更好地保证1952年任务的胜利完成。
>
> 从今年2月起，全军区要普遍进行整党，3月底基本完成。这是个艰巨的工作。为了做好这个工作，现在，已经训练了整党骨干分子4786人，按军直和166师等单位的情况来说，其中确能做骨干的占92%，能任教员的占70%。其次，已有56个单位进行了整党试点，取得了经验。
>
> 第一，各级党委领导同志必须亲自动手，经常加以指导和检查，决不能交给几个干事去领导。我们必须反对这种对整党漠不关心的官僚主义态度……
>
> 第二，要做好整党动员工作……
>
> 第三，整党的关键是进行反复教育，还须不断的测验，必须抓紧这

一重要环节，积极地、有组织有计划地向全体党员进行共产主义、共产党和怎样做一个共产党员的教育。因为整党的目的是在于提高党员的觉悟水平，过去不够党员标准的，要经过教育加以提高，以加强党的战斗力；同时对于混入党内的坏分子（这仅是个别的）加以清洗，以纯洁党的组织。所以，必须认真地做好整党的教育工作。教育的根本方法，是理论和实际相结合的方法。因此必须经过：上课、讨论、总结三个阶段，忽视任何一段都是不对的。无论上课和讨论都要联系实际，要反对教条式的讲法和泛泛地讨论。要注意动员非党群众参加整党教育。

第四，认真进行审查处理工作……

张秀山最后说："只要把整党做好了，全党、全军的政治思想水平提高了，今后的文化学习、军事政治教育才能做得更好，1952年的任务也才能更好的担负起来。"①

东北军区各机关、部队胜利完成了整党工作，提高了部队的综合作战能力。

通过整党建党和对基层党的工作的深入调查研究，张秀山领导东北局组织部门制定了《工厂中党的基层组织和组织工作》，对工厂中党的任务与领导方式、方法，基层组织和组织工作，宣传鼓动和生产监督，发展党员和群团组织等都进行了详细规定和说明。这个文件对党组织如何在经济建设中发挥作用进行了有益的探索。

在整党同时，东北地区开展了伟大的"三反"运动（即是反贪污、反铺张浪费、反官僚主义）。

早在1951年9月，东北局根据各地反映出来的一些干部贪污、铺张浪费和官僚主义严重等问题，就发出了《反对蜕化倾向，反对官僚主义》的指示。以张秀山为书记的东北局纪律检查委员会具体负责"有计划、有组织地检查这一方面的问题"。东北局纪律检查委员会向各省、市派出了工作组，帮助当地党组织开展"三反"运动。

1951年，毛主席向全国发出了开展增产节约号召后，10月26日，东北局书记高岗向东北地区机关党员干部作了《全面开展增产节约运动，进一步深入

---

① 张秀山：《做好整党工作，完成1952年的新任务》，载《前进报》1952年1月1日。

开展反贪污、反浪费、反官僚主义的斗争》的动员报告，东北地区的“三反”更加深入。

东北地区的“三反”运动得到了党中央的支持。1951年11月20日，毛主席批转了东北局的报告，提出了在全国开展“三反”运动指示。《人民日报》和《新华月报》转载了报道了这个消息。

从1951年12月1日开始，中共中央陆续发出了“反对贪污、反对浪费、反对官僚主义”的有关文件，在全国领导开展了“三反”运动。东北局纪律检查委员会立即组织各级党员干部召开座谈会，学习中共中央的有关文件，总结运动中存在的问题和经验，提出了下一步工作方案。1952年初，全国开展的“三反”运动达到了高潮。

在这个运动中，东北揭露出了相当一部分腐化堕落的党员干部，其中个别人还是党的高级干部。

张秀山回忆说：“‘三反’运动反映出来我们过去在组织工作上，存在一些不足。如对组织不纯的现象认识和警觉不足，对干部熟悉了解不够，组织检查工作不深入等等问题。‘三反’运动总的来说，是解决了不少问题，否则将不知有多少干部要在新形势下腐化蜕变下去。通过‘三反’运动挽救了不少干部，给广大党员敲响了警钟。”通过“三反”运动，使东北地区党的组织更加纯洁和巩固。

随着经济建设的发展和抗美援朝前线的需要，资本家唯利是图和投机取巧的本性进一步暴露出来，他们大肆偷税漏税、偷工减料、行贿干部、盗窃国家资财和经济情报，给国家造成了严重损失。当“三反”运动开展起来后，党中央又在全国接着开展了“五反”斗争。即反对行贿、反对偷税漏税、反对偷工减料、反对盗窃国家物资、反对盗窃国家经济情报。在斗争中，工人们揭发出的资本家罪行令人触目惊心。如他们用烂棉花做“急救包”，用腐烂的牛肉做成罐头，送到抗美援朝前线等事实，激起了全国人民的强烈愤慨，使“五反”运动广泛深入地开展起来。

1952年6月，全国“三反”和“五反”运动的胜利，起到了教育党员干部，打击不法分子，清除社会污垢的移风易俗的作用，巩固了工人阶级和国营经济的领导地位，为资本主义工商业的改造创造了条件。

1952年8月，因东北局书记高岗调到中央人民政府工作，中共中央任命林枫、张秀山、张明远分别为东北局第一、第二、第三副书记。①中央责成东北局第一副书记林枫负责全面工作，第二副书记张秀山负责东北局党务和财经工作。

据张明远回忆说："高岗曾对我说，他走以后，叫（张）秀山和我多注意财经工作。说（张）秀山政治上很强，在延安时毛主席很器重他……"②

在东北局书记高岗出访苏联和去外地休养时，张秀山曾两次被党中央指定为东北局代理书记。③

张秀山作为东北局的主要负责人，在东北地区党的建设、干部的培养和经济建设中，取得了卓有成效的业绩。

这一年，整个东北经济有了很大的发展，国营企业生产总值超过日伪时期最高年份1943年的23.4%，农业生产总值超过1943年的45.2%。④另外，该年度东北地区的工业产品占全国的52%之多。⑤

宋庆龄在《人民日报》的一篇文章中说："中国有光明的未来，我们的东北正走在前面。"

五、照顾烈士遗孤

革命胜利了，生活条件好了，张秀山没有忘记为革命牺牲的战友们，时刻惦念着烈士们的遗孤生活处境。他把对战友们的怀念，深深地寄托到他们的身上，给予他们慈父般的关爱。张秀山不顾自己子女多的现状，把刘志丹、谢子长、王兆卿、杨琪等烈士的子女接到身边，安排他们上学读书，给他们改善伙食，有的找对象、结婚都由张秀山夫妇在家操办。张秀山把刘志丹的夫人同桂荣接到沈阳，安排她到东北局幼儿园工作，使她的生活有了保证。张秀山夫妇时常把她接到家里来住，孩子们亲热地"刘妈妈、刘妈妈"叫个不停，

---

① 《张秀山档案》，中共中央组织部存。

② 《张明远回忆录》，2003年（讨论稿），第295页。

③ 张秀山：《在东北局高级干部会议上的第二次检讨发言》（1954年4月23日）。

④ 《五年来东北经济建设概况》，载《新华月报》1952年10月，第167页。

⑤ ［美］费正清编：《剑桥中华人民共和国史》（1949—1965），中国社会科学出版社1990年版，第84页。

就像一家人一样。

张秀山为了烈士的子女能生活得好一点，把自己的小灶取消了。为了节省开支，他平时从来不买衣服，以致出差、开会，连个像样的衣服都没有。张秀山家里常常出现这种情形，爱人程帆刚刚为张秀山或孩子做好一套衣服或被褥，马上就会被拿走送给烈士子女。他们刚刚发下了工资，一个烈士子女生病了，立即就会给拿去做医药费。程帆精打细算，每个月要先把孩子们上学的费用留下来，才敢安排家庭生活的其他支出。有时发生点意外，程帆还不得不向保姆——刘阿姨借钱。所以，张秀山的家里基本上没有什么值钱的东西。

东北局负责机关管理的一位同志说："张秀山部长与其他部长不同，他报账只有国家应该负责的烈士子女的生活费用，从来没有他个人的东西。"①

张秀山整天面带微笑，东忙西走，身边的工作人员每个月都拿着工资袋发愁。即使这样，当老战友彭德怀的爱人浦安修来沈阳看病时，为了给国家节省开支，张秀山把她接到家中来住，"文化大革命"中也成了他的一条罪状。

在这里，特别值得一提的是张秀山的夫人程帆。张秀山的子女很多，可是他们除了要照顾众多的烈士遗孤和战友的子女，还把弟弟张鸿志的孩子、牺牲的堂弟张鸿增的女儿张海云、堂兄张鸿恩的儿子张宪国和张宪政、大妹的儿子张增林、三妹的儿子贺昆生、程帆哥哥的儿子刘学鹏等人接到身边，尽心尽力供养他们上学读书，帮助他们成家立业。他们先后有七人考上了大学，成为国家有用的人才。其中，张秀山夫人程帆的辛苦可想而知。

在陕北家乡人的眼中，张秀山当了大官，有了权力，就一拨又一拨地赶到东北张秀山的家里，有的要求他给安排工作，有的要求生活补助，有的来看病，有的要来见见"大世面"。张秀山依然是那么诚实厚道，他热情款待。因为工作忙，没有更多的时间陪着他们，他就让夫人程帆带着他们到处走走看看，留他们住上一段时间，嘱咐他们要靠自己的工作和劳动，来改变自己的命运，建设好家乡，然后为他们买上火车票，给他们带上很多东西送回老家。身为东北局主要负责人的张秀山，没有为自己的一位亲属安排过工作。

① 访问张鸿志记录，1999 年 4 月 5 日。

四野南下作战，一些干部把子女留在沈阳念书。张秀山夫妇很关心这些离开父母的孩子，经常关照他们的生活，有时还把他们带到家里给他们专门做点好吃的。由于家里人多，老家的亲属们又来往不断，每当家里吃饭时连作饭的炊事员都很发愁，吃饭的人一拨接着一拨，每顿饭都做得很多。为了给首长改善一下伙食，炊事员有时做一些西餐，可刚刚端上来一盘面包，还没等张秀山上桌，就被孩子们一抢而光。就是做咸菜都要用大盆来腌制。每当看到这种情形，张秀山都乐呵呵地招呼大家一起来吃。他总是把好的饭菜都让给客人和孩子们，自己吃什么都无所谓。张秀山告诫孩子们，千万不要忘记为了今天而牺牲的烈士们。他说，我比牺牲的那些战友强多了，因为我还活着。许多烈士子女都清晰地记得张叔叔无微不至的关怀，至今仍然为之赞叹。

但是，张秀山对自己的家属要求却近于“苛刻”。他的孩子们还记得1952年的一次妈妈评定干部级别的事情：

> 听妈妈说，当时采取的办法是根据组织上统一制定的标准，由自己申报级别，组织评定。评定之前，爸爸就对妈妈说：“你是我的爱人，你的级别要低一点报，要注意影响。”妈妈没有吱声。评级的结果下来之后，妈妈的级别果然比相同资历和职务的同志低。组织部门的同志对妈妈解释说：“这是张书记的意见。我们没有办法。”其实妈妈的要求并不过分，自己参加革命经历是人所共知的，只要按照文件规定执行就可以了，与是张秀山的家属并没有关系。①

然而，张秀山的“光”，程帆却一点也不能沾。张秀山的一位警卫员曾经记得这样一件事：

> 夏季的一天中午，突然下起了瓢泼大雨，身为东北局机关幼儿园园长的程帆，吃饭时间过了很久都没有回家。张秀山专车的司机，看到程帆整天劳累过度，就冒雨开车去接她。谁知小车一出大院，就被站在二楼窗前思考问题的张秀山看见，他立即按铃叫来了警卫员，询问情况，然后他久久没有吱声。小车到达幼儿园，司机找到了程帆。但是程帆却无论如何不肯坐车回来。最后，司机只好找借口说家里来了外宾，需要她尽快赶回家里接待，好歹才把她劝上了车。谁知，他们的车一进大院，张秀山就让我

① 访问张奉生记录，2001年8月。

把程帆同志叫来。我就听张秀山对程帆大声说道：“你有什么资格坐我的车？下雨回不来，可以在那里吃嘛！”这是程帆同志第一次坐他的专车，当然也是最后一次。①

张秀山的女儿张元生回忆说：

我小的时候，记得妈妈总是骑着一辆自行车上班，从来不坐爸爸的专车。妈妈对我们说，那是公家给爸爸工作用的，我们都不许坐。我与三个哥哥当时都在沈阳育才小学念书，分别在一、二、三年级。我们平时都住在学校。这里的高级干部子女较多，每到周六下午放假，许多家长都派车来接孩子。但是我们兄妹四人，从来就没有这样的事情。因为爸爸严令司机不许接送我们，他要求我们走着回家。他说：“我很小的时候就走几十里山路去高家堡念小学。现在，马路平平的，正好锻炼一下身体，不要搞特殊化。妈妈看到我们年纪小，就给了我们一些钱，让我们乘电车回家。我们每周都把乘公共电车的钱，交给大哥一并保管。大哥喜欢无线电，就用这笔钱来买无线电零件，这样我们常常走着回家。我们上学从来没有用过爸爸的专车接送。”②

张秀山的老战友、烈士王兆卿的儿子王黎明，想起张秀山对烈士子弟无微不至的关怀、抚养、教育，热泪盈眶。他说：

张秀山叔叔对革命烈士家属、子女的关怀，表现了一个真正共产党人的高度负责的思想，对革命战友的深厚友情，是永远值得我们学习、继承的。

全国解放前夕，中央加强了培养干部的工作，为即将到来的全国解放和发展经济、文化、教育事业从组织上做好准备。除了办好各级各类学校外，还抽调可以离开岗位的青年进各种学校培养深造。张叔叔先后给西北局习仲勋、马明方、马文瑞等领导写信，希望批准我与堂妹等去东北学习。同时，也给我们写信，让我们向组织提出要求，做好学习准备。我当时在陕甘宁边区青年团筹委会工作，西北局批准了我去东北学习。

1949年6月，我到达沈阳。张秀山叔叔让我住东北局招待所，一面看

---

① 访问王克瑞记录，1999年4月7日。

② 访问张元生记录，2001年7月22日。

病，一面等候办理学习的手续。当时，正好李正亭（原中纪委副书记）任东北局组织部干部处处长，他给我办了到哈尔滨工业大学的介绍信，张叔叔给松江省委书记张策、省长兼哈工大校长冯仲云打了招呼。这时，刘志丹的女儿刘力贞同志在张秀山叔叔的安排下，进哈尔滨医大学习。在张策叔叔处住了几天，我就到了哈工大预科，冯（仲云）省长找我谈了话。他们都勉励我为了参加国家经济建设工作，努力学一门专业技术。遗憾的是我当时未充分估计学习中的困难，缺乏战胜困难的准备。当时，我们接收哈工大不久，仍沿用俄文上课，我从未学过俄文，跟着上了几天课。一点也听不懂。我无法继续上课，要求退学……在这种情况下，张叔叔鼓励我要战胜暂时困难，全力支持我复习功课，重新参加考试。

1950年2月，北京中国人民大学成立招生，我考进了工厂管理系本科学习，一直到1953年7月毕业，被分配到中央重工业部基本建设司计划处工作。

张秀山叔叔对其他革命烈士家属子女都很关心、照顾，刘志丹的夫人同桂荣和女儿刘力贞、谢子长的儿子谢绍明、杨琪的儿子杨廷藩都得到他多方面的关心与照顾。刘力贞50年代初在沈阳，张叔叔在家里为她举办了热闹隆重的结婚仪式。1957年，他的处境已经很困难了，生活条件也差多了，但他还是在家里为王利华举办了简朴的结婚仪式。①

刘志丹的女儿刘力贞在《情同骨肉》一文中深情地回忆道：

1951年，我在哈尔滨医大上学，秀山叔叔来哈尔滨出差，一定要到学校来看我，给我买些生活用品关切地问我学习与生活情况。有一次，母亲托他给我捎了17元钱，他感慨地说：你母亲连20元都凑不齐，现在是供给制，大家手头都紧。他见我在学校连一个箱子都没有，就把他的手提行李箱子拿给我装衣服。以后我转学到沈阳中国医大学习，我母亲在东北局托儿所工作。秀山叔叔在东北局任副书记，经常邀我们母女去他家，有时一住就是几天。他总想和我们谈谈陕北的事……

秀山叔叔很惦念西北，1952年夏，他到西北考察。当时正值我放暑假，他带我同行。到西安后，他先看望了我祖父，他们老早就认识，祖父常

---

① 王黎明：《回忆张秀山叔叔对我的关怀》，载《神府开发报》。

说他是个能干的人。他和祖父坐在一起拉过去革命的事，说我父亲对他帮助很大，越拉越亲热，好像是父子久别重逢。祖父叫祖母快做羊肉剁荞面吃……

在西安，秀山叔叔和陕西省委书记马明方叔叔带着我到父亲工作过的地方，对我一一讲述当时的情况，说那时随时有被敌人找到的危险，他们都早已把生死置之度外。看着那些房子和院落，我好像看到了父亲的身影，感慨万分。我们在那里照了相，作为留念。

接着我们到了兰州，参加了天（水）兰（州）铁路的通车典礼。秀山叔叔兴奋地说："这是咱西北人民多少辈人所期望的，终于在新中国实现了，这也是为开发大西北创造条件。"

在新疆，我们到了乌鲁木齐、伊宁等地，那里有他很多战友和老部下，他们和他谈分别后的情况，交流工作经验，说得十分亲切。一路上他和接待他的干部、服务人员，都谈得很热烈，大家感到他平易近人，不像个大干部。

返回西安后，他要去南方，我要回沈阳上学，临行前，他又给我买了一件连衣裙和一件蓝色呢子大衣。我不要他买，他说那不行，这是他的心意。这衣服我十分珍惜，一直穿到60年代。①

原来，1952年的夏天，经过组织上批准，张秀山第一次外出考察休假。为了让孩子们牢记父辈浴血奋战的土地，他特地带上老战友刘志丹的女儿刘力贞、谢子长的儿子谢绍明，回到他魂牵梦绕的大西北。沿着曾经战斗过的足迹，张秀山在陕西和甘肃见到了老战友马明方、马文瑞、张达志、王世泰、汪锋等同志，看望了在战争时期给予他们极大帮助的乡亲们。在新疆，王震陪同张秀山各处参观，考察了军垦情况，会见了老战友张邦英、武开章。之后，张秀山一行来到华东和中南。陶铸、柯庆施更是热情接待。一路上，张秀山向孩子们讲述了他们父辈的战斗经历，让他们感受到今天的胜利来之不易，是革命先烈用鲜血换来的，要他们好好学习，百倍珍惜，继承父辈的伟业。

---

① 刘力贞：《情同骨肉》，《我的八十五年——从西北到东北》，中共党史出版社 2007 年版，第 417、418 页。

张秀山对革命烈士的遗属和老战友的子女无微不至的照顾，对亲属的关心，对家人及子女的严格要求，对身边的工作人员的尊重，正是张秀山人格的体现。

|第八章|

七届四中全会前后

无论是参与创建西北、东北革命根据地，还是参加抗美援朝和东北大规模经济建设，张秀山始终怀着一颗朴实的心，忠诚地为党工作。然而，一场政治风暴的洗礼也悄悄地来临……

一、东北局农村工作座谈会

东北解放后，随着农业生产的发展，大多数农民的生活逐渐改善，少数勤劳致富或善于经营的农民达到了富农生活水平（按土改标准），有的还有雇工现象。在这些人中，有一部分是土改期间发展的新党员。于是，一些矛盾和困惑，集中反映在农村党员干部身上。他们中有的人觉得党员不应该雇工，剥削他人，表示不再发展生产了；有的人为了扩大生产和继续雇工，则要求退党。如何解决这些问题，以澄清思想，促进生产发展，摆到了东北党的议事日程上，并引起了激烈争论。

1949年12月5日，东北局召开了县级以上干部参加的农村工作座谈会。会上，干部就如何看待新富农、富农党员，是否充分允许党员雇工问题，争论激烈。高岗在发言中提出："从原则上来讲，党员是不允许剥削别人的，党员要雇工时，要说服他不雇工，党员参加变工队是不对的。"张秀山则主张带头发家致富的同志可以入党。

马洪说：

张秀山是敢于坚持自己的意见的。我赞扬他的风格，敢于与高岗争论。高岗主张富农不允许入党。张秀山认为：有的同志是土改后分了土地当了干部的，这些带头发家致富同志是好的。他坚持这些同志可以入党。在这个问题上，张秀山与高岗争论得很激烈。高岗认为如果他们可以入党和雇人，就是说共产党允许剥削，这是不对的。高岗认为张秀山是附和刘少奇的意见。①

张明远回忆道：

农村工作座谈会结束后，东北局向中央反映了这些问题。1950年1月，张秀山去北京时，带着这些问题打算直接向毛主席请示。但是当时毛主席不在北京，张秀山就向（中组部副部长）安子文反映了情况，请示对富农党员的处理情况。几天后，安子文向张秀山传达了少奇的意见。②

安子文根据刘少奇的指示，给予答复说："不允许剥削与允许剥削不矛盾。不允许剥削，抽象原则是对了，但今天实际情况需要允许。今天剥削比不剥削好。""教育党员开工厂雇用工人。也就是说，农村党员可以当富农，城市党员可以开工厂。"刘少奇认为："党员不能剥削，是一种教条主义。"③

这些讲话作为中组部的答复，张秀山在东北局各省、市委组织部长会议上进行了传达，引起了很大的争论。在东北局第一次党代会上，张秀山与高岗发生了更激烈的争论。高岗做会议总结时，依据毛主席的有关指示，批评了张秀山传达的这种意见。

郭峰说："秀山听到毛主席说，我不赞成发展富农党员，他只有同意。大家认为高岗政策水平比较强，毛主席也支持，所以就'一面倒'了。"④

东北局组织部按照高岗的意见，作出了《农村支部工作指示》，上报了中共中央。

1950年1月23日，刘少奇在签发中央组织部答复东北局的信中指出："党员雇工与否，参加变工与否，应该有完全的自由，党组织不得强制，其党籍也不得因此停止或开除。""在今天农村个体经济基础上，农村资本主义的发展是不可避免的，一部分党员向富农发展，并不是可怕的事情，党员变成

---

① 访问马洪记录，1995年6月28日。

② 《张明远回忆录》（讨论稿），2003年，第318页。

③ 中央文献研究室编：《刘少奇论新中国经济建设》，中央文献出版社1993年版，第152—155页。

④ 访问郭峰记录，2000年3月16日。

富农怎么办的提法，是过早的，因而也是错误的。”①当晚，刘少奇与安子文谈了他对东北农村土改后出现新富农等问题的意见，提出：“东北土改后农村出现的三匹马、一副犁、一挂大车的农民，不是富农，而是中农……今天东北的变工互助是建筑在破产、贫苦的个体经济基础上的，这是一个不好的基础。”“现阶段还必须有剥削，还要欢迎剥削。党员成为富农后怎么办的问题，现在提得过早了。有剥削也可以做社会主义者，认为党员便不能有剥削，是一种教条主义。”②

薄一波说：

少奇同志于高岗总结发言发表的20天后，签发了中央组织部答复东北局的信，并于当晚与安子文等同志谈了他对东北农村土改后出现新富农等问题的意见……

据高岗说，他收到少奇同志谈话记录后，在北京面交毛主席，毛主席批给陈伯达看，对少奇同志谈话的不满，形于颜色……

10月17日，毛主席起草了中央关于转发高岗10月14日关于东北农村互相合作的报告的通报，认为高岗报告中所提方针是正确的。根据毛主席的提议，中央办公厅将中央通报、高岗的报告及其三个附件，印成小册子，作为《党内文件》，发给各地学习。③

二、第二次全国组织工作会议

1953年9月，为了从组织上保证党在过渡时期总路线的顺利实施，中共中央决定在北京召开第二次全国组织工作会议。为此，中共中央专门成立了以刘少奇为首，有朱德、饶漱石、李富春、胡乔木、习仲勋、杨尚昆等人参加的会议领导小组。参加会议的人员为：各中央局、分局组织部长、干部处长；各省（市）委的组织部长。

会议的议题是：关于抽调干部到新建、改建和扩建的重要厂、矿工作的

① 薄一波：《若干重大决策与事件的回顾》（上卷），中共中央党校出版社 1991 年版，第 197 页。

② 中央文献研究室编：《刘少奇论新中国经济建设》，1993 年版，第 152—155 页。

③ 薄一波：《百年春秋》，第三卷，经济日报出版社 1997 年版，第 1936—1939 页。

问题；关于加强对干部的管理问题；关于审查干部的问题，关于整顿党的基层组织和发展新党员的问题；以及关于干部培养训练等问题。

根据中共中央的通知要求，东北局由组织部长郭峰带队参加会议。现任组织部干部处长是一位新上任的同志，情况不熟悉，所以组织决定，由原干部管理处处长、现任东北局财贸委副主任李正亭参加大会。

李正亭说：

我去北京参加会议前，郭峰打电话说：你来前到秀山那里看他还有什么指示。当时，张秀山因做痔疮手术卧床休息。我到他住处把郭峰的意思说了。张秀山说："你们去要多注意听听其他地方同志的发言，学习他们的好经验，中央对东北的表扬够多了，你们要少发表意见。有些问题可能会引起争论，你们年轻人，说话要注意；再就是要向中央反映一下，吉林省委书记身体不好，年龄较大。请中央考虑给吉林省配备一位书记。"在会上我发言把向中央要干部的问题说了。刘少奇听后说："你们东北那么多干部，怎么还向中央要干部！"我说："省委书记属于中央任命，因此我们要向中央反映这个问题。"①

郭峰在《关于我与张秀山同志在第二次组织工作会议发言的经过情况》（1954年4月25日）中写道：

在去年中组开会前，1953年9月7日晚，我到张秀山同志处（他正卧病在床）请示他对这次到中央开组织工作会议有何意见，他说主要是要干部，东北地区68项重点工程所需干部需要中央帮助解决；另外，他即谈到如何检查工作，东北发言要慎重，不要过分尖锐，最好让别的地区先说。我即问会检查工作么？他说会的。我说若检查工作有何问题需要提，当时他说调干部到工业晚了，农村整党中过分强调副作用，王甫说第一次组织工作会议前我们党员没有标准是错误的，另外用干部有不当之处等等。当时我认为均是一般问题未太注意。他并且说，到北京后要到高岗处去请示一下。

9月8日，在东北局开讨论我们去中组开会所准备的问题，会议由张明远同志主持（林枫同志已去北京，张秀山卧病），主要讨论68项重点工程

---

① 访问李正亭记录，2002年7月15日。

缺地级干部解决方案，最后张明远同志总结除关于干部问题外，他也说到如何检查工作，东北应注意不要骄傲……

9月9日到京住翠明庄，10日上午开预备会。乘车去会计司开会途中，临时绕道到高岗处，他见到我问“你来干什么？”我说来开组织工作会议，谈调干部问题，他哼了一声未说什么。我问如果这次要进行检查工作，我准备对调干部到工业晚了些，农村整党中过分强调副作用问题提提意见，他说“不要提吧，我看还是不要提吧。”因为当时时间仓促未来得及多谈即辞出，去开会。会后，我在返回翠明庄途中又绕道到林枫同志处（翠花湾）将此会议内容讲了一下。并也提到如果检查工作需要注意什么？林枫同志也说要慎重。

9月12日预备会上，安子文同志提出主席指示，他个人也要求检查一下组织部工作，并要各地作酝酿准备。会后，安子文同志曾个别问我“张秀山同志带来什么意见没有？”我当即将上述问题告之，未多谈。他要我打电话征求张秀山、陈伯村同志意见。

9月13日上午，少奇同志召集会议明确会议内容，并指出第一次组织会议是基本正确的，有某些不妥当的地方已纠正，或在此次会上加以改正。也谈到要检查工作问题。在这之后，我给张秀山同志写过一封信，主要内容是谈调干部及安子文同志要张秀山、陈伯村提供意见。

9月23日领导小组会上，饶漱石表示，主席一再指示，对中组工作上有何问题都应坦诚提出，摆在桌子上，要展开批评与自我批评。安子文同志也再次着重说明要大区认真酝酿，准备对中组的检查意见，并说到已告郭峰，征求张秀山、陈伯村同志意见。对这个问题我除了向东北地区各省开会同志传达外，并给张秀山同志打了电话，除谈调干部，也谈到中组要调我去外，主要要他把意见早日写来。

在这个期间，我约李正亭同志一起去高岗处（日子记不清了），主要是谈几个主要干部调动，并请示一下他对此次组织会议上检查工作问题有何指示。到后，我把会议情况简单讲了一下，并强调饶、安均强调要检查工作。高岗接着谈起，中央开了会，主席指示要彻底检查批判中央组织部的工作，一切都拿到桌面上来，不要有任何顾虑，一切从党和人民利益出发，只要坚持原则任何风浪都不要怕……最后说，你们的发言要认真准备，有把握的就说，没把握的不说，要有根据不要被人抓辫子。当时，见他很忙，等打电话，遂即辞出。

张秀山回忆说：

在第二次全国组织工作会议召开之前，时间是9月上旬，中央组织部副部长安子文几次打电话给我，征求我对组织部工作的意见，我在电话中对安说，郭峰去参加会议，有什么意见他会讲的，表示自己不说什么了。之后，安子文同志又打电话给我，说毛主席有指示，这次会议，中组部要检查过去的工作，要听取大区的意见。安子文又说，你多年做党的工作，一定要对组织工作提出意见。我听说是毛主席让提意见，就进行了认真考虑，之后给安子文写了封信，信中讲了八条意见。因为安子文征求我个人意见，所以这八条意见没有经过东北局讨论。我将这八条意见给张明远、凯丰同志看过，他们只就个别地方提了点意见。大概是在9月末，这时组织工作会议早已开始了。我把这八条意见转给在北京开会的郭峰同志，让他把我给安子文信中提的八条意见，请高岗看后，再转给安子文同志。①

郭峰说：

9月底，在我接到张秀山同志及陈伯村同志对中组的书面意见（张秀山同志提了八条，陈伯村同志提了四条），张秀山同志并要我转给安子文同志前先送高岗看一下。于是，我于10月2日又去高岗处，当时，他正在准备去杭州休养，我把张秀山同志意见内容向他谈了一下，并提出有些已经改正的问题（如工人阶级半工人阶级问题）……似乎不应该提，我并谈到安子文同志说将要秀山同志来京参加组织会议。当时，他即把书面意见拿去翻阅，这时王鹤寿同志为了工业计划问题去谈，他即将秀山的书面意见给王鹤寿同志看，并说秀山尽提些大问题。王鹤寿看过也提到有关纪律……问题，不应谈。于是高岗即向我说，告诉秀山他最好不谈，我看这次会上展不开，可用大区与会同志名义谈，要把这些材料深刻加工，有把握的就说，没有把握的不说，不要乱扣帽子，要实事求是，一切从党和人民的利益出发，就会立于不败之地。谈到这，他向王鹤寿说，你到鞍山路过沈阳与秀山谈谈，若是他谈，在富农党员问题上也要作自我批评才有说服力。

① 张秀山：《我的回忆》（未刊稿），1988 年。

之后，我也曾给张秀山同志打了电话告他，高岗有些意见，王鹤寿去鞍山路过沈阳时会与他谈。当时秀山说，他即到北京开粮食会议，他的书面意见暂不必转给安子文同志。①

1953年9月17日，第二次全国组织工作会议在北京召开。

10月2日晚，毛主席主持召开了中共中央政治局扩大会议，听取了陈云关于全国粮食供销紧张的情况汇报。中央决定，立即召开全国粮食紧急会议，通知华东局谭震林、中南局李先念、东北局张秀山等同志于10月10日前来参加会议。粮食工作事关重大，张秀山不顾手术尚未痊愈，立即出院进京参加这次粮食会议。

张秀山临行前，中共中央组织部已经正式向东北局发出电报，要求张秀山参加全国组织工作会议，给中央组织部工作提出意见。

张秀山回忆说：

在北京参加全国粮食会议时，我将我意见向安子文同志谈了，并同饶漱石也说，意见已同安子文说过。我是来参加粮食会议的，回去还要抓紧落实，就不到会上发言了。饶开始同意了。但后来他又来我住处说少奇同志要你到会讲一讲，会议领导小组也安排了。

既然这样，作为一名党员，张秀山只好在会议已经过半的情况下，前来参加组织工作会议。为了慎重起见，张秀山希望能在大会发言前向毛泽东汇报一下自己准备发言的内容，以免发生错误。

10月10日，组织工作会议开大会，安子文同志在大会作了八年组织工作检讨发言。会后确定10月11日、12日两日酝酿讨论。

郭峰在《关于我与张秀山同志在第二次组织工作会议发言的经过情况》中写道：

13日晚，领导小组开会讨论大会发言问题，提到要张秀山同志发言，当时饶漱石说张秀山找他谈过，并说已将他的意见与安子文谈过，张秀山说不准备在大会上发言了，饶说他也同意他不发言了。当时少奇同志说，我听安子文同志讲张秀山同志的意见基本上是正确的，可以要他在大会上讲

---

① 郭峰：《关于我与张秀山同志在第二次组织工作会议发言的经过情况》（1954 年 4 月 25 日）。

讲，饶漱石说张秀山谈他来开粮食会议，要赶着回去布置。少奇同志说不要紧，只要他来讲一个钟头即可以，不会误了什么。当时饶漱石即要我告诉张秀山同志准备发言。可是会议结束时，饶又向我说不必我去告诉，他自己打电话给他，并向我问了张秀山同志住址。会后，晚7时，我想仍应把领导小组会决定张秀山同志发言的情况告诉张秀山同志，当即去张秀山同志住处将上述情况告诉张，当时并提到是否请他找少奇同志谈谈，这时张接到电话说，饶要到他这里来，我即辞出到赵德尊同志住处。饶走后，张秀山同志告诉我主席找他们谈话，遂即去……

1953年10月13日，全国粮食会议最后一天，陈云作会议总结。晚上，毛泽东召集部分参加会议的同志开会，进一步强调了粮食问题和农村发展问题。

张秀山说：

主席召集会结束后，我就组织工作会议发言一事向毛主席作了请示。我说安子文和刘少奇同志要我参加组织工作会议，并要我在会上发言。主席问："你发言要讲些什么？"我就把准备的五点意见作了汇报：一是认为，曾经有一个时期，中共中央组织部对于党员可否剥削这一重大原则问题曾发生过动摇。二是关于党的无产阶级的性质问题，也曾发生过动摇。三是对检查执行七届二中全会的决议抓得不紧。四是对保障党的组织的严肃性、纯洁性重视不够。对一些曾经在革命严重关头脱党、退党、叛党的分子处理得不严肃。五是对安子文的思想方法提出意见。并就这几个问题进行了具体说明。

毛主席听后说："我支持你的意见，你可以去讲。但有些问题是属于少奇同志的，你可以找少奇同志谈，少奇同志会作自我批评的。"①

张秀山离开毛泽东回到住处，已经是午夜时分。张秀山与等候在这里的赵德尊和郭峰同志谈了一会儿。②

关于这件事，赵德尊回忆说：

这时中央组织部召开全国组织工作，东北局已派组织部长郭峰参加

---

① 东北局办公厅编：《东北局高级干部会议大会发言（一）张秀山同志的发言》（1954年3月31日）。

② 访问郭峰记录，2002年3月16日。

并发言，可是中央组织部又约张秀山参加并要发言。张秀山毕竟有党内斗争经验，很慎重，在发言前专门向毛主席作了请示，毛主席说："你讲吧，我支持你！"①

郭峰说：

当时我正在赵德尊处修改我的发言稿子，并将我的发言稿请赵德尊同志阅看提意见，赵未认真看，只粗阅一下，提出几句文字上修改意见。这时，我并有意等张秀山同志自主席处回来想听听谈些什么问题，约近12时左右张秀山同志回来，我与赵德尊同志遂到他住处去，当时秀山同志谈主席找他们谈粮食问题，农村互助合作问题。最后他并将对中央组织部的意见讲了一下，当时主席说你的意见很好，我支持你，你去讲，有些问题你要找少奇同志谈谈。当时赵德尊同志说既然主席要你讲你就讲吧，这时还谈到最好找少奇同志谈谈，张秀山同志说时间已晚，等第二天再说，第二天10月14日，开大会前张秀山同志来，我曾问他找少奇同志谈过没有，他说打电话少奇同志在休息，未找到，只好讲过再说，于是他就讲了。②

张秀山说：

1953年10月14日，即全国粮食工作会议结束的第二天，上午我打电话给少奇同志处，秘书说少奇同志正在休息。下午开会前，我看见少奇同志，跟少奇说："主席让我先给你汇报一下，你看是否把我的发言往后推一下。"少奇说："就讲吧！"③

所以，张秀山没有来得及和刘少奇谈，就上会发言去了。但是，整个事态发展，使张秀山始料不及。

在会议主席台上，刘少奇坐在张秀山的右边，安子文坐在张秀山左边，张秀山开始了大会发言。他的发言全部内容如下：

我这次是来参加中央的粮食工作会议的。在来以前接到安子文同志的电话，要我和陈伯村同志给中央组织部的工作提批评意见，后来接到中

---

① 姜国：《赵德尊一段不同寻常的经历》，《退休生活》2001年第10期，第5页。

② 郭峰：《关于我与张秀山同志在第二次组织工作会议发言的经过情况》（1954年4月25日）。

③ 东北局办公厅编：《东北局高级干部会议大会发言（一）张秀山同志的发言》（1954年3月31日）。

央电报，要我参加组织工作会议。前几天因开粮食会议，未来参加，对这次会上所讨论的问题不了解，因此不能针对会议的情况来讲，只能简单地提点意见。

几年来，中央组织部做了很多工作，进行了整党建党、调配干部，取得了很多成绩。尤其是安子文同志积极努力地工作，成绩是很大的。当然，由于我们的国家是一个大国，我们的党是一个大党，各地的工作发展得不平衡，情况很复杂，工作中的缺点也是难免的。因为安子文同志要我提批评意见，所以对工作成绩不多讲，只提出五点意见——这些意见，已和安子文同志面谈过，本来不想讲了，后来主席和少奇同志还要我讲一下，因此提出来，请大家研究。也许这些意见是不对的，请大家批评。

一、1950年前后，曾经有一个时期，中央组织部对于党员可否剥削这一个重大问题曾发生过动摇。把在目前阶段上，社会上一般允许剥削，与党员不允许剥削混同起来。特别是对农村党员可否当富农，及农村党员对执行党的决议，对农村经济的发展方向（土改以后的农业互助合作）应起的作用发生动摇。1949年发生这问题后，我的政策水平很低，不了解，就请示了中央组织部。现在看来当时中央组织部的答复是错误的。我当时是同意安子文同志的意见的，回去之后作过传达。去年“三反”建设阶段，我在东北局组织部对此作了检讨。现在当做经验教训提出来，请安子文同志考虑。

1950年1月间，中央组织部赴苏联参观团，在北京集中时期，中央各部委负责同志作过报告，安子文同志也作过，他在报告中讲到党员雇工问题时说：“党员生产发展了，要雇人应允许。”最近我在答复东北局的信中说：“这种党员应暂仍保留党籍的说法有毛病，是应该保留，而不是暂仍保留。这点过去不明确，今明确了。”又说：“不允许剥削与允许剥削不矛盾。不允许剥削，抽象原则是对了，但今天实际情况需要允许。今天剥削比不剥削好。”又说：“允许剥削与应该剥削是两回事，应教育党员开工厂雇用工人（即剥削），应该教育开工厂的党员对工人应有正确的态度，得了利不要吃喝完了，要扩大再生产，将来实行社会主义时再交公。这样经过几年，生产就发展起来了。”又说：“农村强调组织起来，党员生产情绪就不高。”“应允许所有的人（包括党员在内）都有单干雇工的自由。现在的变工互助不可能发展为将来的集体农庄的，是两个不同的阶段——既新民主主义和社会主义的阶段。”讲到党员雇工时又说：“党员不干的事，群众也不干。”“现在应该让农民尽量发展为富农。”讲话的精神是：党员不雇工，群众也不敢雇工，生产就不能发展。也就是说，农村党员可以当富农，城市党员可以开工厂。报告中偏重于讲发展私人资本主义性质的生产，而忽视发展社会主义和半社会主义性质的生产。这事实上是引导党员发展富农和资本家。而忽视或轻视组织起来。对发展资本主义经济很热心，发展社会主义、半社会主义经济却很冷淡。这种观点与二中全会决议的精神是不相符的。这是一种右倾思想。这种右倾思想，如果发生在山沟里打游击，问题还不大，但在全国胜利以后，按这种思想发展下去，就是非常危险的。

由于安子文同志的这些讲话，以及我给各省市委组织部长的传达过，曾经在东北地区部分干部中引起了思想混乱。1950年3月，在东北局第一次党代会上发生了争论，后来由高岗同志做结论，批评了这种意见。再有，在1949年东北局召开的农村工作座谈会上即研究过农村经济发展方向问题，会上认识是明确的。会后给中央作了报告，安子文同志的信和讲话是不同意那个报告的。

二、关于党的无产阶级性质问题，这样根本性的问题，中央组织部也曾发生过动摇。在第一次全国组织工作会议上，关于党员八条标准的第一条，曾提出“中国革命过去是城市工人阶级和乡村半工人阶级领导的”。在这次会议后，各地区及军队中都提出了不同的意见，只是毛主席亲自批示后，才解决了这一争论。

1950年1月，安子文同志给赴苏组织工作参观团作报告，讲到我们党的成分时说：“无产阶级与半无产阶级合起来占三分之一，因此，我们党是无产阶级与半无产阶级的党。”这样就模糊了党的性质。把党的性质与党员成分混为一谈。这也是与党章相违背的。在未修改党章之前，组织部门随便对党章作改变和不同的解释是不应该的。

以上两项，经毛主席批评批示，均已正确解决。现在只作为经验教训提出，就是说组织部门的同志必须坚持党的原则、党的决议和党章，否则就会犯错误。

三、中央组织部对检查执行二中全会的决议抓得不紧。二中全会曾决定领导重心由农村转入城市，搞生产建设。这是全党的政治任务，也是组织任务。在这方面我觉得中央组织部抓的不紧，甚至没有以二中全会决议党的总路线检查各部门、各级党委的工作这也是与上述右倾观点有关系的，因为有右倾思想，也就不会以二中全会决议去检查工作，因而也就必然使组织工作与政治任务结合得不好，甚至发生脱节的现象。比如党的基层组织在工厂企业内应当如何工作，虽然各地都创造了不少经验，但中央组织部过去没有很好的加以研究总结，以加强对这一工作的指导。如对厂长制与党委制的争论早就应该做结论的而未做结论。其次，组织工作没有很好地保证党的正确的政治路线的执行，也表现在干部配备、培养和管理上。这几年来，及时地逐步地统一干部管理做得很不够，也未及时地有计划地大批地调干部到工厂企业及其他财经部门中去（当然也抽调过一些）。这样的调动在新解放区是困难的但在老区则应该有更多一些的干部转入经济建设部门，以适应国家经济建设的需要。中央组织部在这方面是做得不够的。从全国范围看，干部的配备使用有很多不适应的地方。而中央组织部也未能及时作合理的调整。

四、对保障党的组织的严肃性、纯洁性重视不够。对于一些曾经在革命严重关头脱党、退党、叛党而在革命高潮时又回到党内来的分子，以及对中央一级机关和各地的某些高级机关任用这些人时，处理得不严肃。如内战时期在黄河岸上杀过红军干部的、做过“双料”特务的以及做过反共活动的分子，现在却担任了我们国家的重要职务，甚至混进了党内。当然，并不是说所有使用的坏分子都要中央组织部负责，也并不是说所有有历史问题和政治问题的人，都不可以工作。有些是可以给以一定工作的。但是，这种人和党的经过考验的领导骨干是应该有根本区别的，这些人也不能和民主人士相比，因为民主人士是代表一定的阶级和党派并有一定社会地位的，其中有些人曾在党最困难的时期团结在党的周围，并支持过党。而这些叛徒、自首分子或做过反共活动的人，则有不少是投机的、钻空子的、吹牛拍马的。对这些问题是否中央组织部一点也未注意呢？不是的。在整党中也提出了清除八类坏分子，但只注意了下层，而没有注意在高级机关中审查八类坏分子。如果中央机关有八类坏分子问题就更大了。

另外在发展党员的指示中也没有关死剥削分子不能入党的门。

所以产生以上问题，主要是由于中央组织部对革命胜利后，投机分子、脱党、退党、叛党分子侵入革命队伍，没有足够的警惕，有时反而轻易地信任这些人。这就是说，有些敌我不分或者是对敌我界限划分得不够严格，这也是右倾思想。因此，也就不能保持抵挡的特别是领导机关的纯洁性、严肃性。

五、关于安子文同志的思想方法方面，我觉得也是有缺点的。

这里不讲一般的主观性、片面性的问题，而只讲安子文同志对接受新事物的迟钝，对党内问题是非不清，即马列主义与非马列主义的界限不清，甚至颠倒。对党内情况、干部情况的了解是用一种静止的观点，而没有以变动的观点来看问题。这种印象是什么时候产生的？不是今年也不是前年，而是从去年。去年夏天我来中央开会，安子文同志同我谈中央建立哪些机构，由哪些同志担任工作的方案。从那时起，我就觉得安子文同志对某些问题的认识还停留在延安整风和“七大”阶段。“七大”以来的八年当中，形势已有很大变化了，国际情况变化了，国内情况变化了，党内情况也变化了。党内情况的变化，不仅是数量上增长了，质量上也提高了，而且在伟大的革命运动中考验了领导干部。有些同志在战争中、土地改革中、经济恢复和建设中，犯了严重的路线错误。对这些问题安子文同志是看得不明确的。在八年前延安整风时，大家对某些同志的希望很高，希望他们能成为有很好的马列主义和毛泽东思想的领导者，然而实际斗争中证明了有些同志经不起考验，辜负了同志们的希望。这是重大的新事物，但安子文同志没有了解或没有正确的了解。当然我不是说某些同志在财经问题上的一切大小错误，在财经会议之前，安子文同志都应该知道，这是不可能的。但是有些问题是应该预先看到的。比如在干部政策上的错误，中央组织部则应该是早一些发现的，但是没有看到，所以我觉得是是非不清的。小的问题看不到是可以的，但大的问题则应该看到，最近发生的问题不知道可以的，但发生已久的事情则应知道。现在看来，整风以后是出现了一些自称马克思主义的人物，这些同志在整风中背上了包袱，觉得教条主义的人不行，经验主义的人也不行，觉得自己差不多，就自以为是，不采纳别人意见，不和人商量问题，因此在革命斗争中经不起考验，陆续翻了船，党的组织部门应该看到这些问题，应该从运动中来看干部，看组织。如果停留在八年前的观点上看问题，则必然要犯错误。总之，在这些重大问题上，安子文同志是不够明确的，存在着右倾思想，表现在对内是非不清，对外敌我不分或者叫做敌我界限模糊。

我所想到的就是这些，其他关于整党方面和组织业务方面的缺点，大家研究的比我详细，我就不讲了。我的这些意见，可能不对，请大家批评。①

张秀山讲完后，在小会议室休息时，刘少奇对张秀山说："你会上讲的这些问题，有的不是安子文的问题，而是我的错误。这些问题在以后的适当会议上，我要做自我批评。"②安子文也说张秀山说的这些问题基本正确。

在建国初期，党的组织建设出现的问题，集中地反映到这次会议上。如何正确对待这些问题，与会的代表们由于意见不一，争论得很激烈。尤其是中央组织部内部的不团结倾向，引起了中共中央的注意。中央决定暂时休会，召开中央领导小组会议。中央领导小组统一认识之后，组织工作会议又重新召开，会议前后共开了40多天。

在领导小组会上，刘少奇对中共中央组织部工作中的某些缺点和错误，主动承担了责任，并在互助合作、富农党员、半工人阶级等三个问题上作了自我批评。

因为工作忙，张秀山第二天即返回沈阳。

10月23日，毛泽东在审阅刘少奇组织工作会议讲话稿中批注："现在是全党团结起来认真执行党在过渡时期总路线的时候。我们要将一个落后的农业国，改变为一个工业国，我们要对现存的农业、手工业和资本主义工商业实行社会主义的改造，我们要在大约15年左右的时间内基本上完成这个伟大任务，我们的组织工作就要好好地为这个总路线而服务，我相信同志们是高兴而且能够担负起这个任务的。"③

刘少奇在会议总结中谈到富农党员问题时，明确地说道："中央组织部

① 张秀山：《在第二次全国组织工作会议上的发言》（1953年10月14日），存中央档案馆。

② 张秀山：《我的申述》（复印件）。

③ 《建国以来毛泽东文稿》第4册，中央文献出版社1990年版，第373—374页。

对于这个问题处理是经过我的。”他说明了就富农党员问题给东北局答复的过程和当时的想法，认为在这个问题的处理上还是符合客观实际的，同时也检讨说：“由于我对农业生产互助合作的问题有一种不妥当的想法，所以在处理富农党员的问题上，可能在和个别同志谈话的时候，说了一些不妥当的或者错误的话，应该说，所有说的不妥当的或者错误的话都应该取消和修正。”①

刘少奇最后说：“会议开得很成功，开了一个团结的大会。”

三、七届四中全会

1953年12月24日，毛泽东主持召开了中共中央政治局会议。在会上，他建议中央起草一个增强党的团结的决议，并由刘少奇主持在北京召开一次中共中央全会，以增强党的团结。

1954年2月6日至10日，在刘少奇主持下，中共中央在北京召开了七届四中全会。毛泽东没有出席这次会议。

出席会议的正式中央委员35人，候补中央委员26人。列席会议的党政军和人民团体的主要负责人52人。东北局除了高岗、林枫参加会议外，张秀山、张明远列席了这次会议。

会议第一天，刘少奇受中央政治局和毛泽东委托，在会议上作报告。报告共分三个部分。第一部分是三中全会以来中央政治局的工作；第二部分是关于召开党的全国代表会议；第三部分是为增强党的团结而斗争。

刘少奇在重点的第三部分说：毛泽东同志在1953年12月24日的党中央政治局的会议上提出了关于增强党的团结的建议。政治局一致同意了毛泽东同志的建议，并根据他的建议起草了《关于增强党的团结的决议》草案，现在提交党的七届四中全会讨论。

会议上，高岗和饶漱石作了检讨。

周恩来找张秀山谈话，严肃指出了高岗错误的严重性，使他大吃一惊。他对张秀山说，七届四中全会是按照主席指示，要开成一个增强团结的会

---

① 金冲及主编：《刘少奇传》（下），中央文献出版社1998年版，第749页。

议，到会的领导同志都要作自我批评，你也要作自我批评。所以，张秀山就第二次全国组织工作会议上的发言，给刘少奇和安子文提意见一事，作了自我批评。

全会结束会，中央决定从2月15日至25日，召开高岗问题座谈会和饶漱石问题座谈会。

在高岗问题的座谈会上，高岗第二次作了检查。张秀山也根据组织要求，作了第二次检查。高岗的检讨没有通过。

17日下午，高岗在家中开枪自杀未遂。高岗的秘书赵家梁和安志文匆匆赶来，向周恩来报告情况。周恩来当即指示他们马上回去，住到高岗家，对他进行严密监护。周恩来对张秀山说："你去高岗那里，做他的思想工作，并住在那里，稳定他的情绪，防止他再次自杀……"

张秀山说："在高岗自杀未遂之后，中央指定我去高岗处做他的工作，安定他的情绪，批评他的错误。"晚上，习仲勋、马明芳、马文瑞和张秀山一起来到高岗的房间。习仲勋说："我们代表中央来和你谈判的……从现在起，中央决定对你实行管教。由赵家梁负责，以后你一切都要听他的……"①

高岗问题座谈会在中断一天后继续进行，直至2月25日结束。这期间，张秀山除了每天下午去参加会议外，一直住在高岗家里。他将座谈会上同志们揭发的问题向高岗说明，希望他认真对待。大家都批评高自杀不对，应好好检查、端正态度，认识到问题的严重性。

周恩来以党中央的名义，两次委托张秀山找拒绝承认错误的高岗谈话。

在张秀山同高岗两次谈话过程中，高岗始终不承认自己有反党活动，说他是冤枉的。高岗说他对毛主席一贯忠心耿耿，从无反对毛主席的念头。特别是要他承认反毛主席、篡党夺权、搞阴谋等罪名，他坚决不能接受。张秀山从高岗处回来后，把谈话内容如实地向周恩来作了一一汇报。

在座谈会上有人提出，张秀山在组织工作会议上的发言是配合饶漱石有预谋地进行反对刘少奇的活动。张秀山在检查中，承认了自己讲话有不妥的地方，但否认是有预谋的活动。

在饶漱石问题座谈会上，饶漱石承认自己有一些不团结问题，但不承认

---

① 赵家梁：《高岗第一次自杀经过》，《百年潮》2003年第7期，第30页。

是有意在第二次全国组织工作会议上配合高岗，与张秀山一起进行反刘少奇、安子文的活动。

2月23日，饶漱石在《关于我的错误的进一步自我检讨》中说道：

据安子文同志最近对我说，张秀山在组织工作会议上的发言，其内容多数是针对刘少奇同志，而以批评安子文同志的形式出现的。对于这一点，我在事先却无所知。反之，他发言中列举若干具体事例批评安子文、薄一波两同志，则恰与我的宗派主义情绪相投。加以他的发言中首先声明，他的发言内容事先已同毛主席、少奇同志谈过，故在他的发言稿印出之后，我未再行阅读过（……因为我的眼睛不好，不能写，不能多看，因此，这些东西拿到我秘书那里我都没有看）。反之，在当天张秀山及其他各大区同志发言之后，我还感觉这些发言有事实，有分析，有建议，不像财经会议上那样乱套大帽子，因而感觉满意，并认为这个会议比财经会议有进步……所以，我对张秀山的发言，始终未加批驳，客观上形成我是在支持张秀山来反对刘少奇同志……在此次座谈会上，有的同志以为我是全面的反对少奇同志；以为我是反安为名，反刘为实；以为我对待少奇同志的态度与高岗同志的反刘宗派活动必然有其密切联系；以为我为先锋，高岗在幕后；甚至有个别同志以为我在这个问题上存在有什么重大政治野心。我只有请求党中央在这一点上据实考察，查明真相，再作结论……

座谈会结束离京前，周恩来找林枫、张秀山、张明远谈话。对他们回去后开好东北地区党的高级干部会议及对几个关键问题作了明确指示，谈话要点是：

东北局要召开东北地区党的高级干部会议，群众团体参加。东北局领导要采取一致的态度，对高岗的揭发必须彻底，要有集中的、历史的认识。要打破对高岗“政治上对、组织上错”等观念。

高岗的错误与东北局内个人的错误要区别开。会议着重在揭发高岗，联系自己作检讨。个人检讨要深挖，陷下去的拔出来，陷下去的不要有顾虑，不要计较有人责备。对高深挖毒瘤，这样会伤害大家一些健康的肌肤，要正确对待。

东北局在思想上、政治上、组织上犯有原则性错误。中央是失察，但是与东北局责任不同，东北局责任重。高岗的野心之所以能发展，是因为我们有弱点。七大以来疏忽干部的思想教育，一些干部产生骄傲情绪，接受资产阶级思想。

东北不少干部受高岗影响。但好处是有朝气，中央可以多说好的方面，对干部要使他们了解社会存在黑暗面，党存在黑暗面和缺点，警惕性、经验不够。他们历史经验不足，要使他们知道个人主义发展、就成小集团习气。要鼓励他们开展和发扬批评与自我批评的作风。

周恩来对张秀山说，秀山对主席的话只听了一半（指在组织工作会发言前，毛主席说的我支持你的意见，但要与刘少奇同志谈谈，张只执行了前半句，没执行后半句，即没与刘少奇谈）。

最后，周恩来强调，会议的重点是揭发高岗，认清其罪恶、鼓舞大家；分清东北局的责任、个人的责任，启发大家，强调团结。

四、东北局高干会与“五虎将”

1954年3月26日至4月24日，中共中央东北局在沈阳召开了东北地区党的高级干部会议。会议传达了七届四次全会决议，检查了东北地区党的工作。会议由东北局第一副书记林枫主持，张秀山是领导小组成员之一。出席会议的有517人，列席170人。

周恩来于3月25日到达沈阳，去时带了熟悉东北情况的马洪和安志文。

3月26日，东北高干会正式在沈阳召开后，周恩来在会上传达了七届四中全会和中央高干座谈会精神，详细介绍高岗、饶漱石进行反党分裂活动的主要事实，肯定了东北工作的成绩，并指示对干部问题应作具体研究和处理。周恩来在沈阳只呆了两天。因为有出访任务，所以作完报告，他立即返回了北京。走时，他留下罗瑞卿作为中央联络员参加了会议全过程。

东北局高干会议继续进行。根据中共中央指示，会议内容主要是揭发批判高岗的反党错误和宗派活动。张秀山因在第二次全国组织工作会议上发言等问题，受到了高饶事件的牵连。3月31日和4月23日，张秀山在会上的二次检查均未获得通过。

张秀山在检查中说：

过去，我和他（高岗）一块工作23年……虽然也看到他的一些毛病和缺点，但认为他的本质是好的，政治路线是正确的，对他盲目的信任。虽然也看到夸张自负，但认为是一般的思想作风的缺点，虽然也和他做过斗争，内战时期……开过斗争会，撤消了他的政治委员的职务；抗战时期，也批评过；我离开延安时也曾给他提过意见，来东北后也批评过几次，而且在他不虚心时，我拍过桌子。但没有把这些问题提高到党性及政治品质的高度来看……过去，我总以为他政治上有经验，不会犯大错误。这次去北京列席四中全会，周总理找我谈了高岗的错误，使我大吃一惊，才知道他的问题的严重。但由于我过去认为他政治上是正确的，因此思想上一下子转不过来，设想假使能早点看到他的错误的本质，早开展斗争，也许他不会犯这样的大错误……

当时，会议争论得特别激烈。当有人追问东北局刚刚提拔的一些青年干部，让他们揭发高岗和张秀山的问题。张秀山立即打电话给某负责同志说："不能这样的追问，不能和过去审干一样，把青年干部逼成特务。"

当有人指责东北局组织部门提拔青年干部马洪等人，是配合高岗搞宗派时，张秀山郑重指出：

马洪作为东北局委员是东北局讨论通过的，但我是要负主要责任的。另外，提了一些青年干部，凡是提错的，我负责任，这些青年同志自己不负责任，这些同志自己不要背包袱。①

过去，我担任东北局组织部长，虽然后来不担任组织部长了，但东北局分工我仍管组织工作，因此，东北局干部政策上的缺点和错误，首先应由我负责。②

张秀山的政治压力特别大，思想负担也很沉重。他在大会上检讨时说：

我最不愿意承认的是反党反中央这一条错误……我对党中央和毛主席的无限信任是毫无问题的，因此不能说我反对少奇同志和其他同志就是反党反中央……至于各省市和各部门的领导干部，是党的领导干部，他

---

① 张秀山：《在东北局高级干部会议上的第二次检讨发言》（1954年4月23日），第2页、第4页。

② 张秀山：《东北局高级干部会议大会发言》（一）（1954年3月31日），第10页。

们过去拥护高岗，服从高岗的领导，是因为高岗是东北局的书记。所以大家只能服从组织盲目信任，这些同志并不是高岗的宗派。①

当有人在会议上揭发说，张秀山曾经在某个会议说过，毛主席进了城里，就忘了农民的话时，张秀山当即据理反驳。但是，他的申辩显然是无济于事的。

后来，会议重点转移到了批判东北局第二副书记张秀山、东北局第三副书记张明远、东北局农村工作部部长赵德尊、东北局秘书长马洪、东北局组织部部长郭峰等五人身上。批评和指责他们与高岗一起搞反党中央的宗派活动。当高岗调离东北后，他们仍然帮助高岗把持东北局的领导，致使林枫难以行使职权。

张秀山认为，自己与林枫同志没有什么个人成见，只是"接近很少，谈心不够，互相批评也很少"。高岗调中央工作后，东北局任何重大问题和给党中央的报告都是经过林枫同志的，而且两人"关系有了改善，遇事商量请示，内部团结是不断增强的"。

在会议上，有人发言把张秀山、张明远、赵德尊、马洪、郭峰称为高岗的"五虎将"，这段讲话被收到会议简报里面。这份简报上报到中共中央，毛泽东看过后，觉得很生动，1955年3月31日在中国共产党全国代表大会结论讲话中就引用了这句话，称"张、张、赵、马、郭五虎将"，于是高岗的"五虎将"的帽子就戴到了他们的头上。

对于"五虎将"的说法，张秀山认为：

说到高岗在东北局搞宗派，有一个"五虎将"这是不够客观的，我们之间都是工作关系。尤其是郭峰、赵德尊两人，还是在高岗去中央工作前后，才到东北局来的。赵德尊是由黑龙江省委书记调到东北局任农村工作部部长。郭峰同志是辽西省委书记调到东北局任组织部部长。当时他们都是较为年青、有能力的干部，作为培养对象调来的。而且由一个省委书记调到东北局当一个部长，这也是很正常的人事调动。这种人事调动安排，从各方面看，也都是适当的。当初高岗说过他们是年青优秀的干部，

① 张秀山：《在东北局高级干部会议上的第二次检讨发言》（1954 年 4 月 23 日），第 4 页。

这也是事实。但在批判高岗时，也就因为这些，就把他们打成“五虎将”里去了。①

在张秀山第二次检讨的第二天，1954年4月24日，东北地区高干会议通过了《关于拥护七届四中全会和讨论高岗、饶漱石问题的决议》，宣告挖出了“一个以高岗为核心的反党反中央的宗派”。会议还通过了《东北地区的高级干部会议向中央的建议》，全文如下：

东北局转报中央：

东北地区党的高级干部会议鉴于张秀山、张明远、郭峰、马洪、赵德尊等同志积极参加高岗反党反中央的宗派活动，错误十分严重，特建议中央撤消他们现在东北局副书记和东北局委员及其他党内职务。

——一九五四年四月二十四日通过

东北局高干会议前后开了大约一个月，于4月25日结束。与此同时，中共中央改组了东北局，由林枫担任东北局书记。

1954年5月4日，中共中央批复：“东北地区党的高级干部会议关于拥护七届四中全会和讨论高岗、饶漱石问题的决议和东北地区党的高级干部会议关于撤销张秀山、张明远、郭峰、马洪、赵德尊五同志现任东北局副书记和东北局委员及其他党内职务向中央的建议，已经由四月二十八日政治局会议批准。”

此后，张秀山撤销了党内外一切职务，行政级别由四级降为八级。

在东北局高干会议后，张秀山变了，从谈吐幽默风趣变得沉默寡言了。在等待组织处理的几个月里，张秀山整天呆在家里看文件，写检讨材料。当时，东北局受到处分的几个领导人的秘书和警卫员，都很关心自己的首长，经常相互打电话问各自负责的首长是否上班了，结果是都没有上班。大家都很奇怪。

一天，东北局办公厅负责人利用午休时间，召集受到处分的几个领导人的警卫员开会。张秀山的警卫员王克瑞说：

那天开的是绝密会，大约有半个小时，召集人反复强调：对什么人都不能讲。上级要求每个警卫员，不要因为首长犯了错误，就放松警卫工

① 张秀山：《我的回忆》（续），征求意见稿，1989年。

作，而且还要加强警卫工作。上级要求每个警卫员，要千方百计把各位首长的手枪要出来，意思是防止自杀。

在会议后的第三天，首长饭后散步回来，我自己故意在擦枪时把撞针弄坏，借故向他要枪使两天。他平静地看着我说：“手枪就放在卧室的枕头底下，你自己去拿吧！”我一直把它带在身上，后来上级又决定把手枪交还给首长。①

张秀山在东北局会议上最后说：“我在这里向同志们声明，今后我到任何工作岗位上去，一定做好我的工作，我决不会自暴自弃的。我永远跟着同志们一起前进，在以毛主席和少奇同志为首的中央领导之下，为共产主义事业奋斗到底！”

张秀山提出下乡务农的要求，得到组织上的批准。

临行前，张秀山一直有一件事挂念在心头。刘志丹的女儿说：“1954年春，张秀山叔叔因高岗问题被撤职，他对我母亲说：‘我就要离开沈阳了。临走之前，我要把力贞和张光的婚事办了。’他说：‘志丹就留下这一个女儿，我作为他的老战友，我有责任来办好这件事情。这样，我就可以心安地走了。’虽然，张叔叔刚受到撤职处分，来自各方面的压力很大，但他还是在家里为我们举行了热闹的婚礼。他在主持婚礼时，仍然是那样神采奕奕、喜气洋洋，显示出一个革命者荣辱不惊的胸怀。他就像自己的女儿结婚一样，对我们充满了父亲般的关怀。此事，我到今天想起都会感动不已……”②

---

① 访问王克瑞记录，1999年4月7日。

② 刘力贞：《情同骨肉》，《我的八十五年——从西北到东北》，中共党史出版社2007年版，第418页。

|第九章|
下放基层

一、开发“南大荒”

盘锦素有东北“南大荒”之称。它西南临渤海，境内河流纵横，沼塘遍地，芦苇连天，属“九河下稍，十年九涝”的盐碱荒滩。亘古至今，人烟稀少。九一八事变后，日本帝国主义实施“满洲拓殖”战略，强征民夫，修路排水，陆续将日本、朝鲜居民移入境内，组建25个“开拓团”，124个部落，进行掠夺式开发，声称要用这块“宝地”供养100万日本关东军。

东北全境解放后，人民政府在此成立了盘山农场。后来，几经变迁，扩大发展，盘锦灌区初具规模。1954年1月改称盘山机械农场。至此，盘锦地区共有9个农场，79个分场，拥有职工7929名，耕地面积21933公顷。农场生产、生活条件尚十分落后。

1954年12月，43岁的张秀山被分配到辽宁省盘山机械农场，担任常务副场长，不列为党委委员，分管生产、财务、基建工作。

张秀山向组织上提出：不带任何人去盘锦，以免拖累大家。临行前，他仔细过问了身边工作人员的安排去向问题，尽可能把他们安排得好一些。给张秀山开苏式吉斯车的司机再三要求把首长亲自送到盘锦，因为不久，他就要连同专车一起调到北京工作，被张秀山婉言谢绝了。给张秀山做了几年饭的炊事员老陆，听说首长临走时把他安排到省委食堂工作，没有带他去农场，当场就哭了起来。他说：“我给首长做了几年饭。好了坏了，软了硬了，首长从来没有批评过我一句。我知道，我怎么可能没有错误哪，可首长总是说，好吃！好吃！这样的好人到哪里去找？”他埋怨大家为什么不早告诉他。

组织上考虑到张秀山的安全和照顾他的生活，决定让年轻的警卫员王克瑞跟着张秀山去盘锦工作。张秀山爱惜地望着小王，从身上掏出30元钱交给他说："拿去买套棉衣，那里又冷又潮。"

张秀山在整理随行衣物和书籍时，把自己学习用的一皮包珍贵的原版马列著作和学习笔记，寄给在国家计划委员会工作的侄子张宪国，写信嘱咐他："要精读马列主义著作，不仅要挖掘其精髓，深刻领会，而且要注重理论联系实际，决不能生搬硬套，只有这样才能达到认识世界和改造世界的目的。无论在什么时候，不管自己取得多么大的成绩，都要记住这是党和人民教育的结果。"①

张秀山穿上程帆刚刚买来的棉衣裤和棉鞋，就要出发了。孩子们围了过来，奇怪地问正忙着收拾行李的妈妈："爸爸为什么不穿呢子大衣和皮鞋了呢？"因为平时爸爸出门总是这样穿戴，妈妈告诉他们："爸爸要外出工作一段时间，那里很冷，这样工作方便。"张秀山慈爱地蹲下拥抱着孩子们，由于心情沉重，他没有讲一句话。听说盘锦生活条件很艰苦，他做好了吃苦的准备。可是，孩子们太小，老母亲又体弱多病，他不忍心让他们承受更多的痛苦……为了早日开展工作，张秀山决定自己先走，其他事情以后再说。他走后，全家就要从现在住的小楼搬出。管理局说，现在使用的家具可以搬走。张秀山叮嘱爱人程帆："从这里搬走时，只能带生活必须用的床和桌椅，沙发、书柜、地毯等不许带。"

张秀山面对着政治上的大起大落和生活上的艰苦磨难，没有倒下。他挺直了腰杆，像当年开辟陕甘边革命根据地、恢复神府苏区和创建东北根据地一样，带着他那特有的忠厚和顽强，不屈不挠地为党工作。

1954年12月24日，张秀山带领警卫员王克瑞，在省委、农场派来接送的三名同志陪同下，乘坐美式中型卡车，顶着凛冽的寒风，一路颠簸，向盘山机械农场开去。

张秀山来到盘山后，组织上给他配备了专车和警卫员。他认为没有必要，把专车交给农场公用。过了一段时间，他让有关部门给警卫员另行安排了工作，自己则骑着自行车到各个分场、生产队了解生产情况，开展工作。经过短

---

① 张宪国：《一生正气　永驻人间》（未刊稿），2001年2月，第5页。

暂的考查，他发现农场的道路、桥梁破损严重，生产运输十分不便，就立即着手解决修路筑桥所需的沙石、木材。

农场经济困难，物资极度短缺。为了抢农时，他拿出当年的战斗作风，不顾刚被撤职的窘境，东奔西走，借钱款、调物资，动员全场职工组建各种施工队上工地，轰轰烈烈地开展修路筑桥大会战。

张秀山脸吹黑了，人累瘦了，患了重感冒不倒下，拉着肚子仍然出现在危难险重的施工地段。在他的带领下，很快修筑桥梁百余座，使全场道路畅通无阻，并锻炼和造就了一支拥有2000名能工巧匠的基建维修队伍，极大地促进了农场的经济发展。修路会战，使农场的干部、职工看到了一个真实的张秀山。

转眼春节就要到了。张秀山拒绝农场领导同志的车送人陪，独自一人，背着包袱从农场场部出发，步行数十里，横跨冰雪覆盖的大辽河，到营口火车站上车回沈阳过年。

几月前，身为党的高级干部的张秀山，出行有公安、保卫人员前呼后拥，住宿戒备森严。而今，张秀山迎着风雪，不畏严寒，独自步行赶回沈阳，看望母亲、妻儿。春节过后，张秀山又悄悄地返回农场。

张秀山在农场，没有条件做饭，他就和小王俩人吃食堂，生活很不方便。张秀山工作不分昼夜，身体一度十分消瘦。

程帆放心不下张秀山，可没有办法，因为他们的孩子都在沈阳。有的上小学，有的在幼儿园，都需要母亲照顾。可想到丈夫瘦弱的身体，程帆一咬牙，把稍大一点的孩子扔在了沈阳，让他们自理生活，自己带着三岁的小儿子和六岁的二女儿，搀扶着张秀山年迈的老母亲，第二年就把家搬到了农场所在地——大洼。

张秀山的二女儿说：

1955年初，妈妈先带着我和小弟建生，以及祖母三人来到了盘锦。那时的盘锦刚刚建设，一切生活设施都很简陋。我们住在土坯盖的房子里，很冷。盘锦是大片的盐碱地，种大葱都不长，蔬菜极少，一人一天只供应半块大豆腐，连吃水都要用水车到附近的水泡子里去拉。水面上，一层厚厚的绿色浮生物。由于水味苦咸，人们需要消毒、沉淀，烧开后才能喝。可我们从来就没有听父母抱怨过生活艰苦，只看到他们整天都很忙，有时都顾不上回家。当年的秋天，我在盘锦大洼小学上学了。我看到别的同学利用休息时间去稻田里拔草劳动，就问爸爸我是否可以去，爸爸高兴地鼓励我向同学们学习，不要太娇气，要与同学们一起参加劳动锻炼。由于我从小就参加劳动，给以后的工作和生活带来了很大的益处。“文化大革命”时，我毕业分到工厂的铸造车间当工人，在强体力的劳动状态下，我没有叫苦叫累，受到了工人师傅的表扬。①

张秀山夫妇去了盘锦，留在沈阳的五个孩子（小女儿娜佳在外婆家），失去了父母的呵护和关爱，成了无家可归的人。在全托幼儿园的孩子，一到节假日，别人的父母都来接自己的孩子回家，可他们却没人关心。当年纪尚小的哥哥、姐姐来看望他们时，几个孩子抱在一起哭成一团。

消息传来，刚强的张秀山思子之情油然而生。他黯然地对伤心落泪的程帆说：“去沈阳把幼儿园的孩子接到农场来，死也死在一起！”孩子很快就被程帆接到了农场。虽然农场条件艰苦，但能和父母在一起了，孩子们欢天喜地了好一阵子。平日，父母工作忙，没有时间照顾他们，他们很快就跟农场的孩子打成了一片，田间地头到处都闪现着他们欢快的身影。

农场的生活非常艰苦，寒冬腊月，朔风呼啸，全家人住在两间潮湿冰冷的平房里，老少三辈挤睡在土炕上，常常是冻得彻夜难眠。

警卫员小王看到首长家中连一个桌子都没有，没法看文件、写东西，就连首长家仅带来的一台收音机也没处放，就让农场的管理人员找来了一套桌椅。张秀山知道了，批评小王说：“我在哪里不能写东西？现在农场还很困难，不能给他们添麻烦。”

张秀山十分关心警卫员小王的成长，小王的工资不高，张秀山就拿自己的钱给他。张秀山让小王补习文化，送他到学校读书。

二、王震的关怀

1955年夏天，王震受周恩来总理的委托来到盘锦看望张秀山。张秀山闻讯，立即带着警卫员王克瑞乘一辆吉普车赶到沟帮子火车站，从那里又乘火

① 访问张东胜记录，2001 年 8 月。

车去锦州接王震。

在锦州火车站，张秀山焦急地在下车的人群中寻找久违的战友，“秀山！秀山！”身为解放军副总参谋长、拥有上将军衔的铁道兵司令员兼政委王震穿着布衣，从他的身后走过来，俩人紧紧地拥抱在一起。张秀山等人随后跟着王震上了专列。在列车上，王震把所有人都请了出去，警卫员们隔着门都能听到俩人的谈笑声。到沈阳后，王震不让张秀山在招待所住，他把自己客房里放了一个行军床，他们整天吃住在一起，好像有说不完的话。

几天后，王震和张秀山一同乘专列经鞍山，到营口火车站下车。然后，他们换乘汽车到达盘锦。在盘锦，张秀山首先陪同王震看了清水农场海岸边的防潮闸，又到农场的芦苇塘里、田间地头走了走。老战友的意图，王震不仅一目了然，而且不谋而合。张秀山和王震都想把这块宝地利用起来，生产大批粮食，支援国家的经济建设。回到清水农场场部，王震、张秀山执意要到职工食堂看看大家的伙食怎么样，农场领导只好陪同前往。两位老战友进了食堂，看到职工们正在吃大米饭和肉炒木耳，每份一角八分钱，他们每人要了一份饭菜，三下五除二吃完饭，转身就走，还是军人作风。农场杀猪宰羊准备了半天，结果都没有用上。

临行前，王震问张秀山生活有什么困难，张秀山说一切都好。王震专程到张秀山家看望他的老母亲。当他看到张秀山年迈体弱的老母亲和穿着破旧衣服的孩子们，见到老战友家徒四壁的生活困境，还了解到他的四个孩子在沈阳上学，王震沉默了好久没有说话。

王震回北京后，把张秀山的情况向周恩来作了汇报。周恩来专门向毛泽东汇报了张秀山的情况，中共中央组织部决定每月给张秀山补助120元的生活费。后来，张秀山主动申请取消了这项补助。

这期间，张秀山的老母亲因瘫痪去世了。当时，国家开始号召节约耕地，摒弃土葬，提倡火化。张秀山说服亲属朋友，第一个带头在盘锦实施火化。许多当地老人都很不理解地说别看张秀山那么大的干部，也是个不孝子孙。我们死后，你们千万不要这样。其实，张秀山十分孝顺。据当时的警卫员王克瑞讲，张秀山一有空闲，就背起老人出来到户外活动，为老人端饭喂水，擦屎擦尿，从不让别人伸手。当时盘锦没有火葬场，是在农场郊外的荒地里，用废柴油和木头炼了整整半天。望着熊熊的火光，想到因为自己戎马一生，为革命出生入死，母亲日夜为儿子担惊受怕，张秀山泪流满面。他的思绪又飞回了那遥远的过去……

1944年，老母亲带着小弟鸿志、儿子一兵来延安看他。张秀山把母亲一个人安置在中共西北局机关花石砭的一个窑洞里。老人一个人很孤独，心里十分牵挂保育院的孙子一兵，还惦念在八路军子弟校上学的小儿子鸿志。张秀山因中央党校工作忙，很难抽空看望她。老母亲每天都把公务员打来的稀饭和馒头分为两份。稀饭老人吃掉，馒头留下来烤干，等孩子们回来，给他们吃。平时，孤独的老人自己找事做，帮助战士们缝衣做饭，洗洗涮涮。张秀山来看老人时，她就跟儿子开玩笑说："你们是让我关禁闭吧？我可是干活的人，享不了这份儿清福。"张秀山只是憨厚地笑着，说几句安慰母亲的话。

张秀山率东北支队离开延安去东北后，1946年冬天，国民党胡宗南军队进攻延安，老母亲跟随机关转移到志丹县安条岭农场。1947年春，因为战事紧急，老人又被送回神府老家。一直等到1950年秋，张秀山生活刚刚安顿好，就把母亲从陕北接来，想让老人家安度晚年。记得当时张秀山来沈阳火车站接母亲、小弟鸿志、儿子一兵，还有战友家眷和烈士遗孤时，车站因此戒严，三步一岗、五步一哨，张秀山还严肃批评身边的工作人员兴师动众。余气未消，母子就见面了。慈爱的老母亲拉着儿子的手，问个不停、看个不停。六年的生死战斗和母子悲欢离合，多少年思念之情，加之工作繁忙而无暇相顾的愧疚，使张秀山一时难以言表。他用手拥着自己亲爱的母亲，走出了沈阳火车站。张秀山把对母亲的爱，深深地埋在心底，急匆匆把母亲安置在家中，又马上投入紧张的工作。乐观的老母亲无私大方，喜欢热闹，拉着秘书、警卫员和家人一起吃饭，节日里又经常叫秀山的战友和烈士子女来家中聚餐，连彭德怀的夫人浦安修都对张秀山的母亲及妻子程帆的热情好客深为赞叹。三四年一晃就过去了……现在，张秀山遇上了天灾人祸，命运多舛，历经苦难的老母亲却永远地离去了。

为了实现母亲临终遗愿，张秀山让三妹夫把母亲的骨灰背回神木老家，与父亲合葬。农场领导史景源找来一个产于"洪宪元年"袁世凯时代的花瓶，来装老人的骨灰。可谁晓得，无知的盗贼以为张秀山做过共产党大官，肯定会有许多颇有价值的东西随葬。这个花瓶，居然被盗墓者盗走了，骨灰被撒得到处都是，老人家淳朴善良的灵魂再次被人惊扰。因为张秀山有心脏病，亲人们只好瞒着他，一直到他逝世。

张秀山把个人荣辱和亲人离去的痛苦抛在脑后，带领农场领导三上北京，找王震、邓子恢、谭震林汇报盘锦优越的自然资源和巨大的生产潜力状况，要求把盘锦列入中央直属垦区，以积极争取国家财政支持，得到了中央政府的批准。盘锦垦区的发展进入了一个崭新的阶段。

经过张秀山等农场领导的努力，到1955年底，国家陆续投资基建714万元，修复了日伪时期遗留下的水利设施，购置了大量农业机械，开垦耕地6666.7公顷。1956年4月，国家农业部把盘锦农场纳入国家发展计划，直接拨款60万元，作为整修和扩建水利工程补助。

6月，国家成立农垦部。王震任部长，萧克等几位受到不公正待遇的老同志任副部长。据说，周恩来总理提议张秀山出来担任副部长，但是遇到了阻力。

此后，盘锦农场升格为农垦局，隶属农垦部。张秀山任常务副局长，不参加党委工作。

11月15日，毛泽东在八届二中全会上的讲话中，再次提及“高饶反党联盟”，并以高岗为例严肃地提到了“里通外国”的问题，作为警钟向全党敲响。他说：

“我们的高级干部、中级干部中，还有个别的人（不多）里通外国。这是不好的。我希望同志们在党组、党委里头，在省、市、自治区党委一级，把这个问题向大家说清楚，这样的事就不要干了。我们不赞成苏联的一些事情，党中央已经跟他们讲过好几次，有些问题没有讲，将来还要讲。要讲就经过中央去讲。至于情报，不要去通。那个情报毫无用处，只有害处。这是破坏两党两国关系的。干这种事的人，自己也搞得很尴尬。因为你背着党，心里总是有愧的。送过情报的讲出来就完了，不讲，就要查，查出来就给适当的处分。”

这些讲话在下面传达后，给曾经率领过中共中央组织工作者代表团访苏，被定为“高饶反党联盟”重要成员的张秀山，在政治上无疑是雪上加霜。但是，张秀山没有停止为党努力工作。

盘锦常年外洪内涝，同样受干旱缺水的威胁。1956年农垦局决定，由张秀山主持进行荣兴水库的续建工程，以排涝抗旱。农场从辽宁各地抽调民工2.1万人，全场齐动员，苦干80天，完成水库堤周长11.22公里，蓄水能力1800

万立方米，水库提前竣工投入使用。同时，还建了一座提水站。在施工过程中，张秀山像过去打仗一样到生产第一线参加劳动，靠前指挥。春寒刺骨，他带领职工在有冰碴的水中劳动，全身冻得都是红疙瘩。场领导怕影响张秀山的身体健康，多次劝阻他不必直接参加劳动，并想办法不让他接近现场，可他却坚持到现场。他像过去爱护战士一样爱护职工，买白酒亲自送到工地。当时，农场劳动保护工作不健全，他就千方百计为大家解决劳动保护用品，在详细地研究了农场的实际情况后，协助农场制定了有关的劳动保护条例，从根本上解决了这个问题。

1956年12月底，张秀山到沈阳为农场办事，马上就要过年了，也想看看在这里上学的孩子们，他一个人悄悄地住进了东北旅社（原东北局的一个招待所）二楼一个普通的双人间。孩子们都去那里看他，一屋子人很热闹。这时旅社的康经理进来了，恭恭敬敬地说："首长，您好，我刚知道您来，您不能住这里，请搬到五楼去，那里宽敞些，孩子们来也方便。"原来是服务员从登记本上发现张秀山的名字，马上汇报给领导。康经理立即决定让张秀山搬到五楼（五楼全部是里外大套间，专给领导住的，平时没有人）。张秀山先是一愣，随后笑着说："我已经住下了，就不要麻烦，这里很好。"康经理不由分说，吩咐服务员帮助收拾东西，他亲自陪同张秀山来到五楼，并说："首长有什么事情就吩咐。"张秀山说："我不是什么首长，我现在农场工作，按要求不能住这样的房间。"康经理说："我知道。首长不必考虑太多。"随后，他就关上门，走了出去。孩子们看到这么宽敞明亮的房间，高兴地欢蹦乱跳。旅社的整个五楼，就住了张秀山一家。时逢元旦，在康经理和服务员的热心关心和照顾下，张秀山与家人吃上了热腾腾的饺子，过了一个愉快热闹的节日。事后，康经理的女儿对张秀山的大女儿（她们是试验中学的同班同学）说："我爸爸说过，你爸爸是一个好人，对部下一直都是关怀备至，从不挑三拣四，我爸爸很尊重他。爸爸说如今他处境不好，但是大家都不应该忘记他曾经为人民做了许多好事。"①

1957年盘锦境内大旱，百天无雨，粮食减产60%。农垦局采取果断措施，由张秀山指挥，建现代化抽水站20座，可灌溉稻田26667公顷。同年，他组织

① 访问张元生记录，2001年7月10日。

续建疙瘩楼水库，共完成土方48.5万立方米，用工55.3万个，总投资450万元。当年蓄水受益，缓解了水田用水，为稳产高产奠定了基础。①

三、一个普通劳动者

张秀山身体好，能吃苦，腿脚快，一般人跟不上。他整天戴着草帽，以一个普通劳动者的身份忙碌在基层生产第一线。他一到生产队，就挽起裤脚下水田与农工一起边干活，一边向大家了解生产情况。中午休息、吃饭，他都亲热招呼大家围在一起，讨论生产问题。有时，大家还利用休息时间唱歌或讲故事。当大家欢迎张场长来一个的时候，张秀山也会用道地的西北口音，唱一段陕北的《信天游》："瓜连的蔓子，蔓子连的根。老百姓连的是共产党，共产党连人民。"

在一次劳动工地上中午开饭的时候，几十个肚子饿得咕咕叫的青年工人，挤拥到送饭的师傅跟前准备吃饭，这时送饭人才发现匆忙中忘记了带筷子，劳累了一上午的人们顿时炸开了锅。张秀山看到这种情况，什么也没说，走到工地边的柳毛丛中，拆下枝条断两段，把皮一扒，当做筷子就吃了起来。大家一看，人家张秀山是高级干部，都什么也没说，我们还吵什么，顿时都消了气，欢快的气氛立刻又洋溢在工地上。大家围坐在一起，张秀山边吃边讲这项红军时代的创造发明和惊心动魄的战斗故事，深深地吸引周围年轻的工人们。当时，榆林中学的同学、东北师范大学教授杨清，前去盘锦看望张秀山。他说："秀山在劳动工地上特别能干，满身汗土，黑黑瘦瘦的像个老农民。"他深有感触地对大家说，"秀山是一个真正的人。"②

盘锦水田中蚂蝗多，蚊子多，大家看到张秀山的双腿被水田中的蚂蝗叮得鲜血直流，两臂上也被蚊子叮得又红又肿，都觉得很过意不去。人们纷纷议论："这么高级的老干部，怎么能干这么重的活？"他淡淡地笑道："没事，没事，你们不是整天都这样干吗？"熟悉他的老战友感慨地说："秀山没享过福，他把福分都让给了别人。"张秀山从头做起，以共产主义者的博大胸怀，

---

① 《盘锦农垦志》(讨论稿)，1988年，第23、343页。

② 访问张鸿志记录，1999年4月3日。

默默无闻地为党努力工作，任劳任怨，保持着一名老党员的高贵品质。

原盘锦农垦局局长史景源说：

当时盘锦满目荒凉，外来的干部们情绪波动，都想走。秀山是党的高级干部，能放下架子，和群众一样参加劳动。他吃苦耐劳，与普通共产党员一样严格要求自己。我就请他给大家讲党史、上党课，这确实使他有些为难，但他最后还是讲了。秀山用真实的事例，朴素的语言和自己坎坷的经历，给全场干部上了几次生动的党课。不仅教育了大家，稳定了军心，而且给他们鼓足了干劲，极大地调动了干部的生产积极性。

大批拖拉机来后，秀山也学开车，大家不让，主要担心他的安全。盘锦农业机械化，与秀山关系很大。秀山最大的贡献是开发盘锦“南大荒”的150万亩苇塘，这是辽宁省的重要粮食基地。第一次是秀山带领我去北京，我们一起去王震家吃饺子，要求把盘锦列入中央直属垦区。第二次，秀山带我与邓子恢挂钩，邓子恢同意了。特别是第三次，秀山和我找了谭震林，又一次取得了他的支持。当时，有许多省领导不同意这样搞，阻力很大。盘锦归农垦部领导后，是盘锦的大发展的开始。以前，全国的国营农场都赔钱，秀山和大家商量我们不能学习苏联那一套，我们采取一个“包定奖”实行几年，又进一步包成本，形成了盘锦农垦经营管理的基础。当时，唯独我们赢利挣钱，职工生活水平比周围人民公社的农民高出许多，得到广大群众的拥护。这个方法，王震召开多次讨论会，后来以盘锦的方法为基础，形成了农垦部16条，经过中央批准，下发文件执行。后来农场大发展，大批移民进场，急需大批木材盖房，秀山找王震、邓子恢批给我们5000立方米木材，直接发到营口，解决了燃眉之急。秀山来后，从全国调大型拖拉机、调优良种子，农忙时节调军队帮助插秧、收割、抢运粮食，使粮食产量成倍增长。原来粮食不够吃，秀山来后，开始往国家上交粮食。秀山当农垦局常务副局长时，主张建南河沿排灌站，一秒钟抽36个流量的辽河水，灌溉农场稻田。现在40多年过去了，这些设施仍然发挥着作用。秀山在生产、基建和财务上的领导能力和作用是别人不可代替的。①

张秀山积极活动，从省内外选调大批技术干部、复转军人到垦区充实基

---

① 访问史景源记录，1999 年 4 月 3 日。

层领导工作。他申请调拨了苏联和匈牙利等国制造的大型拖拉机、农机具、排灌机械300余台件，苏联良种马200余匹，蒙古和朝鲜役牛、黑白花奶牛500余头，苏联克米猪、哈白猪等300余头，建立了占地100公顷的海水养殖场。

通过全局上下共同努力，盘锦农林牧副大发展，至1957年盘锦就扩大到12个农场，2个苇场和2个种畜、种马场，职工增加到19643名，耕地达27666.7公顷，农工和耕地分别比1953年增加了1.88倍和1.23倍。①

张秀山的侄女张海云说：

1958年我大学毕业了。组织上分配我到北大荒的一个农场。在去北大荒之前，我到盘锦农垦局的大洼农场看望叔叔。从营口到大洼农场，我的思绪随着汽车轮子的颠簸，一路起伏不平。在这样的艰苦环境里和政治形势压力下，叔和婶能挺得住吗？他们的身体怎样了？想到这里，一股悲凉的心情，立即涌上了我的心头。我是在农场的稻田里，看见了叔叔的高大身影的。他看见我十分高兴，沿着稻田里的小路快步地向我走来。当我看到叔叔满面笑容，脸色红里透黑，我悬着的心一下落了地。叔叔热情地领着我，到稻田里转了一圈。他边走边给我讲解他们农场的优良稻如何好吃，以及农场的美好前景。他还领着我到主渠干的大坝上，观看一眼望不到边的稻田景色。大坝两面，数不清的螃蟹到处乱爬，黑压压一片。叔叔笑着对我说，这里是农场的大人、小孩常来玩的地方。从叔叔的语言中，我看到了叔叔的博大胸怀。同时，我从心里又感到一阵阵的酸楚，叔叔精神世界的寂寞有何人知晓？临行前，叔叔和婶婶没有千叮咛万嘱咐，却送了我三件东西：一件雨衣，一块粗毛毯，一块绣花被面。我心里明白，叔叔送东西的意思，是让我迎着北大荒风霜雪雨，在那里扎根立业。在北大荒农业生产中，我从来没有失望和退却过，这是因为叔叔在逆境中的那种乐观精神，深深地鼓舞着我、激励着我，不管有多大的艰难困苦，也挡不住我们前进的脚步，这是叔叔给我的力量。②

张海云没有辜负叔叔的希望，她后来成为黑龙江垦区劳模和黑龙江省劳模，获得全国“三八红旗手”的光荣称号，享受政府特殊津贴。

① 《盘锦农垦志》（讨论稿），1998年，第3、4页。
② 张海云：《叔叔送我上农业大学》（未刊稿），2001年2月。

在盘锦的日子里，张秀山虽身处逆境，但坚持党性和党的原则没有变。

1958年秋，从省、农垦局都有领导同志主张把盘锦农垦局局长史景源打成“右派分子”，他们召开三级干部大会批判史景源，宣布隔离审查他。

张秀山不顾个人处境，挺身而出，在大会上向全体干部说明事实真相，赞扬史景源勤勤恳恳，为党工作，是党的好干部。之后，他又连续向省委工作组反映自己对这一问题的看法，终于得到了上级组织和全局干部的理解和支持，恢复了史景源的工作。

几十年后，史景源回忆与张秀山一起工作的情景时，仍充满深情地说：

> 秀山在关键时刻站出来主持正义，能顶着巨大压力、冒着政治风险讲真话，很不容易。当时我已经被隔离一个多月，事后同志们告诉我，秀山在大会上据理力争、慷慨陈词的情景，我被深深地感动了。秀山是一个正直、忠厚、品德高尚的人。①

郭峰说：“张秀山是一个党性和原则性很强的人。”②

张秀山夫妇看着身边的孩子们一天天长大，经常为孩子们的学习和成长而忧虑。因为农场没有幼儿园，张秀山夫妇的工作又都很忙。张秀山经常要去农场的生产第一线，夫人程帆在农场职工医院当院长，医院设在田庄台，离家几十里路远，不能天天回来。家里虽有一个保姆做饭，照顾老人，但孩子们没人管，整天在稻田、水渠边玩耍，孩子们经常到灌渠里游泳。一次，他们在游泳时有一个农场领导的儿子不幸淹死了，使农场的干部和职工深感震惊。作为父母，张秀山夫妇的心里很不安，因为在农场的四个孩子都已经到了上学的年龄，还有四个孩子在沈阳住校念书，而且他们的学习和生活费用也在逐年增加。由于孩子们长期不能与父母生活在一起，孩子们的生活和教育都成了大问题。张秀山不想因为自己的问题影响孩子们的成长。

1959年3月，辽宁省委组织部了解到张秀山家庭的这些情况后，决定调张秀山到沈阳农学院工作，以照顾他的孩子上学和解决他生活上的困难。

孩子们清楚地记得全家搬往沈阳时的情形：

> 搬家的时候，盘锦农垦局的同志把我们全家送到了营口火车站，我们

① 访问史景源记录，1999年4月5日。

② 访问郭峰记录，2001年2月。

准备从这里乘车去沈阳。当我们买到火车票后，不知是谁透漏的消息，铁路部门的领导很快就来看望爸爸和我们全家。他们考虑硬座车人多拥挤，特地为我家请批加挂了一节硬座车。火车开动后，由于有列车员把守，别的旅客进不来，所以车厢里很宽敞。我舒舒服服地躺在长条椅上，心里沾沾自喜，因为前面的车厢里旅客特别多，拥挤得水泄不通。这时，只见爸爸走了过去和列车员不知说了些什么。列车员就把列车长叫来，又与爸爸低声商量了一会儿。我见到列车员把车门打开，前面的旅客一下涌了进来，立即挤满了这节车厢。我也无法独占一个椅子，只好坐了起来。这件事给我的印象特别深，教育也特别大。①

张秀山离开了盘锦，但农场的领导和职工惦记着他。每到新稻米收获的时候，他们都会带上两袋大米去沈阳看望他，让老领导尝尝自己生产的粮食。四年多的农场生活，深深地刻在张秀山的记忆里……

四、在沈阳农学院

沈阳农学院，是农业部直属重点院校。该校坐落在沈阳市东郊的天柱山南麓，与名胜古迹东陵毗邻，占地两万余亩。它的前身是始建于1910年的奉天省省立高级中学，1929年该校改为东北大学农学院，1949年东北局将因战事于1948年迁往北平（北京）的东北大学农学院、长春大学农学院、中正大学农学院迁回沈阳，在塔湾成立了沈阳农学院。1952年全国院系调整，中央决定复旦大学农学院迁往沈阳，与沈阳农学院合并，组成新的沈阳农学院，院长是我国著名教育家、畜牧专家张克威。张秀山来到农学院后，担任常务副院长，仍不参加党委，分管总务、财务和基建，以及实验农场工作。

张克威得知张秀山要来学校工作，就对大家说："我过去在东北局农业部工作时，秀山同志是东北局的主要领导。我经常向他汇报和请示工作。他平易近人，作风民主，对我们知识分子非常尊重。他能虚心听取我们的意见，帮助我们解决了许多实际问题，是一位难得的好领导。"张克威告诉主管后勤的同志说："秀山原来是咱们的老领导，他的住房要照顾一下，把农学院副书

① 采访张奉生记录，2001年8月。

记徐光的房子倒出来，修整一下给秀山住。”①他们在工作上相互支持，相互尊重，齐心协力，为学校的建设和发展花费了极大的心血。

在沈阳农学院总务处工作的朱海春说：

张秀山是党的高级干部，他没有一点领导的架子，领着我在学院和各地到处走。他事无巨细，什么小事都管。包括实验室里缺一个实验桌，他都特别重视，安排人员解决。张秀山虚心听取大家意见，对自己要求十分严格。

例如他的一位老战友。儿子没有考上大学，书记来找张秀山。张秀山办事认真，他为这个孩子只办了一个听课证，安排他在学生宿舍住下。这个孩子和其他进修生没有区别，不算正式学生。按说，张秀山完全可以让他上学。大家说，张秀山是正统的共产党干部。“大跃进”运动兴起之际，张秀山一方面对广大群众的社会主义劳动热情表示钦佩，同时对社会上刮起的浮夸风表示忧虑。张秀山经常告诫我们，要按科学规律办事，不要相信有些人宣传的麦子上可以站人的瞎话。他的话很有分量，在“大跃进”年代敢说这样真话的人不多。

记得有一次我跟他乘火车去长春办事，我们一上车，列车长听说张秀山在车上，马上就赶了过来。列车长一见面，就大声说道：“这怎么行？首长不能在这里坐，您赶紧到软卧上去休息。”张秀山百般推辞，列车长就是不让他在这里。看到列车长情真意切，实在无法推辞，他只好带着我们去了软卧。他坚持要自己补软卧票，列车长坚决不同意，说首长现在不能报销，就免了吧！列车长和大家对张秀山十分尊重与照顾，使我们深受感动，这体现了老院长的人格魅力，说明人民没有忘记他。②

1959年8月16日，毛泽东在庐山会议上，再次提到高岗的问题，他说：“高岗的事，我有责任，约了谈话，高岗想去陕北，拟保留中央委员，回延安，本人也愿意。后来竟这样结局，我也觉得遗憾。习仲勋表现好了，还有贺晋年、张秀山，也要跟他们搞好关系，他们也表示愿意搞好关系。”③在毛泽东的指

---

① 访问朱海春记录，1999 年 4 月 9 日。

② 访问朱海春记录，1999 年 4 月 9 日。

③ 李锐：《庐山会议实录》，湖南教育出版社 1988 年版，第 349 页。

示下，周恩来后来为高岗爱人李立群安排担任全国人大代表，后改为全国政协委员。

可是不久，党的八届八中全会通过了《关于以彭德怀为首的反党集团的错误的决议》，决议明确指出："这一活动是高饶反党联盟事件的继续和发展。""高岗在手法上是伪装拥护毛泽东同志，集中反对刘少奇同志和周恩来同志；而彭德怀同志却直接反对毛泽东同志……高饶反党联盟事件时期，他都曾经站在错误路线方面反对以毛泽东同志为代表的正确路线。"因为彭德怀过去曾建议把自己的位置让给高岗，让他主持军委日常工作。全会解除了彭德怀的国防部长的职务，改由林彪担任，主持军委日常工作。全国再一次掀起了对"彭、高、饶"反党集团的骨干分子的批判。

旧事重提，使人感慨万千。张秀山政治生涯的苦难真是一波未平，一波又起，供他选择的似乎只有默默地承受。

张奉生清晰地记得这样一件事：

> 1959年庐山会议后，中央派来了一架专机把爸爸（张秀山）接走了。当时，我送爸爸去的飞机场，还第一次登上了飞机参观，所以印象特别深。一个星期后，爸爸回来了，表情非常沮丧。我们大家看到爸爸心情不好，都没敢上前要礼物，因为每次爸爸出差都给我们带礼物。我们从爸爸和妈妈的只言片语中得知，这次是中央领导要爸爸去揭发彭德怀叔叔的反党问题，由于爸爸没有配合，又一次受到了中央领导的严厉批评。为此，中央拟调爸爸到某部担任领导的计划也搁置在一旁了。①

在北京期间，张秀山碰见了处于同样境地的老战友张明远，他们只能默默地点头致意，转身离去……

1961年，周恩来陪同朝鲜领导人崔庸键来到沈阳，接见了张秀山。周总理亲切地询问他的工作和生活情况，嘱咐他放下包袱，暂时先在这里工作，以后组织上会考虑的。②

1962年秋，在中共八届十中全会上，张秀山的老战友刘景范（刘志丹的弟弟）爱人李建彤的长篇小说《刘志丹》，被康生污蔑为是替高岗翻案的小

---

① 访问张奉生记录，2001年8月。

② 访问张奉生记录，2001年12月。

说，说："利用小说进行反党，是一个大发明。"毛泽东在会议上念了康生写来的条子，就成为后来的毛主席语录广为流传。后来，把小说《刘志丹》定为"西北反党集团"的"纲领"，揪出了"彭、高、习反党集团"，"习、贾（拓夫）、刘（刘景范）反党集团"。

《刘志丹》小说中的张武轩，就是张秀山真实的化身。作者李建彤多次采访过张秀山，她说："秀山的记忆力特别好，思路很清晰，许多他亲身经历的战斗，都是历史真实的再现。"①

当《刘志丹》小说初稿送到张秀山手中征求意见时，那些战友们跃马横刀、跟随刘志丹战斗的日日夜夜，时常浮现在他的眼前。这些尘封的战斗经历，使他的心情久久不能平静。他认真地回忆和修改，力求客观和真实，结果反而成为张秀山的罪过。

在这些不平静的日子里，张秀山努力工作，忘掉一切烦恼，尽全力克服三年自然灾害给沈阳农学院财政带来的困难。沈阳农学院的基建工程经费特别紧张，国家物资奇缺。张秀山不辞辛苦地到处奔波。他亲自出马找省领导、农业部和中央领导申请经费，购买先进教学仪器和设备。他随王震去大兴安岭为学院盖楼调拨木材，去工厂联系基建材料，建起了图书馆、风雨操场、讲师楼、学生宿舍楼、直属小学等建筑。张秀山下力气抓学院的实验农场，利用生产的粮食和蔬菜来改善师生们的伙食。张秀山为沈阳农学院的发展不懈地努力。

张秀山的侄子张宪政说：

1962年9月至1965年5月，我在沈阳农学院进修期间，也是叔叔经济生活很困难的时期。全家10多口人吃饭，弟妹们都在上学需要花钱，原先组织上每月给叔叔的120元生活补助费，叔叔主动提出不要了，这么多人就靠叔叔和婶婶两人的400元工资维持，生活确实很紧张。我来沈阳农学院之前，对叔叔家的困难不了解，也未估计到原单位对我作了停薪留职的处理，生活和学习的费用都存在困难。在这一段时间里，到底是回去，还是留下继续学习？我一时拿不定主意，思想波动很大。关键时刻，叔叔和婶婶为了培养我成才，决定让我和爱人按计划学完全部课程再走。为了解决

① 访问李建彤记录，1995年6月。

我的思想问题，叔叔平时经常找我们，给我们讲他在战争年代如何克服生活上的困难，鼓励我们艰苦朴素，勇于战胜任何困难，坚决完成学业，把自己变成国家有用的人才。叔婶每个月都给我们生活费，尽量解决我们生活中的一些具体问题。我们在学校食堂就餐，他们每个星期天都叫我们到家里改善一下伙食，还经常给我们一些衣物和用品。在叔叔和婶婶帮助下，我们克服了许多困难，努力刻苦学习，终于顺利度过了这段艰难的时期。1964年，我利用课余时间完成了“植物蒸腾电测仪”的研制工作。叔叔得知此事非常高兴。他鼓励我继续努力，不要半途而退。两年后，(植物蒸腾电测仪）被选为“全国仪器仪表新产品”（11038号）分别在北京和成都的全国展览会上展出，学校也因此而获得了奖状。①

1965年，张秀山主动联系部队，让大学生们下连当兵，接受三个月的军事训练。在结业式上，张秀山代表学院讲话，他说：“部队和大学都是为国家培养人才的地方。每年部队都有新兵入伍，老兵复员；每年大学都有新生入学，老生毕业。部队教战士学军事，学习保卫祖国的本领；大学教学生学知识，学习建设祖国的本领；部队和大学一样，也是一个大学校。我们要继承革命军队的光荣传统，把我们每一个大学生都锻炼成为革命事业的接班人。”②

五、“文化大革命”中

1966年5月，“文化大革命”开始，造反的浪潮席卷了全国。

造反派揪斗了农学院院长张克威，院党委瘫痪了。学院的教学工作全部停了下来。院领导、教授都靠边站了。因为张秀山主管后勤财务工作，学校教职员工要发放工资，医院、食堂还要运转，搞运动也要经费支出，所以他仍然坚持工作。张秀山看见到处是打派仗、夺权，教学科研和社会秩序都遭到了很大的破坏，心急如焚。他不理解：“‘文化大革命’怎么能这样搞法，自己革命几十年建立的新中国，怎么能自己来破坏呢？”造反派两派发生激烈武斗，张秀山挺身而出制止武斗。

① 访问张宪政记录，1999 年 4 月 8 日。
② 访问张元生记录，2001 年 6 月 21 日。

原辽宁省政协主席徐少甫同志回忆说：

“文革”中，沈阳农学院发生了一次武斗，在沈阳影响很大。东北局派我去那里处理这件事，我却被造反派扣押在沈阳农学院。当造反派召开批斗大会批斗我们时，张老走了进来。张秀山为人正直，对下级平易近人，在沈阳农学院威信很高，师生们对他特别尊重。他大声地对大家说：“毛主席说，要文斗，不要武斗。我们的同学不能打人。”很快，造反派就把我们释放了。

在当时混乱的情况下，没有人敢于站出来说话，我很佩服张老的勇气。还有一次，沈阳农学院等学校的造反派召开几万人大会，东北局的领导人和我都参加了。另一派造反派要冲击会场，我们去做工作，防止发生武斗，但是造反派不听劝阻，还是很快围了上来，情况十分危急。我们处境也很危险。这时，张老进来了。他一来，大家就安静下来。张老严肃地对红卫兵说，我们一定要按照毛主席的指示办事，要文斗，不要武斗。我听到有人说：“老院长你放心，我们一定听毛主席的话。”当另一派造反派围了上来的时候，我们又被围在中间，双方冲突随时可能发生，我们被冲击再所难免。危急时刻，张老怕我们挨打，他又走了进来。张老耐心地劝说他们，要听毛主席的话，不要进行武斗，避免冲突扩大。我们没想到是，这一派的造反派也听张老的话，很快就为我们解了围，使我们安全地回到了家里。这些事例说明，张老在沈阳农学院师生中的威信很高。①

“文化大革命”初期，造反派双方看到张秀山在沈阳农学院师生中威信很高，都想把他拉到自己这一派来。一个造反派头子逼迫张秀山表态支持他们造反夺权。张秀山说：“我在40年前就造反了，但我不参加你们的造反。”造反派头子不明白地问他：“那你为什么反对刘少奇？我们的观点不是一样的吗？”张秀山坚定地说：“我跟你们不一样，我作为一名共产党员，有权在党的会议上对任何党的领导人，提出自己的意见。”大批的外调人员从全国各地来到沈阳，找张秀山调查在西北、东北工作期间与他共事的老干部的历史问题。他都实事求是地回答他们提出的问题，不说一句违心的话。造反派非常不满意，大声呵斥他：“态度不老实，包庇反党分子……”

---

① 访问徐少甫记录，1999 年 4 月。

张秀山的老战友张邦英说：

> 1952年秀山来新疆回去后，就给我来过一封信说，过去是那么亲密的战友，由于时间短，都没顾得上好好说话，以后再会吧！“文革”中，造反派就抓住这个整我，还拿出一张不大的纸，把上面的字用手盖住，只让我看张秀山的签名。造反派说：“你看，张秀山都揭发你是反党分子了。你还不承认！”我立刻说：“我决不相信张秀山会这么说！我也不相信张秀山会说假话，我更不相信张秀山是这种人！”后来，这件事就不了了之。①

在各地造反派成立了“全国揪斗彭、高、饶反党联盟联络站”后，打倒张秀山的大字报也多起来，说他是彭德怀的“孝子贤孙”和高岗的“黑干将”，说张秀山率领全国组织工作者代表团访苏是“投靠苏修”，他本人就是“苏修特务”等，张秀山坚决予以严厉驳斥。为此，张秀山遭受到造反派的残酷迫害。

造反派把张秀山、黄镇（当时驻朝鲜大使）和东北局的领导人一起关在学生宿舍里，不让张秀山回家，接二连三批斗他。张秀山当然不肯就范。

在一次批斗中，不肯屈服的张秀山被造反派用木棒、桌子腿和皮鞭打得遍体鳞伤，昏倒在地上。醒来之后，刚强的张秀山拒绝别人搀扶，硬是自己走回了家。因为伤势严重，他被家人紧急送往医院抢救。

张秀山的小女儿清楚地记得：

> 有一天下午，学院造反派在大操场组织了一次大型批斗会，把一些“走资派”拉到大台子上，其中也包括我的父母。我是初一的学生，被吓得躲在家里不敢出去。听参加会回来的人说，这次打得十分厉害。傍晚，估计批斗会快结束了，我就悄悄地来到大操场后边，远远地看到几个造反派，正在用皮带抽打爸爸，还有几个挨过打的人已经晕倒在台上了。我吓得心惊肉跳。批斗会结束后，造反派把他们押到一个小屋里。我悄悄地躲在窗外，看到这些被打的“走资派”们都坐在水泥地上，有人在向他们训话。当他们被一个个放出来时，天已经很黑了。我看到门口出现了爸爸的身影，他摇摇晃晃地走了出来，我赶快从小树丛中穿出来扶他。爸爸一见是我，就说他不要紧，让我快去看看妈妈。妈妈是最后才出来的，她一瘸一拐地走出来，脚上的鞋也少了一只。本来身体就不太好的妈妈，经过

① 张邦英与张元生的谈话，2002年6月12日。

这一番殴打，已经走不动了。我急忙上前扶住妈妈，一步一步跟着爸爸回到家。我们看到爸爸的伤势十分严重，整个后背、臀部都是血痕，大面积血肿，疼得爸爸一夜都不能躺下睡觉。第二天我们把他抬进了医院急诊室。①

张秀山腰部以下大面积血肿，医生每天都用大针管往出抽血水。他整整躺在床上40多天不能翻身。亲人们看着都心疼地流下了眼泪，而他虽疼得满头大汗，却咬紧牙关坚强地说："我是共产党员，我不怕死，我不是孬种！"②以后，造反派把张秀山关进了"牛棚"。农学院的教师、工人们看到深受爱戴的老院长遭到残酷迫害，便偷偷地帮助他治伤、看病和送饭，他却嘱咐他们不要来了，以免受到牵连。

张秀山小女儿说：

有一段时间，每次妈妈被批斗回来，心情都十分不好，饭都不想吃。爸爸总是开导她，让她看得远一些，总有一天这些都会过去的。看到妈妈还是吃不下饭，爸爸就往她碗里夹菜，叫她打起精神来。在爸爸的关心鼓励下，妈妈也变得坚强多了。大大小小的批判会不知开过多少次了，学院造反派还嫌不够，又来到家里做我们子女的工作，让和父母划清界线，并在家里举行一次批判父母的会。我们都担心父母在心理上接受不了，大家一同回来看望他们，想开导一下他们。爸爸看见我们这样担心，就笑着说："这点小风小浪都经不住还行吗？革命战争中枪林弹雨都过来了，比起那时，这算什么？"③

张秀山的二女儿说：

"文化大革命"开始后，我就由革命的红后代变成了"走资派"的狗崽子，我真的是不理解。可爸爸却不然，仍然很乐观。记得有一天晚上，被关在单人房里的爸爸突然失踪了。凌晨五点，造反派来到家里对妈妈说爸爸失踪了。一听到这个消息，我的心都跳到嗓子眼了。爸爸是不是自杀了？妈妈也十分紧张，担心爸爸会出什么危险，但妈妈坚信爸爸是决不会

---

① 张娜佳：《爸爸妈妈在"文化大革命"中》，《我的八十五年——从西北到东北》，中共党史出版社 2007 年版，第 434 页。

② 访问张宪政等人记录，1999 年 4 月 6 日。

③ 访问张娜佳记录，2001 年 12 月。

自杀的。果然，一个星期后我们得到消息，爸爸被“东工”的造反派偷偷劫去，逼迫他交待“高饶反党联盟”材料去了。爸爸抓走时什么都没带，所以当造反派通知我给爸爸送衣物时，我才见到了爸爸。我看到和爸爸一起关着的叔叔们都愁得吃不下去饭，可爸爸却能吃能睡，还劝解他们，要相信我们的党一定会扭转形势的。①

1968年冬天，造反派们提出要把沈阳农学院消灭在农村的汪洋大海之中，学院被一分为五，全部搬迁到辽宁农村，并把学院校舍交给无线电工厂搞工业生产。张秀山见到许多老教授的科研成果被毁坏，心疼不已。人们常常看到，张秀山站在教学楼前长吁短叹。

张秀山等人被赶到农村后，造反派让他们白天劳动，晚上组织当地农民批斗他们。在批斗中，造反派又打又骂，逼迫张秀山检讨自己的罪行。张秀山没有办法，就把自己给刘少奇提意见，被撤职处分的事情讲了一遍。造反派们不愿再听下去，就连踢带打喊口号：“打倒张秀山！”下面的群众对这些不感兴趣，造反派只好草草收场。

1970年，张秀山夫妇随着农学院教职员工下放到三江口农场劳动改造。三江口是内蒙古自治区、吉林、辽宁交界的一个偏僻、贫穷小县。

1971年，九一三事件发生后，有些别有用心的人又想把张秀山与“林彭高饶”反革命集团联系到一起，企图再次陷害张秀山。张秀山对此事不加任何解释和评论，他们只好不了了之。

1974年6月，张秀山的侄女张海云从北大荒去看望叔叔。

在四平转车去三江口的路上，也像从营口去盘锦的路上一样，心情极为沉重。那个年月，他们不仅精神上要受很大的压力，更有肉体上的折磨。叔叔婶婶他们身体还好吗？经人指点我来到叔叔家。这个家仅一室半，屋内有炕和极简单的几件家具。我用疑惑的眼光审视着这个小屋。叔叔看出了我的心思，说：“我住的这间小屋是最好的，比教授住的还好呢。你看屋顶还刷了白灰。教授们住的是用高粱秸搭的。”下午婶婶也从养猪场回来了。她很瘦很黑，老了不少。晚饭时，大家的话也自然聊到了“文化大革命”。都是家里人，大家谈话也很随便。我说，由于受不了不公正的对

① 访问张东胜记录，2001年8月。

待，那么多人含冤走了……叔叔只字未提他们受到的非人待遇，却用鼻子重重地哼了一声，说："我什么世面没见过，想死早就死了几次了。"他的这些话，充满了对造反派的藐视。婶婶激动地说："有的人真是心黑手狠，想要把我们整死。我偏不死。我倒要看看这些人会有什么下场。我就不信小鱼能翻起大浪。"他们的自信和乐观，深深地感染了我。当我重新踏上北上的路时，心情开朗起来，对人生似乎也有了新的领悟。①

张秀山小女儿说：

爸爸妈妈随农学院搬到了三江口农场后，住的是火炕，吃的是井水。我第一次回那里探亲时，看到家里的水缸水不多了，我就去挑水。那时爸爸已是60来岁的人了，妈妈和阿姨身体都不太好。

第一次帮家里挑水是爸爸带我去的（当时我不知水井在哪里），水井离家还真不近呢，我们一路说着笑着来到井边，爸爸帮我打上水来，我挑上没走多远就不行了。两大桶水那么沉，那根硬扁担压的我肩骨很疼。爸爸见我挑水这么吃力，走的又慢，就笑着说他来挑。在城里住了这么多年，我从来没有见过爸爸挑水呢。只见他挑上两桶水走得飞快，还不时把扁担从左肩转到右肩，从右肩转到后背。他告诉我只有这样经常换着肩挑水，肩就不疼了。我都看傻眼了，他一路小跑似地走着，我两手空空都跟不上，那根扁担在他肩上转来转去十分自如。回到家，我向妈妈说起这件事儿，妈妈说，挑水的事大多是爸爸干，有时邻居帮挑挑，想不到爸爸在城里住了这么多年，63岁的人干起活来仍然像个农村小伙子似的。爸爸喜欢去田里劳动，尽管有时天冷、天热，活也很累，但每次下工回到家他总是精神爽朗的，人也比以往爱说爱笑了，似乎田野又给他补充了精力，似乎劳动又把他带回了青年时代。②

1976年10月，党中央一举粉碎了"四人帮"，历史进入了新的发展时期。但是，在"左"的思想影响下，张秀山的境遇并没有什么改变。

1976年底，农学院的一部分又搬到北镇、高山子建校，以"接受贫下中农的再教育"。张秀山在基建连当副连长，程帆被分配到豆腐房做豆腐。

---

① 张海云：《叔叔送我上农业大学》（未刊稿），2001年2月。

② 访问张娜佳记录，2001年12月。

1977年，辽宁省在铁岭恢复了农学院。张秀山虽然还没有彻底“解放”，却在那里主持建起教学楼、图书馆、学生宿舍楼、教师住宅楼等十几栋建筑。师生们都说：“没有老院长，我们在铁岭就要住在露天地了。”以后，农学院陆续从各地迁回沈阳。

在那段艰难的日子里，张秀山常常陷入对往事的回忆中……“正月里来是新年，陕北出了个刘志丹。刘志丹来是清官，他带上队伍上横山，一心要共产。”孩子们一到家里，就会听到父亲在放这熟悉的老唱片。歌声凝聚着他对老战友刘志丹的无限思念，张秀山曾神情凝重地对孩子们说：“我们不能忘记过去，我们不应该忘记支援过革命的陕北老区人民。没有陕北人民的支持，就没有全国革命的胜利。革命的胜利，来之不易啊！”

后来，张秀山得知家乡的广播站机器功率小、广播信号弱，许多地方都听不清。他把自己多年的积蓄取出来，买了一台大功率的收音、扩音和录音三用的广播器材，派弟弟张鸿志回到陕北，给依然贫穷落后的家乡柳沟村大队广播站安上。家乡广播站的声音清晰了，放送的节目增多了，人们从广播中了解到外面精彩的世界。张秀山听到了这个消息很高兴，因为他心里始终牵挂着家乡的父老乡亲。

沈阳农学院总务处朱海春说：

打倒“四人帮”以后，陕北的亲属和老乡经常来。一次，我问老院长：“你过去在东北局当那样高的干部，安排这些亲属，不是很容易嘛？”他真诚地对我说：“没考虑过，连想都没想过。只是他们家里有困难，我就补贴点。有东西就给东西，没东西就给点钱。”到张秀山家的亲属，走时都是大包、小包满满的东西，可老院长就他那一身衣服，不像现在的干部。他只要看见别人有困难，就想办法解决。大家都愿意找老院长办事。他的老伴程帆是个好人。一兵虽然不是她亲生的，但是她对一兵很好，视为己出。一兵眼睛不好，她就领着孩子去北京，到处找关系，请同仁医院最好的医生为一兵看病。一兵长大后，程帆把工资交给他，让他来管家。一兵有了女儿小梅，就生活在程帆那里，一直由他们带大，给一兵减轻了很大负担。大家都看在眼里。就是离婚的老伴、一兵的妈妈有病了，张秀山和程帆也管，换了谁也不能管。一兵妈妈一直生活得很好，冬天老人还穿着狐皮毛领大衣呢！我记得老院长一身中山装，穿了十几年。而程帆却在下乡社教时，因为营养不良，致使一只眼睛坏掉了。他们真是好人哪！①

在沈阳农学院期间，张秀山为学校的发展和建设找过上级领导，为烈士子女参军入学写信找过老战友，可以说，只要他出面没有办不成的事情。然而，张秀山却没有为自己家办一件事情。张秀山的大儿子一兵高度近视，视网膜脱落，手术后不能继续念书，在家里呆着。一兵从小喜欢无线电，修理技术好，学校师生有事就找他去修理。天长日久，大家都喜欢这个既聪明又老实忠厚的小伙子。就这样，一兵成了学校一个没有工资的技术人员。他帮助学校建广播站，帮助学校实验室修理仪器，成为师生们教学上的好帮手，一干就是三四年。他一直因为自己不是正式职工而苦恼。张秀山耐心地对大儿子说："家里有饭吃，你的眼睛又不好，能帮助学校干点事情就可以了。"学校基础部的领导实在看不过去，就自己去找学校领导说了一兵的情况，领导根据一兵的表现，集体决定破格录用张一兵为正式职工。张秀山就是这样严格要求自己和子女。

王黎明回忆道：

张叔叔被撤职后，历任盘山农场副场长、农垦局副局长、沈阳农学院副院长，从东北地区的最高领导人之一被调为一个小单位副职领导职务。我很担心他的处境，关注着他日后的命运。但他始终服从组织决定，能以顾全大局为重，委曲求全，能上能下，不计个人得失，努力工作，埋头苦干，密切联系群众，得到人们的好评。宪国（张秀山的侄子）告诉我，张叔叔辛勤工作，也能正确对待自己的处境，想得开，在普通饭馆吃了饭也没有什么不好意思，身体没有什么大的病，我也就放心了。他有时来北京中央农垦部等单位开会、出差，住在普通招待所，我就去看望他。我依然像过去一样尊敬他，关心他，听他的教诲。"文革"中，张叔叔被批斗后很长时间没有来北京，我很担心他的安危，到处打听他的消息。他的很多亲人从东北来北京时，都与我联系，有时还住在我家。"文革"初期，他的两个小儿子来北京住在刘力贞家，中央组织部家属院内，造反派听说是张秀山的儿子就勒令他们走。刘力贞给我打电话，让我想办法，我就把他们安排到我的宿舍住了几天，领着他们参观了北京名胜古迹。粉碎"四人帮"后，张叔

① 采访朱海春记录，1999 年 4 月 9 日。

叔来到北京，我陪他看了他的老战友。他们畅谈了分别后的情况，他得到很大的安慰和鼓励。从青少年时代起，张叔叔就像父亲一样关心我、照顾我。我的每一步成长历程，无处不有他对我的引导和教育。他待我如同亲生骨肉，我一生无法报答他对我的恩情。最值得我高兴的是，张叔叔终于能出来为党工作了。①

① 王黎明：《回忆张秀山叔叔对我的关怀》，《神府开发报》1995 年。

|第十章|

重返领导岗位

一、"做实际解决"

1978年初，在老战友马文瑞、刘景范、张策等同志的呼吁下，中共中央决定，调张秀山到中央党校一部学习。①张秀山在延安中央党校学习过，做过三年的教务处主任，对中央党校有着深厚的感情。30多年后，当他又来到中共中央党校学习时，心中感到特别亲切。

为追回流失的岁月，张秀山努力学习现代化管理和科学理论知识，笔记记满了三大本。他买了一张颐和园的月票，每天清早爬山锻炼身体。全家游颐和园万寿山时，年青人都跟不上他的步伐。张秀山对自己充满了信心。他保持健强体魄，准备为国家建设再干一番事业。

老战友马文瑞、刘景范、张文舟、贺晋年、张达志、王兆相、张策、张邦英、武开章、许法善等都来看望他。虽然张秀山还没有"结论"，但人们又看到了一个爱说爱笑的张秀山。

1979年1月，党的十一届三中全会刚结束，在胡耀邦、陈云等中央领导同志的直接关照下，张秀山的工作得到了解决。中央组织部部长宋任穷找张秀山谈话，对张秀山1954年受处分问题，中共中央决定"做实际解决"。初步决定，张秀山到吉林省工作。同时，对张明远、赵德尊、马洪、郭峰等人，组织上也作了相应的安排（后来，张明远担任国家机械委员会副主任，赵德尊担任黑龙江省人大主任，马洪担任国务院副秘书长，郭峰担任中共辽宁省委书

① 《张秀山档案》，中共中央组织部存。

记）。陈云得知以上情况后，建议中央组织部把张秀山留在北京工作。彭真希望张秀山到人大法制委员会工作。张秀山根据一直从事农业工作的实际情况，希望到农业部门工作，得到了上级的批准。

中共中央任命张秀山为国家农业委员会副主任、党组成员，分管全国林业、农垦、知青等方面的工作，同时兼任国务院知青领导小组副组长。①

后来，中共中央决定把张秀山的行政级别，从八级恢复到原来的四级。②

1981年6月27日，十一届六中全会通过的《中国共产党中央委员会关于建国以来党的若干历史问题的决议》，决议明确指出："1955年3月召开的党的全国代表大会，总结了反对野心家高岗、饶漱石阴谋分裂党、篡夺党和国家最高权力的重大斗争，增强了党的团结"，取消了过去几十年来关于"高饶反党集团"的提法。

原中共中央组织部部长安子文在病重期间提出，务必请老战友张秀山来医院见一面，以解开他们之间的疙瘩。为此，他特地通过胡耀邦向张秀山转达他的意愿。张秀山得知后，先后两次前往北京医院看望安子文。两位老战友几十年后再相见，都感慨万千。他们坦诚相见，促膝谈心，终于冰释前嫌。他们每次谈话，都因为时间过长而被医生打断。张秀山和安子文的双手紧紧地握在一起，实现了他们人生的第二次握手。不久，安子文逝世了。张秀山感叹地说："我们是老战友，又是同乡，还有许多话没有说完哪！"③

刘志丹的女儿刘力贞说：

> 打倒"四人帮"后，张秀山叔叔调到中央工作。一次，他利用公出机会来西安看望我的母亲，见到她还住在没有暖气的平房就对我说："你看咱们建国几十年了，还让这么大年纪的老革命生煤球炉子，真对不住她。现在，有的老百姓吃穿还很困难，我们更对不住老百姓。"在交谈中，我爱人张光对他说："您应该写点回忆录，把革命精神传给后代。"他说："我有啥可写的，时间不多了，我要赶快多做工作，让老百姓快过上好日子。在他

① 访问刘胜德记录，1999 年 12 月 3 日。
② 《张秀山档案》，中共中央组织部存。
③ 访问张奉生记录，2001 年 8 月。

心中，人民的生活不改变，就对不起人民。”①

二、在国家农委

在国家农委，张秀山分管林业、农垦、知青等工作。在短短几年内，张秀山深入全国各地的大部分林区、农场和知青点，足迹踏遍了祖国的青山大漠。

“三北”防护林体系工程是国家经济建设重点项目，张秀山多次组织人员，亲自率领工作组深入腾格里沙漠、毛乌素沙漠、西北黄土高原、黄河河套、大兴安岭林区等地，沿着万里风沙线，横跨11个省、自治区，为营造1.42万里防风固沙的绿色长城，进行生态和植被的实地考察。

1980年春季，张秀山从甘肃到青海，一连20多天，考察的汽车颠簸行驶在一望无边的河西走廊，张秀山毫无倦意，仔细勘察着地形地貌，了解当地的情况，掌握了大量的第一手资料。

6月，在“三北”防护林建设领导小组会议上，张秀山说：“我们除了要完成造林计划，更要保护好现有的植被，要努力提高造林质量。”会议通过了要在三四年内将风沙区一亿多亩的农田防护林建成。随后，张秀山组织领导召开了两次“三北”防护林建设工程经验交流会和现场会。

在总结“三北”防护林建设经验时，张秀山说：“第一期工程5年中取得的成就，大于建国20多年来的成绩。这是十一届三中全会以来的正确路线和政策，调动了广大群众的积极性的结果。今后，我们还有许多期这样的工程，直到消灭荒漠。”②“我们一定要动员更多的人参加这项工程建设，要经过几代人的艰苦努力，完成这个伟大目标。”张秀山对即将开始的二期工程提出，资金筹集不能只靠中央，要外资、内资，中央地方都想办法。在工业上，边疆省区向沿海地区引进先进技术和设备。我们林业也可以这样办。我们要利用农业责任制后的剩余劳动力，要让沿海地区来投资承包荒沙地。我们要学习王震当年垦荒办农场的精神。这是革命，不仅是树林也是树人。我们应

① 刘力贞：《情同骨肉——回忆张秀山叔叔》（未刊稿），2001年12月。

② 张秀山：在《“三北”防护林建设经验总结会议上的讲话》（记录稿），1982年12月。

该为林业的发展做出更大的努力。①

党的十一届三中全会《关于加快农业发展若干问题的决定》中提出："对农村社、队，应该允许他们在国家统一计划的指导下，因时因地制宜，保障他们在这方面的自由权，发挥他们的主动性。"1980年9月，中央下发了《关于进一步加强和完善农业生产责任制的几个问题》。张秀山积极执行中央的决定。

在领导农垦、林业工作中，张秀山坚决支持各项改革。他多次率领农垦、林业部门人员，赴海南、云南、四川、黑龙江、山东、山西、陕西、内蒙古等十几个省、市、自治区，深入农村、农场、林场、山区调查研究，讲解党的农村政策，解决实际问题。他认为，要加快农村、农场、林场经济发展，必须纠正生产指导上的主观主义和分配上的平均主义。

1981年4月，张秀山在江西瑞金、吉安等地调研后，在与省政府农业各厅局负责人座谈时说：

> 我在瑞金沙洲坝公社与生产队长和社员谈话。我看到他们在一起劳动有窝工现象，建议他们搞联产到劳。他们说那是倒退，怕"反右"，领导要向群众讲解中央75号文件。现在，群众负担太重了，老区人民的生活水平太低了。瑞金人年收入只有52元，兴国55元。兴国有8万多人参加了革命，现在还活着的有300多人。瑞金群众要求建立生产责任制，要引导好农民，要加强这方面的领导。中国的农业组织现在不能太大，群众要有生产的自由。责任制搞的好的地方，群众就说："责任制鼓励了勤人，教育了懒人，安排了闲人，利用了残人。"
>
> 三阳公社办党员学习班，对党员提出的问题，我说："包产到户不是分田单干，分田单干也不是资本主义。在社会主义条件下，农民不可能走向资本主义，个体经济是社会主义的补充部分。现在干部群众害怕'反右'，政策不会变。多少年来'反右'，农业战线不存在'右'的问题。过去说，'右'是立场问题，'左'是方法问题，理论上就不对。当前不存在走资本主义道路问题。"

对兴国森林破坏、水土流失严重，吉安地区森林面积下降和荒漠面积增

① 张秀山：在《"三北"防护林建设经验总结会议上的讲话》（记录稿），1982年12月。

多等问题，张秀山讲道：

目前，林业是个大问题。森林破坏很严重，现在采伐的都是小树，这是一个严重问题。木材生产量低于采伐量，新栽的少，次生林没人管。东北林区也要青黄不接了。过去把农村搞死了，现在要把农村搞活。但是，木材要统一经营，计划管理。现在多家经营，层层加码，任务压在公社和生产队头上，就等于宰小猪一样的道理。落实山权、林权是不容易的。某某地区林业局汇报说，二十几天就可以搞完。我们不能走过场，走过场是会有反复的。某某县委书记说：搞不好要导致第四次大破坏。现在群众怕变，有顾虑，所以划自留山要带永久性。林权有争议的，可以协商解决。但是不能砍树，要依法治林。

对多种经营问题，张秀山说：

你们这里有山、江、河、湖，但大田是有限的。你们要向山上、水面发展，搞农工商联合企业，林工商联合企业。现在农民受气，东西多了卖不出去。像蜂蜜，本来就不多，好些地方买不到，有多少都能卖掉。目前，我们要想把经济搞活，首先要教育干部，因为我们有些同志的头脑中还有许多障碍。农民东西卖不掉，那不行。我们要把南方的东西拿到北方卖，北方的东西拿到南方卖，全国要流通起来，农民就有钱挣了。①

这些有针对性的讲话，给当时处于犹豫状态的生产第一线的领导干部以极大的启发。

80年代初，张秀山每次下农村，都看望下乡知识青年，召开当地知青座谈会，征求意见，关心他们的生活，组织落实有关政策。他还参与领导召开了全国上山下乡知识青年代表会议。在会上发言时，张秀山没有按会议筹备组准备好的发言稿讲。他根据自己了解到的实际情况，讲了如何解决知青目前的困难处境和问题，以及中央对知青的关怀和重视等等，受到大家的欢迎。会上，他陪同华国锋、李先念等中央领导接见了知青代表。张秀山在落实知青政策，处理解决知识青年上山下乡问题上做了大量具体的工作。②

---

① 张秀山：《在江西省政府及农业厅局负责人座谈会上的讲话》（1981年5月5日），刘胜德整理。

② 访问刘胜德记录，1996年。

王黎明说：

> 张秀山叔叔被任命为国家农委副主任后，社会地位有了很大改变，生活也有了很大改善，心情愉快，他全身心地投入了重振中华、改革开放的伟大建设事业中。
>
> 他对我妈和我十分关心，我们的孩子大了，住房未增加，很是拥挤、窄小，居住不便。他看到我们的困难，就给当时的北京市市长焦若愚同志写了信，希望解决我们的房子。焦市长批示后，北京市特地分配了我家一套房子，解决了我们生活中的一大困难。张叔叔来到北京后，每年的春节都请我和妈妈去他家作客，对我妈妈十分热情。我妈妈病故后，张叔叔对我说："你妈妈为革命和你们辛苦一辈子，现在去世了，不要草草了事，要通知在京所有神木籍的老干部和家属到八宝山向她告别。"我们按张叔叔的嘱咐举办了告别仪式，许多爸爸的老战友都赶来参加，我们感到极大的安慰。①

但是，张秀山对自己的孩子却要求很严格。他把家搬到了北京后，在沈阳农学院住过的小楼由刚刚结婚的三儿子临时居住。儿子说："不久，爸爸就跟我说，沈阳农学院的房子是组织上分配给他住的。现在他调走了，孩子不能住在这里。爸爸让我马上搬走，把房子给农学院腾出来。我说：'我的单位还没有分房子，也不能让我住在马路上吧！'爸爸说：'实在没有地方住，也不能住在小楼里，可以暂时住到农学院的集体宿舍里。'后来，我的单位临时分给了我一间房，虽然条件差多了，我也按爸爸的要求立刻就搬走了。爸爸知道后很高兴，但他只说了一句话：'这就对了！'在爸爸看来，他的儿女就应该这样做。"②

中共中央办公厅的同志看到张秀山家的住房面积小、子女多，几次要给他调换大房子。秘书和司机都劝张秀山："你是这里级别最高的，按标准也应该住大一些的房子。"他拒绝说："我和老百姓比好多了，这里足够用了。把房子留给没有住房的同志吧！"他的子女也希望换一个大房子，因为一到节假日，外地子女回到北京的家里，就显得十分拥挤。张秀山乐呵呵地对子女们

① 王黎明：《回忆张秀山叔叔对我的关怀》，《神府开发报》1995 年。

② 访问张奉生记录，2001 年 8 月。

说："挤一挤，住不下就打地铺嘛！"①

许多在重要岗位上工作的张秀山老部下，多次请他出国考察，均被他婉言谢绝了。他说："让那些懂技术的同志和年轻人去吧，多学习一些外国的先进科学技术，回来好为国家服务。"②体现了一位老共产党员的优秀品质。

1981年，张秀山借工作之便，回到了阔别几十年的魂牵梦绕的陕西省神木县老家——桃柳沟。儿时天真的记忆，少年艰苦求学，青年加入共产党、拿起刀枪干革命，55年革命生涯的风风雨雨，张秀山满怀着未改的初衷，迈着沧桑的脚步，回到了久违的故乡。

"秀山回来了！秀山回来了！"家乡的人们像欢迎自己的亲人一样，迎接张秀山回归故里。

"秀山还是那么朴实忠厚，还是那么平易近人、没有架子，一点都没有变。"亲戚朋友、老部下和晚辈们，围着他问这问那。而张秀山却想着这家，惦念着那家，到处问寒问暖，还像当年的红军政委，不怕脏，不怕累，吃什么都行，跟老百姓有说不完的话。

1982年，针对全国军队大裁军、国家机关精简机构和青年干部培养存在的问题，张秀山写信给老战友王震并转中共中央，提出了自己的建议："今年部队要下来一大批干部，如何使用好、安置好这些军队转业干部，需要认真研究。几年来，国家机关精简机构有一定成绩……但是各级机关因人设事、人浮于事的现象并没有彻底解决。另一方面，随着农村经济改革的进程，我国农业出现了前所未有的大好形势，有些农村富裕起来了，有的农民还成了万元户，但是也有很大一片地区的农民生活水平仍然十分贫困，得不到温饱。当然，原因是多方面的。但主要原因是这些贫困地区文化水平低，缺乏人才。当然，富裕地区也还存在如何持续发展的问题，也需要人才。基于此，我向中央建议：第一，可否把部分退复军人组织起来，建立若干个林业师，到边疆山区植树造林。并建议团中央动员一批青年参加进去，使青年得到锻炼，从中培养后备梯队接班人。第二，组织机关干部，成立几百个农村工作团，到农村

---

① 访问张元生记录，2001年8月。

② 访问张元生记录，2001年8月。

去宣传党的政策，传授各种农业技术，进一步搞活农村商品经济。”①以后，中共中央组织机关干部、科技人员成立了讲师团，连续四年深入到全国各地县乡，讲解党的政策，传授科技知识，促进了农业、林业的发展。

三、中央顾问委员会委员

1982年2月，中共中央作出《关于建立老干部退休制度的决定》。7月，党中央设立了顾问委员会，作为废除领导职务终身制的过渡措施。张秀山积极响应党中央的号召，主动要求从一线退下来，并在党的十二大、十三大上被选为中央顾问委员会委员。但是，他并没有停止为党和人民工作，又满怀信心地站在整党第一线。

1982年10月，中共中央十二届二中全会作出了关于整党的决定，成立了中央整党指导委员会，由胡耀邦兼主任。张秀山任中共中央整党指导委员会专职委员兼办公室副主任。他积极参加了对林彪、“四人帮”反革命集团的揭、批、查斗争，认真审阅各地反映的情况报告，组织人员调查核实，提交中央处理。

执政党的党风问题，是有关党的生死存亡的问题。对于党内存在的问题，张秀山忧心忡忡。他给中央领导写信，谈了自己的一些看法：

耀邦、小平、陈云、一波同志：

这两年，整党工作收到了很大的成效，查办了一批大案要案，官僚主义有所克服，思想作风有了改进，这是很大的成绩。但是，在有些单位走过场的现象也不少，遗留的问题仍然很多，有的地方还在边整边犯，大搞新的不正之风。这是对整党工作的干扰。在某种程度上。严重地损害了我党在人民群众中的威信。改革的大方向是正确的。但是对各种干扰的影响是不可低估的。我建议中顾委的老同志除了对原负责的工作进行调整研究外，帮助中纪委、中指委搞好这方面的工作。

当前形势是建国以来最好的时期之一。但是，现在还存在两件不得人心的事：一是大量进口日本、西德小轿车供干部使用；二是干部子弟“特

---

① 访问刘胜德记录，1999 年 12 月 3 日。

殊经商”。有的人说党风能否好转，就看这两个问题解决的如何。有些穷的地方说：“皇冠车遍地跑，老百姓吃不饱。”我现在用的也是皇冠车，内心深感不安。如果把买小轿车的钱拿出一半买教学仪器及其他先进技术设备，作用会更大一些。因此，我建议中央能作出决定，争取在今后一个时期内高级干部都坐国产车，把进口车让给旅游部门使用；建议中央号召干部子弟到生产第一线去为国为民建功立业，在大饭店里培养不出无产阶级革命事业的接班人。①

整党期间，张秀山到西北视察工作时，来到了陕西省志丹县刘志丹陵园，拜祭了日夜思念的老战友刘志丹陵墓。他默默地环绕着老战友的安息地，久久不愿离去。他邀请刘志丹的女儿刘力贞，陪同他到甘肃等地，走访了许多过去他与刘志丹曾经共同战斗过的地方。刘力贞说：“我们到了华池、梨园堡、元城子、正宁县等地方，张叔叔一路看一路讲，一再感慨地说：‘志丹有远见，我们在这里建立了根据地，开辟了西北根据地的基础。’这一路，使我受到了一次革命史教育，也看到了他和当地群众的血肉感情。他说：‘革命就是为了人民过上好日子，今后你们也要记住这一条。’”②

1983年2月，鉴于在西北党的历史上诸多争论，张秀山、张策、刘景范、张邦英等联名写信给中共中央，建议就此问题召开专门会议，以统一思想，留真实、准确的历史于后人。中共中央决定以李维汉为首组成五人小组，经召集有关人士多次座谈，形成《关于解决西北历史争论问题的分析和方针》的报告报中共中央批准，以中共中央[83]28号文件下发，再次澄清了西北党史的是非，维护了中共西北党史的严肃性。在此基础上，1985年9月，在张秀山、马文瑞、王世泰、汪锋等12名同志的建议下，中央有关部门组织了多次座谈会，对《西北红军战史》进行了认真的讨论修改，正确处理了历史遗留问题。③

8月，张秀山到黑龙江省参加东北三省党史资料专题征集座谈会后，来到全国最大的国有林区——黑龙江省伊春林区调查和了解了林业生产情况，实地考察了丰林红松自然保护区和友好、乌敏河、大丰、南岔等林业局。他沿

① 张秀山：《致中央领导同志的一封信》（手抄稿），1985年10月5日。

② 刘力贞：《情同骨肉》，《我的八十五年——从西北到东北》，中共党史出版社2007年版，第418页。

③ 访问张邦英、张策等人记录，1997年。

途见到原始森林基本没有了，道路两旁的山岗上多是天然次生林（桦树、杨树）、人工营造林和人工自然混交林，松树很少，心情特别沉重。一路上，他和黑龙江省伊春市的有关同志边走边谈，感到伊春林区森林采育比例失调非常严重，森林资源大幅度下降，小兴安岭林区存在着青黄不接的严重危机，已出现“金山宝地穷无路”的困境。

张秀山回到北京，给中共中央政治局和中顾委写了一份《小兴安岭林区存在着严重危机》的调查报告，提醒中共中央注意严重过量采伐问题。他写道：

地处小兴安岭森林茂密处的伊春林区，是我国重点林区之一。到1982年末，共为国家生产商品材1.5623亿立方米，更新造林有效面积537万亩，上缴国家35亿元，等于国家同期投资的3.4倍，为国家做出了很大贡献。但是也存在着严重的过量采伐问题。1948年林区开发建设以来，除前4年外，其余30年一直是过量采伐……

过量采伐、重采轻造的问题，领导上都知道，但是对因此而造成的严重后果是估计不足的。林业局的同志说，现在森林已经严重恶化，集中表现在：林木总蓄积减少；每公顷蓄积减少；单株材积减少；针叶树比重减少；成过熟林（即适合采伐的）蓄积减少。中央如不采取断然措施，伊春林区用不了10年，可采资源将消耗殆尽，采伐作业将中断。大面积森林被伐，生态平衡遭到严重破坏，影响所及，不仅使黑龙江省商品粮基地受到严重自然灾害的威胁，而且以林木为原料的14个制材厂和61个综合利用加工厂也要全部或局部停工，林区120多万人民的生活和劳动就业等将成为很大问题，对150多里长的边防线也将起到破坏作用。总之，国家这个重要的木材生产基地就要失掉，小兴安岭森林宝藏将断送在我们手中！

为了尽力挽救小兴安岭的森林资源，林区人民是做了很多工作的，也开始搞多种经营，但是企业没有自主权，在关键问题上他们无能为力：基层同志反映“讲起来是以营林为主，干起来还是以砍木头为中心”。受“大木头第一”、“单纯取林”苏联模式的影响很严重，使森工与营林长期不统一。在林业生产的经营管理上存在的问题很多，有关部门还没有认真解决。

……

以上的严重问题，不仅伊春林区严重存在，长期得不到解决，全国的国有林区基本上也存在着同样的问题。这个问题，过去在国家农委时已讲了多次，现在再向中央提出建议：

一、严格执行《森林法》的规定，森林采伐量不得超过生产量。伊春林区的木材产量必须调低到250万立方米左右才能维持。要根据木材供应量来考虑国家经济建设的规模……

二、抢救第二代森林。伊春林区原始森林不多了，但解放后成长起来的天然幼壮林和营造的人工林面积很大，这是采伐作业的重要后备资源，是实现永续利用的希望所在。现在正处于青黄不接的时期，急需抚育……如果现在能减少采伐量、增加育林基金，搞好抚育造林，少砍幼壮林（不敢说完全不砍），伊春林区到21世纪初，木材采伐量可能回升，否则永远是逐年下降。

三、对森林实行特殊保护和经济扶持政策。对有些过量采伐严重的林区，在若干年内应采取不上缴利润的办法，全部留给企业用于发展林业事业。

四、请国家计委研究早修西南林区铁路，准备开发西南林区，以减轻东北林区的压力。

当前，最严重的问题还是过量采伐。现在有个说法是“忍痛采伐”，即不得已而为之。这是饮鸩止渴的办法，明知我国森林资源濒临枯竭，还要违背客观规律。我们并不是没有办法，各种调查、论证搞了很多年，经过科学论证和实践证实可行的办法很多，但有关部门却总是各强调自己的一套，统一不起来，无法实施，基层有问题又互相推诿，企业没有自主权。在推诿和扯皮中，还搞“忍痛采伐”，10年弹指间，再想采伐也没有树木可采了！还是救救小兴安岭绿色宝库吧！①

张秀山这篇具有远见的调查报告，引起了中共中央领导同志的高度重视。

1983年7月，筹建锦州辽沈战役纪念馆的同志把辽沈战役的回忆录汇集成册，准备出版，请陈云题写书名。8月9日，陈云明确指示有关人员说：“辽沈战役是解放战争三大战役的第一战役，它的胜利从根本上改变了敌我双

① 中共中央文件（1983）第66号。

方力量的对比，为整个解放战争的顺利发展奠定了基础。因此，编一本回忆这个战役的书很有必要，这对于纪念那些牺牲了的同志，对于教育下一代，都很有意义。”①他提议加进一些重要的历史文件②。他说：“为了把这本书改编好，可以请几位当时在东北工作的老同志，张秀山、王首道、马洪和韩先楚、刘震他们来主持编辑工作。”他特别指示要黄克诚、张秀山等在各方面有代表性的同志写回忆文章，以使人们“不仅能够从这本书看到辽沈决战胜利的经过，而且能够看到胜利的各种原因”。③他将这本书的编辑工作列入了中央党史资料征集编辑委员会的项目。

9月24日，受陈云委托，张秀山主持召开了编辑《辽沈决战》一书的第一次会议。会议成立了编审小组，由张秀山、马洪、韩先楚、刘震、贺晋年、萧华七人组成，张秀山为组长，王首道为副组长，马洪为秘书长。

张秀山按照陈云“要把这段历史立全面、立准确”的指示。对全书的编辑规划、调档资料、老同志专题文章的落实做了细致的安排。他说：“要把历史材料搞准，涉及到路线问题也应该讲清楚。这些问题在编写过程中，我们可以请示中央，请示陈云同志。我们要坚持历史唯物主义，实事求是地处理。”④在编写过程中，当涉及到一些重要的历史史实时，大家争论很大。陈云为此写信给张秀山，支持他的意见。陈云说：“一纵和二纵、三纵、四纵都是初期组建的部队，是‘四野’的主力部队。除在‘文化大革命’中跟林彪干了许多坏事的人，其余的人不要因为他们是林彪的老部下，就抬不起头来。林彪是林彪。林彪的老部下，是林彪的老部下。同样，高岗是高岗。高岗的老部下，是高岗的老部下。在这些问题上，我们应当实事求是，采取历史唯物主义的态度。”⑤

对历史上争论的问题，张秀山特别慎重。他前后主持了九次编审小组会。期间，他还主持召开了部分老同志座谈会，进行反复核实和考证，使伟大的辽

① 陈云：《对编写〈辽沈决战〉的意见》，《辽沈决战》（上），第1页。

② 陈云：《对编写〈辽沈决战〉的意见》，《辽沈决战》（上），第6页。

③ 中共中央党史资料征集委员会等合编：《辽沈决战》（上），人民出版社1988年版，第6页。

④ 张秀山：《在第二次筹备小组会议上的发言》。

⑤ 访问张秀山记录，1995年6月29日。

沈战役得以真实地记录史册。

一次，张秀山在陈云家里开编审会议时，两位老人回想起当年在北满建政、剿匪，闹土改战斗岁月，感慨万千。兴奋之余，陈云提笔给老战友抄录了一首唐朝杜牧的《清明》诗：

清明时节雨纷纷，
路上行人欲断魂，
借问酒家何处有？
牧童遥指杏花村。

书赠张秀山，陈云时年八十。

张鸿志说："秀山因编写《辽沈决战》，连续几个月审查文稿，奔走各地，订正史实，征求中央领导意见。由于对历史的史实，尤其是如何评价东北局前九个月的工作，耗费了秀山的大量精力和心血，他终于累倒在病床上。经医生检查，确诊为'心肌梗塞'，以后身体就明显不行了。"①

历时五年，《辽沈决战》一书终于由人民出版社出版发行。辽沈战役纪念馆也如期建成。张秀山为纪念馆剪彩，把自己珍藏几十年由绸布制作的东北支队使用的军事地图（属国家一级文物），捐献给纪念馆，成为镇馆之宝。

1984年5月，陕西省民政厅下发了9号文件，为张秀山的父亲张如德平反昭雪，认定这位拥护革命的老人，以及张秀山的大伯、堂兄，都是被"左"倾机会主义执行者"错杀"的。这给晚年的张秀山以极大的安慰。他在陕西省《榆林报》上发表了《怀念拥护红军的父亲》的文章。他满怀深情地写道：

1934年我的家乡开展了游击战争。父亲拥护红军，拥护土地革命。他买手电筒、布匹等物品送给红军，还送现款和粮食。白军"围剿"时，他跟着群众一起逃难。当时，我正在红二十六军工作，父亲只知道我当红军了，但不知我在什么地方。游击队和地方干部对我父亲很好，说你儿子革命，你也拥护红军，我们就是一家人了。但不幸的是，在1935年王明"左"倾路线摧残陕北革命根据地时，我父亲——这个拥护革命、拥护红军的开明人士，被王明路线弄昏了头脑的人杀害了。

1942年延安整风时西北局曾批判过这一错误行为，并对此事做出了

---

① 访问张鸿志记录，1999年4月。

"错杀"的结论。最近陕西省民政厅发了文件，正式为父亲平了反。50年的沉冤终于昭雪，他的子孙们消除了压力。

今天，当我怀念父亲他老人家的时候，他的音容笑貌，克勤克俭，不畏强暴，拥护革命，拥护红军的正义行为不断浮现在我的眼前，我更感念老人家在那生死攸关时节，为救我逃脱敌人的魔爪，宁可自己受难的无畏精神。黑暗和阴霾都过去了，现在西北大地一片春光，祝我可敬的父亲在九泉之下安息。①

1986年11月，甘肃省在庆阳南梁根据地旧址隆重举行南梁革命纪念馆落成典礼大会，特地邀请张秀山等老同志参加这次纪念活动。张秀山和老战友汪锋、王兆相、刘景范、张策、张邦英、王世泰、黄罗斌、刘懋功、李子奇、高锦纯、赵若明、蔡子伟、李登瀛、戴占奎、牛书申等欢聚一堂，巡视战斗遗址，回忆红军时期跃马横枪的岁月，并为南梁革命纪念馆提供大量革命文物和党史资料。

四、未了的心愿

长期以来，张秀山对于1954年4月中共中央东北局高干会议将其定为"高饶反党联盟"成员，撤销党内外一切职务的处分，一直认为不是实事求是的。在恢复工作后和整党时，张秀山曾向陈云、胡耀邦、薄一波等中央领导同志当面说明了自己对这一问题的看法。中央领导同志都表示适时考虑解决这个问题，作出一个正式结论。张秀山一直期待着。

1990年，张秀山给中共中央写了《对1954年我所受处分的申诉》：

1954年4月，在东北局高级干部会议上，把我定为高饶反党联盟的成员，宣布给我撤消党内外一切职务，行政降4级的处分。1955年3月在党的全国代表会议上又作出了相应的决议。对这个处分我始终认为不是实事求是和不正确的。根据党章第7章第41条规定，党员对组织上作出的处分决定，可以提出申诉。为此，我特向组织提出我的意见，请予复查。

关于在第二次全国组织工作会议上的发言，当时是作为我参与高饶

① 张秀山：《怀念拥护红军的父亲》，《榆林报》1984年5月26日。

反党联盟活动的主要证据。这不符合事实，是不正确的。

这次会议是中央组织部来电报要我参加的。因为我作组织工作的时间较长，安子文同志请我在大会上发言，讲讲对中央组织工作的意见。我在大会发言的头天晚上，曾向毛主席汇报了我准备在组织工作会议上发言的内容，征询毛主席的意见。在汇报完后，我问毛主席，我可不可以到大会上去讲。毛主席听完后对我说：你可以去讲，我支持你。同时，也指示我，这些问题先找少奇同志谈一下。第二天，我在没有和少奇同志交换意见的情况下，便在大会上作了发言。当时在会上，少奇和子文同志就坐在我的身旁。我讲完之后，在会议休息时，少奇同志在会议休息室里曾对我说：你讲的这些问题，有些不是组织部的问题，而是我的，这些问题以后我要在党的适当会议上作自我批评。在这个问题上，我是有错误的，没有按毛主席指示的意见去办。在我发言之前，没有先找少奇同志交换意见，是不妥当的。

至于这次讲话本身有什么问题，中央可以复查。讲话中如有讲的不对的地方，是属于批评的问题。我认为不能因在讲话中涉及到对中央组织部的工作和少奇同志的意见，就把我定成高饶反党联盟的成员。

1954年对我的处分到现在已经36年了。多年来我一直背着沉重的政治包袱，精神压力很大，工作上也没有得到适当的安排。为这件事所受的影响，家庭子女就不要说了，就是一些和我共同工作的同志，也都为此受到牵连。十一届三中全会后，虽然逐步恢复了我的工作，但在政治上还一直背着这个包袱，始终没有得到解决。我一生为党和人民曾经做过许多有益的工作，革命了一辈子。现在，我已经是80岁的人了，希望在见马克思之前，中央能对此问题考虑解决。为此，我请求组织上重新审查我的问题，使我晚年在政治上得到一个实事求是的、恰如其分的结论。

特此呈述！

张秀山

一九九〇年二月十日[①]

① 张秀山：《我的申述》（复印件）。

但是，由于种种原因，这个张秀山一生中最大的愿望没有得到实现。

1993年9月，张秀山以83岁高龄和夫人程帆、弟弟张鸿志、小儿子张建生一起，千里奔波再次回到了陕西省神木县老家——桃柳沟。

张秀山带领着家人来到父母坟前祭奠。他们在父母墓前深深地鞠了三个躬，以寄托自己的无限哀思和表达自己未尽孝道的愧疚心里。张秀山和弟弟鸿志在这里为父亲立了墓碑。碑文中写道：

先父张如德生于1882年农历6月30日，1935年农历6月11日由于左倾路线影响被错杀。父亲生前赞助红军，拥护土地革命。1930年国民党反动派追捕共产党员张鸿毓时，父亲放走儿子，自己替共产党员坐牢。对敌斗争，机智勇敢，支持革命，精神不死。1984年陕西省民政厅发布9号文件为父亲平反昭雪。为慰藉英灵，谨志此碑。

儿鸿毓、鸿志1984年先父诞辰102周年敬立。

张鸿志回忆说："我与大哥祭奠父亲墓后，大家从崖上下来，经过父亲被害地时，大哥哭了，其心情谁能知道？"是啊！见惯了刀光剑影、血雨腥风的张秀山，历来以性格刚强、遇事稳健而著称。现在，多少年来埋在张秀山心底的痛苦，终于可以释放出来了。大家都无法安慰这位饱经沧桑的老人，因为任何安慰的语言都显得那样苍白无力。

在老家的窑洞里，张秀山住了两天。他寻看了少年时代上冬学的地方。他细心地观察了私塾的旧址和周围的树丛，仿佛想在树叶的沙沙摇曳中和聆听旧时鸟儿的呢喃，忆想自己童年朋友的耳语，重新开启少年壮志与梦想的原由。张秀山还乘车沿着公路，穿过熟悉的沟崖和清清流淌的小溪，来到高家堡小学，参观了当年的学堂。

接着，张秀山来到榆林市参加榆林中学90年校庆。他特地来到榆林城南门外的金刚寺，这里是他加入共产主义青年团，举行入团宣誓的地方。张秀山对大家说："我入团时宣誓的声音好像还能听到——'不怕牺牲，永不背叛……'那年秋天，院里的花还没有冻死，我就转为共产党员了。"一切遥远的情景，在张秀山的脑海里依然是那样的清晰。张秀山的话穿过尘封的历史时空，飞越岁月沧桑的平静，给人以惊世骇俗的启迪。

张秀山不顾疲惫又驱车来到大漠边缘，视察了他精心维护和倡导的"三北"防护林，继续研究和探讨防沙固沙的方法，为实现自己建设绿色长城的多年梦想继续添砖加瓦。

张秀山沿着过去战争年代战斗的足迹，访问了神府、绥德、延安等革命遗址，追寻自己生命的轨迹。从张秀山那深邃的目光里，大家仿佛能看到当年激战的枪林弹雨中，张秀山跃马横刀、风驰电掣、奋勇杀敌的身影。在延安革命纪念馆，人们看到了张秀山在延安时期发表的西北高干会议时一篇札记，被纪念馆当作重要文物收藏。这是张秀山人生旅途中最后一次西北之行。

刘志丹的女儿记述了她最后一次见到张秀山的情景：

1995年，我去北京出差，这时张叔叔已经84岁。我见到他时，虽然他的体力差了，耳朵也有些背，但是记忆力还很好，谈起过去的事情，仍然一清二楚。记得我问他张策叔叔的住址时，他却说："我带你去！"接着，他站起来就走。张策叔叔看见我们来了，很是激动。他有糖尿病，抖着手站起来和我们握手。因为两位老人都耳背，说起话来不免大声大气，有时靠眼睛和动作表达心意，因为他们感情相通，好像不说什么也都明白了。他们交谈得是那么兴奋和热烈，老人们布满皱纹的脸上，记录着他们过去的战斗友谊。我从老人们闪闪的目光中，也看出了他们对未来充满了期盼和信心。①

对张秀山最后日子，王兆卿烈士的儿子王黎明是这样记述的：

今年（1995年）5月张叔叔因心脏病复发，病重住院，他女儿元生给我打电话，我第二天下午就赶去医院，此时经抢救后他老人家已转危为安，病情稳定，头脑清醒握住我的手说："黎明，你回去吧。"我看他病情好多了，就回去了。谁知，这次医院见面竟成了永诀。8月1日夜，元生与我通话说病情尚好，只是肺炎发高烧。刚过半天，病情急速变化，抢救无效，病魔夺去了张秀山叔叔的宝贵生命。②

1996年8月2日11时29分，张秀山同志因心脏病医治无效在北京逝世，享年85岁。

张秀山同志逝世后，中共中央总书记江泽民，以及乔石、彭真、朱镕基、

---

① 刘力贞：《情同骨肉》，《我的八十五年——从西北到东北》，中共党史出版社 2007 年版，第 418—419 页。

② 王黎明：《回忆张秀山叔叔对我的关怀》，《神府开发报》1995 年。

胡锦涛、田纪云、邹家华、姜春云、温家宝、杨尚昆、万里、宋平、薄一波、宋任穷、张震、陈俊生、叶选平、洪学智、王平、王首道、伍修权、刘澜涛、黄火青、习仲勋、马文瑞、王恩茂、吕正操、汪锋、邓力群等国家领导人和生前好友，及中央办公厅、中组部等有关部门送来了花圈，以不同方式对张秀山的逝世表示哀悼，对他的亲属表示慰问。曾庆红和温家宝特地从外地赶来参加追悼会。曾庆红代表江泽民总书记对张秀山的子女表示亲切慰问。

党和国家领导人对张秀山革命的一生、战斗的一生、无私奉献的一生，给予了充分肯定。①

1997年8月27日，在张秀山逝世一周年之际，老战友习仲勋、伍修权、马文瑞、张策、张邦英、马洪联名在《人民日报》上，以《浴血奋战陕甘，呕心沥血松辽》为题，深切怀念了张秀山作为西北红军、西北革命根据地和东北革命根据地的创建人之一，为西北革命发展，为东北的解放和建设，浴血奋战，呕心沥血，作出的杰出贡献。

《人民日报》发表新华社唁电称："张秀山同志一生光明磊落，实事求是，虽屡遇艰难坎坷，但襟怀坦荡，对革命忠心耿耿，是一位忠诚的共产主义战士。"②

2002年，根据张秀山生前的愿望，子女们把他的骨灰送回到他参加革命的出发地——榆林家乡安葬，远方的游子终于回归了故里，农民的儿子终于回到了陕北的黄土地。

---

① 《张秀山同志逝世》，《人民日报》1996年8月15日。

② 《张秀山同志逝世》，《人民日报》1996年8月15日。

附录一：新华社电文

原中共中央顾问委员会委员、国家农委副主任张秀山同志，因病于1996年8月14日在北京逝世，享年85岁。张秀山同志的遗体今天在北京火化。

张秀山同志逝世后，江泽民、乔石、彭真、朱镕基、胡锦涛、田纪云、邹家华、姜春云、温家宝、杨尚昆、万里、宋平、薄一波、宋任穷、张震、陈俊生、叶选平、洪学智和王平、王首道、伍修权、刘澜涛、黄火青、习仲勋、马文瑞、王恩茂、吕正操、汪锋、邓力群等，以及中央办公厅，中组部等有关部门负责人，以不同方式对张秀山同志的逝世表示哀悼，对他的亲属表示慰问。

张秀山同志是陕西神木县人，他1929年3月加入中国共产主义青年团，同年秋转为共产党。1930年至1932年，张秀山先后到宁夏骑兵四师、甘肃新编十三师做兵运工作，并在甘肃靖远组织领导了警备三旅武装起义，成立了红军游击队。1932年至1945年，张秀山先后任红二十六军四十二师骑兵团政委、西北革命军事委员会供给部长、红军干部学校政委、绥德地委书记、西北局组织部副部长、延安中央党校教务处主任等职，并被选为中共七大代表。解放战争时期，张秀山同志任东北独立支队政委兼干部团政委，中央北满分局委员，松江省委书记、省军区政委，辽宁省委书记、省军区政委。

新中国成立后，张秀山同志历任东北局常委、组织部长、秘书长、党校校长、东北军区副政委、东北局第二副书记兼纪委书记、监委主任等职。党的十一届三中全会以后，张秀山同志任国家农委副主任、国务院研究中心顾问、中央整党工作指导委员会专职委员，在党的十二大、十三大上当选为中央顾问委员会委员。

张秀山同志一生光明磊落，实事求是，虽屡遇艰难坎坷，但襟怀坦荡，对革命忠心耿耿，是一位忠诚的共产主义战士。①

① 《张秀山同志逝世》，《人民日报》1996年8月15日。

附录二：张秀山生平简历

1911年7月18日出生在陕西省神木县（原属佳县，也称葭县）乔岔滩乡桃柳沟村的一个农民家庭，取名张鸿毓。

1919年在村里私塾读冬学。

1922年2月在高家堡小学上学，课余时间与父母一起参加生产劳动。

1925年至1927年转入佳县高级小学读书，校长张镜川给张鸿毓起了一个字：秀山，取“秀甲天下，光耀山川”之意。

1928年春以优异成绩考入陕西省著名的榆林中学。

同年夏去太原报考北方军官学校未果，到美术专科学校学习。半年后，回榆林中学插班继续学习，开始接受了马克思主义的启蒙教育。

1929年3月在榆林城南门外的金刚寺，由黄培中、李彦希介绍，加入中国共产主义青年团，后担任团小组长、宣传干事。同年秋，转为中国共产党党员。

1930年2月因抨击地主剥削罪行，遭到佳县反动当局的通缉和逮捕，后逃脱。由于敌人追捕，中共陕北特委提出让他到北平读书或到军阀部队里去做兵运工作。

同年3月受党组织委派从事兵运工作，来到宁夏骑兵第四师苏雨生部八旅十五团（驻地宁夏平罗县姚合堡），先后任团部军需官、学兵队班长、司务长、排长兼任中共秘密党支部书记。

1931年4月因在宁远兵变中身份暴露，党组织决定让他到平凉陇东军阀新编十三师陈珪璋部找刘志丹秘密组建党领导的武装，任十一旅部手枪（警卫）队队长。在高广仁部率兵哗变时被敌人扣留，后侥幸得以解脱。

同年9月上旬，按照刘志丹的指示，他随刘宝堂的部队回到平凉，任班长、排长，建立了地下党支部任书记。由于军阀内部突然发生了火并，使正在积极筹划的起义意外夭折。

1932年5月组织和策动了甘肃警备三旅王子元部200余官兵起义，成立中共陕甘红军游击队第四支队。后来，他为掩护起义部队突围被俘，经地下党多方工作被释放。

同年6月中共陕西省委派张秀山和另外一名同志去韩城县领导农民暴动，后与谢子长相会。

同年7月下旬，被党派往中共中央所在地——上海受训。学习开展北方游击战争以及毛泽东游击战争的战略战术思想。8月返回西安，任市兵委委员，负责杨虎城部队的兵运工作。

同年11月在红二十六军四十二师历任连长、骑兵连指导员、骑兵团政委、师党委书记。

1933年1月在庙湾战斗中负重伤。

同年5月先后任渭北、耀西游击队总指挥部政委，同年8月任陕甘边游击队总指挥部政委。

1934年5月在南梁寨子湾会议上，被选为中共陕甘边区特委书记。

同年7月任庆阳游击队政委。

同年12月任红四十二师政委，并率主力转战陕北。

1935年5月任中共西北工作委员会常委、宣传部长、西北军事委员会供给部长。

同年10月在肃反中，被错误逮捕关押，遭受严刑拷打，险被杀害，经毛主席、党中央解救出狱。

同年12月在瓦窑堡红军大学担任政治教员。

1936年3月历任中共神府特委常委、组织部部长，特委书记、独立师政委。

同年6月任神府作战分区司令员兼政委，在极其困难的条件下，他率部与国民党军队展开了艰苦卓绝的战斗，由于较好地执行了党的抗日民族统一战线政策，恢复和发展了神府苏区，受到了毛主席、党中央的表扬。

1937年2月任中共神府特委书记。

同年9月在延安抗日军政大学学习。

1938年3月任中共神府特委书记、河防司令部政委。

1939年4月在延安马列学院学习。

1940年1月任陕甘宁边区中央局委员、中共绥德特委书记，与王震一起领导了绥德的反磨擦斗争，取得了重大的胜利，为把陕甘宁边区建设成抗日民主模范区作出了不懈地努力。

1942年10月，参加中共中央在延安召开的西北局高干会议。会上，张秀山先后两次发言，以马列主义的观点和铁的事实对“左”倾机会主义者祸及西北革命的错误，进行了系统批判，受到毛泽东等中央领导人的关注。

1943年1月任中共中央西北局组织部副部长。

同年6月在延安中央党校学习。

同年9月任中央党校教务处主任，被选为中共七大代表。

1945年9月任中共中央赴东北支队政委兼干部团政委，率部挺进东北，为创建东北根据地提供了一大批县团、地师级干部。

同年11月任中共北满分局委员、松江省委书记、省军区政委，为建立和巩固东北的大后方——北满根据地作出重要贡献。

1948年7月任中共辽宁省委书记、省军区政委，领导全省军民积极参加辽沈决战。

1949年5月任中共中央东北局常委、组织部部长、秘书长。

1952年任东北局第二副书记兼纪委书记、党校校长、东北人民政府监察委员会主任、东北军区副政委，为支援大军南下，解放全中国；发展东北党组织，培养、选拔、调配干部；组织军民，抗美援朝，作出了重要努力。

1953年10月参加全国粮食会议后又应邀参加了第二次全国组织工作会议，在会议上发言，对中共中央组织部的工作提出批评意见。

1954年2月列席中共中央在北京召开的七届四中全会。

同年3月在东北局高干会议上，因在第二次全国组织工作会议上发言等问题，受到了高饶事件的牵连，被定为“高饶反党集团”重要成员和“五虎将”之首，撤销党内外一切职务，行政级别降四级的处分。

同年12月被下派到基层，任辽宁省盘山农场副场长、农垦局副局长，虽然屡经磨难，但仍然努力为党勤勤恳恳工作，为建设东北的“南大荒”身体力行。

1959年3月出任沈阳农学院副院长。

1966年在“文化大革命”中受到造反派的迫害。

1978年6月到中共中央党校学习。中共中央决定对他的历史问题“做实际解决”。

1979年1月任国家农业委员会党组成员、副主任兼国务院知青小组副组长，为我国的农业、林业、知青等工作解决了许多重大问题。

1984年担任中共中央整党指导委员会专职委员、国务院研究中心顾问，在党的十二大和十三大上被选为中央顾问委员会委员。

1996年8月14日因心脏病在北京逝世。

参考书目

1. 张秀山:《我的回忆》, 未刊稿, 1988年。

2. 神木县志编纂委员会编:《神木县志》, 经济日报出版社1990年版。

3. 东北军区司令部编:《东北三年解放战争军事资料》。

4. 张向凌主编:《黑龙江四十年》, 黑龙江人民出版社1986年版。

5.《神府革命根据地综述》, 陕西党史丛书第12辑, 陕西人民出版社1990年版。

后　记

1993年夏天，我在北京参加中央党校的一个培训班时，一位领导同志委托我给张秀山同志捎去一本书，这是我与张秀山同志首次见面。给我的印象，这位老人穿着朴素，表情严肃，思维清晰，行动敏捷，听力较弱，话语很少，令人有些敬畏之感。因张秀山担任过中共松江省委书记，1995年6月，全国中共党史人物研究会便把他的传记撰写任务交给了黑龙江省。鉴于我与张老有一面之交，组织上就把这个任务交给了我。6月底，我来到北京采访和收集有关资料。当张老得知由我负责写他的传记时，笑着说："我没什么可写的，不要写。"后来，当他知道这是全国的统一部署时，就不再说什么了。

在采访工作中，我曾多次与张老本人交谈。他耐心地回答了许多我提出的问题，使我对他有了初步了解。在更多时间里，我是向他的夫人程帆了解情况，或在他的秘书陪同下采访一些老战友。为了早日完成任务，我通宵达旦地查看了程帆给我的有关张秀山的一些资料，深深地为他那充满传奇色彩的英雄经历所吸引……以后，我到组织部门工作了一年多，写传记的工作就耽搁了下来。等我再次接手时，张老已经逝世了。我满怀着遗憾之情重新开始了写作。期间，我又访问了许多与张秀山共事的老同志。1998年，张秀山传完成，交付全国中共党史人物研究会。此篇传记，在中国近现代史史料学会第二次学术成果评选中获一等奖，并在《中共党史人物传》78卷发表。但是，此篇传记因受字数限制，很难对张老一生做全面细致的记述，在张老子女的要求和大力帮助下，我又开始了张秀山长篇传记的写作。这项工作，得到了张老的老战友习仲勋、马文瑞、马洪、郭峰、李正亭、徐少甫等老同志的关注和支持。经数年努力，从形成初稿到几番修改形成定稿，我终于交出了答卷。因历史久远，史实考证难，加之作者水平所限，书中必有许多不妥之处，希望亲身经历过这段历史的老领导和史学界的同仁斧正。

最后，谨对审阅书稿并提出宝贵修改意见的马洪、秦川、王兴华、苏丹、赵俊清、元仁山等同志表示衷心的感谢！

作　者

2015年1月10日于哈尔滨